"十四五"普通高等教育会计专业精品规划教材

审计学

(第2版)

Auditing

周中胜　编著

苏州大学出版社
Soochow University Press

图书在版编目(CIP)数据

审计学 / 周中胜编著. —2版. —苏州：苏州大学出版社,2021.7(2024.7重印)
"十四五"普通高等教育会计专业精品规划教材
ISBN 978-7-5672-3565-6

Ⅰ.①审… Ⅱ.①周… Ⅲ.①审计学-高等学校-教材 Ⅳ.①F239.0

中国版本图书馆CIP数据核字(2021)第096151号

审计学（第2版）

周中胜　编著

责任编辑　施小占

苏州大学出版社出版发行
（地址：苏州市十梓街1号　邮编：215006）
广东虎彩云印刷有限公司印装
（地址：东莞市虎门镇黄村社区厚虎路20号C幢一楼　邮编：523898）

开本 787mm×1 092mm　1/16　印张 18.75　字数 456千
2021年7月第2版　2024年7月第2次印刷
ISBN 978-7-5672-3565-6　定价：58.00元

若有印装错误，本社负责调换
苏州大学出版社营销部　电话：0512-67481020
苏州大学出版社网址　http://www.sudapress.com
苏州大学出版社邮箱　sdcbs@suda.edu.cn

"十四五"普通高等教育会计专业精品规划教材
编 审 委 员 会

顾 问　冯 博
主 任　周中胜
委 员　王则斌　俞雪华　龚菊明　茆晓颖　郁 刚　张 薇
　　　　何 艳　蒋海晨　薛华勇　王雪珍　滕 青

Preface 前言

会计作为一种成熟的经济信息系统,在市场经济中扮演着重要的角色,可以促进企业有效决策从而引导企业资源的合理配置,可以缓解企业的委托代理问题从而提升企业的价值。但这一作用的有效发挥,必须建立在会计信息的真实和相关的基础上。而审计正是保证会计信息质量的一种增信机制。近年来,随着我国资本市场的发展,审计受到越来越多的关注,但资本市场财务舞弊案件的频发,又引发了社会公众对审计质量的担忧。

自 2004 年国际审计与鉴证准则理事会(IAASB)发布国际审计风险准则以来,国际审计准则经历了重大变化。我国自 2006 年开始与国际审计准则全面趋同。2010 年开始,我国对 38 项审计准则进行了修订,并于 2012 年 1 月 1 日正式实施,修订后的审计准则体系将风险导向审计理论全面贯彻到整套审计准则中,进一步强化了风险导向审计思想。2008 年全球金融危机发生后,国际上对提高审计质量、提升审计报告信息含量的呼声日趋强烈。2015 年,IAASB 修订发布了新的国际审计报告准则,在改进审计报告模式、增加审计报告要素、丰富审计报告内容等方面做出了重大改进。为保持与国际会计准则的全面趋同,2016 年 12 月 23 日,财政部印发了《在审计报告中沟通关键审计事项》等 12 项中国注册会计师审计准则(新审计报告准则)。

本教材全面融合了新的审计风险模型和审计流程,并吸收了国际审计准则和我国审计准则变化的一些最新内容。

限于作者的水平,书中错误在所难免,尚请广大读者与同仁不吝赐教。

编著者

Contents 目录

第一章 审计概述

第一节 审计的产生与发展 / 2
第二节 审计的定义与种类 / 6
第三节 注册会计师业务范围 / 10
第四节 注册会计师审计过程 / 13
第五节 会计师事务所的组织形式 / 15

第二章 注册会计师职业道德与法律责任

第一节 美国注册会计师职业道德规范 / 19
第二节 我国注册会计师职业道德基本原则 / 21
第三节 注册会计师职业道德概念框架 / 24
第四节 注册会计师对职业道德概念框架的具体运用 / 27
第五节 注册会计师法律责任 / 33

第三章 注册会计师执业准则体系

第一节 注册会计师执业准则体系 / 42
第二节 会计师事务所质量控制准则 / 52

第四章 审计目标与审计计划

第一节 审计目标 / 60
第二节 审计计划 / 67
第三节 审计重要性 / 74
第四节 审计风险与审计风险模型 / 79

第五章　审计证据和审计工作底稿

第一节　审计证据　/84

第二节　审计程序　/87

第三节　函证　/90

第四节　分析程序　/102

第五节　审计工作底稿　/108

第六章　审计抽样

第一节　审计抽样概述　/116

第二节　审计抽样在控制测试中的应用　/119

第三节　审计抽样在细节测试中的应用　/123

第七章　风险评估

第一节　风险识别和评估概述　/129

第二节　风险评估程序和信息来源　/130

第三节　了解被审计单位及其环境　/133

第四节　评估重大错报风险　/143

第八章　风险应对

第一节　针对财务报表层次重大错报风险的总体应对措施　/148

第二节　针对认定层次重大错报风险的进一步审计程序　/150

第三节　控制测试　/153

第四节　实质性程序　/156

第九章　销售与收款循环的审计

第一节　销售与收款循环的特点　/160

第二节　销售与收款循环的业务活动和相关内部控制　/163

第三节　销售与收款循环的重大错报风险的评估　/167

第四节　销售与收款循环的内部控制测试　/172

第五节　销售与收款循环的实质性程序　/177

第十章 采购与付款循环的审计

第一节 采购与付款循环的特点 / 189

第二节 采购与付款循环的业务活动和相关内部控制 / 190

第三节 采购与付款循环的重大错报风险的评估 / 193

第四节 采购与付款循环的内部控制测试 / 195

第五节 采购与付款循环的实质性程序 / 200

第十一章 生产与存货循环的审计

第一节 生产与存货循环的特点 / 204

第二节 生产与存货循环的业务活动和相关内部控制 / 206

第三节 生产与存货循环的重大错报风险 / 209

第四节 生产与存货循环的控制测试 / 210

第五节 生产与存货循环的实质性程序 / 213

第十二章 货币资金的审计

第一节 货币资金审计概述 / 222

第二节 货币资金的重大错报风险 / 224

第三节 货币资金的内部控制及其测试 / 227

第四节 货币资金的实质性程序 / 229

第十三章 其他特殊项目的审计

第一节 会计估计的审计概述 / 239

第二节 关联方的审计 / 243

第三节 考虑持续经营假设 / 247

第四节 首次接受委托时对期初余额的审计 / 252

第十四章 完成审计工作

第一节 完成审计工作概述 / 255

第二节 期后事项 / 261

第三节 书面声明 / 265

第十五章 审计报告

第一节 审计报告概述 / 270

第二节 审计意见的形成 / 272

第三节 审计报告的基本内容 / 273

第四节 在审计报告中沟通关键审计事项 / 278

第五节 非无保留意见审计报告 / 281

第六节 在审计报告中增加强调事项段和其他事项段 / 287

参考文献 / 290

第一章 审计概述

引 例

英国"南海公司"始创于1710年,主要从事海外贸易业务。公司成立10年经营业绩平平。1719年至1720年之间,公司趁股份投机热在英国方兴未艾之机,发行巨额股票,同时公司董事对外散布公司利好消息,致使公众对股价上扬增强了信心,一时间"南海公司"股价扶摇直上。

英国议会为了制止国内"泡沫公司"的膨胀,于1720年6月通过了《泡沫公司取缔法》,随之一些公司被解散,许多投资者开始清醒,并抛售手中所持股票。股票投资热的降温,致使"南海公司"股价一路下滑,到1720年12月跌至124英镑。1720年年底,英国政府对"南海公司"资产进行清理,发现其实际资本所剩无几。而后,"南海公司"宣布破产。

"南海公司"破产,犹如晴天霹雳,震惊了公司投资人和债权人,数以万计的公司股东及债权人蒙受损失。当证实了百万英镑的损失落在自己头上时,他们纷纷向英国议会提出了严惩欺诈者并给予赔偿损失的要求。

英国议会面对舆论压力,为平息"南海公司"破产引发的风波,成立了由13人组成的特别委员会,查证"南海公司"破产事件。在查证中发现,该公司的会计记录严重失真,并有明显的篡改舞弊行为。为此,特别委员会特聘请伦敦市霍斯特·莱恩学校的会计教师查尔斯·斯内尔(Charles Snell)对"南海公司"账目进行审查。斯内尔应议会特别委员会的要求,通过对"南海公司"会计账目的审核,于1721年编制了一份题为《伦敦市霍斯特·莱恩学校的习字教师兼会计师查尔斯·斯内尔对索布里奇商社会计账簿检查的意见》的查账报告书,指出了"南海公司"存在的舞弊行为,但没有对其编制虚假账目表示自己的意见。英国议会根据斯内尔的审计报告书,没收了公司所有董事的个人财产,并将公司一名直接责任经理押进了英国伦敦塔监狱。由此,查尔斯·斯内尔成为世界民间审计的先驱者,而他编制的查账报告也成了世界最早由会计师编制的审计报告。

第一节　审计的产生与发展

一、审计的产生

审计是一门独立的学科。它反映了社会的特定需要，是社会经济发展到一定阶段的产物。在经济社会逐渐发展的过程中，财富的所有者和经营者之间的关系日益复杂化，财富的所有权和经营权逐渐分离，衍生出了财产经营的委托人和受托人关系。在这样的关系中，委托人将财产经营权转移给受托人，从而形成了委托人和受托人在权利、义务方面的契约关系。但是，由于委托人和受托人的经济利益并不完全一致，委托人出于保护自身利益的动机，开始对受托人履行受托责任情况进行监督和审查。然而，由于经济关系日益复杂，委托人的监督和审查功能由于能力和手段以及其他因素的影响而不能得到充分发挥。由此，衍生出了独立于双方的第三方，其可以不受限制地监督、审查和评价受托人受托责任履行的情况并如实传递给委托人。因此，受托责任关系是促使审计产生的动因。在受托责任关系的基础上，第三方的加入使这种关系更为丰富并形成了新的审计关系。随着社会的不断发展和市场的不断完善，受托责任关系和审计关系也在不断演变。在这种演变的过程中，人们立足于受托责任关系提出了审计需求的信息论、代理论及保险论。

（一）信息论

审计的信息理论将审计视为一种意在降低信息风险的活动。该理论认为，审计产生的主要原因是存在降低信息风险的需求。审计具有改善财务信息质量和通过信号传递有效配置财务资源的作用。基于此，信息论又分为信号传递理论和信息系统理论。信号传递理论是在资本市场竞争日益激烈的背景下产生的，它主要讨论的是信息不对称的问题。在资本市场中，企业需要向市场传递信息以使其产品的消费者或是投资者掌握企业的情况。根据信号不对称理论的观点，企业作为卖方在市场中总是比买方了解更多的信息。因此，如果高素质的企业将高质量的产品以平均质量的价格销售，会产生一种机会损失；相反，那些低素质的企业将低质量的产品同样以平均质量的价格销售，则会获得一种机会盈利。在这种情况下，生产高质量产品的高素质企业会产生脱离市场的动机，这种现象被称为逆向选择。而高素质企业为了避免逆向选择现象，就必须向市场传递真实的财务信息，同时通过审计人员向市场传递企业财务信息可信性的信号，从而区别于低素质企业，使其优质产品得以优价出售，融资得以有效进行。因此，在这种观点下，审计能够有效地向市场传递企业的信息，并起到缓解逆向选择现象的作用。

信息系统理论是随着会计信息决策有用观的出现而得到推行的，该理论强调审计的本质在于提高信息的可信性和决策有用性。信息系统理论假定，投资者和债权人广泛地依赖财务信息，将其作为决策的依据，这是该理论的前提。在资本市场这样一个系统中，投资者的投资收益并非仅限于股利的获取，还包括买卖股票的价差收入。这使得投资者在关注企业财务信息的同时也关注系统内其他投资对象的财务信息,通过比较和选择来赚取价差收入。因此,对于投资者而言,在市场这个系统中,审计的作用主要是提高信息的可信性和决策的有用性。

(二) 代理论

根据委托代理理论,委托人和受托人之间的受托经济责任虽然有契约关系的维系,但委托人和受托人之间不可避免地存在一定的利益冲突。根据"理性经济人"假说,受托人在履行受托责任时,为了追求个人利益的最大化,往往会耗费更多的资源来实现本可用较少资源实现的目标,从而造成了资源的浪费,间接导致委托人成本增加。委托人为了减少受托人的机会主义行为,会建立一种监督机制,也就是审计。委托人通过审计来确定受托人的行为是否与委托人的利益保持一致,投资者通过审计来判断受托人的行为和企业价值之间的相关程度。此外,该理论还预测:无论监督的成本相对于不采取监督而产生的代理成本而言较高还是较低,受托人都会要求进行外部审计。因为,如果实施审计,委托人通常会支付给受托人更多报酬。

(三) 保险论

上述信息论和代理论皆强调信息使用者的需要,而审计在其中发挥的作用就是为信息使用者提供保障,尽可能地降低信息中存在的风险,而降低这种信息风险可以有不同机制。信息论和代理论是通过审计的鉴证机制,即依靠独立于信息使用者和受托人的第三方,利用其专业知识对企业提供的财务信息进行审计,在实质上减少甚至是消除财务信息中的错误与舞弊。而保险论则是通过保险机制,即除了寄希望于审计人员从实质上降低财务信息的风险外,还可以通过将风险部分或全部转移给保险人的方式降低信息风险。这种机制并不注重是否从根本上消除了财务信息中的错误和舞弊,但同样能够起到降低风险的作用。该观点认为,审计具有保险价值,审计活动中的保险人,也即审计人员可以为投资者分担一定的风险。一旦审计失败,审计人员要承担相应的责任,很有可能面临起诉或是赔偿。因此,审计对于投资者来说是一种保障制度,降低了信息中存在的风险。

以上几种理论在对审计的认识上并没有什么本质上的区别,只是每种理论立足的角度有所不同。不论在哪种理论下,审计都是由独立的第三方提供监督、审查、评价的一种方式和手段。审计人员运用专业知识对财务信息提供者提供的信息进行审查,对财务信息发表是否值得信赖的意见,使财务信息能客观地反映企业财务状况和经营成果,帮助财务信息的预期使用者做出正确的判断和决策。总的来说,审计既是降低信息风险的过程,又是经济监督的过程,同时也是保证交易安全和协调利益冲突的过程。

二、审计的发展

英文的"审计"(audit)一词来源于拉丁文"听"的意思。审计的最初形态早在公元前就有所体现,当时已经出现了专门的官员负责对其他官员向国王或皇帝的口头报告进行听证,以确定报告的准确性和真实性,这也是最早的国家审计。与政府审计和内部审计相比,民间审计的产生相对较晚。本书主要对民间审计的起源和发展进行介绍。民间审计起源于16世纪的意大利。当时受文艺复兴的影响,地中海沿岸的商业城市已经比较繁荣,商业经营规模也不断扩大,但由于单个业主掌握的资金有限,并且难以向企业投入巨额资金,为了筹集更多的资金,合伙制企业应运而生,同时也催生了对审计的最初需求。在这种合伙制的企业中,有些合伙人虽然拥有所有权,却并不参与企业的经营管理。因此,为了使未参与经营管理的合伙人了解合伙企业的财务状况和经营成果,并且证明参与经营的合伙人确实认真履行了合伙契约,需要聘请独立于双方的、熟悉会计专业知识的第三方进行监督。于是,16世纪的意大利涌现出一批具有良好会计知识,专门从事查账与验证工作的专业人员。此后,这些不断增加的人员于1581年在威尼斯创立了威尼斯会计协会。随后,在米兰等城市也相继出现了类似的组织。这可以说是民间审计的最初形式。

虽然审计起源于意大利,但实际上,民间审计的发展和壮大主要是在英国完成的。18世纪,英国的工业革命使资本主义经济得到了迅速发展,从而也使股份公司这种组织形式问世并迅速成长。但股份公司组织形式的产生也滋生了一些问题,比如它导致了财产所有权和经营权在更大程度上的分离。在这种情况下,经营管理者很可能为谋取私利而损害股东利益。为降低这种风险,英国出现了一批以查账为职业的独立会计师。他们受股东委托,对企业会计账目进行逐笔检查并向委托人报告检查结果。1720年,英国的南海公司破产事件导致了世界上第一位民间审计师的产生。南海公司以虚假信息伪造出良好的经营业绩和发展前景,吸引了大量投资,最后经营失败导致破产,使成千上万的人遭受了损失。英国议会聘请会计师查尔斯·斯内尔对南海公司诈骗案进行审计。斯内尔以"会计师"的名义提出了"查账报告书",从而宣告了具有现代意义的民间审计的诞生。吸取南海公司事件的教训后,为更好地监督公司的经营管理层认真履行其受托责任,英国政府于1844年颁布《公司法》,要求股份公司必须设置一名以上的股东作为监察人,由监察人负责对公司账目进行审查。1856年英国政府又对《公司法》进行了修订,取消了审计师必须是股东的要求,允许从公司外部聘请审计师。1853年,苏格兰创立了爱丁堡会计师协会,这是世界上第一个执业会计师团体,它的成立标志着民间审计职业的诞生。18世纪到20世纪初,民间审计得到了迅速发展。

20世纪初,全球经济发展中心开始慢慢转移。此后,美国成了滋养民间审计蓬勃发展的土壤。当时英国巨额资本流入美国,美国经济得到快速发展,并且英国的审计人员开始涉足美国资本市场。20世纪初,美国的经济形势发生变化,企业与银行的利益联系更加密切,审计方法也逐渐开始转变。此前,美国沿用英国式审计,采用详细审计的方法,也就是以经济业务为基础,对被审企业在审查期内发生的经济业务逐笔复查和核对,以此来实现查错防弊的目的。20世纪早期,美国出现了自己的审计模式。表征企业偿债能力的资产负债表逐渐成为银行评价企业信用的重要依据,审计人员通过审计企业的资产负债表确保企业真实反映其负债情况和偿债能力。这意味着资产负债表审计诞生并开始得到发展。

1929—1933年,资本主义世界经历了历史上最为严重的经济危机,大批企业破产倒闭,成千上万的投资者和债权人蒙受了巨大的经济损失。这在客观上促使企业相关利益者更加关心企业的盈利水平,致使纯粹的资产负债表审计难以满足客户的需求。因此,美国政府分别于1933年和1934年颁布了《证券法》和《证券交易法》,规定在证券交易所上市的公司的财务报表必须经过注册会计师的审计并向社会公众公布审计报告。此后,资产负债表审计开始转变为财务报表审计。

在我国,民间审计(亦称注册会计师审计)的起源要比西方国家晚得多。我国的民间审计起源于辛亥革命时期。1918年9月,北洋政府农商部颁布了我国第一部注册会计师法规——《会计师暂行章程》。同年,北洋政府农商部向著名会计学家谢霖先生颁发了中国第一号注册会计师证书。1921年,谢霖在北京创办了我国第一家会计师事务所——正则会计师事务所。此后,一批中国自己的注册会计师陆续被批准执业。潘序伦创办的立信会计师事务所、奚玉书创办的公信会计师事务所、徐永祚创办的徐永祚会计师事务所及正则会计师事务所成了旧中国的四大会计师事务所。1925年,"全国会计师公会"在上海成立。1933年,"全国会计师协会"成立。至1947年,全国已拥有注册会计师2 619人。当时的会计师事务所主要集中在沿海大城市,业务包括为企业设计会计制度、代理申报纳税、培训会计人才和提供其他会计咨询服务。

中华人民共和国成立初期,注册会计师审计在经济恢复工作中发挥了积极的作用,但后来由于推行苏联式高度集中的计划经济模式,在较长的一段时期内,民间审计悄然退出了经济舞台。改革开放以后,由于工作重点的转移以及商品经济的迅速发展,注册会计师制度又得以恢复。1980年12月,财政部颁发了《关于成立会计顾问处的暂行规定》,标志着我国的注册会计师制度进入了恢复起步阶段。1981年1月1日,我国恢复注册会计师审计制度后的第一家会计师事务所——上海会计师事务所成立。1987年,新中国第一部注册会计师法规——《中华人民共和国注册会计师条例》颁布。1988年年底,注册会计师的全国性职业组织中国注册会计师协会成立,注册会计师制度开始进入了全面发展的时代。1993年10月,新中国第一部注册会计师的专门法律——《中华人民共和国注册会计师法》颁布,从此,我国注册会计师审计得到迅猛发展。1996年和1997年,第一批、第二批中国独立审计准则分别开始施行,我国的注册会计师审计逐步走向标准化、法制化、规范化。到2000年,我国的注册会计师个人会员和从业人员已经有了相当的规模。2006年年初,我国审计实现与国际审计准则趋同,建立起了既能适应我国经济发展要求又与国际审计准则趋同的审计准则体系。2010年,我国对38项审计准则进行修订并于2012年1月1日正式开始实施,进一步保持与国际审计准则趋同。在此阶段,我国采用的审计报告模式是全球通用的模式,存在着信息含量低、相关性差等问题。随着我国资本市场的改革和IPO注册制的即将推行,政府部门、监管机构和投资者将对注册会计师执业质量提出更高的要求,期望注册会计师出具的审计报告更具有相关性和决策有用性,以降低资本市场的不确定性和信息不对称带来的风险。此外,由于国际审计准则对审计报告模式做出了改革,客观上要求我国借鉴新的国际审计准则,采用新的审计报告模式,实现我国审计准则的持续趋同。因此,2016年1月7日,我国注册会计师协会印发《中国注册会计师审计准则第1504号——在审计报告中沟通关键审计事项》等7项审计准则征求意见稿。为了使审计准则进一步与国际准则全面趋同,提高会计信息质量,2019年2月20日,我国对《中国注册会计师审计准则》中的18项审计准则进行修订,并于2019年7月1日实施。2019年10月18日,中国注册会计师协会发布《中国注册会计师审计准则问题解答第1号——职业怀疑》《中国注册会计师审计准则问题解答第2号——函证》《中国注册会计师审计准则问题解答第4号——收入确认》《中国注册会计师审计准则问题解答第6号——关联方》《中国注册会计师审计准则问题解答第12号——货币资金审计》等五项审计准则问题解答修订文本的公开征求意见稿。可见,随着社会主义市场经济建设的不断完善,我国民间审计将会更好、更快地发展。

第二节 审计的定义与种类

一、审计的定义

由于审计所处环境的不同,人们对审计的理解也有所不同。随着审计学科的不断完善和审计实践的不断发展,人们对审计的不同理解相互糅合,最终形成了对审计完整的定义,确定了对审计的分类。美国会计学会基本审计概念委员会于1973年在《基本审计概念说明》中对审计所下的定义是:审计是通过客观地获取和评价有关经济活动与经济事项认定的证据,以查明这些认定与既定的标准之间的符合程度并将其传达给利害关系人的一个系统过程。美国会计学会前会长阿尔文·A.阿伦斯(Alvin A. Arens)在其所著《审计学:一种整合方法》一书中指出,审计是由有胜任能力的独立人对特定的经济实体的可计量信息进行收集和评价,以确定和报告这些信息与既定标准符合程度的活动。以上两组定义被普遍认为是对审计最具代表性的描述。综上可以总结出审计定义中包含的几个要素。

(一)胜任的独立人员

首先,审计活动必须由独立的审计人员实施和开展。这里的独立指审计人员应当不受经济利益和外界压力等因素的干扰,能够客观、公正地发表意见,并如实将结果传递给信息使用者。此外,实施审计工作的审计人员还必须具备专业胜任能力。这要求审计人员掌握足够的专业知识和技能,有丰富的经验,能够在检查相关证据后得出恰当的审计结论。

(二)经济活动和经济事项的认定

所谓经济活动和经济事项的认定,是指被审计单位管理层对其自身的经济活动和经济事项所做出的各项陈述。通常审计定义中涉及的认定是指财务报表的认定。也就是说,财务报表当中的列示反映了管理层对这些列示的真实性和准确性的认定。根据我国审计准则的规定,管理层对财务报表各项要素做出的认定可分为三类:各类交易与事项的认定、与期末账户余额相关的认定以及与列报和披露相关的认定。

(三)认定与既定标准的符合程度

在审计活动中,不论是哪种类型的审计,都是对被审计单位各项经济活动和经济事项的认定进行审查,在此基础上就其与某些既定标准的符合程度做出评价并发表审计意见,这就是审计的总体目标。而在具体的审计实务中,审计还有其具体目标。例如,对于财务审计来说,这里的"既定标准"指的就是公认会计准则,即审计人员在进行审计活动时,依据公认会计准则判断财务报表的编制是否符合公认会计准则的规定并对此发表审计意见。

(四)客观的证据

审计的定义里所涉及的"客观的证据"主要是指审计证据。审计人员的审计过程,其实也是一个实施审计程序和收集审计证据的过程。审计证据就是用来证实或证伪被审计单位管理层做出的认定的证明。有了客观的证据,审计人员才能确定被审计单位管理层的认定和既定标准是否相符,才能形成客观的审计结论、发表客观的审计意见。因此,获取客观的证据是审计实务中非常重要的一个环节。所以,审计人员在收集审计证据时,还要运用各种手段对审计证据加以分析和评价,以确定审计证据的充分性、相关性和可靠性。

（五）系统过程

阿伦斯认为,审计实质上就是一个系统化的过程。在这个过程中,有明确具体的审计目标,有按照目标合理规划的审计程序,还有结构化的审计方法。也就是说,在审计实务中,必须先制定明确的审计目标,然后按照目标安排审计计划、制定审计策略,有组织地、科学地收集和评价证据,最终实现审计目标,完成审计工作。

（六）有关使用者

尽管审计能够提高信息的可信度,降低财务信息风险,但其只有在将结果传递给有关使用者时才有价值。这里的"有关使用者"指的是那些需要依据审计结果做出决策的各方,包括被审计单位的投资者、债权人、管理层、社会公众和政府管理部门等。

二、审计的种类

（一）按照审计主体的分类

按照不同的审计主体所实施的审计,可以将审计分为政府审计、内部审计和注册会计师审计。

1. 政府审计

例如审计署、地方审计局等依法对会计账目进行独立检查,监督财政、财务收支真实、合法和效益的行为,其实质是对受托经济责任履行结果进行独立的监督。西方审计内容除一般真实性和合法性审计外,正向着绩效审计(又称"五E"审计)发展。"五E"是指经济性、效率性、效果性、公平性和环境性。

我国政府审计包括中央、地方及行政单位预决算审计。政府审计的目的,一方面是监督国家财政预算资金合理、有效地使用;另一方面是对财政决算情况做出客观的鉴定与公证,为财政管理提供改进措施,并揭露违法行为。

2. 内部审计

内部审计,是建立于组织内部、服务于管理部门的一种独立的检查、监督和评价活动,它既可用于对内部牵制制度的充分性和有效性进行检查、监督和评价,又可用于对会计及相关信息的真实、合法、完整,对资产的安全、完整,对企业自身经营业绩、经营合规性进行检查、监督和评价。国际内部审计师协会(IIA)于1947年第一次提出了内部审计定义,之后经过半个多世纪的探索,2001年IIA最新的第七次定义指出:内部审计是一种独立、客观的确认和咨询活动,旨在增加价值和改善组织的运营。它通过应用系统的、规范的方法,评价并改善风险管理、控制和治理程序的效果,帮助组织实现其目标。

内部审计是相对于外部审计而言的,是由本部门、本单位内部的独立机构和人员对本部门、本单位的财政财务收支和其他经济活动进行的事前和事后的审查和评价。这是为加强管理而进行的一项内部经济监督工作。内部审计机构在部门、单位内部专门执行审计监督的职能,不承担其他经营管理工作。它直接隶属于部门、单位最高管理当局,并在部门、单位内部保持组织上的独立地位,在行使审计监督职责和权限时,内部各级组织不得干预。但是,内部审计机构终究属部门、单位领导,其独立性不及外部审计;它所提出的审计报告只供部门、单位内部使用,在社会上不起公证作用。

3. 注册会计师审计

注册会计师审计,也称为独立审计或民间审计,即由注册会计师受托有偿进行的审计活动。我国注册会计师协会(CICPA)在发布的《独立审计基本准则》中指出:"独立审计是指注册会计师依法接受委托,对被审计单位的会计报表及其相关资料进行独立审查并发表审计意见。"独立审计的风险高、责任重,因此审计理论的产生、发展及审计方法的变革基本上是围绕独立审计展开的。

(二)按照审计的目的和内容分类

按审计的目的和内容分类,可以将审计分为财务报表审计、经营审计和合规性审计。

1. 财务报表审计

财务报表审计是注册会计师通过执行审计工作,对财务报表是否按照规定的标准编制发表审计意见。规定的标准通常是企业会计准则和相关会计制度。财务报表通常包括资产负债表、利润表、现金流量表、所有者权益(或股东权益)变动表以及财务报表附注。

财务报表审计的目标是注册会计师通过执行审计工作,对财务报表的下列方面发表审计意见:

(1)财务报表是否按照适用的会计准则和相关会计制度的规定编制;

(2)财务报表是否在所有重大方面公允反映被审计单位的财务状况、经营成果和现金流量。

2. 经营审计

经营审计是注册会计师为了评价被审计单位经营活动的效果和效率,而对其经营程序和方法进行的评价。在经营审计结束后,注册会计师一般要向被审计单位管理层提出经营管理的建议。在经营审计中,审计对象不限于会计,还包括组织机构、计算机系统、生产方法、市场营销以及注册会计师能够胜任的领域。在某种意义上,经营审计更像是管理咨询。

经营审计是经济性、效率性、建设性的审计,经营审计要对企业生产、经营、管理的全过程进行审计。其任务是揭露经营管理过程中存在的问题和薄弱环节,探求堵塞漏洞、解决问题的有效途径,提出改善经营管理、提高经济效益的措施。经营审计经常是由内部审计师为他们的组织进行的,经营审计报告的使用人是各级经理,还包括董事会。最高管理当局需要保证一个组织的每个部分都在为达到组织的目标而工作。例如,管理部门需要评估与管理目标或其他适用标准有关的单位绩效,保证它的计划(目标、方案、预算和指标的说明中提出的)被全面地理解,包括其计划和方针在各个经营领域执行的情况和提高效果性、效率性和经济性的机会。

3. 合规性审计

合规性审计目的在于揭露和查处被审计单位的违法、违规行为,促使其经济活动符合国家法律、法规、方针政策及内部控制制度等要求。合规性审计是内部审计实施的类型之一,可以作为单独的审计过程,也可能是财务审计或运营审计的一部分。合规性审计可以由管理层发起,也可以依法律或法规要求进行。在合规性审计中,审计人员应确定公司是否遵循了现行法律和法规以及专业和行业标准或合同责任的要求,即被审计单位是否遵循了特定的程序、规则或条例。例如,确定会计人员是否遵循了财务主管规定的手续,检查工资率是否符合工资法规定的最低限额,或者审查与银行签订的合同,以确信被审计单位是否遵守了法定要求。对审计人员来讲,进行合规性审计的第一步是确定管理层是否有一个识别现行政策、程序、标准、法律以及法规的制度;然后,审计人员应评估控制是否得到了恰当的应用或遵循;最后,该审计应得出公司是否合规的结论。合规性审计的结果通常报送被审计单位管理层或外部特定使用者。

(三)按照审计所依据的基础和使用的技术分类

按照审计所依据的基础和使用的技术分类,可以将审计分为账项基础审计、制度基础审计和风险导向审计。

1. 账项基础审计

账项基础审计是最早的财务报表审计方法。在审计发展的早期,审计人员主要关注会计凭证和会计账簿的详细检查。当时的注册会计师审计主要是为了满足财产所有者对会计核算进行独立检查的要求而采用这样的审计方法,也称作详细审计。其审计对象是会计账簿,审计目的是以揭弊查错、保护企业资产的安全和完整为主,预期使用者主要是公司的股东。19世纪中叶到20世纪40年代,账项基础审计在英国得到迅速发展。然而,随着企业规模的日渐增大和审计范围的不断扩大,对被审计单位的账目记录进行详细审查的成本越来越高,围绕账表事项进行详细审查既费时又耗力。随着内部控制理论与实务的发展成熟,以及统计抽样方法日益完善,内部控制导向审计应运而生。

2. 制度基础审计

20世纪初至40年代,随着经济的发展,企业规模不断扩大,企业业务持续增加,会计账目也越来越多,财务报表的外部使用者越来越关注企业的经营管理活动以及内部控制情况。审计人员发现企业内部控制制度与企业会计信息质量息息相关,即企业的内部控制制度越健全有效,财务报表发生错误和舞弊的可能性就越小,会计信息质量就会越高,需要实施审计测试的范围就越小。因此,内部控制导向审计就产生了。内部控制导向审计又称为制度基础审计,与账项基础审计相比,内部控制导向审计调整了工作重点,保证了审计质量,降低了审计成本,同时一定程度上使审计效率得到了提高。当然,内部控制导向审计也存在效率性和效果性不足等局限。

3. 风险导向审计

第二次世界大战后,随着跨国公司、国际资本、国际会计师事务所的发展,出现了许多财务舞弊事件,人们逐渐开始对审计风险给予更多关注。因此,审计模式和方法逐渐进入风险导向审计阶段。风险导向型审计要求审计人员综合考虑企业的环境和面临的经营风险,把握企业各方面情况,分析企业经济业务中可能出现的错误和舞弊行为,并以此为出发点,制订与客户风险状况相适应的审计计划,以确保审计工作的效率和效果。风险导向审计可以进一步细分为传统风险导向审计和风险导向战略系统审计。

按照传统风险导向审计方法,审计人员实施审计程序的性质、时间和范围取决于可接受的检查风险。具体而言,审计人员为了将审计风险控制在会计师事务所确定的可接受的风险水平,需要了解被审计单位及其环境,评价被审计单位的内部控制,对固有风险和控制风险做出适当评价,从而确定可接受的检查风险并据此设计和实施实质性程序。传统风险导向审计的不足在于固有风险和控制风险在实践中难以准确区分,并且其采用的自下而上的审计思路容易造成审计资源的浪费。因此,传统风险导向审计模式逐渐向风险导向战略系统审计模式过渡。

风险导向战略系统审计仍然采用审计风险模型并根据风险评估结果分配审计资源,因此在一定程度上风险导向战略系统审计在具体实施上仍然保持与传统风险导向审计相类似的程序。风险导向战略系统审计和传统风险导向审计的不同之处主要体现在以下方面:首先,风险导向战略系统审计能从宏观上把握审计面临的风险,更注重对被审计单位经营战略的分析;其次,风险导向战略系统审计更注重运用分析程序来识别可能存在的重大错报风险;再次,在评价内部控制有效性时,风险导向战略系统审计更注重对例外项目的详细审计,而减少对接近预期值的账户余额进行的测试;最后,风险导向战略系统审计所指的审计证据不仅包含传统风险导向审计中实施控制测试和实质性程序获得的证据,还包括对企业及其环境进行了解而获取的证据。因此,与传统风险导向审计相比,风险导向战略系统审计的视角更为广阔,更注重对被审计单位的战略、经营及风险的分析。

第三节　注册会计师业务范围

注册会计师的业务范围经历了由法定审计业务向其他领域拓展的过程。从国内外有关注册会计师的法律看,法定审计业务是注册会计师的核心业务。例如在美国,有关注册会计师的立法始于1896年的纽约州,到了20世纪20年代中期,各个州都已制定了相应的注册会计师法。尽管各个州出台的注册会计师法有所不同,但有一个共同点,即授予注册会计师从事法定审计业务的特许权,除注册会计师外,其他组织和人士不得承办法定审计业务。我国《注册会计师法》同样规定了注册会计师的法定审计业务范围。

根据《注册会计师法》的规定,注册会计师依法承办审计业务和会计咨询、会计服务业务。此外,注册会计师还根据委托人的委托,从事审阅业务、其他鉴证业务和相关服务业务。

一、审计业务

(一)审查企业财务报表,出具审计报告

为了有效制止和防范利用财务报表弄虚作假,提高财务报表质量,国家依法实行企业年度财务报表审计制度。随着审计准则体系的逐步完善,注册会计师执业行为日益规范,执业水平不断提高,注册会计师行业已成为享有较高公信力的行业,为维护会计秩序、保证会计信息质量做出了应有的贡献。

《中华人民共和国公司法》(以下简称《公司法》)要求各类公司依法接受注册会计师的审计。一是第五十四条规定:"监事会、不设监事会的公司的监事发现公司经营情况异常,可以进行调查;必要时,可以聘请会计师事务所等协助其工作,费用由公司承担。"二是第六十二条规定:"一人有限责任公司应当在每一会计年度终了时编制财务会计报告,并经会计师事务所审计。"三是第一百六十四条规定:"公司应当在每一会计年度终了时编制财务会计报告,并依法经会计师事务所审计。"

随着社会主义市场经济体制的确立和发展,政府不再直接管理企业,逐渐将一些管理职能移交给社会中介机构。而且,随着财务报表使用者日渐增多,他们需要通过分析财务会计报告据以做出经济决策,因此最为关心财务会计报告的合法性、公允性。注册会计师的职能之一就是通过对财务报表进行审计,为社会提供鉴证服务。

(二)验证企业资本,出具验资报告

我国实行注册资本实收制度。根据《公司法》《公司登记管理条例》等法律、法规的规定,公司及其他企业在设立审批时,必须提交注册会计师出具的验资报告。验资是指注册会计师接受委托,对被审计单位注册资本实收情况或注册资本的变更情况进行审验,并出具验资报告。《公司法》第八十九条规定:"发起股份的股款缴足后,必须经依法设立的验资机构验资并出具证明。"公司及其他企业申请变更注册资本时,也要提交验资报告。因此,验资业务成为注册会计师业务的重要组成部分。同审计报告一样,验资报告具有法定证明效力,注册会计师及其所在会计师事务所对其出具的验资报告承担相应的法律责任。

(三)办理企业合并、分立、清算事宜中的审计业务,出具有关报告

企业在合并、分立或终止清算时,应当分别编制合并、分立财务报表以及清算财务报表。为了帮助财务报表使用人增强对这些报表的信赖程度,企业需要委托注册会计师对其编报的财务报表进行审计。在对财务报表进行审计时,注册会计师同样应当检查形成财务报表的所有会计资料及其反映的经济业务,并关注企业合并、分立及清算过程中出现的特定事项。办理企业合并、分立和清算事宜中的审计业务后出具的相应的审计报告同样具有法定证明效力,承办注册会计师及其所在的会计师事务所应当承担相应的法律责任。

(四)办理法律、行政法规规定的其他审计业务,出具相应的审计报告

在实际工作中,注册会计师还可根据国家法律、行政法规的规定接受委托,对以下特殊目的业务进行审计:(1)按照特殊目的编制的财务报表;(2)单一财务报表或财务报表特定要素;(3)简要财务报表。这些业务的办理需要注册会计师具备和运用相关的专门知识,注意处理问题的特殊性。对于执行特殊目的审计业务出具的审计报告,也具有法定证明效力,注册会计师及其所在的会计师事务所对此也应承担相应的法律责任。

二、审阅业务

审阅业务的目标,是注册会计师在实施审阅程序的基础上,说明是否注意到某些事项,使其相信财务报表没有按照适用的会计准则和相关会计制度的规定编制,未能在所有重大

方面公允反映被审阅单位的财务状况、经营成果和现金流量。相对审计而言,审阅程序简单,保证程度有限,审阅成本也较低。

三、其他鉴证业务

除了审计和审阅业务外,注册会计师还承办其他鉴证业务,如预测性财务信息审核、系统鉴证等,这些鉴证业务可以增强使用者的信任程度。

关注到注册会计师服务领域不断扩展这一趋势,国际会计师联合会(IFAC)着手研究、制定并发布适应当前经济环境的执业准则。2002年,IFAC下属的国际审计实务委员会IAPC(国际审计与鉴证准则理事会IAASB的前身)发布了《国际鉴证业务准则第100号——鉴证业务》(ISAE 100),旨在为所有类型的鉴证业务提供一致的框架。2004年12月,ISAE 100被废止,取而代之的是《国际鉴证业务准则第3000号——历史财务信息审计或审阅以外的鉴证业务》(ISAE 3000),并于2005年1月1日生效。

为了应对不断变化的注册会计师执业环境,加快执业准则国际化趋同的步伐,满足注册会计师的执业需求,中国注册会计师协会在借鉴国际准则的体系和《国际鉴证业务准则第3000号——历史财务信息审计或审阅以外的鉴证业务》的基础上,起草了《中国注册会计师其他鉴证业务准则第3101号——历史财务信息审计或审阅以外的鉴证业务》,并由财政部发布。

我国注册会计师承办的业务范围较为广泛,既有针对历史财务信息的审计和审阅业务,又有历史财务信息以外的其他鉴证业务。

四、相关服务

相关服务包括对财务信息执行商定程序、代编财务信息、税务服务、管理咨询以及会计服务等。

(一) 对财务信息执行商定程序

对财务信息执行商定程序,是注册会计师对特定财务数据、单一财务报表或整套财务报表等财务信息执行与特定主体商定的具有审计性质的程序,并就执行的商定程序及其结果出具报告。

(二) 代编财务信息

代编财务信息,是注册会计师运用会计而非审计的专业知识和技能,代客户编制一套完整或非完整的财务报表,或代为收集、分类和汇总其他信息。

(三) 税务服务

税务服务包括税务代理和税务筹划。税务代理是注册会计师接受企业或个人委托,为其填制纳税申报表,办理纳税事项。税务筹划是由于纳税义务发生的范围和时间不同,注册会计师从客户利益出发,代替纳税义务人设计可替代的或不同结果的纳税方案。其始于所得税的纳税筹划,现已扩展到财产税、遗产税等诸多税种。

（四）管理咨询

管理咨询服务是注册会计师与非注册会计师激烈竞争的一个领域。从20世纪50年代起,注册会计师的管理咨询服务收入开始增长,并保持了强劲的增长势头。其原因主要是：首先,管理咨询服务是增值服务；其次,企业内部结构重组给注册会计师带来了无限商机。最近几年,大型会计师事务所越来越明显地成为管理咨询服务的主要提供者。管理咨询服务范围很广,主要包括对公司的治理结构、信息系统、预算管理、人力资源管理、财务会计以及经营效率、效果和效益等提供诊断及专业意见与建议。

（五）会计服务

注册会计师提供的会计咨询和会计服务业务,除了代编财务信息外,还包括对会计政策的选择和运用提供建议、担任常年会计顾问等。注册会计师执行的会计咨询、会计服务业务属于服务性质,是所有具备条件的中介机构甚至个人都能够从事的非法定业务。

第四节 注册会计师审计过程

风险导向审计模式要求注册会计师在审计过程中,以重大错报风险的识别、评估和应对作为工作主线。相应地,审计过程大致可分为五个阶段。

一、接受业务委托

会计师事务所应当按照执业准则的规定,谨慎决策是否接受或保持某客户关系和具体审计业务。在接受新客户的业务前,或决定是否保持现有业务或考虑接受现有客户的新业务时,会计师事务所应当执行有关客户接受与保持的程序,以获取如下信息：(1)考虑客户的诚信,没有信息表明客户缺乏诚信；(2)具有执行业务必要的素质、专业胜任能力、时间和资源；(3)能够遵守相关职业道德要求。

会计师事务所执行客户接受与保持的程序的目的,是识别和评估会计师事务所面临的风险。例如,如果注册会计师发现潜在客户正面临财务困难,或者发现现有客户在之前的业务中做出虚假陈述,那么可以认为接受或保持该客户的风险非常高,甚至是不可接受的。会计师事务所除考虑客户的风险外,还需要考虑自身执行业务的能力,如当工作需要时能否获得合适的具有相应资格的员工；能否获得专业化协助；是否存在任何利益冲突；能否对客户保持独立性等。

注册会计师需要做出的最重要的决策之一就是接受和保持客户。一项低质量的决策会导致不能准确确定计酬的时间或未被支付的费用,增加项目合伙人和员工的额外压力,使会计师事务所声誉遭受损失,或者涉及潜在的诉讼。

一旦决定接受业务委托,注册会计师应当与客户就审计约定条款达成一致意见。对于连续审计,注册会计师应当根据具体情况确定是否需要修改业务约定条款,以及是否需要提醒客户注意现有的业务约定书。

二、计划审计工作

计划审计工作十分重要。如果没有恰当的审计计划,不仅无法获取充分、适当的审计证据,影响审计目标的实现,而且还会浪费有限的审计资源,影响审计工作的效率。因此,对于任何一项审计业务,注册会计师在执行具体审计程序之前,都必须根据具体情况制订科学、合理的计划,使审计业务以有效的方式得到执行。一般来说,计划审计工作主要包括:在本期审计业务开始时开展的初步业务活动;制定总体审计策略;制订具体审计计划;等等。需要指出的是,计划审计工作不是审计业务的一个孤立阶段,而是一个持续的、不断修正的过程,贯穿于审计过程的始终。

三、识别和评估重大错报风险

审计准则规定,注册会计师必须实施风险评估程序,以此作为评估财务报表层次和认定层次重大错报风险的基础。风险评估程序是指注册会计师为了解被审计单位及其环境,以识别和评估财务报表层次和认定层次的重大错报风险(无论该错报是否由于舞弊或错误导致)而实施的审计程序。风险评估程序是必要程序,了解被审计单位及其环境为注册会计师在许多关键环节做出职业判断提供了重要基础。了解被审计单位及其环境实际上是一个连续和动态地收集、更新与分析信息的过程,贯穿于整个审计过程的始终。一般来说,实施风险评估程序的主要工作包括:了解被审计单位及其环境;识别和评估财务报表层次以及各类交易、账户余额和披露认定层次的重大错报风险,包括确定需要特别考虑的重大错报风险(特别风险)以及仅通过实施实质性程序无法应对的重大错报风险等。

四、应对重大错报风险

注册会计师实施风险评估程序本身并不足以为发表审计意见提供充分、适当的审计证据,还应当实施进一步审计程序,包括实施控制测试(必要时或决定测试时)和实质性程序。因此,注册会计师在评估财务报表重大错报风险后,应当运用职业判断,针对评估的财务报表层次重大错报风险确定总体应对措施,并针对评估的认定层次重大错报风险设计和实施进一步审计程序,以将审计风险降至可接受的低水平。

五、编制审计报告

注册会计师在完成进一步审计程序后,还应当按照有关审计准则的规定做好审计完成阶段的工作,并根据所获取的审计证据,合理运用职业判断,形成适当的审计意见。

第五节 会计师事务所的组织形式

一、会计师事务所几个概念

(一)会计师事务所

根据我国1993年颁布的《中华人民共和国注册会计师法》(以下简称《注册会计师法》),会计师事务所是指依法设立并承办会计师业务的机构。它是由具有一定会计审计专业水平、经考核取得证书的会计师组成的受当事人委托承办有关鉴证、相关服务等方面的营利性组织,在遵守《注册会计师法》及相关法律法规的前提下,按照市场化规则运作,提供独立、客观的专业性服务。

(二)网络事务所

在当前经济全球化、资讯全球化的背景下,越来越多的会计师事务所选择在更广泛的区域范围或者世界范围内设立办公分所,构建关系密切的经营网络。为了指导这些日益兴起的网络事务所顺利开展各项业务,提高注册会计师服务质量,我国2010年制定出台的《质量控制准则第5101号——会计师事务所对执行财务报表审计和审阅、其他鉴证和相关业务实施的质量控制》中,首次明确提出网络事务所的概念。网络事务所是指属于某一网络的会计师事务所或实体。所谓网络,是指由多个实体组成,旨在通过合作实现下列一个或多个目的的联合体:共享收益或分担成本;共享所有权、控制权或管理权;共享统一的质量控制政策和程序;共享同一经营战略;使用同一品牌;共享重要的专业资源。

理解网络和网络事务所的定义,进而判断某一联合体是否形成网络,需要注意以下几个方面:第一,某一联合体是否在法律上各自独立;第二,在判断一个联合体是否形成网络时,注册会计师应当从理性第三方的角度进行判断;第三,联合体应当以合作为目的;第四,网络事务所的形式不仅限于会计师事务所,也可以是诸如评估事务所或律师事务所等其他实体形式。

二、会计师事务所的组织形式

(一)独资会计师事务所

独资会计师事务所是由具有注册会计师执业资格的个人独立开业,承担无限责任。该种组织形式的优点是比较灵活,适合小型企业对注册会计师服务的需求。但近些年来,由于诉讼风险的增加,这种组织形式较少被采用。

(二)普通合伙会计师事务所

普通合伙会计师事务所是由两位或两位以上合伙人组成的合伙组织。合伙人以各自的财产对事务所的债务承担无限连带责任。这种组织形式的优点是,在风险共担、利益共享的驱动下,事务所不断提高执业质量,提高控制风险的能力。但是缺点在于,整个会计师事务所可能因个别合伙人的过失或舞弊行为而受到牵连,甚至是倒闭。由于其他所有制形式能够提供法律许可的法律责任保护,这种组织形式已不再流行。

（三）有限责任公司会计师事务所

有限责任公司会计师事务所是由注册会计师认购会计师事务所股份,并以其所认购股份对会计师事务所承担有限责任。会计师事务所以其全部资产对债务承担有限责任。它的优点是,可以通过公司制形式迅速聚集一批注册会计师,组成大型会计师事务所,承办大型业务。缺点是,降低了风险责任对执业行为的高度制约,弱化了注册会计师的个人责任。

（四）有限责任合伙会计师事务所

有限责任合伙会计师事务所是由一至多名合伙人共同所有。有限责任合伙会计师事务所的合伙人对因其自身原因导致的合伙事务所的债务、个人行为及受其监督的其他人的行为负责,不对由其他合伙人或不受其监督的员工因过失承担个人法律责任。这种组织形式融合了普通合伙和有限责任公司的优点,又摒弃了它们的不足。目前国际四大会计师事务所基本采用这种组织形式。

三、我国会计师事务所组织形式的发展与现状

改革开放初期,我国恢复重建了注册会计师制度。早期的会计师事务所基本挂靠政府部门或事业单位,资产归挂靠单位所有,人员归挂靠单位管理,业务承揽往往依赖挂靠单位行政资源,法律责任也由挂靠单位承担。这一时期的会计师事务所,在本质上属于挂靠单位的附属机构,而非自主经营的经济实体。建立社会主义市场经济体制要求会计师事务所必须按照市场经济规律和行业发展规律规范运行。按照国务院部署,从1998年开始,会计师事务所全面实行脱钩改制,即与挂靠单位脱钩,改制成为独立承担责任的法律主体,从而拉开了会计师事务所组织形式发展和演变的序幕。

此后,从组织形式的选择上看,改制后的事务所大多采用了"有限责任制"组织形式并且其后10年间始终维持着这样的发展格局。根据中国注册会计师行业管理信息系统的统计数据,至2009年10月31日我国会计师事务所共6 659家(不含分所),其中"有限责任制"会计师事务所占全部事务所的66%,"合伙制"会计师事务所占全部事务所的34%。且在2009年排名前100强的会计师事务所中,仅有3家为非"有限责任制"事务所。可见,当时我国会计师事务所在组织形式选择上存在较为明显的"比例失衡"现象。在当时的历史条件下,偏重采用有限责任制有其客观性和合理性。但是,我国会计师事务所采用有限责任制也存在诸多弊端。

一是有限责任制的决策机制不适应注册会计师行业的"人合"特性。有限责任制体现的是"资合"的理念,即决策权主要由股权所决定。也就是说,掌握大量股权的少数股东很容易控制企业的发展局面。但注册会计师行业恰恰是一个以人为核心的行业,这样以资本、股权决定决策权的组织形式与会计师事务所的专业服务特性不符,更不利于会计师事务所的健康发展。二是有限责任制对股东人数有所限制。《公司法》规定有限责任公司的股东人数不得超过50人,按注册会计师行业的内在规律推算,当一家会计师事务所的专业服务人员在500人以下时,矛盾尚不突出;一旦会计师事务所的专业服务人员超过500人甚至达到数千

人时,对股东人数50人的高额限制无疑与会计师事务所的发展要求严重脱节。在这样的情况下,为了避开法律对股东人数的限制,会计师事务所往往会采取"暗股"等形式钻空子,但这种做法显然不利于会计师事务所的长期稳定发展。三是有限责任制不利于会计师事务所提升质量控制。在有限责任制下,股东以其在会计师事务所中的出资额为限承担执业责任,会造成权利和责任的不匹配,很难引起执业人员足够的风险意识。因此,有限责任制的组织形式弱化了法律责任对注册会计师行为的约束,容易导致少数会计师事务所和注册会计师忽视执业风险,弱化质量控制,片面追求经济效益。除此之外,在有限责任制下,会计师事务所既要缴纳个人所得税,在实质上又要承担企业所得税,税收负担较重。较重的税负会对会计师事务所的增资和长期发展产生不利的影响。

2006年修订的《中华人民共和国合伙企业法》将合伙企业分为有限合伙和无限合伙(普通合伙、特殊普通合伙)两类三种,增加了有限合伙企业,引入了特殊普通合伙概念,并对有限责任和无限责任做出了进一步规定:注册资本不少于三十万元;有一定数量的专职从业人员(其中至少五名注册会计师);合伙设立的会计师事务所的债务,由合伙人按照出资比例或者约定,以各自的财产承担责任;合伙人对会计师事务所的债务承担连带责任。与普通合伙制相比,特殊普通合伙制的优势在于它对于责任的划分更为细致,能更好地保护合伙人的权益。普通合伙制要求所有合伙人对合伙企业债务承担无限连带责任;而在特殊普通合伙制中,每个合伙人既有承担有限责任又有承担无限责任的可能。对于一个或者数个合伙人在执业中因故意或者重大过失造成的合伙企业债务,其应承担无限责任或者无限连带责任,其他人以其在合伙企业中的财产份额为限承担有限责任;对于非因故意或者重大过失造成的合伙企业的债务,全体合伙人都要承担无限连带责任。因此,2010年,财政部、国家工商行政管理总局联合发布了《关于推动中型会计师事务所采用特殊普通合伙组织形式的暂行规定》(财会〔2010〕12号,以下简称《暂行规定》),这是贯彻落实《中华人民共和国合伙企业法》《国务院办公厅转发财政部关于加快发展我国注册会计师行业的若干意见的通知》(国办发〔2009〕56号,以下简称国办56号文件)的重大举措,也是会计师事务所做大做强的重要制度创新。该规定的发布不仅标志着我国会计师事务所组织形式向合伙制的转型,更推动了特殊普通合伙制在我国会计师事务所中的应用。2018年,为了进一步推动会计师事务所采用合伙组织形式,优化内部治理,提升执业水平,财政部、国家市场监督管理总局制定了财会〔2018〕5号《关于推动有限责任会计师事务所转制为合伙制会计师事务所的暂行规定》,该暂行规定自发布之日起施行,《关于推动大中型会计师事务所采用特殊普通合伙组织形式的暂行规定》(财会〔2010〕12号)同时废止。财会〔2018〕5号的颁布是推动会计师事务所健康、可持续发展的新举措。尽管英美的有限责任合伙制在产生背景、法律规定、责任分担、适用范围等方面不完全等同于我国的"特殊的普通合伙制",但二者的目标是一致的,即在会计师事务所规模较大、合伙人人数众多且分工细化的条件下,最大限度地保护无过错合伙人,避免因某一或某些合伙人的不当执业行为对其他合伙人的合法权益造成重大损害,从而促进会计师事务所健康稳定发展。因此,结合我国国情,倡导并推行特殊普通合伙制是必要的选择。

根据最新的《2019年综合评价前100家会计师事务所信息(公示稿)》,目前在我国前百家会计师事务所(包括"四大"在中国的分所)中,特殊普通合伙制的会计师事务所占42%,

有限责任制的会计师事务所仍有 58%。但在排名前 50 的会计师事务所中,仅有 12 家会计师事务所采用有限责任制,其余的都采用特殊普通合伙制。另外,排名前 30 的会计师事务所,都采取特殊普通合伙制的组织形式。由此看来,我国会计师事务所的转制已经取得了一定的成效,已转制的会计师事务所都取得了较好的综合评价。

不仅国内的会计师事务所的组织形式在不断发展,一些国际会计师事务所在我国的分所也在不断改革。2010 年 12 月,根据国务院的决策部署,财政部会同国务院有关部门组织开展了"四大"中外合作会计师事务所本土化转制工作。"四大"国际会计师事务所(以下简称"四大")是目前全球公认的规模最大、雇员最多、实力最强、影响最广的四家国际会计公司,包括普华永道(PWC)、德勤(DTT)、毕马威(KPMG)和安永(EY)。本土化转制是指中外合作所根据合作设立时所作承诺实现本土化,并在合作到期日之后(或自愿在合作到期日之前)采用符合中国法律法规规定的组织形式。本土化的本质,是将合作到期后的中外合作事务所转型为由具备中国注册会计师执业资格的合伙人管理和控制、以人合为特征、符合行业发展规律和国际惯例的特殊普通合伙事务所。2012 年《中外合作会计师事务所本土化转制方案》的出台,促进了"四大"本土化转制实质性操作。根据该方案,本土化转制工作分为两个阶段:第一阶段是"四大"中外合作所在合作到期后转制为特殊普通合伙组织形式,解决"四大"在华持续经营问题。第二阶段是转制后的"四大"在过渡期内逐步实现本土化目标,即至特殊普通合伙事务所设立批准日,不具有中国注册会计师执业资格的合伙人占合伙人总数的比例及其在合伙人管理委员会中的比例不超过 40%;截至 2014 年 12 月 31 日,该比例不超过 35%;截至 2016 年 12 月 31 日,该比例不超过 25%;截至 2017 年 12 月 31 日,该比例不超过 20%。2012 年 7 月 5 日,经财政部批复同意,毕马威华振会计师事务所(特殊普通合伙)成立;7 月 27 日,安永华明会计师事务所(特殊普通合伙)成立;9 月 14 日,德勤华永会计师事务所(特殊普通合伙)成立;12 月 24 日,普华永道中天会计师事务所(特殊普通合伙)成立。至此,"四大"全部完成组织形式的转变,"四大"的本土化转制初见成效,解决了我国注册会计师行业的这一特殊问题。

【思考题】

1. 审计可以按哪些标准进行分类?其内容分别是什么?
2. 注册会计师的业务范围有哪些?
3. 审计的定义是什么?如何理解审计是一个系统的过程?它包含哪些要素?
4. 为什么有限责任合伙会计师事务所成为当今注册会计师职业界组织形式发展的大趋势?
5. 会计师事务所的组织形式有哪些?

第二章 注册会计师职业道德与法律责任

 引 例

广东新大地生物科技股份有限公司(以下简称"新大地")是广东梅州一家生产油茶的企业,主营精炼茶油,业内籍籍无名。2012年4月12日,"新大地"IPO在创业板预披露,其保荐机构为南京证券;5月14日,创业板发行部发布公告,定于5月18日召开2012年第36次创业板发行审核委员会工作会议;5月18日,"新大地"上会并获得通过。过会一个多月后的6月28日,有媒体通过调查发现了大量与招股说明书不符的事实,指出"新大地"涉嫌虚增利润、隐瞒巨额关联交易、财务数据造假等"7宗罪"。

根据公开资料,"新大地"被指存在多处硬伤:主营的茶油业务毛利率高出同行约1倍,但据此计算出的生产成本不够买主要原料;茶粕数据打架,有机肥涉嫌虚增巨额利润;近3年前十大客户涉及的22家客户中,有近10家被查出包括关联交易、可能存在虚假交易等问题;北京三大客户牵扯董秘和注册会计师;大客户暗藏"自买自卖"嫌疑;签字注册会计师赵合宇任"新大地"第三大股东大昂集团总裁,为利益关联方,同时兼职执业涉嫌违反《注册会计师法》等。按照2012年新股发行改革中对中介机构提出的监管要求,"新大地"的中介机构南京证券、北京大成律师事务所和立信大华会计师事务所如果确实存在失职、失信行为,将很有可能被追究责任,并受到包括限制业务申请在内的行政处罚。

第一节 美国注册会计师职业道德规范

美国注册会计师职业道德规范由注册会计师协会下属的职业道德部负责制定,在结构上分为四个层次:职业道德原则、行为守则、行为守则解释和道德裁决。这一结构如图2-1所示。

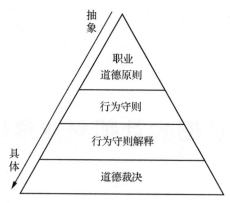

图 2-1 美国注册会计师职业道德规范框架

一、职业道德原则

职业道德原则是职业人员行为的理想状态,是注册会计师应努力达到的目标,它不具有强制性,但为下一层次的职业行为守则提供了基本的概念标准。具体内容如下:

(一)责任

注册会计师必须在执业活动中做出专业判断与道德判断,以履行作为专业人员的职业责任。

(二)公众利益

注册会计师的所有行为都应为公众利益服务,应当做到不辜负公众的信任,并具备职业奉献精神。

(三)正直

注册会计师应在其执业活动中保持最高标准的正直态度。

(四)客观与独立

注册会计师在执业的过程中必须保持客观,避免一切可能的利益冲突。在提供审计和其他鉴证服务时,注册会计师既要保持形式上的独立性,也要保持实质上的独立性。

(五)应有的职业谨慎

注册会计师必须遵循专业技术准则和职业道德准则,必须提高自身的胜任能力以提高专业服务的质量,并尽自己最大的能力履行好职业责任。

(六)服务的范围与性质

注册会计师在决定服务的范围与性质时,必须遵循职业道德行为准则的要求。

二、行为守则

行为守则是职业道德规范的核心部分,也是职业道德概念的具体化,它规定了注册会计师职业道德的最低标准,具有强制性。因此,这个部分的条文在措辞方面更加严谨,用语也更加规范。在美国,很多执业人员在谈到职业道德规范时往往指的就是职业行为守则这一部分。行为守则与职业道德原则的区别在于：职业道德原则是在理想状态下执业人员追求的崇高目标，而行为守则是执业人员必须达到的最低标准。注册会计师的实际道德行为将处于这两个标准的范围内，如果低于行为守则，那么注册会计师的行为将被认为是违背了职业道德，将受到相应的处罚。

三、行为守则解释与道德裁决

虽然行为守则的用词已经相当规范，但注册会计师在理解行为守则时仍旧会出现不同程度的偏差，经常出现注册会计师对某一具体守则提出问题的情况，因此美国注册会计师协会职业道德部成立了一个委员会，由其对行为守则做出解释，因而产生了行为守则解释。行为守则解释规定的是行为守则的范围和适用性，是对行为守则的具体说明，它不具备强制性，但注册会计师必须根据这些条款来修正自己的行为，需要的话还应在纪律检查听证会上证明背离解释的正当理由。道德裁决则是美国注册会计师协会职业道德部执行委员会根据一些具体情况做出的解释，即行为守则及其解释在具体情况和案件中的应用，相对于行为守则解释，它更为具体详尽。道德裁决中涉及的部分问题可能不具有普遍意义，因此不具备强制性，但注册会计师必须根据其中的解释来修正自己的行为。

第二节　我国注册会计师职业道德基本原则

为了规范注册会计师职业行为，提高注册会计师职业道德水准，维护注册会计师职业形象，中国注册会计师协会根据《中华人民共和国注册会计师法》和《中国注册会计师协会章程》，制定了《中国注册会计师职业道德守则第1号——职业道德基本原则》。同时，为建立职业道德概念框架，指导注册会计师遵循职业道德基本原则，中国注册会计师协会制定了《中国注册会计师执业道德守则第2号——职业道德概念框架》。此外，中国注册会计师协会制定的《中国注册会计师职业道德守则第3号——提供专业服务的具体要求》《中国注册会计师职业道德守则第4号——审计和审阅业务对独立性的要求》《中国注册会计师职业道德守则第5号——其他鉴证业务对独立性的要求》分别为解决提供专业服务时遇到的具体职业道德问题、执行审计和审阅业务时遇到的独立性问题以及执行其他鉴证业务时遇到的独立性问题提供了良好的指导。本节仅对我国注册会计师职业道德基本原则的内容进行介绍。

与职业道德有关的基本原则包括诚信、独立性、客观和公正、专业胜任能力和应有的关注、保密、良好的职业行为。

一、诚信

诚信，是指诚实、守信。也就是说，一个人言行与内心思想一致，不虚假；能够履行与别人的约定而取得对方的信任。诚信原则要求注册会计师应当在所有的职业关系和商业关系中保持正直和诚实，秉公处事、实事求是。

注册会计师如果认为业务报告、申报资料或其他信息存在下列问题,则不得与这些有问题的信息发生牵连:

(1) 含有严重虚假或误导性的陈述;

(2) 含有缺乏充分依据的陈述或信息;

(3) 存在遗漏或含糊其词的信息。

举例来说,在审计、审阅或其他鉴证业务中,下列事项可能会导致上述问题的出现:

(1) 引起重大风险的事项,如舞弊行为;

(2) 财务信息存在重大错报而客户未对此做出调整或反映;

(3) 导致在实施审计程序时出现重大困难的情况,例如,客户未能提供充分、适当的审计证据,注册会计师难以做出结论性陈述;

(4) 与会计准则或其他相关规定的选择、应用和一致性相关的重大发现和问题,而客户未对此在其报告或申报资料中反映;

(5) 在出具审计报告时,未解决的重大审计差异。

注册会计师如果注意到已与有问题的信息发生牵连,应当采取措施消除牵连。在鉴证业务中,如果注册会计师依据执业准则出具了恰当的非标准业务报告,不被视为违反上述要求。

二、独立性

独立性,是指不受外来力量控制、支配,按照一定之规行事。独立性原则通常是对注册会计师而不是非执业会员提出的要求。在执行鉴证业务时,注册会计师必须保持独立性。在市场经济条件下,投资者主要依赖财务报表判断投资风险,在投资机会中做出选择。如果注册会计师不能与客户保持独立性,而是存在经济利益、关联关系,或屈从于外界压力,就很难取信于社会公众。注册会计师的独立性包括两个方面——实质上的独立和形式上的独立。注册会计师执行审计和审阅业务以及其他鉴证业务时,应当从实质上和形式上保持独立性,不得因任何利害关系影响其客观性。

会计师事务所在承办审计和审阅业务以及其他鉴证业务时,应当从整体层面和具体业务层面采取措施,以保持会计师事务所和项目组的独立性。

三、客观和公正

客观,是指按照事物的本来面目去考察,不添加个人的偏见。公正,是指公平,正直,不偏袒。客观和公正原则要求会员应当公正处事、实事求是,不得由于偏见、利益冲突或他人的不当影响而损害自己的职业判断。如果存在导致职业判断出现偏差,或对职业判断产生不当影响的情形,会员不得提供相关专业服务。

四、专业胜任能力和应有的关注

专业胜任能力和应有的关注原则要求注册会计师通过教育、培训和执业实践获取和保持专业胜任能力。注册会计师应当持续了解并掌握当前法律、技术和实务的发展变化,将专业知识和技能始终保持在应有的水平,确保为客户提供具有专业水准的服务。

注册会计师作为专业人士,在许多方面都要履行相应的责任,保持和提高专业胜任能力就是其中的重要内容。专业胜任能力是指注册会计师具有专业知识、技能和经验,能够经济、有效地完成客户委托的业务。注册会计师如果不能保持和提高专业胜任能力,就难以完成客户委托的业务。事实上,如果注册会计师在缺乏足够的知识、技能和经验的情况下提供专业服务,就构成了一种欺诈。一个合格的注册会计师,不仅要充分认识自己的能力,对自己充满信心,更重要的是,必须清醒地认识到自己在专业胜任能力方面存在的不足。如果注册会计师不能认识到这一点,承接了难以胜任的业务,就可能给客户乃至社会公众带来危害。

注册会计师在应用专业知识和技能时,应当合理运用职业判断。专业胜任能力可分为两个独立阶段:(1)专业胜任能力的获取;(2)专业胜任能力的保持。注册会计师应当持续了解和掌握相关的专业技术和业务的发展,以保持专业胜任能力。持续职业发展能够使注册会计师发展和保持专业胜任能力,使其能够胜任特定业务环境中的工作。

应有的关注,要求注册会计师遵守执业准则和职业道德规范要求,勤勉尽责,认真、全面、及时地完成工作任务。在审计过程中,注册会计师应当保持职业怀疑态度,运用专业知识、技能和经验,获取和评价审计证据。同时,注册会计师应当采取措施以确保在其授权下工作的人员得到适当的培训和督导。在适当情况下,注册会计师应当使客户、工作单位和专业服务的以及业务报告的其他使用者了解专业服务的固有局限性。

五、保密

注册会计师能否与客户维持正常的关系,有赖于双方能否自愿而又充分地进行沟通和交流,不掩盖任何重要的事实和情况。只有这样,注册会计师才能有效地完成工作。注册会计师与客户的沟通,必须建立在为客户信息保密的基础上。这里所说的客户信息,通常是指涉密信息。一旦涉密信息被泄露或被利用,往往会给客户造成损失。因此,许多国家规定,在会计师事务所工作的注册会计师,在没有取得客户同意的情况下,不能泄露任何客户的涉密信息。

保密原则要求注册会计师应当对在职业活动中获知的涉密信息予以保密,不得有下列行为:

(1)未经客户授权或法律法规允许,向会计师事务所以外的第三方披露其所获知的涉密信息;

(2)利用所获知的涉密信息为自己或第三方谋取利益。

注册会计师在社会交往中应当履行保密义务。注册会计师应当警惕无意泄密的可能性,特别是警惕无意中向近亲属或关系密切的人员泄密的可能性。近亲属是指配偶、父母、子女、兄弟姐妹、祖父母、外祖父母、孙子女、外孙子女。

另外,注册会计师应当对拟接受的客户或拟受雇的工作单位向其披露的涉密信息保密。在终止与客户或工作单位的关系之后,注册会计师仍然应当对在职业关系和商业关系中获知的信息保密。如果变更工作单位或获得新客户,注册会计师可以利用以前的经验,但不应利用或披露以前职业活动中获知的涉密信息。注册会计师应当明确在会计师事务所内部保密的必要性,采取有效措施,确保其下级员工及为其提供建议和帮助的人员遵循保密义务。

注册会计师在下列情况下可以披露涉密信息:

（1）法律法规允许披露，并且取得客户或工作单位的授权；

（2）根据法律法规的要求，为法律诉讼、仲裁准备文件或提供证据，以及向有关监管机构报告发现的违法行为；

（3）法律法规允许的情况下，在法律诉讼、仲裁中维护自己的合法权益；

（4）接受注册会计师协会或监管机构的执业质量检查，答复其询问和调查；

（5）法律法规、执业准则和职业道德规范规定的其他情形。

六、良好的职业行为

注册会计师应当遵守相关法律法规，避免发生任何损害职业声誉的行为。

会员在向公众传递信息以及推介自己和工作时，应当客观、真实、得体，不得损害职业形象。

注册会计师应当诚实、实事求是，不得有下列行为：

（1）夸大宣传提供的服务、拥有的资质或获得的经验；

（2）贬低或无根据地比较其他注册会计师的工作。

第三节 注册会计师职业道德概念框架

一、职业道德概念框架的内涵

职业道德概念框架为注册会计师提供了解决问题的思路和方法，以识别、评价和应对可能对职业道德基本原则产生不利影响的各种情形，以维护职业道德基本原则不受损害。具体分析思路如图2-2所示。

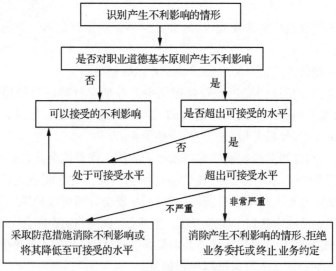

图2-2 职业道德概念框架分析思路

首先,注册会计师应当识别对职业道德基本原则产生不利影响的情形;然后,注册会计师应当评价不利影响的严重程度,评价应当从性质和数量两个方面予以考虑;最后,注册会计师应当根据不利影响的严重程度予以应对。如果不利影响未超出可接受的水平,则可以接受该情形。如果不利影响超出可接受的水平,且通过防范措施能够消除不利影响或将其降至可接受的低水平,则应当采取防范措施。如果不利影响非常严重,导致没有防范措施能够消除不利影响或将其降至可接受的低水平,则应当拒绝接受业务委托或终止业务约定。

注册会计师在运用职业道德概念框架时,应当运用职业判断。需要注意的是,有些情形在性质上非常重大,不论数量多少,都将产生非常严重的不利影响,导致没有防范措施能够消除不利影响或将其降至可接受的低水平,则应当拒绝接受业务委托或终止业务约定。例如,审计项目组成员的配偶直接持有审计客户的股票,属于直接经济利益,不论该经济利益的数量多少,都将对审计项目组成员的独立性产生非常重大的不利影响,审计项目组成员不得持有该经济利益。

二、对遵循职业道德基本原则产生不利影响的因素

注册会计师对职业道德基本原则的遵循可能受到多种因素的不利影响。不利影响的性质和严重程度因注册会计师提供服务类型的不同而不同。可能对职业道德基本原则产生不利影响的因素包括自身利益、自我评价、过度推介、密切关系和外在压力。

(1) 自身利益导致的不利影响。如果经济利益或其他利益对注册会计师的职业判断或行为产生不当影响,将产生自身利益导致的不利影响。自身利益导致不利影响的情形有:① 鉴证业务项目组成员在鉴证客户中拥有直接经济利益;② 会计师事务所的收入过分依赖某一客户;③ 鉴证业务项目组成员与鉴证客户存在重要且密切的商业关系。

(2) 自我评价导致的不利影响。如果注册会计师对其(或者其所在会计师事务所或工作单位的其他人员)以前的判断或服务结果作出不恰当的评价,并且将据此形成的判断作为当前服务的组成部分,将产生自我评价导致的不利影响。自我评价导致不利影响的情形主要包括:① 会计师事务所在对客户提供财务系统的设计或操作服务后,又对系统的运行有效性出具鉴证报告;② 鉴证业务项目组成员担任或最近曾经担任客户的董事或高级管理人员。

(3) 过度推介导致的不利影响。如果注册会计师过度推介客户或工作单位的某种立场或意见,使其客观性受到损害,将产生过度推介导致的不利影响。过度推介导致不利影响的情形有:① 会计师事务所推介审计客户的股份;② 在审计客户与第三方发生诉讼或纠纷时,注册会计师担任该客户的辩护人。

(4) 密切关系导致的不利影响。如果注册会计师与客户或工作单位存在长期或亲密的关系,而过于倾向他们的利益,或认可他们的工作,将产生密切关系导致的不利影响。密切关系导致不利影响的情形有:① 项目组成员的近亲属担任客户的董事或高级管理人员;② 项目组成员近亲属是客户的员工,其所处职位能够对业务对象施加重大影响;③ 注册会计师接受客户的礼品或款待。

(5) 外在压力导致的不利影响。如果注册会计师受到实际的压力或感受到压力(包括

对注册会计师实施不当影响的意图)而无法客观行事,将产生外在压力导致的不利影响。外在压力导致不利影响的情形有:① 会计师事务所受到客户解除业务关系的威胁;② 审计客户表示,如果会计师事务所不同意对某项交易的会计处理,则不再委托其承办拟协议中的非鉴证业务;③ 客户威胁将起诉会计师事务所。

三、应对不利影响的防范措施

在识别和评价对职业道德基本原则产生的不利影响后,注册会计师应当运用判断(从理性且掌握充分信息的第三方的角度),根据不利影响的严重程度,确定如何应对超出可接受水平的不利影响。如果能够通过采取防范措施消除不利影响或将其降至可接受的低水平,注册会计师可以采取这些防范措施。如果不利影响非常严重,导致没有防范措施能够消除或将其降至可接受的低水平,注册会计师应当终止业务约定或拒绝接受业务委托。

防范措施是指可以消除不利影响或将其降至可接受水平的行动或其他措施。应对不利影响的防范措施包括下列两类:

(一)法律法规和职业规范规定的防范措施

主要包括:

(1)取得注册会计师资格必需的教育、培训和经验要求;

(2)持续的职业发展要求;

(3)公司治理方面的规定;

(4)执业准则和职业道德规范的规定;

(5)监管机构或注册会计师协会的监控和惩戒程序;

(6)由依法授权的第三方对注册会计师编制的业务报告、申报资料或其他信息进行外部复核。

(二)具体工作中采取的防范措施

包括:

(1)由所在的工作单位、行业以及监管机构建立有效的公开投诉系统,使同行、工作单位以及社会公众能够注意到不专业或不道德的行为;

(2)明确规定注册会计师有义务报告违反职业道德守则的行为或情形。

四、道德冲突问题的解决

在遵循职业道德基本原则时,注册会计师应当解决遇到的道德冲突问题。在解决道德冲突问题时,注册会计师应当考虑下列因素:

(1)与道德冲突问题有关的事实;

(2)涉及的道德问题;

(3)道德冲突问题涉及的职业道德基本原则;

(4)会计师事务所或工作单位制定的解决道德冲突问题的程序;

(5)可供选择的措施。

在考虑上述因素并权衡可供选择措施的后果后,注册会计师应当确定适当的措施。如果道德冲突问题仍无法解决,注册会计师应当考虑向会计师事务所或工作单位内部的适当人员咨询,寻求帮助解决问题。如果道德问题涉及注册会计师与某组织的冲突或是组织内部的冲突,注册会计师还应当确定是否向该组织的治理层(如董事会)咨询。如果某项重大冲突未能解决,注册会计师可以考虑向相关职业团体或法律顾问获取专业建议。如果以不提及相关方的方式与相关职业团体讨论所涉事项,或在法律特权保护下与法律顾问讨论所涉事项,注册会计师通常能够在不违反保密原则的条件下获得解决道德问题的指导。在考虑所有相关可能措施后,如果道德冲突仍未解决,注册会计师应当在可能的情况下拒绝继续与产生冲突的事项发生关联。注册会计师可视情况确定是否解除业务约定或退出某项特定任务,或完全退出该项业务,或向所在会计师事务所或者工作单位辞职。

第四节　注册会计师对职业道德概念框架的具体运用

注册会计师提供的专业服务类型很多,包括审计和审阅服务、其他鉴证服务和非鉴证服务。不论提供何种专业服务,注册会计师都应当对可能对职业道德基本原则产生不利影响的各种情形保持警惕,运用职业道德概念框架识别、评价和应对不利影响,从而使职业道德基本原则不受损害。本节阐述注册会计师遇到或可能遇到的,包括专业服务委托利益冲突等在内的各种情形和关系,为注册会计师识别、评价和应对不利影响提供指导。

一、专业服务委托

(一) 接受客户关系

在接受客户关系前,注册会计师应当确定接受客户关系是否对职业道德基本原则产生不利影响。注册会计师应当考虑客户的主要股东、关键管理人员和治理层是否诚信,以及客户是否涉足非法活动(如洗钱)或存在可疑的财务报告问题等。

客户存在的问题可能对注册会计师遵循诚信原则或良好职业行为原则产生不利影响,注册会计师应当评价不利影响的严重程度,并在必要时采取防范措施消除不利影响或将其降低至可接受的水平。防范措施主要包括:

(1) 对客户及其主要股东、关键管理人员、治理层和负责经营活动的人员进行了解;

(2) 要求客户对完善公司治理结构或内部控制做出承诺。

如果不能将客户存在的问题产生的不利影响降低至可接受的水平,注册会计师应当拒绝接受客户关系。如果向同一客户连续提供专业服务,注册会计师应当定期评价继续保持客户关系是否适当。

(二) 承接业务

注册会计师应当遵循专业胜任能力和应有的关注原则,仅向客户提供能够胜任的专业服务。在承接某一客户业务前,注册会计师应当确定承接该业务是否对职业道德基本原则产生不利影响。

如果项目组不具备或不能获得执行业务所必需的胜任能力,将对专业胜任能力和应有的关注原则产生不利影响。注册会计师应当评价不利影响的严重程度,并在必要时采取防范措施消除不利影响或将其降低至可接受的水平。防范措施主要包括:

(1) 了解客户的业务性质、经营的复杂程度,以及所在行业的情况;

(2) 了解专业服务的具体要求和业务对象,以及注册会计师拟执行工作的目的、性质和范围;

(3) 了解相关监管要求或报告要求;

(4) 分派足够的具有胜任能力的员工;

(5) 必要时利用专家的工作;

(6) 就执行业务的时间安排与客户达成一致意见;

(7) 遵守质量控制政策和程序,以合理保证仅承接能够胜任的业务。

当利用专家的工作时,注册会计师应当考虑专家的声望、专长及其可获得的资源,以及适用的执业准则和职业道德规范等因素,以确定专家的工作结果是否值得依赖。注册会计师可以通过以前与专家的交往或向他人咨询获得相关信息。

(三) 客户变更委托

如果应客户要求或考虑以投标方式接替前任注册会计师,注册会计师应当从专业角度或其他方面确定应否承接该业务。如果注册会计师在了解所有相关情况前就承接业务,可能对专业胜任能力和应有的关注原则产生不利影响。注册会计师应当评价不利影响的严重程度。

由于客户变更委托的表面理由可能并未完全反映事实真相,根据业务性质,注册会计师可能需要与前任注册会计师直接沟通,核实与变更委托相关的事实和情况,以确定是否适宜承接该业务。

注册会计师应当在必要时采取防范措施,消除因客户变更委托产生的不利影响或将其降低至可接受的水平。防范措施主要包括:

(1) 当应邀投标时,在投标书中说明,在承接业务前需要与前任注册会计师沟通,以了解是否存在不应接受委托的理由;

(2) 要求前任注册会计师提供已知悉的相关事实或情况,即前任注册会计师认为,后任注册会计师在做出承接业务的决定前,需要了解的事实或情况;

(3) 从其他渠道获取必要的信息。

如果采取的防范措施不能消除不利影响或将其降低至可接受的水平,注册会计师不得承接该业务。

注册会计师可能应客户要求在前任注册会计师工作的基础上提供进一步的服务。如果缺乏完整的信息,可能对专业胜任能力和应有的关注原则产生不利影响。注册会计师应当评价不利影响的严重程度,并在必要时采取防范措施消除不利影响或将其降低至可接受的水平。

采取的防范措施主要包括将拟承担的工作告知前任注册会计师,请其提供相关信息,以便恰当地完成该项工作。

前任注册会计师应当遵循保密原则。前任注册会计师是否可以或必须与后任注册会计师讨论客户的相关事务，取决于业务的性质、是否征得客户同意，以及法律法规或职业道德规范的有关要求。

注册会计师在与前任注册会计师沟通前，应当征得客户的同意，最好征得客户的书面同意。前任注册会计师在提供信息时，应当实事求是、清晰明了。如果不能与前任注册会计师沟通，注册会计师应当采取适当措施，通过询问第三方或调查客户的高级管理人员、治理层的背景等方式，获取有关对职业道德基本原则产生不利影响的信息。

二、利益冲突

会计师事务所与客户之间、客户与客户之间可能存在利益冲突，存在此类利益冲突可能对职业道德基本原则产生不利影响。注册会计师应当识别、评价和应对这些利益冲突产生的不利影响。

利益冲突可分为三种情形，每种情形需要采取不同的防范措施。

第一，会计师事务所的商业利益或业务活动可能与客户存在利益冲突。例如，会计师事务所的网络所提供管理咨询服务，而审计客户也提供管理咨询服务，两者可能竞标同一家管理咨询客户，或在某一区域里存在竞争关系。如果出现此类情形，将对会计师事务所的客观和公正原则产生不利影响，注册会计师应当告知客户，并在征得客户同意的情况下执行业务。

第二，会计师事务所为两个或两个以上的客户提供服务，客户之间可能存在利益冲突或者对某一事项或交易存在争议。例如，会计师事务所的两个客户正处于诉讼中。此类情形可能对会计师事务所的客观和公正原则产生不利影响。会计师事务所可能因职业关系等获知客户的某些信息，存在利益冲突的客户可能要求会计师事务所提供相关信息或在争议中倾向其利益，或者会计师事务所自身可能失去客观公正的立场。因此，如果为存在利益冲突的两个或两个以上的客户提供服务，注册会计师应当告知所有已知相关方，并在征得他们同意的情况下执行业务。

第三，会计师事务所为某一特定行业或领域中的两个或两个以上的客户提供服务（例如中国移动和中国联通），客户之间可能存在利益冲突。由于客户间存在直接的竞争关系，在信息保密等方面比对其他客户有更严格的要求。因此，为某一特定行业或领域中的两个或两个以上的客户提供专业服务也会对注册会计师的职业道德基本原则产生不利影响。在这种情况下，注册会计师应当告知客户，并在征得他们同意的情况下执行业务。在实际业务活动中往往是客户主动要求会计师事务所不能为其竞争对手提供服务。如果客户不同意注册会计师为存在利益冲突的其他客户提供服务，注册会计师应当终止为其中一方或多方提供服务。

除了以上针对各种情形采取的防范措施外，注册会计师还应当采取其他防范措施，以消除不利影响或将其降至可接受的低水平。例如，分派不同的项目组为相关客户提供服务；实施必要的保密程序，防止未经授权接触信息；向项目组成员提供有关安全和保密问题的指引;要求会计师事务所的合伙人和员工签订保密协议;由未参与执行相关业务的高级员工定期复核防范措施的执行情况。

如果采取的防范措施不能消除不利影响或将其降至可接受的低水平,注册会计师应当拒绝承接某一特定业务,或者解除一个或多个存在冲突的业务约定。

三、应客户的要求提供第二次意见

在某客户运用会计准则对特定交易和事项进行处理,且已由前任注册会计师发表意见的情况下,如果注册会计师应客户的要求提供第二次意见,可能对职业道德基本原则产生不利影响。

如果第二次意见不是以前任注册会计师所获得的相同事实为基础,或依据的证据不充分,可能对专业胜任能力和应有的关注原则产生不利影响。不利影响存在与否及其严重程度,取决于业务的具体情况,以及为提供第二次意见所能获得的所有相关事实及证据。

如果被要求提供第二次意见,注册会计师应当评价不利影响的严重程度,并在必要时采取防范措施消除不利影响或将其降低至可接受的水平。

防范措施主要包括:
(1)征得客户同意与前任注册会计师沟通;
(2)在与客户沟通中说明注册会计师发表专业意见的局限性;
(3)向前任注册会计师提供第二次意见的副本。

如果客户不允许与前任注册会计师沟通,注册会计师应当在考虑所有情况后决定是否适宜提供第二次意见。

四、收费

会计师事务所在确定收费时应当主要考虑专业服务所需的知识和技能、所需专业人员的水平和经验、各级别专业人员提供服务所需的时间和提供专业服务所需承担的责任。在专业服务得到良好的计划、监督及管理的前提下,收费通常以每一专业人员适当的小时收费标准或日收费标准为基础计算。

收费是否对职业道德基本原则产生不利影响,取决于收费报价水平和所提供的相应服务。注册会计师应当评价不利影响的严重程度,并在必要时采取防范措施消除不利影响或将其降低至可接受的水平。防范措施主要包括让客户了解业务约定条款,特别是确定收费的基础以及在收费报价内所能提供的服务、安排恰当的时间和具有胜任能力的员工执行任务。

在承接业务时,如果收费报价过低,可能导致难以按照执业准则和相关职业道德要求执行业务,从而对专业胜任能力和应有的关注原则产生不利影响。如果收费报价明显低于前任注册会计师或其他会计师事务所的相应报价,会计师事务所应当确保在提供专业服务时,遵守执业准则和相关职业道德规范的要求,使工作质量不受损害并使客户了解专业服务的范围和收费基础。

或有收费可能对职业道德基本原则产生不利影响。不利影响存在与否及其严重程度取决于下列因素：
(1) 业务的性质；
(2) 可能的收费金额区间；
(3) 确定收费的基础；
(4) 是否由独立第三方复核交易和提供服务的结果。

除法律法规允许外，注册会计师不得以或有收费方式提供鉴证服务，收费与否或收费多少不得以鉴证工作结果或实现特定目的为条件。注册会计师应当评价或有收费产生不利影响的严重程度，并在必要时采取防范措施消除不利影响或将其降低至可接受的水平。防范措施主要包括：
(1) 预先就收费的基础与客户达成书面协议；
(2) 向预期的报告使用者披露注册会计师所执行的工作及收费的基础；
(3) 实施质量控制政策和程序；
(4) 由独立第三方复核注册会计师已执行的工作。

注册会计师收取与客户相关的介绍费或佣金，可能对客观和公正原则及专业胜任能力和应有的关注原则产生非常严重的不利影响，导致没有防范措施能够消除不利影响或将其降低至可接受的水平。因此，注册会计师不得收取与客户相关的介绍费或佣金。

注册会计师为获得客户而支付业务介绍费，可能对客观和公正原则及专业胜任能力和应有的关注原则产生非常严重的不利影响，导致没有防范措施能够消除不利影响或将其降低至可接受的水平。因此，注册会计师不得向客户或其他方支付业务介绍费。

五、专业服务营销

注册会计师通过广告或其他营销方式招揽业务，可能对职业道德基本原则产生不利影响。在向公众传递信息时，注册会计师应当维护职业声誉，做到客观、真实、得体。

注册会计师在营销专业服务时，不得有下列行为：
(1) 夸大宣传提供的服务、拥有的资质或获得的经验；
(2) 贬低或无根据地比较其他注册会计师的工作；
(3) 暗示有能力影响有关主管部门、监管机构或类似机构；
(4) 做出其他欺骗性的或可能导致误解的声明。

注册会计师不得采用强迫、欺诈、利诱或骚扰等方式招揽业务。注册会计师不得对其能力进行广告宣传以招揽业务，但可以利用媒体刊登设立、合并、分立、解散、迁址、名称变更和招聘员工等信息。

六、礼品和款待

客户可能向注册会计师或其近亲属提供礼品或款待。接受客户的礼品或款待，可能因自身利益或密切关系而对客观和公正原则产生不利影响。此外，这种行为有可能被公开从而因外在压力对客观和公正原则产生不利影响。

注册会计师不得向客户索取、收受委托合同约定以外的酬金或其他财物，或者利用执行业务之便,谋取其他不正当的利益。

注册会计师应当评价接受款待产生的不利影响的严重程度,并在必要时采取防范措施消除威胁或将其降至可接受的低水平。如果礼品或款待的价值和影响微小,属于业务中的正常往来,没有影响决策或获取信息的特定意图,则对职业道德基本原则产生的不利影响并未超出可接受的水平。如果款待超出业务活动中的正常往来,导致没有防范措施能够消除不利影响或将其降至可接受的低水平,注册会计师应当拒绝接受。

七、保管客户资产

除非法律法规允许或要求,注册会计师不得提供保管客户资金或其他资产的服务。注册会计师保管客户资金或其他资产,应当履行相应的法定义务。保管客户资金或其他资产可能对职业道德基本原则产生不利影响,尤其可能对客观和公正原则及良好职业行为原则产生不利影响。

注册会计师如果保管客户资金或其他资产,应当符合下列要求:
(1) 将客户资金或其他资产与其个人或会计师事务所的资产分开;
(2) 仅按照预定用途使用客户资金或其他资产;
(3) 随时准备向相关人员报告资产状况及产生的收入、红利或利得;
(4) 遵守所有与保管资产和履行报告义务相关的法律法规。

如果某项业务涉及保管客户资金或其他资产,注册会计师应当根据有关接受与保持客户关系和具体业务政策的要求,适当询问资产的来源,并考虑应当履行的法定义务。如果客户资金或其他资产来源于非法活动(如洗钱),注册会计师不得提供保管资产服务,并应当向法律顾问征询进一步的意见。

八、对客观和公正原则的要求

在提供专业服务时,注册会计师如果在客户中拥有经济利益,或者与客户董事、高级管理人员或员工存在家庭和私人关系或商业关系,应当确定是否对客观和公正原则产生不利影响。

在提供专业服务时,对客观和公正原则的不利影响及其严重程度,取决于业务的具体情形和注册会计师所执行工作的性质。注册会计师应当评价不利影响的严重程度,并在必要时采取防范措施消除不利影响或将其降低至可接受的水平。防范措施主要包括:
(1) 退出项目组;
(2) 实施督导程序;
(3) 终止产生不利影响的经济利益或商业关系;
(4) 与会计师事务所内部较高级别的管理人员讨论有关事项;
(5) 与客户治理层讨论有关事项。

如果防范措施不能消除不利影响或将其降低至可接受的水平,注册会计师应当拒绝接受业务委托或终止业务。

在提供鉴证服务时,注册会计师应当从实质上和形式上独立于鉴证客户,客观公正地提出结论,并且从外界看来没有偏见、无利益冲突、不受他人的不当影响。在执行审计和审阅业务以及其他鉴证业务时,为了达到保持独立性的要求,注册会计师应当分别遵守《中国注册会计师职业道德守则第4号——审计和审阅业务对独立性的要求》和《中国注册会计师职业道德守则第5号——其他鉴证业务对独立性的要求》的规定。

第五节　注册会计师法律责任

为保证执业的质量和水平,几乎每一个国家都为其专业性的职业订立了相关的法律责任条款以强调执业人员的法律责任。审计作为一种具有权威性的社会活动,更是承担着越来越大的法律责任。因此,注册会计师法律责任制度的建立与完善是对审计行业进行有效管制的前提,也是保证审计有效性的重要措施。

一、注册会计师法律责任的现状

任何一种职业,在任何一个国家,为了切实保证职业服务的质量和水平,都很强调专业人员的法律责任,也大多订立了相应的法律责任条款。与其他职业相比,注册会计师职业所负的法律责任更加重大。如医生和律师发生过失的话,受害人往往只是患者或少数委托人,而注册会计师发生过失可能使成千上万的人受到连累,蒙受损失。因为依赖和利用管理层编制的财务报表和注册会计师审计意见,作为决策依据的人们,不仅包括现有的,还包括潜在的投资者、债权人、消费者、雇员、政府有关部门等所有关心企业的人士。西方注册会计师职业界有句谚语"社会公众是注册会计师的唯一委托人",恰当地表明了注册会计师对社会公众负责的显著特性。

纵观历史,公共会计职业界审计失败次数相对于所执行的审计总数而言,是相当少的。但自20世纪20年代中期以来,世界各国控告注册会计师的诉讼案件急剧增加,有人称注册会计师已面临"诉讼爆炸"的时代。造成诉讼爆炸的原因很多,其主要原因有两个。

首先,审计期望差距的存在。已审计财务报表的使用者对注册会计师责任的了解正在增加,但使用者同注册会计师职业之间仍存在较大的期望差距。已审计财务报表的使用者总是期望注册会计师具有充分胜任审计工作的技术和能力,并具备独立、公正和客观的态度;查找并披露所有无意和故意的重要错报;防止公布易产生误导的财务报表即"欺诈性财务报告"。此外,使用者还期望注册会计师向其及时通告企业可能难以持续经营的有关情况。使用者如认为未达到自己期望的标准,往往就控告注册会计师。很多使用者通常将经营失败同审计失败混为一谈。

其次,"深口袋"责任概念的影响。社会日益赞同受害方应向有能力赔偿的另外一方提出诉讼,而不问被告方错在哪里。这就是通常所说的"深口袋"责任概念。注册会计师越来越明显地被看作是被审计单位的担保人,而非独立、客观的审计者和报告者。

当然,造成诉讼爆炸的原因还有很多,例如注册会计师在商业领域的参与日渐拓展,社会公众自我保护的意识逐步增强,有关法律允许采用集体诉讼等。因此,注册会计师应当深入了解法律责任的认定,进一步约束自身行为以提供高质量的服务,同时采用更加全面的防范措施以避免法律诉讼。

二、注册会计师法律责任概述

(一)法律责任的含义

注册会计师的法律责任,是指注册会计师在执业时没有保持应有的执业谨慎,出现违约、过失或欺诈,从而导致对审计委托人、客户或其他有利益关系的第三人造成损害,按照相关法律规定而应承担的法律后果。

(二)注册会计师法律责任的成因

1. 注册会计师的自身原因

(1)违约。所谓违约,是指合同的一方或几方未能达到合同条款的要求。当注册会计师违约给他人造成损失时,注册会计师应负违约责任。比如,会计师事务所在商定的期间内,未能提交纳税申报表或违反了与被审计单位订立的保密协议等。

(2)过失。所谓过失,是指在一定条件下,缺少应具有的合理的谨慎。评价注册会计师的过失,是以其他合格注册会计师在相同条件下可做到的谨慎为标准的。当注册会计师过失给他人造成损害时,注册会计师应负过失责任。通常过失按其程度不同分为普通过失和重大过失。

普通过失通常是指没有保持职业上应有的合理谨慎。对注册会计师而言,是指没有完全遵循执业准则的要求执业。比如,对特定项目未取得必要的审计证据的情况可视为普通过失。

重大过失是指连起码的职业谨慎都未保持,对业务或事务不加考虑,满不在乎。对于注册会计师而言,则是指根本没有遵循执业准则或没有按执业准则的要求执行业务。比如,审计业务不以审计准则为依据,可视为重大过失。

另外,还有一种过失叫"共同过失",即对他人过失,受害方自己未能保持合理的谨慎因而蒙受损失。比如,被审计单位未能向注册会计师提供编制纳税申报表所必要的信息,后来又控告注册会计师未能妥当地编制纳税申报表,这种情况可能使法院判定被审计单位有共同过失。运用"重要性"和"内部控制"这两个概念有助于区分注册会计师的普通过失和重大过失。首先,如果财务报表中存在重大错报事项,注册会计师运用标准审计程序通常应予发现,但因工作疏忽而未能将重大错报事项查出来,就很可能在法律诉讼中被解释为重大过失。如果财务报表有多处错报事项,每一处都不算重大,但综合起来对财务报表的影响却较大,也就是说财务报表作为一个整体可能严重失实,这种情况下,法院一般认为注册会计师具有普通过失,而非重大过失,因为标准审计程序发现每处较小错报事项的概率也较小。其次,注册会计师对财务报表项目实施的实质性程序是以内部控制的了解与评价为基础的。如果内部控制不健全,注册会计师应当调整实质性程序的性质、时间安排和范围,这样,一般都能合理确信发现由此产生的报表重大错报;否则,就具有重大过失的性质。相反的情况是,内部控制本身非常健全,但由于职工串通舞弊,导致设计良好的内部控制失效。由于注册会计师查出这种错报事项的可能性相对较小,因而一般会认为注册会计师没有过失或只具有普通过失。

(3)欺诈。欺诈又称注册会计师舞弊,是指以欺骗或坑害他人为目的的故意错误行为。作案具有不良动机是欺诈的重要特征,也是欺诈与普通过失和重大过失的主要区别之一。对于注册会计师而言,欺诈就是为了达到欺骗他人的目的,明知客户财务报表有重大错报,却作伪证,出具无保留意见的审计报告。

与欺诈相关的另一概念是"推定欺诈"。推定欺诈是指虽无故意欺诈或坑害他人的动机,却存在极端或异常的过失。推定欺诈和重大过失这两个概念的界限往往很难界定,在美国有的法院曾将注册会计师重大过失解释为推定欺诈,特别是近年来一些法院放宽了"欺诈"一词的范围,使得推定欺诈和欺诈在法律上成为等效概念。这样,具有重大过失的注册会计师的法律责任就进一步加大了。

图2-3有助于理解在什么条件下,注册会计师可能会被判断为没有过失、普通过失、重大过失或欺诈。

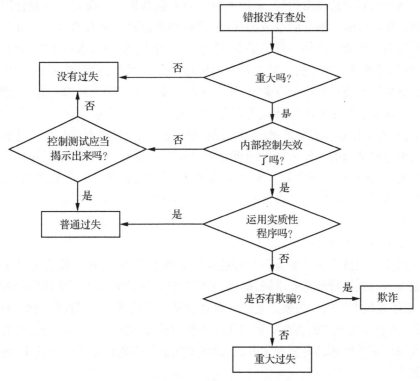

图2-3 注册会计师过失、欺诈责任界定

2. 社会原因

随着社会的发展,注册会计师地位日益提升,其承担的法律责任也在逐渐增长,这已成为世界各国的一种趋势。究其原因,主要有以下几点:首先,公众对政府负有保护投资者利益的意识逐渐强化,也越来越注重运用法律的手段来解决利益冲突和纠纷;其次,公布财务信息的公司对审计人员应承担必要法律责任的意识不断增强;再次,随着经济发展,公司规模逐渐扩大,公司活动也愈发复杂,使得公司对公众的报告责任变得越来越重要;最后,公司会计和审计活动过程的日趋复杂导致了风险性的提高,而审计工作的失误,尤其是造成一定社会影响和损害的审计失误,使政府和公众希望强化惩罚机制。

三、美国注册会计师法律责任

美国注册会计师的法律责任主要源自习惯法和成文法。习惯法是指不通过立法程序而直接由法院判例引申而出的各项法律,成文法则是由联邦或州立法机构以文字的形式所制定的法律。在运用习惯法的案件中,法院可以不按以前的判例而另行创造新的法律;但在运用成文法的案件中,法院只能按法律条文的规定进行精确的解释。

(一) 习惯法下审计人员的法律责任

1. 习惯法下审计人员对委托人的责任

审计服务属于有偿服务,审计业务约定的双方之间存在着合同关系,因此,审计人员对委托人的过失责任通常也称为违约责任。违约是指合同的一方未能履行合同条款的要求,当审计人员违约给客户造成损失时,审计人员应承担违约责任。违约责任是合同双方以口头或书面协议所界定的一种合同法下的责任,只有作为合同当事人的客户才可以起诉审计人员的违约行为。注册会计师一旦接受委托执行审计业务,就必须恪尽职守、保持认真与谨慎,而无论是在与委托单位签订的合同中是否写明这一点。因此,在习惯法下,一旦审计人员由于过失或欺诈导致委托单位经济受损,即便是由于委托单位职工舞弊引起的,遭受损失的委托单位均可向法院提出要求审计人员赔偿的诉讼。一旦委托单位对审计人员提起诉讼,在习惯法下,委托单位就负有举证责任,即必须向法院证明其已受到损失而且这种损失是由于审计人员的过失造成的。作为被告的审计人员在受到指控时,可用以下几种理由或理由之一进行抗辩:一是审计人员本身并无过失,即执业时严格遵循了专业标准的要求,保持了职业上应有的谨慎。二是审计人员虽有过失,但这种过失并不是委托单位受到损失的直接原因。三是委托单位涉及共同过失。共同过失的抗辩,实际上就是表示委托单位受损不是由于审计人员的过失所直接导致的。

审计人员除了因执行审计业务而与委托单位发生关系外,还可能接受委托为客户提供其他会计服务。与执行审计业务不同,提供会计服务时,审计人员并不实施审计时所采用的审计程序,也不签发有关会计报表公允性的审计意见。但根据美国以往的判例,审计人员提供会计服务,对于委托单位仍负有认真与谨慎从事的责任,同时还认为审计人员在提供会计服务时对发现的重要问题具有追查义务,当发现挪用公款或欺诈之类的违法事件的证据时,应立即提醒客户。

2. 习惯法下审计人员对第三方的责任

第三方是指那些与审计人员无直接契约关系,但依赖审计人员审计报告进行决策的利益相关者。在习惯法下,联邦和各州法院对于审计人员的重大过失、推定欺诈和欺诈行为需要对所有第三方承担责任并无争议,但对于审计人员的普通过失是否需要对第三方承担责任的看法则不尽相同,主要原因是对第三方范围的界定不同。各州法院大致形成了三种遵循标准:合约方、已预见的第三方、可合理预见的第三方。

在习惯法下,传统观念认为,审计人员对不存在合同关系的第三方不承担责任。而在一些地方,法院考虑到其他职业对非合约使用人的责任已有所增加、让善意财务报表使用人蒙受经济损失有失公平、审计人员能够将增加的审计费用和保险金转嫁给委托人等因素,因此引入了"已预见的第三方"的概念,扩展了合约方的标准,允许第三者获得比以前更多的赔偿。少数州还认为审计人员应对更广泛的第三方承担责任,因此他们进一步引入了"可合理预见的第三方"的概念,"可合理预见的第三方"可能包括所有债权人、股东、过去和现在的及潜在的无限的投资者。习惯法下审计人员对第三方的责任案中,举证责任在原告。而对第三方提出的诉讼案,审计人员最好的抗辩理由是"无过失行为",即审计人员是根据审计准则执行审计的,当无法证明"无过失行为"时,还可以使用"没有义务"(没有合同关系)的抗辩理由。此外,审计人员还可以使用"缺少因果关系"(通常是指使用者没有依赖财务报表)的抗辩理由。值得注意的是,共同过失理由在抗辩第三方的指控时通常是不适用的,因为第三者不可能共同参与错报财务报表。

（二）成文法下审计人员的法律责任

在美国,涉及审计人员法律责任的成文法主要有:1933年颁布的《证券法》、1934年颁布的《证券交易法》、1995年颁布的《私人证券诉讼改革法》以及2002年颁布的《萨班斯-奥克斯利法案》。

1. 1933年的《证券法》

1933年的《证券法》不仅规定了上市公司必须进行强制性的法定审计,而且明确了审计人员的法律责任。在民事责任方面,1933年的《证券法》主要针对发行证券申报登记文件中重大事实的不实陈述责任进行了规定,内容主要包括:当登记文件中对重大事实有错误陈述、隐瞒或误导性信息的时候,证券购买者有权起诉。除非被告能够证明购买者购买证券时已经知道存在错误或隐瞒,否则任何购买者都可以提起诉讼;包括审计人员在内的专业人士应承担法律责任,审计人员应对审核的登记文件和签署的专业意见负责;免责事由具体包括勤勉尽职和合理调查,当信息披露方登记文件中没有全面、正确反映审计人员的审计意见及表述或采取有所增删的引述时,审计人员也是可以抗辩免责的。在刑事责任方面,1933年《证券法》规定,故意违反证券法规定进行重大虚假陈述的注册会计师,一经证明有罪,应处以不超过1万美元的罚金或者不超过5年的有期徒刑或者两者并罚。

2. 1934年的《证券交易法》

1934年的《证券交易法》的第18(a)条款规定:任何人在根据《证券交易法》向SEC(美国证券交易委员会的简称)呈报登记文件时如果做出严重的不实陈述或遗漏事实,都必须负责。一旦原告能够证明确实知道并依赖了被告向SEC呈报登记材料的内容,被告就必须负责赔偿,除非被告确能证明其行为是善意的,并且不知道所作的陈述是虚假或令人误解的。与1933年的《证券法》相比,1934年的《证券交易法》涉及的财务报表和投资者数目较多,对审计人员的责任也有所减轻。《证券交易法》将部分举证责任也转嫁给了原告,原告应当向法院证明依赖已审财务报表是其受损失的直接原因,而且《证券交易法》只要求审计人员证明其行为无重大过失或欺诈行为。该法案第10(b)-5条款规定,不管任何人,直接或间接地通过采用任何州际商业手段或方式或邮政设施或任何全国性证券交易工具来从事下列活动都是非法的:一是采取任何预谋、设施或诡计进行欺诈;二是对任何重大事实作不实表述或忽略必要的在一定情况下应予以表达才不致引起误解的重要事实;三是在从事任何行为、实务或商业过程中,进行针对任何与买卖证券有关的人的欺诈或欺骗。刑事责任方面,《证券交易法》规定故意违反本法的虚假陈述行为在证实基础上应被处以100万美元以下的罚款或处以10年以下有期徒刑,或两者并处。如果该人员为非自然人,则应处以250万美元以下的罚款;但是任何人如果证明其不知道有关规则规章的规定,个人不得因违反此类规则或规章而被判处有期徒刑。

3. 1995年的《私人证券诉讼改革法》

《私人证券诉讼改革法》最大的突破就是用"公允份额"的比例责任规则系统代替以往的连带责任规则。在确定赔偿上限的方法上,《私人证券诉讼改革法》规定,损失赔偿上限为证券买入或卖出价与相关错报信息或遗漏信息得到更正,并传播到市场后90天内平均收盘价的差额。这两个方面是《私人证券诉讼改革法》与1933年的《证券法》和1934年的《证券交易法》相比法律责任上主要的改变。

4. 2002年的《萨班斯-奥克斯利法案》

2001年以来,美国相继爆发了一系列财务舞弊和审计失败案,国会两院对此做出迅速反应,并通过了《萨班斯-奥克斯利法案》。该法案中涉及审计人员法律责任的内容主要有审计独立性的强化、处罚措施的细化、刑事责任的加重以及诉讼时效的延长。例如,在诉讼时效方面,《萨班斯-奥克斯利法案》规定,起诉证券欺诈犯罪的时效由原来发现违法行为后1年或在发生后3年内提起诉讼,分别延长为2年和5年。

四、我国注册会计师法律责任

我国注册会计师因违约、过失或欺诈给被审计单位或其他利害关系人造成损失的,按照有关法律规定可能被判承担行政责任、民事责任或刑事责任。这三种责任可单处,也可并处。对注册会计师而言,行政责任包括警告、暂停执业、罚款、吊销注册会计师证书等;民事责任主要是指赔偿受害人损失;刑事责任是指触犯刑法所必须承担的法律后果,包括罚金、有期徒刑以及其他限制人身自由的刑罚等。一般来说,违约和过失可能使注册会计师负行政责任和民事责任,欺诈可能会使注册会计师负民事责任和刑事责任。

(一)相关法律法规的规定

1.《中华人民共和国注册会计师法》

《中华人民共和国注册会计师法》(以下简称《注册会计师法》)就注册会计师执业过程中的职责做了规定。

其中第二十条规定:"注册会计师执行审计业务,遇有下列情形之一的,应当拒绝出具有关报告:(一)委托人示意其作不实或者不当证明的;(二)委托人故意不提供有关会计资料和文件的;(三)因委托人有其他不合理要求,致使注册会计师出具的报告不能对财务会计的重要事项作出正确表述的。"第二十一条又规定:"注册会计师执行审计业务,必须按照执业准则、规则确定的工作程序出具报告。注册会计师执行审计业务出具报告时,不得有下列行为:(一)明知委托人对重要事项的财务会计处理与国家有关规定相抵触,而不予指明;(二)明知委托人的财务会计处理会直接损害报告使用人或者其他利害关系人的利益,而予以隐瞒或者作不实的报告;(三)明知委托人的财务会计处理会导致报告使用人或者其他利害关系人产生重大误解,而不予指明;(四)明知委托人的财务报表的重要事项有其他不实内容,而不予指明。"

对于违反相关规定的会计师事务所和注册会计师需要承担何种责任,《注册会计师法》也进行了相应的规定,其第三十九条规定:"会计师事务所违反本法第二十条、第二十一条规定的,由省级以上人民政府财政部门给予警告,没收违法所得,并可处违法所得一倍以上五倍以下的罚款;情节严重的,并可以由省级以上人民政府财政部门暂停其经营业务或者予以撤销。注册会计师违反本法第二十条、第二十一条规定的,由省级以上人民政府财政部门给予警告,情节严重的,可以由省级以上人民政府财政部门暂停其执行业务或者吊销注册会计师证书。会计师事务所、注册会计师违反本法第二十条、第二十一条的规定,故意出具虚假的审计报告、验资报告,构成犯罪的,依法追究刑事责任。"第四十二条规定:"会计师事务所违反本法规定,给委托人、其他利害关系人造成损失的,应当依法承担赔偿责任。"

2.《中华人民共和国公司法》

《中华人民共和国公司法》第二百零七条规定:"承担资产评估、验资或者验证的机构提供虚假材料的,由公司登记机关没收违法所得,处以违法所得一倍以上五倍以下的罚款,并可以由有关主管部门责令该机构停业、吊销直接责任人员的资格证书,吊销营业执照。承担资产评估、验资或者验证的机构因过失提供有重大遗漏的报告的,由公司登记机关责令改正,情节较重的,处以所得收入一倍以上五倍以下的罚款,并可以由有关主管部门责令该机构停业、吊销直接责任人员的资格证书,吊销营业执照。承担资产评估、验资或者验证的机构因出具的评价结果、验资或者验证证明不实,给公司债权人造成损失的,除能够证明自己没有过错的外,在其评估或者证明不实的金额范围内承担赔偿责任。"

3.《中华人民共和国证券法》

《中华人民共和国证券法》第二百一十三条规定:"证券服务机构违反本法第一百六十三条的规定,证券服务机构未勤勉尽责,所制作、出具的文件有虚假记载、误导性陈述或者重大遗漏的,责令改正,没收业务收入,并处以业务收入一倍以上十倍以下的罚款,没有业务收入或者业务收入不足五十万元的,处以五十万元以上五百万元以下的罚款;情节严重的,并处暂停或者禁止从事证券服务业务。对直接负责的主管人员和其他直接责任人员给予警告,并处以二十万元以上二百万元以下的罚款。"

4.《中华人民共和国刑法》

《中华人民共和国刑法》第二百二十九条规定:"承担资产评估、验资、验证、会计、审计、法律服务、保荐、安全评价、环境影响评价、环境监测等职责的中介组织的人员故意提供虚假证明文件,情节严重的,处五年以下有期徒刑或者拘役,并处罚金;有下列情形之一的,处五年以上十年以下有期徒刑,并处罚金:(一)提供与证券发行相关的虚假的资产评估、会计、审计、法律服务、保荐等证明文件,情节特别严重的;(二)提供与重大资产交易相关的虚假的资产评估、会计、审计等证明文件,情节特别严重的;(三)在涉及公共安全的重大工程、项目中提供虚假的安全评价、环境影响评价等证明文件,致使公共财产、国家和人民利益遭受特别重大损失的。

有前款行为,同时索取他人财物或者非法收受他人财物构成犯罪的,依照处罚较重的规定定罪处罚。"

(二) 相关司法解释

为了合理界定会计师事务所的民事责任,最高人民法院在2007年发布了《最高人民法院关于审理涉及会计师事务所在审计业务活动中民事侵权赔偿案件的若干规定》(以下简称《司法解释》)。这是在梳理最高人民法院以往发布的五个司法解释的基础上经过充分讨论和反复论证,将审判实践中出现的新情况、新问题做出符合法律精神并切合实际的规定。《司法解释》共13条,主要规定了事务所侵权责任产生的事由、利害关系人的范围、诉讼当事人的列置、执业准则的法律地位、归责原则及举证分配、事务所的连带责任和补充责任、认定事务所过失责任的情形和过失认定标准、事务所免除和减轻赔偿责任的事由以及事务所侵权赔偿顺位和赔偿责任范围等内容。

五、注册会计师避免法律责任的对策

注册会计师及其所在的会计师事务所可以采取避免法律责任的对策包括但不限于下列内容:

(1) 遵守执业准则和职业道德守则。只要注册会计师严格遵守各项执业准则和职业道德守则的要求,执业时保持认真与谨慎,一般不会发生过失,至少不会发生重大过失。因此,会计师事务所应切实加强本所从业人员的执业准则教育和职业道德教育。

(2) 建立健全会计师事务所质量控制制度。质量控制是会计师事务所各项管理工作的核心和关键。因此,会计师事务所应当建立健全一套严密、科学的质量控制制度,形成良好的内部文化,实现会计师事务所的质量控制目标。

(3) 与正直的客户打交道。客户如果对其顾客、职工、政府部门和其他方面没有正直的品格,出现法律纠纷的可能性比较大。因此,会计师事务所在接受委托之前,应当采取必要的措施,比如与前任注册会计师联系等,获得对委托单位的基本了解,以评价其诚信度。一旦发现管理层缺乏正直的品格,不可信任,就应尽量拒绝接受委托。

(4) 招聘合格的人员,并对他们进行适当的培训和监督指导。对于大多数审计项目来说,相当多的工作是由缺乏经验的助理人员来完成的,如此会计师事务所就要承担较大的风险。因此,必须严格控制助理人员录用的条件,还要对他们进行有效的培训,在工作过程中注册会计师要对他们进行适当的监督和指导。

(5) 就业务约定条款达成一致意见,取得管理层书面声明。这是确定注册会计师和委托单位责任的两个重要文件,不论执行何种业务,都要在执业之前与委托单位就业务约定条款达成一致意见,取得管理层书面声明。这是确定注册会计师和委托单位责任的两个重要文件,不论执行何种业务,都要在执业之前与委托单位就业务约定条款达成一致意见,明确业务的性质、范围和双方的责、权、利,这样才能在发生法律诉讼时,将一切口舌争辩减至最低程度。

(6) 深入了解委托单位的情况。在很多案件中,注册会计师之所以未能发现错误,一个重要原因就是他们不了解客户所在行业的情况及客户业务的性质。会计是经济活动的综合反映,不熟悉客户的经济业务和生产经营实务,仅局限于有关的会计资料,就可能发现不了某些错误。

【思考题】

1. 我国注册会计师职业道德基本原则是什么?
2. 可能对职业道德基本原则产生不利影响的因素有哪些?
3. 如何防范对职业道德基本原则产生的不利影响?
4. 注册会计师承担法律责任的种类有哪些?
5. 美国注册会计师协会的职业道德规范由哪几部分组成?

第三章 注册会计师执业准则体系

C事务所及其注册会计师在A公司IPO审计过程中未对其2013年年末、2014年年末的银行存款、应收账款余额进行函证,也未执行恰当的替代性审计程序。其中银行存款函证程序的缺失导致C事务所未能发现A公司虚构某银行账户的事实,A公司2014年以来银行账户虚构资金发生额2.86亿元,其中包括虚构收入回款约1亿元。此外,应收账款函证程序的缺失导致C事务所未能发现A公司2013年和2014年虚增收入的事实。C事务所及其注册会计师在对A公司2014年年末和2015年6月30日的往来科目余额进行函证时,未在函证实施过程中保持控制。C事务所审计工作底稿中部分询证函回函上的签章,并不是由询证者本人签章。上述程序的缺陷,导致C事务所未能发现A公司2014年和2015年上半年虚增收入和采购业务的事实。而且,C事务所及其注册会计师在评价A公司舞弊风险时,认为其管理层为满足上市要求和借款融资需求有粉饰财务报表的动机和压力。但在已识别出包括营业收入、应收账款、预付账款等在内的重大错报风险领域的情况下,C事务所及其注册会计师并未实施有效的进一步审计程序。C事务所未按照行业标准履行勤勉尽责义务,导致其出具了不当的审计意见,其行为违反了《中国注册会计师审计准则第1312号——函证》和《中华人民共和国证券法》的相关规定,中国证监会和财政部决定撤销C事务所证券服务业务许可。

通过上述案例,我们了解到注册会计师在执行审计业务的过程中会受到一系列执业准则的约束,应当遵循一定的职业规范,否则将承担一定的法律责任。本章将对注册会计师职业准则体系进行详细介绍。

第一节 注册会计师执业准则体系

在审计发展的历史上,最早出现的审计准则就是独立审计准则。美国是颁布独立审计准则最早的国家,各国独立审计准则的制定都深受美国的影响。国际会计师联合会下设的

"国际审计实务委员会"(International Auditing Practice Committee,IAPC)负责制定的国际审计准则影响最大。"国际审计实务委员会"后改称为"国际审计与鉴证准则理事会"(The International Auditing and Assurance Standards Board,IAASB)。

一、国际审计准则

随着国际经济的全球化,国际间商品、资本、知识、劳动力、信息的交流,使得会计准则和审计准则的国际化发展成为必然的趋势。国际投资者要求会计信息能有较高的可靠性和可比性,能让来自不同国家、地区的信息使用者理解,同时国际性会计师事务所的业务发展,也要求在全球范围内审计准则的协调一致。1977年,国际会计师联合会(International Federation of Accountants,IFAC)成立,旨在协调世界范围内统一的标准,以发展和加强会计职业,使会计师能站在社会公众利益的角度提供持续高质量的会计、审计服务。IFAC是一个由不同国家和地区职业会计师组织组成的非营利性、非政府性和非政治性的机构,在瑞士日内瓦注册,总部设在美国纽约。IFAC代表着受雇从事公共事务和在工商业、公共部门、教育部门任职的会计师,其会员分为正式会员、准会员和联系会员。我国于1997年加入IFAC,目前IFAC拥有来自130个国家和地区的175个会员团体,代表全球300万名会计师。国际会计师联合会已成立了大量委员会来制定国际标准和指南。

国际审计与鉴证准则理事会(IAASB)制定的国际审计准则(ISA)、国际审阅业务准则(ISRE)、国际鉴证业务准则(ISAE)和国际相关服务准则(ISRS)共同被称为国际审计与鉴证理事会业务准则。图3-1是国际审计与鉴证准则结构图。

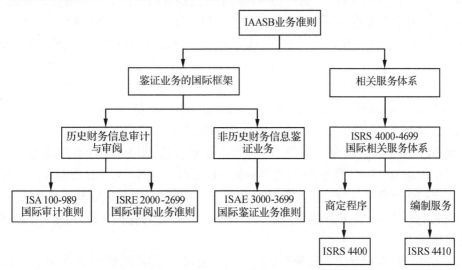

图3-1 国际审计与鉴证准则结构图

随着经济全球化的深入发展,资本的跨区跨境流动日益频繁,对于作为国际商业语言的会计来说,建立一套全球普遍认同的财务报告框架体系迫在眉睫,而这一体系又需要有一套全球普遍认可的审计准则作为支撑。为澄清对审计师的工作要求,提高准则理解和执行的一致性,2008年年底IAASB颁布了36项新修订的国际审计准则和一项清晰的国际质量控制准则。2015年1月15日,IFAC新制定(修订)的与审计报告相关的准则文本,适用于会计期间截止日为 2016 年 12 月 15 日及之后的财务报表审计工作,目的是大力加强审计报告对投资者和其他财务报告使用者的效用,为其决策提供更多有用的信息。目前,国际审计准则采用的是 IAASB 于 2018 年发布的第三版《国际质量控制、审计、评审、其他保证及相关服务手册声明》,包括 IAASB 的审计质量框架,即创建审计质量环境的关键要素,这是 IAASB 重点关注的一个主题。

二、美国审计准则

美国是审计准则的先行者,美国的审计准则为世界上其他国家的审计准则提供了丰富的经验。美国的审计准则是在独立审计实务发展的过程中逐渐形成的,并且日益完善。20 世纪 30 年代以前,美国的会计职业内部缺少统一的公认的标准可供遵循,会计工作缺乏规范,会计信息不可比。注册会计师在执行审计业务时,也没有任何可以作为工作指南的标准,而是根据具体情况自行进行审计判断。随着公认会计原则的制定,审计准则的开发也逐步提到议事日程上了。1938 年,爆发了美国审计史上很重要的案件——麦克森·罗宾斯公司倒闭事件,暴露了审计程序和内部控制方面存在着严重问题,证券交易委员会颁布了新的报告,要求新增应收账款函证、存货盘点及对内部控制的评价等审计程序。这一事件的发生同时对美国审计准则的建立起着很大的推进作用。美国注册会计师协会的前身——会计师协会授权成立"审计程序委员会(Committee on Auditing Procedure)",对证券交易委员会的行动进行积极回应。审计程序委员会自成立开始,发表了一系列"审计程序说明(Statement on Auditing Procedure,简称 SAP)",对一些特殊的审计问题表明美国会计师协会的看法。但是有关方面对审计职业是否需要审计准则却没有取得一致的看法。直到 1947 年,审计程序委员会发表了《审计准则说明草案——其公认的意义和范围》,在这份报告中,确认审计程序与审计准则有本质区别:审计程序是"应该执行的审计行为",审计准则是衡量这些应该执行的审计行为的质量的标准尺度。1954 年,《公认审计准则——其意义及范围》(Generally Accepted Auditing Standards,Their Significance and Scope)正式发布,设立了十条内容以构成 GAAS,成为对审计工作的原则性规定。1972 年,审计程序委员会改称审计准则执行委员会,把已经发布的 54 个审计程序说明(SAP)进行必要修改后,作为《审计准则说明书》(Statement on Auditing Standard,简称 SAS)的第一辑予以发布。1978 年,审计准则委员会成立,取代了审计准则执行委员会的工作。至 2020 年 6 月,一共发布了 143 号审计准则说明书。审计准则说明书是对 GAAS 的具体化阐述,内容更为详尽,更具有操作性,对审计实务能发挥直接的指导作用。

2001 年 12 月,美国最大的能源公司——安然公司,突然申请破产保护,此后,公司丑闻不断,规模也"屡创新高",特别是 2002 年 6 月的世界通信会计丑闻事件,彻底打击了投资者对资本市场的信心。为了改变这一局面,美国国会和政府加速通过了《萨班斯-奥克斯利法案》(简称 SOX 法案),根据该法案成立了美国公众公司会计监督委员会(PCAOB)。在 SOX 法案之前,AICPA 的审计准则委员会(ASB)制定适用于上市和非上市公司的审计准则,该法案出台后,尽管 ASB 仍然负责制定适用于非上市公司和其他组织的公认审计准则(GAAS)以及审计准则说明书(SAS),但是适用于上市公司的审计准则(AS)现在由 PCAOB 负责制定。

从狭义上说，GAAS 仅仅包括十条原则性的规定，从广义上说，人们习惯把 SAS 与十条原则性规定一起合称为公认审计准则(GAAS)。美国审计准则适用关系如图 3-2 所示。

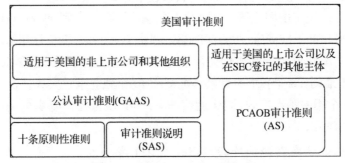

图 3-2　美国审计准则适用关系图

十条原则性的公认审计准则内容如下：

（一）一般准则

(1) 审计工作应由受过充分技术训练且精通业务的一位或多位审计人员执行。

(2) 对一切与业务有关的问题，审计人员均应保持独立的精神状态。

(3) 在实施审计与编制报告中，要尽到职业应有的谨慎态度。

（二）外勤准则

(1) 审计工作应有充分的计划，如果有助手参加，则需要对他们进行适当的监督。

(2) 在制订审计计划时，应对内部控制进行充分的了解，以确定将要执行的实质性测试的性质、时间和范围。

(3) 应通过检查、观察、询问和函证等方法，取得充分适当的审计证据，以便对被审计财务报表发表审计意见提供合理的基础。

（三）报告准则

(1) 审计报告应指出财务报表的编制是否符合公认会计原则。

(2) 审计报告应说明本期所采用的公认会计原则是否与上期一致。

(3) 除非审计报告中另有说明，财务报表中的资料披露应视为充分和适当。

(4) 审计报告应对财务报表整体发表审计意见，或说明不能表示意见。若不能表示意见，应说明理由。如果财务报表经过审计人员签署，就应在审计报告中明确说明审计工作的性质和所负的责任。

这些被普遍接受并经权威组织整理颁布的公认审计准则，成为确保审计人员正确发挥专业技能和实施谨慎判断的依据，从而提高了独立审计的质量与信誉。

三、中国注册会计师执业准则

（一）制定执业规则阶段(1991—1993 年)

中国注册会计师协会成立后，非常重视执业规则的建设。1991—1993 年，先后发布了《注册会计师检查验证会计报表规则（试行）》等 7 个执业规则。这些执业规则对我国注册会计师行业走向正规化、法制化和专业化起到了积极作用。

(二)建立审计准则体系阶段(1994—2005年)

1993年10月31日,第八届全国人民代表大会常务委员会第四次会议通过《中华人民共和国注册会计师法》,规定中国注册会计师协会依法拟订执业准则、规则,报国务院财政部门批准后施行。经财政部批准同意,中国注册会计师协会自1994年5月开始起草独立审计准则。到2005年,中国注册会计师协会先后制定了6批独立审计准则,包括1个准则序言、1个独立审计基本准则、28个独立审计具体准则和10个独立审计实务公告、5个执业规范指南,此外还包括3个相关基本准则(职业道德基本准则、质量控制基本准则和后续教育基本准则),共计48个项目。

(三)与国际审计准则趋同阶段(2006—2011年)

为完善中国注册会计师审计准则体系,加速实现与国际准则趋同,中国注册会计师协会遵循科学、民主、公开的准则制定程序,经过艰苦而卓有成效的工作,拟订了22项新准则,并对26项已颁布的准则进行了必要的修订和完善,已于2006年2月15日由财政部发布。这48个准则项目已自2007年1月1日起在所有会计师事务所施行。这些准则的发布标志着我国已建立起一套适应社会主义市场经济发展要求,顺应国际趋同大势的中国注册会计师执业准则体系。

(四)与国际审计准则全面趋同阶段(2012年至今)

2009年,根据国际审计准则明晰项目,启动了对2006年审计准则的修订,2010年11月正式发布,自2012年1月1日起实施。为了提高注册会计师审计报告的信息含量,满足资本市场改革与发展对高质量会计信息的需求,保持我国审计准则与国际准则的持续全面趋同,2016年中国注册会计师协会拟订和颁布了《中国注册会计师审计准则第1504号——在审计报告中沟通关键审计事项》等12项准则,新审计报告准则自2017年1月1日起实施;2019年2月20日,我国对《中国注册会计师审计准则》中的18项准则进行修订,并于2019年7月1日实施。我国审计准则的制定与修订过程,体现了中国顺应经济全球化和国际准则趋同的大趋势。

中国注册会计师执业准则体系包括鉴证业务准则、相关服务准则和会计师事务所质量控制准则。中国注册会计师执业准则体系的构成如图3-3所示。

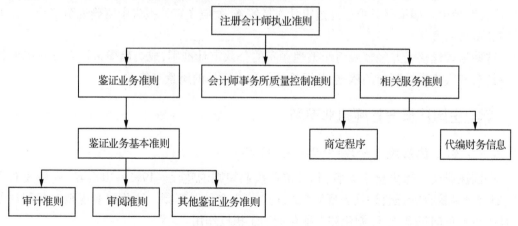

图3-3 中国注册会计师执业准则体系

鉴证业务准则由鉴证业务基本准则统领,按照鉴证业务提供的保证程度和鉴证对象不同,分为中国注册会计师审计准则、中国注册会计师审阅准则和其他鉴证业务准则(以下分别简称审计准则、审阅准则和其他鉴证业务准则)。其中,审计准则是整个执业准则体系的核心。

审计准则用以规范注册会计师执行历史财务信息审计业务,在提供审计服务时,注册会计师对所审计信息是否不存在重大错报提供合理保证,并以积极方式提出结论。

审阅准则用以规范注册会计师执行历史财务信息的审阅业务。在提供审计服务时,注册会计师对所审阅信息是否不存在重大错报提供有限保证,并以消极方式提出结论。

其他鉴证业务准则用以规范注册会计师执行历史性财务信息审计或审阅以外的其他鉴证业务,根据鉴证业务的性质和业务约定的要求,提供有限保证或合理保证。

相关服务准则用以规范注册会计师代编财务信息、执行商定程序,提供管理咨询等其他服务。在提供相关服务时,注册会计师不提供任何程度的保证。

质量控制准则用以规范会计师事务所在执行各类业务时应当遵守的质量控制政策和程序,是对注册会计师质量控制提出的制度要求。

四、鉴证业务的要素

鉴证业务的要素包括鉴证业务的三方关系、鉴证对象、标准、证据和鉴证报告。

(一) 三方关系

三方关系人分别是注册会计师、被审计单位管理层(责任方)、财务报表预期使用者。注册会计师对由被审计单位管理层负责的财务报表发表审计意见,以增强除管理层之外的预期使用者对财务报表的信赖程度。由于审计意见有利于提高财务报表的可信性,有可能对管理层有用,因此,在这种情况下,管理层也会成为预期使用者之一,但不是唯一的预期使用者。例如,管理层是审计报告的预期使用者之一,但同时预期使用者还包括企业的股东、债权人、监管机构等。是否存在三方关系是判断某项业务是否属于鉴证业务的重要标准之一。如果某项业务不存在除责任方之外的其他预期使用者,那么,该业务不构成一项审计业务或其他鉴证业务。

1. 注册会计师

注册会计师是指取得注册会计师证书并在会计师事务所执业的人员,通常是指项目合伙人或项目组其他成员,有时也指其所在的会计师事务所。

按照审计准则的规定对财务报表发表审计意见是注册会计师的责任。为履行这一职责,注册会计师应当遵守相关职业道德要求,按照审计准则的规定计划和实施审计工作,获取充分、适当的审计证据,并根据获取的审计证据得出合理的审计结论,发表恰当的审计意见。注册会计师通过签署审计报告确认其责任。

如果审计业务涉及的特殊知识和技能超出了注册会计师的能力,注册会计师可以利用专家协助执行审计业务。在这种情况下,注册会计师应当确信包括专家在内的项目组整体已具备执行该项审计业务所需的知识和技能,并充分参与该项审计业务和了解专家所承担的工作。

2. 责任方

责任方是指对财务报表负责的组织或人员,即被审计单位管理层。管理层是指对被审计单位经营活动的执行负有经营管理责任的人员。在某些被审计单位,管理层包括部分或全部的治理层成员,如治理层中负有经营管理责任的人员,或参与日常经营管理的业主。治理层是指对被审计单位战略方向以及管理层履行经营管理责任负有监督责任的人员或组织。治理层的责任包括监督财务报告过程等。在某些被审计单位,治理层可能包括管理层,如治理层中负有经营管理责任的人员,或业主兼经理。

与管理层和治理层责任相关的执行审计工作的前提,是指管理层和治理层认可并理解其应当承担下列责任,这些责任构成注册会计师按照审计准则的规定执行审计工作的基础:

(1) 按照适用的财务报告编制基础编制财务报表,并使其实现公允反映(如适用);

(2) 设计、执行和维护必要的内部控制,以使财务报表不存在由于舞弊或错误导致的重大错报;

(3) 向注册会计师提供必要的工作条件,包括允许注册会计师接触与编制财务报表相关的所有信息(如记录、文件和其他事项),向注册会计师提供审计所需的其他信息,允许注册会计师在获取审计证据时不受限制地接触其认为必要的内部人员和其他相关人员。

财务报表审计并不减轻管理层或治理层的责任。财务报表编制和财务报表审计是财务信息生成链条上的不同环节,两者各司其职。法律法规要求管理层和治理层对编制财务报表承担责任,有利于从源头上保证财务信息质量。同时,在某些方面,注册会计师与管理层和治理层之间可能存在信息不对称。管理层和治理层作为内部人员,对企业的情况更为了解,更能做出适合企业特点的会计处理决策和判断,因此,管理层和治理层理应对编制财务报表承担完全责任。尽管在审计过程中,注册会计师可能向管理层和治理层提出调整建议,甚至在不违反独立性的前提下为管理层编制财务报表提供协助,但管理层仍然对编制财务报表承担责任,并通过签署财务报表确认这一责任。如果财务报表存在重大错报,而注册会计师通过审计没有能够发现,也不能因为财务报表已经被注册会计师审计这一事实而减轻管理层和治理层对财务报表的责任。

3. 预期使用者

预期使用者是指预期使用审计报告和财务报表的组织或人员。如果审计业务服务于特定的使用者或具有特殊目的,注册会计师可以很容易地识别预期使用者。例如,企业向银行贷款,银行要求企业提供一份反映财务状况的财务报表,那么,银行就是该审计报告的预期使用者。

注册会计师可能无法识别使用审计报告的所有组织和人员,尤其在各种可能的预期使用者对财务报表(鉴证对象信息)存在不同的利益需求时。此时,预期使用者主要是指那些与财务报表有重要和共同利益的主要利益相关者,例如,在上市公司财务报表审计中,预期使用者主要是指上市公司的股东。注册会计师应当根据法律法规的规定或与委托人签订的协议识别预期使用者。

(二) 鉴证对象

鉴证对象是否适当,是注册会计师能否将一项业务作为鉴证业务予以承接的前提条件。适当的鉴证对象应当同时具备下列条件:

(1) 鉴证对象可以识别;

(2) 不同的组织或人员对鉴证对象按照既定标准进行评价或计量的结果合理一致;

(3) 注册会计师能够收集与鉴证对象有关的信息,获取充分、适当的证据,以支持其提出适当的鉴证结论。

在财务报表审计中,鉴证对象是历史的财务状况、经营业绩和现金流量,鉴证对象信息即财务报表。

（三）标准

标准是指用于评价或计量鉴证对象的基准,当涉及列报时,还包括列报的基准。标准是鉴证业务中不可或缺的一项要素。运用职业判断对鉴证对象做出评价或计量,离不开适当的标准。如果没有适当的标准提供指引,任何个人的解释甚至误解都可能对结论产生影响,这样一来,结论必然缺乏可信性。也就是说,标准是对所要发表意见的鉴证对象进行"度量"的"尺子",责任方和注册会计师可以根据这把"尺子"对鉴证对象进行"度量"。

注册会计师在运用职业判断对鉴证对象做出合理一致的评价或计量时,需要有适当的标准,适当的标准应当具备下列所有特征：

（1）相关性。相关的标准有助于得出结论,便于预期使用者做出决策。

（2）完整性。完整的标准不应忽略业务环境中可能影响得出结论的相关因素,当涉及列报时,还包括列报的基准。

（3）可靠性。可靠的标准能够使能力相近的注册会计师在相似的业务环境中,对鉴证对象做出合理一致的评价或计量。

（4）中立性。中立的标准有助于得出无偏向的结论。

（5）可理解性。可理解的标准有助于得出清晰、易于理解、不会产生重大歧义的结论。注册会计师基于自身的预期、判断和个人经验对鉴证对象进行的评价和计量,不构成适当的标准。

在财务报表审计中,财务报告编制基础即是标准。适用的财务报告编制基础,是指法律法规要求采用的财务报告编制基础;或者管理层和治理层(如适用)在编制财务报表时,就被审计单位性质和财务报表目标而言,采用的可接受的财务报告编制基础。

财务报告编制基础分为通用目的编制基础和特殊目的编制基础。通用目的编制基础,旨在满足广大财务报表使用者共同的财务信息需求的财务报告编制基础,主要是指企业会计准则和相关会计制度。特殊目的编制基础,旨在满足财务报表特定使用者对财务信息需求的财务报告编制基础,包括计税核算基础、监管机构的报告要求和合同的约定等。

（四）证据

注册会计师对财务报表提供合理保证是建立在获取充分、适当证据的基础上的。审计证据,是指注册会计师为了得出审计结论和形成审计意见而使用的必要信息。

审计证据在性质上具有累积性,主要是在审计过程中通过实施审计程序获取的。然而,审计证据还可能包括从其他来源获取的信息,如以前审计中获取的信息(前提是注册会计师已确定自上次审计后是否已发生变化,这些变化可能影响这些信息对本期审计的相关性)或会计师事务所接受与保持客户或业务时实施质量控制程序获取的信息。除从被审计单位内部其他来源和外部来源获取的信息外,会计记录也是重要的审计证据来源。同样,被审计单位雇用或聘请的专家编制的信息也可以作为审计证据。审计证据既包括支持和佐证管理层认定的信息,也包括与这些认定相矛盾的信息。在某些情况下,信息的缺乏(如管理层拒绝提供注册会计师要求的声明)本身也构成审计证据,可以被注册会计师利用。在形成审计意见的过程中,注册会计师的大部分工作是获取和评价审计证据。

由于不同来源或不同性质的证据可以证明同一项认定,注册会计师可以考虑获取证据的成本与所获取信息有用性之间的关系,但不应仅以获取证据的困难和成本为由减少不可替代的程序。在评价证据的充分性和适当性以支持鉴证报告时,注册会计师应当运用职业判断,并保持职业怀疑态度。

(五)鉴证报告

鉴证报告是对鉴证对象是否在所有重大方面符合适当既定标准,以书面报告的形式发表的能够提供一定保证程度的鉴证结论。例如,注册会计师针对财务报表出具审计报告,就是对财务报表在所有重大方面是否符合适当的财务报表编制基础,发表能够提供合理保证程度的意见。

表3-1以A会计师事务所对甲上市公司年度财务报表审计和对乙公司开展验资业务为例,说明鉴证业务的五个要素。

表 3-1 会计师事务所鉴证业务要素举例

鉴证业务要素	甲公司年度财务报表审计	乙公司验资
三方关系	A会计师事务所、甲公司、投资者等	A会计师事务所、乙公司、工商部门等
鉴证对象	财务状况、经营成果和现金流量	注册资本实收情况
标准	《企业会计准则》和《行业会计制度》	《公司法》、企业章程与出资协议
证据	资产负债表、利润表、现金流量表及对外公布的其他附表和附注资料	公司编制的注册资本实收情况明细表、CPA编制的注册资本实收情况明细表
鉴证报告	审计报告	验资报告

五、鉴证业务的分类

(一)按业务对象分类

鉴证业务按其对象的不同,可以分为历史财务信息审计业务、历史财务信息审阅业务和其他鉴证业务。

(二)按保证程度分类

鉴证业务按保证程度的不同,可以分为合理保证程度(如财务报表审计)、有限保证程度(如财务报表审阅)、两种保证程度并存的鉴证业务(如预测性财务信息审核)。

(三)按鉴证基础分类

鉴证业务按鉴证基础的不同,可以分为基于责任方认定的业务和直接报告业务。

1. 基于责任方认定的业务

在这种业务中,责任方对于鉴证对象进行评价或计量,鉴证对象信息以责任方认定的形式为预期使用者获取。如在财务报表审计中,被审计单位管理层(责任方)对财务状况、经营成果和现金流量(鉴证对象)进行确认、计量和列报(评价或计量)而形成的财务报表(鉴证对象信息)即为责任方的认定,该财务报表可为预期使用者获取,注册会计师对财务报表出具审计报告。

2. 直接报告业务

在这种业务中,注册会计师直接对鉴证业务对象进行评价或计量,或者从责任方获取对鉴证对象评价或计量的认定,而该认定无法为预期使用者获取,预期使用者只能通过阅读鉴证报告获取鉴证对象信息。如在内部控制鉴证业务中,注册会计师可能无法从管理层(责任方)获取其对内部控制有效性的评价报告(责任方认定),或虽然注册会计师能够获得该报告,但预期使用者无法获取该报告,注册会计师直接对内部控制的有效性(鉴证对象)进行评价并出具鉴证报告,预期使用者只能通过阅读该鉴证报告获得内部控制有效性的信息(鉴证对象信息)。

基于责任方认定的业务和直接报告业务的区别如表3-2所示。

表3-2　责任方认定业务与直接报告业务的区别

区别	基于责任方认定的业务	直接报告业务
获取信息的方式	直接获取(对外公布的财务报表)	通过阅读鉴证报告(乙公司验资)
出结论的对象	鉴证对象(财务业绩或状况)或鉴证对象信息(未审财务报表)	鉴证对象(注册资本实收情况)
责任方承担的责任	对鉴证对象负责或对鉴证对象信息负责	只对鉴证对象负责
报告的内容和格式	引言段通常会提供责任方认定的相关信息(12月31日的资产负债表……)	直接说明对象、程序和结论
表述结论的方式	分类型表述(无保留意见、保留意见、否定意见、无法表示意见)	无类型,直接陈述

六、鉴证业务的目标

鉴证业务的目标是对鉴证对象信息提供一定程度的保证。鉴证业务的保证程度分为合理保证和有限保证。合理保证的保证水平要高于有限保证的保证水平。合理保证的鉴证业务的目标是注册会计师将鉴证业务风险降至该业务环境下可接受的低水平,以此作为以积极方式提出结论的基础。有限保证的鉴证业务的目标是注册会计师将鉴证业务风险降至该业务环境下可接受的水平,以此作为以消极方式提出结论的基础。

表3-3以财务报表审计与财务报表审阅为例,说明合理保证和有限保证的区别。

表3-3　合理保证和有限保证的区别

区别	上市公司年度财务报表审计	上市公司季度财务报表审阅
表述结论的方式	积极的方式	消极的方式
具体表述	我们认为,甲公司财务报表已经按照《企业会计准则》和《股份制企业会计制度》的规定编制,在所有重大方面公允地反映了甲公司……	根据我们的审阅,我们没有注意到任何事项使我们相信财务报表没有按照《企业会计准则》和《股份制企业会计制度》的规定编制……
保证程度	合理保证	有限保证
程序与证据	测试内部控制、函证银行存款、存货监盘	询问、分析不测试、不函证、不监盘

第二节 会计师事务所质量控制准则

为了保证审计工作按照审计准则的要求进行,达到规定的质量水平,作为审计工作实施主体的会计师事务所必须采取一定的政策和程序对审计工作的质量进行控制。质量控制是会计师事务所管理活动的重要组成部分,是会计师事务所内部控制的核心;质量控制准则是对会计师事务所为确保审计质量而建立和实施的控制政策与程序的规范。

一、国际质量控制声明

国际审计与鉴证标准委员会(IAASB)成立于1978年3月,其设立目标是通过制定高质量的审计标准以及其他相关标准以服务于公共利益,并通过促进国际和国家审计的融合,从而提高全球审计业务的质量,并增强公众对全球审计和鉴证行业的信心。因此,IAASB 提出了质量控制项目,该项目发布了两项标准;其一是由美国注册会计师协会(AICPA)下属审计委员会(ASB)于1979年发布的第一版会计师事务所质量控制标准声明(SQCS1),确立了所有注册会计师事务所必须在会计和审计业务员中建立质量控制政策和程序的要求,提出了质量控制准则六要素,该声明旨在制定质量控制基本原则以及基本程序,以合理保证历史财务信息的审计、审阅以及相关服务的过程和结果;其二是由 IFAC 于2004年发布的国际审计业务质量控制标准(ISA220)。2020年12月,IAASB 发布了修订版国际审计业务质量控制标准(ISA220 Revised),提出了最新的质量控制八要素,表3-4列示了这八个要素的内容及目标。

表3-4 国际质量控制准则八要素

要素	目标
对审计质量的领导责任	会计师事务所应制定适当的政策和程序以: (1) 确保领导层(管理合伙人、董事会、CEO 或同等职位)对事务所的质量控制体系承担最终责任; (2) 合理保证领导层以及对事务所质量控制体系负有经营责任的人均有足够和适当的经验与能力,以及必要的权力来承担该责任
相关职业道德要求(包括独立性)	会计师事务所应制定适当的政策和程序以合理保证事务所及其人员在有关道德规范的要求下保持独立性,要求: (1) 识别、评估并解决对遵守道德规范产生的威胁; (2) 在审计过程中保持谨慎性,关注业务人员可能会违反道德规范的情况; (3) 发表审计意见之前,对业务人员是否遵守道德规范(包括独立性)进行确认
客户及契约的接受和续约	会计师事务所应制定接受和维持客户关系的政策和程序以: (1) 合理保证在接受客户关系时考虑到客户的正直性,降低与缺乏正直性的客户发生业务联系的可能性; (2) 合理保证仅接受以应有的执业谨慎性能予以完成的业务; (3) 明确所要执行的工作的性质、范围和受到的限制

续表

要素	目标
业务资源	会计师事务所应制定适当的政策和程序以合理保证： (1) 考虑审计业务的性质以及期间可能出现的变化,确保向业务团队分配足够和适当的资源； (2) 提供足够的时间及适当的外部专家资源； (3) 在资源分配不足时进行适当的沟通
业务执行	会计师事务所应为下列事项制定适当的政策和程序： (1) 合理保证按照适用的法律法规和专业标准执行审计业务并出具恰当的报告； (2) 在需要时能及时向具备适当专业知识、判断能力及专业权威的人咨询； (3) 规定质量控制体系的性质、时间和范围； (4) 解决内部的意见分歧的过程； (5) 维护审计工作底稿的安全性、完整性、可访问性和可检索性
监控和修复	监控是持续评估会计师事务所质量控制体系的一项措施。事务所必须制定适当的政策和程序以持续监控下列事项： (1) 对事务所质量控制体系进行持续评估； (2) 及时沟通并针对发现的缺陷进行适当的补救； (3) 在审计业务中保持谨慎性,获取监控和修复过程中的信息并传递给相关负责人
全面负责质量管理	会计师事务所应当在审计报告日前,确保已全面负责管理审计业务的质量,包括： (1) 充分和适当地参与审计业务,确定业务人员的专业能力和道德水准,以确保发表恰当的审计意见； (2) 充分考虑到业务的性质和范围,以及事务所相关政策和程序
文件记录	审计业务过程中的所有相关文件必须充分记录,包括： (1) 各类审计事项,项目组人员讨论的内容及结论； (2) 业务人员遵守道德规范要求,包括与独立性有关的要求； (3) 客户关系的接受和持续； (4) 审计程序的性质、范围和时间安排； (5) 确保在审计报告日前完成质量控制复核

二、美国质量控制准则

1978 年,美国注册会计师协会成立了质量控制委员会(Quality Control Standards Committee),负责颁布会计师事务所质量控制的标准。美国注册会计师协会认为,由于会计师事务所的规模、业务部门的数量和业务性质不同,各个事务所的质量控制措施会有较大的区别,因此没有必要为会计师事务所制定具体详细的质量控制措施,而应仅仅进行原则性的规定。1979 年,该委员会颁布了第 1 号质量控制准则说明,提出会计师事务所制定各自质量控制政策措施时必须考虑九个要素。1996 年 5 月,这九个要素被缩减为五个；2002 年美国公众公司会计监督委员会(PCAOB)成立,针对审计和相关职业惯例制定质量控制标准(Quality Control Standards),并于 2003 年 4 月发布临时质量控制标准；2011 年 PCAOB 发布注册会计师事务所会计与审计实务质量控制体系(QC10),2015 年 9 月对该体系进行了修订,发布了新版质量控制体系(QC20),重新定义了质量控制准则的五要素。表 3-5 列示了这五个要素的内容及目标。

表 3-5　美国质量控制准则五要素

要素	目标
独立性、正直性和客观性	会计师事务所应制定适当的政策和程序以确保： (1) 审计人员独立（事实上和形式上）于被审单位； (2) 审计人员以正直、客观的态度履行所有的职业责任
人事管理	会计师事务所应制定适当的政策和程序为下列过程提供合理保证： (1) 所招聘的人员具有专业胜任能力； (2) 将工作分配给经过技术培训并精通专业技能的人员； (3) 人员应参加一般行业和特定行业的后续教育和职业发展活动，以履行职责并确保符合 AICPA 和监管机构的要求； (4) 选择晋升的人员具备履行新职责的资格条件
客户及契约的接受和续约	会计师事务所应建立政策和程序以决定是否接受或继续与客户的关系以合理保证： (1) 降低与管理层缺乏诚信的客户建立联系； (2) 仅接受以现有的专业能力予以完成的业务； (3) 适当考虑在特定情况下提供专业服务相关的风险
业务执行	会计师事务所应建立政策和程序以合理保证： (1) 业务人员按照适用的专业标准、法律法规执行业务； (2) 涉及每个项目的计划、实施、监督、复核、记录和业务结果的沟通； (3) 在需要时能及时向具备适当专业知识、判断能力和专业权威的人咨询
监控	监控是持续评估会计师事务所质量控制体系的一项措施。事务所必须制定适当的政策和程序以持续监控下列事项： (1) 事务所的政策和程序的相关性和充分性； (2) 事务所实务操作指南的适当性； (3) 职业发展活动的有效性； (4) 遵守事务所的政策和程序，监控时考虑事务所管理理念、业务活动及客户环境的影响

会计师事务所质量控制政策和程序的建立及执行有三个关键点：第一，事务所必须把设计或维护质量控制政策的责任分派给适当的人来完成；第二，必须及时地与成员沟通质量控制政策和程序，使他们理解并遵循；第三，必须按事务所的规模、业务复杂性、组织结构及成本效益原则把遵循质量控制政策的具体措施记录成文，以作为职业判断的依据。

三、中国注册会计师质量控制基本准则

根据《会计师事务所质量控制准则第 5101 号——业务质量控制》的规定，会计师事务所应当制定质量控制制度，以保证会计师事务所及其人员遵守法律法规、职业道德规范以及审计准则、审阅准则、其他鉴证业务准则和相关服务准则的规定；会计师事务所和项目负责人，根据具体情况出具恰当的报告。

（一）质量控制制度的目标

会计师事务所应当根据会计师事务所质量控制准则，制定质量控制制度，以合理保证业

务质量。质量控制制度的目标主要包括以下两个方面：

(1) 合理保证会计师事务所及其人员遵守职业准则和适用的法律法规的规定；

(2) 合理保证会计师事务所和项目合伙人出具适合具体情况的报告。

项目合伙人，是指会计师事务所中负责某项业务及其执行，并代表会计师事务所在出具的报告上签字的合伙人。

(二) 质量控制制度的要素

会计师事务所的质量控制制度应当针对业务质量承担的领导责任、相关职业道德要求、客户关系和具体业务的接受与保持、人力资源、业务执行和监控这六个要素制定政策和程序。

1. 对业务质量承担的领导责任

会计师事务所内部重视质量的文化氛围，为会计师事务所质量控制设定了较好的基调，将对制定和实施质量控制制度产生广泛和积极的影响。明确质量控制制度的最终责任人，也对会计师事务所的业务质量控制起着决定作用。为此，会计师事务所应当制定政策和程序，培育以质量为导向的内部文化。这些政策和程序应当要求会计师事务所主任会计师对质量控制制度承担最终责任，在制度上保证质量控制制度的地位和执行力，建立强有力的高层基调。

在审计实务中，会计师事务所需要建立与业务规模相匹配的质量控制部门，以具体落实各项质量控制措施。质量控制措施的实施，一部分可能由专职的质量控制人员执行，一部分可能是由业务人员或职能部门的人员执行。

2. 相关职业道德要求

会计师事务所应当制定政策和程序，以合理保证会计师事务所及其人员遵守相关职业道德要求。会计师事务所及其人员执行任何类型的业务，都应当遵守相关职业道德要求。这里所说的遵守相关职业道德要求，不仅包括遵守职业道德的基本原则，如诚信、独立性、客观和公正、专业胜任能力和应有的关注、保密、良好职业行为等，还包括遵守有关职业道德的具体规定。会计师事务所如不能合理保证相关职业道德要求得到遵守，就无法保证业务质量。值得说明的是，执行鉴证业务，还应当遵守独立性要求。

3. 客户关系和具体业务的接受与保持

接受与保持客户关系和具体业务是注册会计师开展业务活动的第一个环节，也是防范业务风险的重要环节。会计师事务所应当制定有关客户关系和具体业务接受与保持的政策和程序，以合理保证只有在下列情况下，才能接受或保持客户关系和具体业务：

(1) 能够胜任该项业务，并具有执行该项业务必要的素质、时间和资源；

(2) 能够遵守相关职业道德要求；

(3) 已考虑客户的诚信，没有信息表明客户缺乏诚信。

在接受新客户的业务前，或决定是否保持现有业务或考虑接受现有客户的新业务时，会计师事务所应当根据具体情况获取上述信息。在接受新客户或现有客户的新业务时，如果识别出潜在的利益冲突，会计师事务所应当确定接受该业务是否适当；当识别出问题而又决定接受或保持客户关系或具体业务时，会计师事务所应当记录问题如何得到解决。

许多事实证明,会计师事务所接受一个错误的客户带来的损失,远远高于来源于这个客户的收费。由于客户原因导致的审计失败,使得会计师事务所陷于诉讼和声誉下降等带来的无形损失难以估算和无法弥补。因此,会计师事务所要加强在客户承接和保持上的管理,不轻易接受不符合条件的客户。有时,对潜在客户进行充分了解是非常困难的,需要投入时间和精力。在客户承接过程中,需要较高的职业判断能力,以及高度的职业敏感性和丰富的执业经验,所以,会计师事务所应当安排职位较高的人士执行此类工作。

4. 人力资源

会计师事务所制定的人力资源政策和程序应当解决招聘、业绩评价、人员素质和胜任能力(包括完成所分派任务的时间是否足够)、职业发展、晋升、薪酬、人员需求预测等人事问题,以合理保证拥有足够的具有胜任能力和必要素质并承诺遵守相关职业道德要求的人员,以使会计师事务所和项目合伙人能够按照职业准则和适用的法律法规的规定执行业务,并能够出具适合具体情况的报告。

5. 业务执行

业务执行是指会计师事务所委派项目组按照执业准则和适用的法律法规的规定执行业务,使会计师事务所和项目合伙人能够出具适合具体情况的报告。由于业务执行对业务质量有直接的重大影响,是业务质量控制的关键环节,因此,会计师事务所应当要求项目合伙人负责组织对业务执行实施指导、监督与复核。在业务执行中,应对以下环节加强控制:

(1) 指导、监督与复核。

① 指导。使项目组了解工作目标,提供适当的团队工作和培训,帮助经验较少的项目组成员清楚了解所分派工作的目标。

② 监督。跟进审计业务的进程,考虑项目组各成员的胜任能力和素质,解决在执行业务过程中出现的重大问题,考虑其重要程度并适当修改原计划的方案。识别在执行业务过程中需要咨询的事项,或需要由经验较丰富的项目组成员考虑的事项。

③ 复核。复核范围可能随业务的不同而不同。例如,执行高风险的业务、对金融机构执行的业务和为重要客户执行的业务可能需要进行更详细的复核。复核人员应当拥有适当的经验、专业胜任能力和责任感,因此,确定复核人员的原则是,由项目组内经验较多的人员复核经验较少的人员执行的工作,只有这样,复核才能达到目的。

(2) 咨询。项目组在业务执行中时常会遇到各种各样的疑难问题或者争议事项。当这些问题和事项在项目组内不能得到解决时,有必要向项目组之外的适当人员咨询。为此,会计师事务所应当制定政策和程序。

咨询包括与会计师事务所内部或外部具有专门知识的人员,在适当专业层次上进行的讨论,以解决疑难问题或争议事项。

(3) 意见分歧。在业务执行中,时常可能会出现项目组内部、项目组与被咨询者之间以及项目合伙人与项目质量控制复核人员之间的意见分歧。会计师事务所应当制定政策和程序,以处理和解决意见分歧。

注册会计师处理意见分歧应当符合下列两点要求:

① 会计师事务所应当制定政策和程序,以处理和解决项目组内部、项目组与被咨询者之间及项目合伙人与项目质量控制复核人员之间的意见分歧。

② 形成的结论应当得以记录和执行。

只有意见分歧问题得到解决,项目合伙人才能出具报告。如果在意见分歧问题得到解决前,项目合伙人就出具报告,不仅有失应有的谨慎,而且容易导致出具不恰当的报告,难以合理保证实现质量控制的目标。

(4) 项目质量控制复核。为了保证特定业务执行的质量,除了需要项目组实施组内复核外,会计师事务所还应当制定政策和程序,要求对特定业务实施项目质量控制复核,以客观评价项目组做出的重大判断以及在编制报告时得出的结论,并在出具报告前完成项目质量控制复核。

项目质量控制复核,是指会计师事务所挑选不参与该业务的人员,在出具报告前,对项目组做出的重大判断和在准备报告时形成的结论做出客观评价的过程。

对特定业务实施项目质量控制复核,充分体现了分类控制、突出重点的质量控制理念。值得注意的是,项目质量控制复核并不减轻项目合伙人的责任,更不能替代项目合伙人的责任。

会计师事务所制定的项目质量控制复核政策和程序应当包括下列要求:

① 对所有上市实体财务报表审计实施项目质量控制复核;

② 明确标准,据此评价所有其他的历史财务信息审计和审阅、其他鉴证和相关服务业务,以确定是否应当实施项目质量控制复核;

③ 对所有符合标准的业务实施项目质量控制复核。

在制定用于确定除上市实体财务报表审计以外的其他业务是否需要实施项目质量控制复核的标准时,会计师事务所应当考虑下列事项:

① 业务的性质,包括涉及公众利益的程度;

② 在某项业务或某类业务中识别出的异常情况或风险;

③ 法律法规是否要求实施项目质量控制复核。

在实务中,会计师事务所除对上市实体财务报表审计业务必须实施项目质量控制复核外,还可以自行建立判断标准,确定对那些涉及公众利益的范围较大,或已识别出存在重大异常情况或较高风险的特定业务,实施项目质量控制复核。例如,被审计单位首次公开发行股票或债权;被审计单位是提供金融服务的实体(银行、证券公司、保险公司)。如法律法规或职业准则明确要求对特定业务实施项目质量控制复核,会计师事务所应当对其实施项目质量控制复核,例如,《中国注册会计师职业道德守则第4号——审计和审阅业务对独立性的要求》中规定的应当实施项目质量控制复核作为防范措施的情形。

项目质量控制复核与项目组内部复核的区别如表3-6所示。

表3-6 项目质量控制复核与项目组内部复核区别

项目	复核主体不同	复核对象不同	复核要求不同
项目质量控制复核	事务所挑选不参与该业务的人员,独立地对特定业务实施复核,其独立性和客观性较高	特定业务	复核的重点是客观评价项目组做出的重大判断和在准备报告时形成的结论
项目内部复核	项目组内部进行的复核,包括项目负责人实施的复核	每项业务	复核内容比较宽泛

(5) 业务工作底稿。在遵循及时性原则的前提下，会计师事务所应当根据业务的具体情况，确定适当的业务工作底稿归档期限。由于鉴证业务的职业责任较大，而其工作底稿又对证明会计师事务所是否履行了规定责任起着关键性作用，因此，鉴证业务的工作底稿，包括历史财务信息审计和审阅业务、其他鉴证业务的工作底稿的归档期限为业务报告日后 60 日内。如果针对客户的同一财务信息执行不同的委托业务，出具两个或多个不同的报告，会计师事务所应当将其视为不同的业务，根据制定的政策和程序，在规定的归档期限内分别将业务工作底稿归整为最终业务档案。

对鉴证业务，包括历史财务信息审计和审阅业务、其他鉴证业务，会计师事务所应当自业务报告日起，对业务工作底稿至少保存 10 年。如果法律法规有更高的要求，还应保存更长的时间。业务工作底稿的所有权属于会计师事务所。

6. 监控

监控质量控制制度的有效性，不断修订和完善质量控制制度，对于实现质量控制的两大目标也起着不可替代的作用。为此，会计师事务所应当制定监控政策和程序，以合理保证质量控制制度中的政策和程序是相关、适当的，并正在有效运行。这些监控政策和程序应当包括持续考虑和评价会计师事务所的质量控制制度，如定期选取已完成的业务进行检查。对质量控制政策和程序遵守情况实施监控的目的，是为了评价：

(1) 遵守职业准则和法律法规的情况；

(2) 质量控制制度设计是否适当、运行是否有效；

(3) 质量控制政策和程序应用是否得当，以便会计师事务所和项目合伙人能够根据具体情况出具恰当的业务报告。

对会计师事务所质量控制制度的监控应当由具有专业胜任能力的人员实施。会计师事务所可以委派主任会计师、副主任会计师或具有足够、适当经验和权限的其他人员履行监控责任。

会计师事务所应当周期性地选取已完成的业务进行检查，周期最长不得超过 3 年。在每个周期内，应对每个项目合伙人的业务至少选取一项进行检查。

【思考题】

1. 简述中国注册会计师执业准则体系。
2. 鉴证业务要素有哪些？
3. 质量控制制度的目标是什么？
4. 质量控制制度的要素有哪些？
5. 项目质量控制复核和项目内部复核的区别是什么？

第四章 审计目标与审计计划

2005年6月20日,G外高桥副总经理高原发现,公司存放在国海证券圆明园路营业部的证券保证金账户余额与经审计的公司2003年度和2004年度的报表明细账上金额严重不符。原来经普华永道审计过的财务资料显示:2003年年底该账户存有9 000万元,但实际上仅有3 384元;2004年年底存有2亿元,但实际仅有20 770元,还有5万元左右的股票。

经查,G外高桥原计划财务部经理黎明红、国海证券圆明园路营业部总经理金一敏,以及上海国发石油化工有限公司总经理仇新康涉嫌挪用资金。从2002年2月至2005年案发时,黎明红通过金一敏介绍与仇新康认识,并以国海营业部为资金划转平台,累计挪用G外高桥在国海营业部存放的保证金3.5亿多元,用于炒股票以及自己开办公司的运营周转。最后案发时,尚有2.2亿余元无法收回,给国有资产造成损失。事后这三个人都被刑拘,G外高桥董事长也被撤换。

G外高桥称,公司分别于2003年和2004年与普华永道签订了《审计业务约定书》,约定普华永道对G外高桥截至2003年12月31日和2004年12月31日的资产负债表、利润表和利润分配表、权益变动表、现金流量表及会计报表附注进行审计。普华永道分别于2004年4月8日和2005年4月1日,为G外高桥两个年度的年报出具了无保留意见的审计报告。G外高桥认为,普华永道中天所审计的2003年、2004年会计报表并未公允地反映公司2003年和2004年财务状况、经营成果和现金流量。普华永道中天会计师事务所在2003年度和2004年度审计过程中,未保持应有的职业谨慎、未实施有效的审计程序,即出具了无保留意见的审计报告,从而使公司蒙受了巨额经济损失。

G外高桥于2006年5月9日向中国国际经济贸易仲裁委员会上海分会提起仲裁,要求普华永道中天会计师事务所退还全部审计服务费共计170万元,并赔偿G外高桥2亿元的经济损失。

普华永道却断然否认了其对G外高桥损失的责任。在G外高桥和普华永道中天签订的《审计业务约定书》中,有关责任解除和限制条款的原文为:"除因本事务所故意的不当行为或欺诈行为所引起的索赔事项外,本事务所概无义务向贵公司赔偿任何超过本约定书中所支付的专业服务费的金额,无论这些损失是因侵权、违约或其他原因而引起。本事务所也无义务对任何与本约定书中所提及的服务有关的直接、间接的损失，利润损失或未能实现的预期节支负责，无论这些损失是因侵权、违约或其他原因所引起。"

事实上，普华永道中天在对 G 外高桥 2003 年、2004 年财务报表审计过程中，对 G 外高桥存在国海证券上海圆明园路营业部的证券保证金采用了函证的方式进行审计，但对该保证金账户资金余额实施函证时，未直接向国海证券上海圆明园路营业部发出询证函，而是将函证过程中最关键的部分——询证函的发出和收回交由被审计方 G 外高桥财务部原经理黎明红操作，给黎明红和国海证券上海圆明园路营业部原总经理金一敏掩盖合谋挪用资金创造了条件。公司代理律师称："我们有充分的证据证明，普华永道中天在函证过程中没有遵循独立审计准则的规定，而这和 G 外高桥 2 亿元证券保证金被挪用存在直接的因果关系。因此，我们提出索赔 2 亿元是有依据的。"

第一节 审计目标

审计目标是指通过财务报表审计所期望达到的最终结果，它包括财务报表审计总目标及与各交易、账户余额和披露相关的具体审计目标两个层次。

一、审计总目标

（一）审计总目标的一般抽象

根据审计产生和发展的动因——受托经济责任关系，审计总目标是通过对受托经济责任履行情况的审查，确保和促进受托经济责任的履行。

受托经济责任包括经管责任（也称为行为责任）和报告责任。在行为责任方面，受托经济责任的主要内容是按照保全性、合法（规）性、经济性、效率性、效果性和社会性及控制性等要求经管受托经济资源，它们分别构成受托经济责任的某个方面，我们分别赋予其特定的名称，即保全责任、遵纪守法责任、节约责任、效率责任、效果责任和社会责任及控制责任；从报告责任方面来说，受托经济责任的主要内容是按照公允性或可信性的要求编报财务报表。报告责任实际上是在记录经管责任履行情况的基础上所进行的汇总和报告。由于受托经济责任内容众多，因而在一般情况下，任何一次审计均难以对受托经济责任履行情况进行全面审查和评价，通常仅侧重于其中的一个方面或多个方面。如在财务审计中，一般侧重于对经管责任中的保全性，合法（规）性、控制性和报告责任的审查，进而确保和促进这些责任的履行；在绩效审计中，则侧重于对经管责任中的经济性、效率性、效果性和控制性的审查，进而确保和促进其更好地履行。

（二）注册会计师审计总目标的演进

注册会计师审计产生于工业革命时代。当时，财产所有者对财产经营者最关心的是其真实性，他们想了解会计人员是否存在贪污、盗窃和其他舞弊行为。因而，此时的审计目标是查错防弊。

在 19 世纪末和 20 世纪初,随着资本主义经济的发展和企业规模的日益扩大,会计业务也日趋复杂。此时,审计对象已由会计账目扩大到资产负债表,审计的主要目标是通过对资产负债表数据的审查,判断企业的财务状况和偿债能力。在此阶段,查错防弊这一目标依然存在,但已退居第二位,审计的功能从防护性发展到公正性。

进入 20 世纪 30—40 年代,随着世界资本市场的迅猛发展、证券市场的涌现及广大投资者对投资收益情况的关心,整个社会注意力转而集中于收益表上。特别是 1929—1933 年间的世界经济危机,从客观上促使企业利益相关者从仅仅关心企业财务状况,转变到更加关心企业盈利水平和偿债能力。在此期间,审计总目标是判定被审单位一定时期内的财务报表是否公允地反映其财务状况和经营业绩,以确定会计报表的可信性。

20 世纪中叶以后,资本主义从自由竞争发展到垄断阶段,各经济发达国家通过各种渠道推动本国的企业向海外拓展,跨国公司得到空前发展。国际间资本的相互渗透,使审计对象日趋复杂。激烈的市场竞争,使审计目标也从原来的仅限于验证企业财务报表的公允性扩展到内部控制、经营决策、职能分工、企业素质、工作效率、经营效益等方面。因此,经营审计、管理审计、绩效审计等便从传统审计中分离出来,评价企业工作的经济性、效率性、效果性成为独立审计工作的主要目标。

(三) 我国财务报表审计的总目标

审计的目的是提高财务报表预期使用者对财务报表的信赖程度。这一目的可以通过注册会计师对财务报表是否在所有重大方面按照适用的财务报表编制基础编制,并发表审计意见得以实现。就大多数通用目的财务报告编制基础而言,注册会计师针对财务报表是否在所有重大方面按照财务报告编制基础编制并实现公允反映来发表审计意见。注册会计师按照审计准则和相关职业道德要求执行审计工作,能够形成这样的意见。

1. 财务报表审计的总目标

执行财务报表审计工作时,注册会计师的总体目标:一是对财务报表整体是否不存在由于舞弊或错误导致的重大错报获取合理保证,使得注册会计师能够对财务报表是否在所有重大方面按照适用的财务报告编制基础编制发表审计意见;二是按照审计准则的规定,根据审计结果对财务报表出具审计报告,并与管理层和治理层沟通。

财务报表使用者之所以希望注册会计师对财务报表的合法性和公允性发表意见,主要有四方面原因。

(1) 利益冲突。财务报表使用者往往有着各自的利益,且这种利益与被审计单位管理层的利益大不相同。出于对自身利益的关心,财务报表使用者常常担心为管理层提供了带有偏见、不公正甚至欺诈性的财务报表。为此,他们往往向外部注册会计师寻求鉴证服务。

(2) 财务信息的重要性。财务报表是财务报表使用者进行经济决策的重要信息来源,在有些情况下,还是唯一的信息来源。在进行投资、贷款和其他经济决策时,财务报表使用者期望财务报表中的信息相关、可靠,并且期待注册会计师确定被审计单位是否按公认会计原则编制财务报表。

(3) 复杂性。由于会计业务的处理及财务报表的编制日趋复杂,财务报表使用者因缺乏会计知识而难以对财务报表的质量做出评估,所以他们要求注册会计师对财务报表的质量进行鉴证。

(4) 间接性。绝大多数财务报表使用者都不参与被审计单位的经营,这种限制导致财务报表使用者不可能接触到编制财务报表所依据的会计记录和会计账簿,即使使用者可以接触,但往往由于时间和成本的限制,而无法对其进行审查。在这种情况下,使用者有两种选择:一是相信这些会计信息的质量;二是依赖第三者的鉴证。显然,使用者喜欢选择第二种方式。

2. 审计总目标的导向作用

财务报表审计的目标对注册会计师的审计工作发挥着导向作用,它界定了注册会计师的责任范围,直接影响注册会计师计划和实施审计程序的性质、时间和范围,决定了注册会计师如何发表审计意见。例如,既然财务报表审计目标是对财务报表整体发表审计意见,注册会计师就可以只关注与财务报表编制和审计有关的内部控制,而不对内部控制本身发表鉴证意见。同样,注册会计师关注被审计单位的违反法规行为,是因为这些行为影响到财务报表,而不是对被审计单位是否存在违反法规行为提供鉴证。

(四) 管理层和治理层的责任

法律法规规定了管理层和治理层与财务报表相关的责任。尽管不同的国家或地区对这些责任的范围或表述方式的规定可能不尽相同,但注册会计师按照审计准则的规定执行审计工作的前提是相同的,即管理层和治理层已认可并理解其应当承担的责任。

1. 管理层和治理层的概念

管理层是指对被审计单位经营活动的执行负有经营管理责任的人员。治理层是指对被审计单位战略方向以及管理层履行经营管理责任负有监督责任的人员或组织。治理层的责任包括监督财务报告过程。在某些被审计单位,治理层可能包括管理层,如治理层中负有经营管理责任的人员,或业主兼经理。

企业的所有权与经营权分离后,经营者负责企业的日常经营管理并承担受托责任。管理层通过编制财务报表反映受托责任的履行情况。为了借助公司内部之间的权力平衡和制约关系保证财务信息的质量,现代公司治理结构往往要求治理层对管理层编制财务报表的过程实施有效的监督。

在治理层的监督下,管理层作为会计工作的行为人,对编制财务报表负有直接责任。《中华人民共和国会计法》第二十一条规定,财务会计报告应当由单位负责人和主管会计工作的负责人、会计机构负责人(会计主管人员)签名并盖章;设置总会计师的单位,还须由总会计师签名并盖章。单位负责人应当保证财务会计报告真实、完整。《中华人民共和国公司法》第一百七十一条规定:公司应当向雇用的会计师事务所提供真实、完整的会计凭证、会计账簿、财务会计报告及其他会计资料,不得拒绝、隐匿和谎报。

2. 管理层和治理层的责任

财务报表是由被审计单位管理层在治理层的监督下编制的。管理层和治理层认可与财务报表相关的责任,是注册会计师执行审计工作的前提,构成注册会计师按照审计准则的规定执行审计工作的基础。与管理层和治理层责任相关的执行审计工作的前提,是指管理层和治理层认可并理解其应当承担下列责任,这些责任构成注册会计师按照审计准则的规定执行审计工作的基础：

（1）按照适用的财务报告编制基础编制财务报表，并使其实现公允反映。

（2）设计、执行和维护必要的内部控制，以使财务报表不存在由于舞弊或错误导致的重大错报。

（3）向注册会计师提供必要的工作条件，包括允许注册会计师接触与编制财务报表相关所有信息（如记录、文件和其他事项），向注册会计师提供审计所需的其他信息，允许注册会计师在获取审计证据时不受限制地接触其认为必要的内部人员和其他相关人员。

（五）注册会计师的责任

按照中国注册会计师审计准则的规定，对财务报表发表审计意见是注册会计师的责任。注册会计师作为独立的第三方，对财务报表发表审计意见，有利于提高财务报表的可信赖程度。为履行这一职责，注册会计师应当遵守相关职业道德要求，按照审计准则的规定计划和实施审计工作，获取充分、适当的审计证据，并根据获取的审计证据得出合理的审计结论，发表恰当的审计意见。注册会计师通过签署审计报告确认其责任。

财务报表审计不能减轻被审计单位管理层和治理层的责任。财务报表编制和财务报表审计是财务信息生成链条上的不同环节，两者各司其职。法律法规要求管理层和治理层对编制财务报表承担责任，有利于从源头上保证财务信息质量。同时，在某些方面，注册会计师与管理层和治理层之间可能存在信息不对称。管理层和治理层作为内部人员，对企业的情况更为了解，更能做出适合企业特点的会计处理决策和判断，因此，管理层和治理层理应对编制财务报表承担完全责任。尽管在审计过程中，注册会计师可能向管理层和治理层提出调整建议，甚至在不违反独立性的前提下为管理层编制财务报表提供协助，但管理层仍然对编制财务报表承担责任，并通过签署财务报表确认这一责任。

如果财务报表存在重大错报，而注册会计师在审计中没有能够发现，也不能因为财务报表通过了注册会计师审计这一事实而减轻管理层和治理层对财务报表的责任。

（六）审计的固有限制

不应期望注册会计师将审计风险降至零，事实上注册会计师也不可能将审计风险降至零，因此不能对财务报表不存在由于舞弊或错误导致的重大错报获取绝对保证。这是由于审计存在固有限制，导致注册会计师据以得出结论和形成审计意见的大多数审计证据是说服性而非结论性的。审计的有限制源于财务报告的性质、审计程序的性质和在合理的时间内以合理的成本完成审计的需要。

1. 财务报告的性质

管理层编制财务报表，需要根据被审计单位的事实和情况运用适用的财务报告编制基础的规定，在这一过程中需要做出判断。此外，许多财务报表涉及主观决策、评估或一定程序的不确定性，并且可能存在一系列可接受的解释或判断。因此，某些财务报表的项目的金额本身就存在一定的变动幅度，这种变动幅度不能通过实施追加的审计程序来消除。例如，某些会计估计通常如此，即便如此，审计准则要求注册会计师特别考虑在适用的财务报告编制基础下会计估计是否合理，相关披露是否充分，会计实务的质量是否良好。

2. 审计程序的性质

注册会计师获取审计证据的能力受到实务和法律上的限制。

(1) 管理层或其他人员可能有意或无意地不提供与财务报表编制相关的或注册会计师要求的全部信息。因此,即使实施了旨在保证获取所有相关信息的审计程序,注册会计师也不能保证完整性。

(2) 舞弊可能涉及精心策划和蓄意实施以进行隐瞒。因此,用以收集审计证据的审计程序可能对于发现舞弊是无效的,例如,舞弊导致的错报涉及串通伪造文件,使得注册会计师误以为有效证据实际上是无效的,注册会计师没有接受文件真伪鉴定方面的培训,不应被期望成为鉴定文件真伪的专家。

(3) 审计不是对涉嫌违法行为的官方调查。因此,注册会计师没有被授予特定的法律权力,而这种权力对调查是必要的。

3. 在合理的时间内以合理的成本完成审计需要

审计中的困难、时间或成本等事项,本身不能作为注册会计师省略不可替代的审计程序或满足于说服力不足的审计证据的正当理由。制订适当的审计计划有助于保证执行审计工作需要的充分的时间和资源,尽管如此,信息的相关性及其价值会随着时间的推移而降低,所以需要在信息的可靠性和成本之间进行权衡,这在某些财务报告编制基础中已得到认可。要求注册会计师处理所有可能存在的信息是不切实际的,基于信息存在错误或舞弊,除非能提供反证的假设,竭尽可能地追查每一个事项也是不切实际的。正是因为认识到这一点,财务报表使用者的期望是,注册会计师在合理的时间内以合理的成本对财务报表形成审计意见。

为了在合理的时间内以合理的成本对财务报表形成审计意见,注册会计师有必要:(1)计划审计工作,以使审计工作以有效的方式得到执行;(2)将审计资源投向最可能存在重大错报风险的领域,并相应地在其他领域减少审计资源;(3)运用测试和其他方法检查总体中存在的错报。

审计准则对计划和实施审计工作作出了规定,并要求注册会计师执行下列工作(包括但不限于):(1)实施风险评估程序和开展相关活动,以作为识别和评估财务报表层次及认定层次的重大错报风险的基础;(2)运用测试和其他方法检查总体,从而为注册会计师对总体得出结论提供合理的基础。

4. 影响审计固有限制的其他事项

对某些认定或审计事项而言,固有限制对注册会计师发现重大错报能力的潜在影响尤为重要。这些认定或审计事项包括:(1)舞弊,特别是涉及高级管理人员的舞弊或串通舞弊;(2)关联方关系和交易的存在及完整性;(3)违反法律法规行为的发生;(4)可能导致被审计单位无法持续经营的未来事项或情况。相关审计准则规定了具体审计程序,这些程序有助于减轻固有限制的影响。

由于审计的固有限制,即使按照审计准则的规定适当地计划和执行审计工作,也不可避免地存在财务报表的某些重大错报可能未被发现的风险。相应地,完成审计工作后发现由于舞弊或错误导致的财务报表重大错误,其本身并不表明注册会计师没有按照审计准则的规定执行审计工作。尽管如此,审计的固有限制并不能作为注册会计师满足于说服力不足的审计证据的理由。注册会计师是否按照审计准则的规定执行了审计工作,取决于注册会计师在具体情况下实施的审计程序,由此获取的审计证据的充分性和适当性,以及根据总体目标和对审计证据的评价结果而出具审计报告的恰当性。

二、审计具体目标

(一) 认定

1. 认定的含义

认定,是指管理层在财务报表中作出的明确或隐含的表达,注册会计师将其用于考虑可能发生的不同类型的潜在错报。认定与审计目标密切相关,注册会计师的基本职责就是确定被审计单位管理层对其财务报表的认定是否恰当。注册会计师了解了认定,就很容易确定每个项目的具体审计目标。通过考虑可能发生的不同类型的潜在错报,注册会计师运用认定评估风险,并据此设计审计程序以应对评估的风险。

当管理层声明财务报表已按照适用的财务报告编制基础编制,在所有重大方面做出公允反映时,就意味着管理层对财务报表各组成要素的确认、计量、列报以及相关的披露做出了认定。管理层在财务报表上的认定有些是明确表达的,有些则是隐含表达的。例如,管理层在资产负债表中列报存货及其金额,意味着做出下列明确的认定:(1)记录的存货是存在的;(2)存货以恰当的金额包括在财务报表中,与之相关的计价或分摊调整已恰当记录。同时,管理层也做出下列隐含的认定:(1)所有应当记录的存货均已记录;(2)记录的存货都由被审计单位所有。

注册会计师的审计工作就是要确定管理层对财务报表各组成要素做出的认定是否恰当。

2. 与所审计期间各类交易和事项相关的认定

注册会计师对所审计期间的各类交易和事项运用的认定通常分为下列类别:

(1) 发生:记录的交易或事项已发生,且与被审计单位有关。

(2) 完整性:所有应当记录的交易和事项均已记录。

(3) 准确性:与交易和事项有关的金额及其他数据已恰当记录。

(4) 截止:交易和事项已记录于正确的会计期间。

(5) 分类:交易和事项已记录于恰当的账户。

(6) 列报:交易和事项已被恰当地汇总或分解且表述清楚,相关披露在适用的财务报告编制基础上是相关的、可理解的。

3. 与期末账户余额相关的认定

注册会计师对期末账户余额运用的认定通常分为下列类别:

(1) 存在:记录的资产、负债和所有者权益是存在的。

(2) 权利和义务:记录的资产由被审计单位拥有或控制,记录的负债是被审计单位应当履行的偿还义务。

(3) 完整性:所有应当记录的资产、负债和所有者权益均已记录。

(4) 计价和分摊:资产、负债和所有者权益以恰当的金额包括在财务报表中,与之相关的计价或分摊调整已恰当记录。

(5) 分类:资产、负债和所有者权益已记录于恰当的账户。

(6) 列报:资产、负债和所有者权益已被恰当地汇总或分解且表述清楚,相关披露在适用的财务报告编制基础上是相关的、可理解的。

注册会计师可以按照上述分类运用认定,也可按其他方式表述认定,但应涵盖上述所有方面。例如,注册会计师可以选择将有关交易和事项及相关披露的认定与有关账户余额及相关披露的认定综合运用。又如,当发生和完整性认定包含了对交易是否记录于正确会计期间的恰当考虑时,就可能不存在与交易和事项截止相关的单独认定。

(二) 具体审计目标

注册会计师了解认定后,就很容易确定每个项目的具体审计目标,并以此作为评估重大错报风险及设计和实施进一步审计程序的基础。

1. 与所审计期间各类交易、事项及相关披露相关的审计目标

(1) 发生:由发生认定推导的审计目标是确认已记录的交易是真实的。例如,如果没有发生销售交易,但在销售日记账中记录了一笔销售,则违反了该目标。

发生认定所要解决的问题是管理层是否把那些不曾发生的项目列入财务报表,它主要与财务报表组成要素的高估有关。

(2) 完整性:由完整性认定推导的审计目标是确认已发生的交易确实已经记录。例如,如果发生了销售交易,但没有在销售明细账和总账中记录,则违反了该目标。

发生和完整性两者强调的是相反的关注点。发生目标针对多记、虚构交易(高估),而完整性目标则针对漏记交易(低估)。

(3) 准确性:由准确性认定推导出的审计目标是确认已记录的交易是按正确金额反映的。例如,如果在销售交易中,发出商品的数量与账单上的数量不符,或是开账单时使用了错误的销售价格,或是账单中的乘积或加总有误,或是在销售明细账中记录了错误的金额,则违反了该目标。

准确性与发生、完整性之间存在区别。例如,若已记录的销售交易是不应当记录的(如发出的商品是寄销商品),则即使发票金额是准确计算的,仍违反了发生目标。再如,若已入账的销售交易是对正确发出商品的记录,但金额计算错误,则违反了准确性目标,没有违反发生目标。在完整性与准确性之间也存在同样的关系。

(4) 截止:由截止认定推导出的审计目标是确认接近于资产负债表日的交易记录于恰当的期间。例如,如果本期交易推到下期,或下期交易提到本期,均违反了截止目标。

(5) 分类:由分类认定推导出的审计目标是确认被审计单位记录的交易经过适当分类。例如,如果将现销记录为赊销,将出售经营性固定资产所得的收入记录为营业收入,则导致交易分类的错误,违反了分类的目标。

(6) 列报:由列报认定推导出的审计目标是确定被审计单位的交易和事项已被恰当地汇总或分解且表述清楚,相关披露在适用的财务报表编制基础上是相关的、可理解的。

2. 与期末账户余额相关的审计目标

(1) 存在:由存在认定推导的审计目标是确认记录的金额确实存在。例如,如果不存在某顾客的应收账款,在应收账款明细表中却列入了对该顾客的应收账款,则违反了存在性目标。

（2）权利和义务：由权利和义务认定推导的审计目标是确认资产归属于被审计单位，负债属于被审计单位的义务。例如，将他人寄售商品列入被审计单位的存货中，违反了权利目标；将不属于被审计单位的债务记入账内，违反了义务目标。

（3）完整性：由完整性认定推导的审计目标是确认已存在的金额均已记录。例如，如果存在某顾客的应收账款，而应收账款明细表中却没有列入，则违反了完整性目标。

（4）计价和分摊：资产、负债和所有者权益以恰当的金额包括在财务报表中；与之相关的计价或分摊调整已恰当记录相关披露已得到恰当计量和表述。

（5）分类：资产、负债和所有者权益已记录于恰当的账户。

（6）列报：资产、负债和所有者权益已被恰当地汇总或分解且表述清楚，相关披露在适用的财务报告编制基础上是相关的、可理解的。

通过上面介绍可知，认定是确定具体审计目标的基础。注册会计师通常将认定转化为能够通过审计程序予以实现的审计目标。针对财务报表每一项目所表现出的各项认定，注册会计师相应地确定一项或多项审计目标，然后通过执行一系列审计程序获取充分、适当的审计证据以实现审计目标。认定、审计目标和审计程序之间的关系举例如表4-1所示。

表4-1 认定、审计目标和审计程序之间的关系举例

认定	审计目标	审计程序
存在	资产负债表列示的存货存在	实施存货监盘程序
完整性	销售收入包括了所有已发货的交易	检查发货单和销售发票的编号以及销售明细账
准确性	应收账款反映的销售业务是否基于正确的价格和数量，计算是否准确	比较价格清单与发票上的价格、发货单与销售订购单上的数量是否一致，重新计算发票上的金额
截止	销售业务记录在恰当的期间	比较上一年度最后几天和下一年度最初几天的发货单日期与记账日期
权利和义务	资产负债表中的固定资产确实为公司拥有	查阅所有权证书、购货合同、结算单和保险单
计价和分摊	以净值记录应收账款	检查应收账款账龄分析表、评估计提的坏账准备是否充足

第二节 审计计划

计划审计工作是指注册会计师为了完成审计业务，达到预期的审计目标，在具体执行审计程序之前对审计工作所做的合理规划和安排。计划审计工作对于注册会计师顺利完成审计工作和控制审计风险具有非常重要的意义。计划审计工作是一项持续的过程，注册会计师通过在前一期审计工作结束后即开始开展本期的计划审计工作，并查到本期审计工作结束为止。在计划审计工作时，注册会计师需要进行初步业务活动，制定总体审计策略和具体

审计计划。

一、初步业务活动

注册会计师在计划审计工作前,需要开展初步业务活动,为制订审计计划做好前期准备工作。

(一)初步业务活动的目的

在本期审计业务开始时,注册会计师需要开展初步业务活动,以实现以下三个主要目的:(1)具备执行业务所需的独立性和能力;(2)不存在因管理层诚信问题而可能影响注册会计师保持该项业务的意愿的事项;(3)与被审计单位之间不存在对业务约定条款的误解。

(二)初步业务活动的内容

注册会计师应当开展下列初步业务活动。

1. 针对保持客户关系和具体审计业务实施相应的质量控制程序

针对保持客户关系和具体审计业务实施质量控制程序,并且根据实施相应程序的结果做出适当的决策是注册会计师控制审计风险的重要环节。《中国注册会计师审计准则第1121号——对财务报表审计实施的质量控制》及《质量控制准则第5101号——会计师事务所对执行财务报表审计和审阅、其他鉴证和相关服务业务实施的质量控制》含有与客户关系和具体业务的接受与保持相关的要求,注册会计师应当按照其规定开展初步业务活动。

2. 评价遵守相关职业道德要求的情况

评价遵守相关职业道德要求的情况也是一项非常重要的初步业务活动。质量控制准则含有包括独立性在内的有关职业道德要求,注册会计师应当按照其规定执行。虽然保持客户关系及具体审计业务和评价职业道德的工作贯穿审计业务的全过程,但是这两项活动需要安排在其他审计工作之前,以确保注册会计师已具备执行业务所需要的独立性和专业胜任能力,且不存在因管理层诚信问题而影响注册会计师保持该项业务的意愿等情况。在连续审计的业务中,这些初步业务活动通常是在上期审计工作结束后不久或将要结束时就已经开始了。

3. 就审计业务约定条款达成一致意见

在做出接受或保持客户关系及具体审计业务的决策后,注册会计师应当按照《中国注册会计师审计准则第1111号——就审计业务约定条款达成一致意见》的规定,在审计业务开始前,与被审计单位就审计业务约定条款达成一致意见,签订或修改审计业务约定书,以避免双方对审计业务的理解产生分歧。

(三)审计业务约定书

审计业务约定书是指会计师事务所与被审计单位签订的,用以记录和确认审计业务的委托与受托关系、审计目标和范围、双方的责任及报告的格式等事项的书面协议。会计师事务所承接任何审计业务,都应与被审计单位签订审计业务约定书。

1. 审计业务约定书的基本内容

审计业务约定书的具体内容和格式可能因被审计单位的不同而不同,但应当包括以下主要内容：
(1) 财务报表审计的目标与范围；
(2) 注册会计师的责任；
(3) 管理层的责任；
(4) 指出用于编制财务报表所适用的财务报告编制基础；
(5) 提及注册会计师拟出具的审计报告的预期形式和内容，以及对在特定情况下出具的审计报告可能不同于预期形式和内容的说明。

2. 审计业务约定书的特殊考虑

(1) 考虑特定需要。如果情况需要，注册会计师还应当考虑在审计业务约定书中列明下列内容：详细说明审计工作的范围，包括提及适用的法律法规、审计准则，以及注册会计师协会发布的职业道德守则和其他公告；对审计业务结果的其他沟通形式；关于注册会计师按照《中国注册会计师审计准则第1504号——在审计报告中沟通关键审计事项》的规定，在审计报告中沟通关键审计事项的要求；说明由于审计和内部控制的固有限制，即使审计工作按照审计准则的规定得到恰当的计划和执行，仍不可避免地存在某些重大错报未被发现的风险；计划和执行审计工作的安排，包括审计项目组的构成；预期管理层确认将提供书面声明；预期管理层将允许注册会计师接触管理层知悉的与财务报表编制相关的所有信息（包括与披露相关的所有信息）；管理层同意向注册会计师及时提供财务报表草稿和其他所有附带信息，以使注册会计师能够按照预定的时间表完成审计工作；管理层同意告知注册会计师在审计报告日至财务报表报出日之间注意到的可能影响财务报表的事实；收费的计算基础和收费安排；管理层确认收到审计业务约定书并同意其中的条款；在某些方面对利用其他注册会计师和专家工作的安排；对审计涉及的内部审计人员和被审计单位其他员工工作的安排；在首次审计的情况下，与前任注册会计师（如存在）沟通的安排；说明对注册会计师责任可能存在的限制；注册会计师与被审计单位之间需要达成进一步协议的事项；向其他机构或人员提供审计工作底稿的义务。

(2) 组成部分的审计。如果母公司的注册会计师同时也是组成部分注册会计师，需要考虑下列因素，决定是否向组成部分单独致送审计业务约定书：组成部分注册会计师的委托人；是否对组成部分单独出具审计报告；与审计委托相关的法律法规的规定；母公司占组成部分的所有权份额；组成部分管理层相对于母公司的独立程度。

(3) 连续审计。对于连续审计，注册会计师应当根据具体情况评估是否需要对审计业务约定条款做出修改，以及是否需要提醒被审计单位注意现有的条款。注册会计师可以决定不在每期都报送新的审计业务约定书或其他书面协议。然而，下列因素可能导致注册会计师修改审计业务约定条款或提醒被审计单位注意现有的业务约定条款：有迹象表明被审计单位误解审计目标和范围；需要修改约定条款或增加特别条款；被审计单位高级管理人员近期发生变动；被审计单位所有权发生重大变动；被审计单位业务的性质或规模发生重大变化；法律法规的规定发生变化；编制财务报表采用的财务报告编制基础发生变更；其他报告要求发生变化。

二、总体审计策略

注册会计师应当为审计工作制定总体审计策略。总体审计策略用以确定审计范围、时间安排和方向,并指导具体审计计划的制订。在制定总体审计策略时,应当考虑以下主要事项。

（一）审计范围

在确定审计范围时,需要考虑下列具体事项：

（1）编制拟审计的财务信息所依据的财务报告编制基础,包括是否需要将财务信息调整至按照其他财务报告编制基础编制；

（2）特定行业的报告要求,如某些行业监管机构要求提交的报告；

（3）预期审计工作涵盖的范围,包括应涵盖的组成部分的数量及所在地点；

（4）母公司和集团组成部分之间存在的控制关系的性质,以确定如何编制合并财务报表；

（5）由组成部分注册会计师审计组成部分的范围；

（6）拟审计的经营分部的性质,包括是否需要具备专门知识；

（7）外币折算,包括外币交易的会计处理、外币财务报表的折算和相关信息的披露；

（8）除为合并目的执行的审计工作之外,对个别财务报表进行法定审计的需求；

（9）内部审计工作的可获得性及注册会计师拟信赖内部审计工作的程度；

（10）被审计单位使用服务机构的情况,以及注册会计师如何取得有关服务机构内部控制设计和运行有效性的证据；

（11）对利用在以前审计工作中获取的审计证据（如获取的与风险评估程序和控制测试相关的审计证据）的预期；

（12）信息技术对审计程序的影响,包括数据的可获得性和对使用计算机辅助审计技术的预期；

（13）协调审计工作与中期财务信息审阅的预期涵盖范围和时间安排,以及中期审阅所获取的信息对审计工作的影响；

（14）与被审计单位人员的时间协调和相关数据的可获得性。

（二）报告目标、时间安排及所需沟通

为计划报告目标、时间安排和所需沟通,需要考虑下列事项：

（1）被审计单位对外报告的时间表,包括中间阶段和最终阶段；

（2）与管理层和治理层举行会谈,讨论审计工作的性质、时间安排和范围；

（3）与管理层和治理层讨论注册会计师拟出具的报告的类型和时间安排及沟通的其他事项（口头或书面沟通）,包括审计报告、管理建议书和向治理层通报的其他事项；

（4）与管理层讨论预期就整个审计业务中审计工作的进展进行的沟通；

（5）与组成部分注册会计师沟通拟出具的报告的类型和时间安排,以及与组成部分审计相关的其他事项；

（6）项目组成员之间沟通的预期性质和时间安排,包括项目组会议的性质和时间安排,以及复核已执行工作的时间安排；

（7）预期是否需要和第三方进行其他沟通，包括与审计相关的法定或约定的报告责任。

（三）审计方向

总体审计策略的制定应当包括考虑影响审计业务的重要因素，以确定项目组工作方向，包括确定适当的重要性水平，初步识别可能存在较高的重大错报风险的领域，初步识别重要的组成部分和账户余额，评价是否需要针对内部控制的有效性获取审计证据，识别被审计单位、所处行业、财务报告要求及其他相关方面最近发生的重大变化等。

在确定审计方向时，注册会计师需要考虑下列事项：

（1）重要性方面。具体包括：①为计划目的确定重要性；②为组成部分确定重要性且与组成部分的注册会计师沟通；③在审计过程中重新考虑重要性；④识别重要的组成部分和账户余额。

（2）重大错报风险较高的审计领域。

（3）评估的财务报表层次的重大错报风险对指导、监督及复核的影响。

（4）项目组人员的选择（在必要时包括项目质量控制复核人员）和工作分工，包括向重大错报风险较高的审计领域分派具备适当经验的人员。

（5）项目预算，包括考虑为重大错报风险可能较高的审计领域分配适当的工作时间。

（6）如何向项目组成员强调在收集和评价审计证据过程中保持职业怀疑的必要性。

（7）以往审计中对内部控制运行有效性进行评价的结果，包括所识别的控制缺陷的性质及应对措施。

（8）管理层重视设计和实施健全的内部控制的相关证据，包括这些内部控制得以适当记录的证据。

（9）业务交易量规模，以基于审计效率的考虑确定是否依赖内部控制。

（10）对内部控制重要性的重视程度。

（11）管理层用于识别和编制适用的财务报告编制基础所要求的披露（包括从总账和明细账之外的其他途径获取的信息）的流程。

（12）影响审计单位经营的重大发展变化，包括信息技术和业务流程的变化，关键管理人员变化，以及收购、兼并和分立。

（13）重大的行业发展情况，如行业法规变化和新的报告规定。

（14）会计准则及会计制度的变化。该变化可能涉及做出重大的新披露或对现有披露做出重大修改。

（15）其他重大变化，如影响被审计单位的法律环境的变化。

（四）审计资源

注册会计师应当在总体审计策略中清楚地说明审计资源的规划和调配，包括确定执行审计业务所必需的审计资源的性质、时间安排和范围。

（1）向具体审计领域调配的资源，包括向高风险领域分派有适当经验的项目组成员，就复杂的问题利用专家工作等；

（2）向具体审计领域分配资源的多少，包括分派到重要地点进行存货监盘的项目组成

员的人数,在集团审计中复核组成部分注册会计师工作的范围,向高风险领域分配的审计时间预算等;

(3) 何时调配这些资源,包括是在期中审计阶段还是在关键的截止日期调配资源等;

(4) 如何管理、指导、监督这些资源,包括预期何时召开项目组预备会和总结会,预期项目合伙人和经理如何进行复核,是否需要实施项目质量控制复核等。

三、具体审计计划

注册会计师应当为审计工作制订具体审计计划。具体审计计划比总体审计策略更加详细,其内容包括为获取充分、适当的审计证据以将审计风险降至可接受的低水平,项目组成员拟实施的审计程序的性质、时间安排和范围。可以说,为获取充分、适当的审计证据而确定审计程序的性质、时间安排和范围是具体审计计划的核心。具体审计计划应当包括风险评估程序、计划实施的进一步审计程序和其他审计程序。

(一) 风险评估程序

具体审计计划应当包括按照《中国注册会计师审计准则第1211号——通过了解被审计单位及其环境识别和评估重大错报风险》的规定,为了充分识别和评估财务报表重大错报风险,注册会计师计划实施的风险评估程序的性质、时间安排和范围。

(二) 计划实施的进一步审计程序

具体审计计划应当包括按照《中国注册会计师审计准则第1231号——针对评估的重大错报风险采取的应对措施》的规定,针对评估的认定层次的重大错报风险,注册会计师计划实施的进一步审计程序的性质、时间安排和范围。进一步审计程序包括控制测试和实质性程序。

需要强调的是,随着审计工作的推进,对审计程序的计划会一步步深入,并贯穿于整个审计过程。例如,计划风险评估程序通常在审计开始阶段进行,计划进一步审计程序则需要依据风险评估程序的结果进行。因此,为达到制订具体审计计划的要求,注册会计师需要完成风险评估程序,识别和评估重大错报风险,并针对评估的认定层次的重大错报风险,计划实施进一步审计程序的性质、时间安排和范围。

通常,注册会计师计划的进一步审计程序可以分为进一步审计程序的总体方案和拟实施的具体审计程序(包括进一步审计程序的具体性质、时间安排和范围)两个层次。进一步审计程序的总体方案主要是指注册会计师针对各类交易、账户余额和披露决定采用的总体方案(包括实质性方案和综合性方案);具体审计程序则是对进一步审计程序的总体方案的延伸和细化,它通常包括控制测试和实质性程序的性质、时间安排和范围。在实务中,注册会计师通常单独制定一套包括这些具体程序的"进一步审计程序表",待具体实施审计程序时,注册会计师将基于所计划的具体审计程序,进一步记录所实施的审计程序及结果,并最终形成有关进一步审计程序的审计工作底稿。

另外,完整、详细的进一步审计程序的计划包括对各类交易、账户余额和披露实施的具体审计程序的性质、时间安排和范围,包括抽取的样本量等。在实务中,注册会计师可以统筹安排进一步审计程序的先后顺序,如果对某类交易、账户余额或披露已经做出计划,则可以安排先行开展工作,与此同时再制定其他交易、账户余额和披露的进一步审计程序。

（三）其他审计程序

具体审计计划应当包括根据审计准则的规定,注册会计师针对审计业务需要实施的其他审计程序。计划的其他审计程序可以包括上述进一步程序的计划中没有涵盖的、根据其他审计准则的要求注册会计师应当执行的既定程序。

在审计计划阶段,除了按照《中国注册会计师审计准则第1211号——通过了解被审计单位及其环境识别和评估重大错报风险》进行计划工作外,注册会计师还需要兼顾其他准则中规定的、针对特定项目在审计计划阶段应执行的程序及记录要求。例如,《中国注册会计师审计准则第1141号——财务报表审计中与舞弊相关的责任》《中国注册会计师审计准则第1324号——持续经营》《中国注册会计师审计准则第1142号——财务报表审计中对法律法规的考虑》及《中国注册会计师审计准则第1323号——关联方》等准则中对注册会计师针对这些特定项目在审计计划阶段应当执行的程序及其记录做出了规定。当然,由于被审计单位所处行业、环境各不相同,特别项目可能也有所不同。例如,有些企业可能涉及环境事项、电子商务等,在实务中注册会计师应根据被审计单位的具体情况确定特定项目并执行相应的审计程序。

（四）审计过程中对计划的更改

计划审计工作并非审计业务的一个孤立阶段,而是一个持续的、不断修正的过程,贯穿于整个审计业务的始终。由于未预期事项、条件的变化或在实施审计程序中获取的审计证据等原因,在审计过程中,注册会计师应当在必要时对总体审计策略和具体审计计划做出更新和修改。

审计过程可以分为不同阶段,通常前面阶段的工作结果会对后面阶段的工作计划产生一定的影响,而后面阶段的工作过程中又可能发现需要对已制订的相关计划进行相应的更新和修改。通常来讲,这些更新和修改可能涉及比较重要的事项。例如,对重要性水平的修改,对某类交易、账户余额和披露的重大错报风险的评估和进一步审计程序（包括总体方案和拟实施的具体审计程序）的更新和修改等。一旦计划被更新和修改,审计工作也就应当进行相应的修正。

例如,如果在制订审计计划时,注册会计师基于对材料采购交易的相关控制的设计和执行获取的审计证据,认为相关控制设计合理并得以执行,因此未将其评价为高风险领域并且计划执行控制测试。但是在执行控制测试时获得的审计证据与审计计划阶段获得的审计证据相矛盾,注册会计师认为该类交易的控制没有得到有效执行,此时,注册会计师可能需要修正对该类交易的风险评估,并基于修正的评估风险修改计划的审计方案,如采用实质性方案。

如果注册会计师在审计过程中对总体审计策略或具体审计计划做出重大修改,应当在审计工作底稿中记录做出的重大修改及其理由。

第三节 审计重要性

一、审计重要性的含义

审计重要性作为一个非常重要的概念贯穿于审计全过程,正确理解审计重要性的含义并加以有效运用对于审计质量的保证和审计目标的实现都非常重要。

为了规范注册会计师在计划和执行财务报表审计工作时运用重要性概念,《中国注册会计师审计准则第1221号——计划和执行审计工作时的重要性》规定:财务报告编制基础通常从编制和列报财务报表的角度阐释重要性概念。财务报告编制基础可能以不同的术语解释重要性,但通常而言,重要性概念可从以下方面进行理解:首先,如果合理预期错报(包括漏报)单独或汇总起来可能影响财务报表使用者依据财务报表做出的经济决策,则通常认为错报是重大的;其次,对重要性的判断是根据具体环境做出的,并受错报的金额或性质的影响,或受两者共同作用的影响;最后,判断某事项对财务报表使用者是否重大,是在考虑财务报表使用者整体共同的财务信息需求的基础上做出的。由于不同财务报表使用者对财务信息的需求可能差异很大,因此不考虑错报对个别财务报表使用者可能产生的影响。

二、审计重要性的评估原则

(一)重要性的评估需要合理运用职业判断

审计重要性水平的确定需要审计人员运用职业判断,由于审计人员的判断能力,判断方法和专业胜任能力因人而异,因此在对同一被审计单位的财务报表进行重要性水平判断时,不同的审计人员会得出不同的结论。

(二)重要性的评估要兼顾审计效果与效率

现代企业集团日益增多,企业规模不断扩大及组织结构日趋复杂,使得审计人员不得不用抽样审计的方法取代详细审计。在抽样审计方法下,审计人员需要考虑重要性来提高审计效率;同时抽样审计下的审计人员还必须对未抽查部分的正确性承担一定的审计风险。风险的大小与重要性的评估相关,因此,审计人员必须对重要性予以正确判断才能保证审计质量。

(三)重要性的评估要同时结合错报或漏报的金额与性质

注册会计师可能将低于某一金额的错报界定为明显微小的错报,对这类错报不需要累计,因为注册会计师认为这些错报的汇总数明显不会对财务报表产生重大影响。这些明显微小的错报,无论单独或者汇总起来,无论从规模、性质或其发生的环境来看都是明显微不足道的。

一般情况下,较大金额的错报或漏报要比较小金额的错报或漏报更重要,但有些时候,金额相对较少的错报或漏报可能会对财务报表产生重大影响,即性质上是重要的。例如,涉及舞弊或违法行为的错报或漏报、可能涉及法律责任后果和影响收益趋势的错报或漏报。在这种情况下,单单靠金额大小来判断某项错报或漏报是否重大可能会得出错误的结论,因此,需要综合考虑错报或漏报的金额和性质。

（四）重要性的评估不能忽视小额错报或漏报的累计影响

注册会计师应当累计审计过程中识别出的错报,除非错报明显微小。单个小额错报或漏报看起来对财务报表无足轻重,但如果这个小额错报或漏报月月发生,甚至天天发生,那么加总起来的影响就相当可观了,极有可能变成大额的错报或漏报,此时对财务报表就将形成重大影响,因此,审计人员在确定重要性水平时也应对此予以关注。

（五）重要性的评估要从财务报表和交易账户两个层次加以考虑

审计的总体目标是对财务报表的合法性、公允性和会计处理方法的一贯性发表意见,因此,注册会计师应当确定财务报表整体的重要性。由于财务报表中提供的信息均来源于各个账户或各项交易,注册会计师仍需通过各账户和各交易来获得对财务报表整体性的结论,因此,注册会计师还必须考虑账户和交易层次的重要性。对于账户和交易层次的重要性水平的确定,注册会计师可采取将财务报表层次的重要性水平分配至各个账户和交易类别的方法,也可单独进行确定。

三、审计重要性的判断

（一）财务报表整体的重要性水平

在制定总体审计策略时,注册会计师应当确定财务报表整体的重要性。注册会计师通常先选定一个基准,再乘以某一百分比作为财务报表整体的重要性。选择适合具体情况的适当基准和百分比是注册会计师运用职业判断的结果。

确定适当的基准时,注册会计师需要站在财务报表使用者的角度,充分考虑被审计单位的性质、所处的生命周期阶段及所处行业和经济环境,选用如资产、负债、所有者权益、收入和费用等财务报表要素,或报表使用者特别关注的项目作为适当的基准。注册会计师为被审计单位选择的基准在各年度中通常会保持稳定,但是并非必须保持一贯不变。注册会计师可以根据经济形势、行业状况和被审计单位具体情况的变化,在各年度中做出调整。

由于百分比和选定的基准之间存在一定的联系,因此,百分比常常需要根据选定的基准并运用职业判断来确定。在确定百分比时,除了考虑被审计单位是否为上市公司或公众利益实体外,其他因素也会影响注册会计师对百分比的选择,这些因素包括但不限于:

(1) 财务报表使用者的范围;

(2) 被审计单位是否由集团内部关联方提供融资或是否有大额对外融资(如债券或银行贷款);

(3) 财务报表使用者是否对基准数据特别敏感(如特殊目的财务报表的使用者)。

表 4-2 举例说明了一些实务中较为常用的基准。

表 4-2 常用的基准

被审计单位的情况	可能选择的基准
企业的盈利水平保持稳定	经常性业务的税前利润
企业近年来经营状况大幅度波动,盈利和亏损交替发生,或者由正常盈利变为微利或微亏,或者本年度税前利润因情况变化而出现意外增加或减少	过去3~5年经常性业务的平均税前利润或亏损(取绝对值),或其他基准,例如营业外收入
企业为新设企业,处于开办期,尚未开始经营,目前正在建造厂房及购买机器设备	总资产
企业处于新兴行业,目前侧重于抢占市场份额、扩大企业知名度和影响力	营业收入
开放式基金,致力于优化投资组合、提高基金净值、为基金持有人创造投资价值	净资产
国际企业集团设立的研发中心,主要为集团下属各企业提供研发服务,并以成本加成的方式向相关企业收取费用	成本与营业费用总额
公益性质的基金会	捐赠收入或捐赠支出总额

（二）各类交易、账户余额或披露的认定层次的重要性水平

根据被审计单位的特定情况,如果存在一个或多个特定类别的交易、账户余额或披露,其发生的错报金额虽然低于财务报表整体的重要性,但合理预期可影响财务报表使用者依据财务报表做出的经济决策,注册会计师应当确定适用这些交易、账户余额或披露的一个或多个重要性水平。

下列因素可能表明需要确定适用于这些交易、账户余额或披露的一个或多个重要性水平:一是法律法规或适用的财务报告编制基础是否影响财务报表使用者对特定项目(如关联方交易、管理层和治理层的薪酬及对具有高估计不确定性的公允价值会计估计的敏感性分析)计量或披露的预期;二是与被审计单位所处行业相关的关键性披露(如制药企业的研究与开发成本);三是财务报表使用者是否特别关注财务报表中单独披露的业务的特定方面(如关于分部或中大企业合并的披露)。

（三）实际执行的重要性

实际执行的重要性,是指注册会计师确定的低于财务报表整体重要性的一个或多个金额,旨在将未更正和未发现错报的汇总数超过财务报表整体重要性的可能性降至适当的低水平。如果适用,实际执行的重要性还指注册会计师确定的低于特定类别的交易、账户余额或披露的重要性水平的一个或多个金额。

审计准则要求注册会计师确定低于财务报表整体重要性的一个或多个金额作为实际执行的重要性,注册会计师无须通过将财务报表整体的重要性平均分配或按比例分配至各个报表项目的方法来确定实际执行的重要性,而是根据对报表项目的风险评估结果,确定如何确定一个或多个实际执行的重要性。例如,根据以前期间的审计经验和本期审计计划阶段的风险评估结果,注册会计师认为可以以财务报表整体重要性的75%作为大多数报表项目的实际执行的重要性;与营业收入项目相关的内部控制存在控制缺陷,而且以前年度审计中存在审计调整,因此考虑以财务报表整体重要性的50%作为营业收入项目实际执行的重要

性,从而有针对性地对高风险领域执行更多的审计工作。

计划的重要性与实际执行的重要性之间的关系如图 4-1 所示。

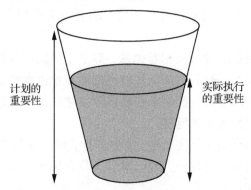

图 4-1　计划的重要性与实际执行的重要性之间的关系

注册会计师应当确定实际执行的重要性以评估重大错报风险并确定进一步审计程序的性质、时间安排和范围。确定实际执行的重要性并非简单机械的计算,需要注册会计师运用职业判断,并将对被审计单位的了解、前期审计工作中识别出的错报的性质和范围、根据前期识别出的错报对本期错报做出的预期这些因素纳入考虑范围。审计风险的大小也会影响实际执行的重要性的确定,例如,对于审计风险较高的审计项目,就需要确定较低的实际执行的重要性。

四、错报

错报,是指某一财务报表项目的金额、分类或列报,与按照适用的财务报表编制基础应当列示的金额、分类或列报之间存在的差异。错报可能是由于错误或舞弊导致的。如:

(1) 收集或处理用以编制财务报表的数据时出现错误;

(2) 遗漏某项金额或披露,包括不充分或不完整的披露,以及为满足特定财务报告编制基础的披露目标而被要求做出的披露(如适用);

(3) 由于疏忽或明显误解有关事实导致做出不正确的会计估计;

(4) 注册会计师认为管理层对会计估计做出不合理的判断或对会计政策做出不恰当的选择和运用;

(5) 信息的分类、汇总或分解不恰当。

五、审计重要性的运用

(一) 计划审计工作时重要性的运用

在计划审计工作时,注册会计师需要对重要性做出判断,以便为确定风险评估程序的性质、时间安排和范围,识别和评估重大错报风险及确定进一步审计程序的性质、时间安排和范围提供基础。

注册会计师在计划审计工作中确定重要性水平时,需要考虑以下因素:

(1) 对被审计单位及其环境的了解程度。重要性水平与被审计单位的行业状况、法律环境、监管环境、规模大小、业务性质、对会计政策的选择和应用等因素均相关,因此,对被审计单位及其环境的了解程度将影响审计人员对重要性水平的判断。

(2) 审计的目标。财务报表使用者对于信息的要求会影响审计人员对重要性水平的确定。

(3) 财务报表各个项目的性质及相互关系。对于不同的财务报表项目,财务报表使用者对其关心的程度也不同,一般而言,流动性较高的项目比流动性弱的项目更受关注,因而需要制定更严格的重要性水平,再者,财务报表各项目之间是相互联系的,因此在确定重要性水平时也应将这一因素纳入考虑范围。

(4) 财务报表项目的金额及其变动幅度。财务报表使用者可能会对不同的财务报表项目金额及其变动幅度做出不同的反应,因此,审计人员在确定重要性水平时,应当考虑这些项目的金额及其变动幅度。

注册会计师在计划审计工作时可能根据实际执行的重要性确定需要对哪些类型的交易、账户余额和披露实施进一步审计程序,即通常选取金额超过实际执行的重要性的财务报表项目,因为这些财务报表项目有可能导致财务报表出现重大错报。但是,这不代表注册会计师可以对所有金额低于实际执行的重要性的财务报表项目不实施进一步审计程序,这主要出于以下考虑:一是单个金额低于实际执行的重要性的财务报表项目汇总起来可能金额重大(可能远远超过财务报表整体的重要性),注册会计师需要考虑汇总后的潜在错报风险;二是对于存在低估风险的财务报表项目,不能仅仅因为其金额低于实际执行的重要性而不实施进一步审计程序;三是对于识别出存在舞弊风险的财务报表项目,不能因为其金额低于实际执行的重要性而不实施进一步审计程序。

(二) 审计实施阶段对重要性的运用

在审计实施阶段,审计人员也需要考虑重要性来判断所发现的错报或漏报是否重要,从而决定是否应作为审计调整或重分类建议向被审计单位提出。确定一项分类错报是否重大,需要进行定性评估,此时也需要用到重要性水平。例如,注册会计师识别出某项应付账款误计入其他应付款的错报,金额超过财务报表整体的重要性。但由于该错报不影响经营业绩和关键财务指标,故注册会计师认为该项错报不重大。在执行审计工作阶段,实际执行的重要性也将直接影响注册会计师的审计工作量及需要获取的审计证据,主要体现在运用实际执行的重要性确定进一步审计程序的性质、时间安排和范围。例如,在实施实质性分析程序时,注册会计师确定的已记录金额与预期值之间的可接受差异额通常不超过实际执行的重要性;在运用审计抽样实施细节测试时,注册会计师可以将可容忍错报的金额设定为等于或低于实际执行的重要性。

(三) 审计结果评价阶段重要性的运用

在审计结果评价阶段,注册会计师必须根据所发现的错报或漏报决定是否需要修正初始重要性水平,进而评价是否已获取了充分适当的审计证据使总体审计风险维持在可接受的水平之下。由于在审计过程中,审计情况可能发生重大变化,注册会计师获取了新信息或通过进一步审计程序对被审计单位及其经营环境有了新的了解等原因,注册会计师可能需要修改财务报表整体的重要性和特定类别的交易、账户余额或披露的重要性水平。审计结果评价阶段重要性的运作过程如图 4-2 所示。

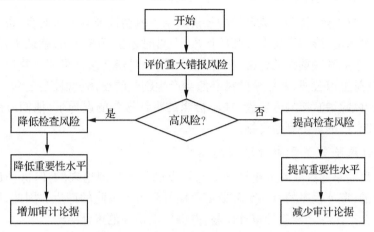

图 4-2　审计结果评价阶段重要性的运作过程

第四节　审计风险与审计风险模型

随着时代与环境的变化,审计模式也在不断进步与发展,过去的账项导向与制度导向的审计已逐渐退出历史的舞台,而风险导向审计模式成为目前审计的主流。顾名思义,所谓风险导向的审计模式,就是指注册会计师通过评估企业的重大错报风险,来确定审计工作的时间、性质和范围,并以此来控制检查风险,从而将审计风险降至可接受的低水平,为客户的财务报表提供合理的保障。

一、审计风险的含义

所谓审计风险,是指会计报表存在重大错误或漏报,而注册会计师审计后发表不恰当审计意见的可能性。具体来说,审计风险又可以分成重大错报风险与检查风险两个组成部分。

二、审计风险的特征

(一) 审计风险具有客观性

审计风险存在于整个审计过程,这是一种客观的现实,不会因为人的意志而转移或者消失。因而,审计人员只能采取有效的审计方法,经过有效的审计程序,去抑制、降低或控制审计风险。

(二) 审计风险具有不确定性

这种不确定性具体表现为:经济后果发生与否的不确定性、造成经济损失严重程度的不确定性、审计人员承担审计责任大小的不确定性,等等,因而它也是一种潜在风险。

(三)审计风险造成的经济损失是严重的

审计风险一旦发生,就会造成严重的经济后果。就会计师事务所而言,审计风险的发生必然会降低其可信度,影响注册会计师的形象,严重时还会招惹官司;就被审计单位而言,审计风险发生后,企业某些重大的经济事项信息必然会被披露,这就可能严重影响企业的形象和资信度,尤其是上市公司,其股票价格必然会产生剧烈的震荡;就社会公众、广大投资者而言,由于是审计风险最直接的受害者,在不恰当的审计报告的误导下,他们可能会做出错误的投资决策,使自己的经济利益受损。

(四)审计风险贯穿于审计过程的始终

尽管审计风险是通过最终的审计结论与预期的偏差表现出来的,但这种偏差是由多方面的因素造成的,审计程序的每一个环节都可能导致审计风险的产生。因此,不同的审计计划和审计程序会产生与之相应的审计风险,并会影响最终的审计结论。

(五)审计风险具有可控性

虽然审计风险的产生及其后果是难以预料的,但人们仍然可以通过主观努力对其进行适当的控制,将其限制在可接受的范围之内。由于审计是可以控制的,因此审计人员不必对其产生惧怕心理,在审计过程中可以通过识别风险领域和种类,采取相应的措施,将审计风险降低至可接受水平。

三、审计风险的种类

(一)重大错报风险

重大错报风险是指财务报表在审计前存在重大错报的可能性。它是由被审计单位自身的特点和风险所决定的,而与财务报表的审计与否无关。注册会计师在设计审计程序时,应当从财务报表层次和各类交易、账户余额及披露认定层次方面考虑重大错报风险。《中国注册会计师审计准则第1211号——通过了解被审计单位及其环境识别和评估重大错报风险》对注册会计师如何评估财务报表层次和认定层次的重大错报风险提出了详细的要求。

1. 两个层次的重大错报风险

财务报表层次重大错报风险与财务报表整体存在广泛联系,可能影响多项认定。此类风险通常与控制环境有关,但也可能与其他因素有关,如经济萧条。此类风险难以界定于某类交易、账户余额和披露的具体认定;相反,此类风险增大了认定层次发生重大错报的可能性,与注册会计师考虑由舞弊引起的风险尤其相关。

注册会计师同时考虑各类交易、账户余额和披露认定层次的重大错报风险,考虑的结果直接有助于注册会计师确定认定层次上实施的进一步审计程序的性质、时间安排和范围。注册会计师在各类交易、账户余额和披露认定层次获取审计证据,以便能够在审计工作完成时,以可接受的低审计风险水平对财务报表整体发表审计意见。《中国注册会计师审计准则第1231号——针对评估的重大错报风险采取的应对措施》对注册会计师如何应对评估的两个层次重大错报风险,提出了详细的要求。

2. 固有风险和控制风险

认定层次的重大错报风险又可以进一步地划分为固有风险和控制风险。

固有风险是指在假定被审计单位不存在相关的内部控制的情形下,某类交易、账户余额或披露的某一认定发生重大错报的可能性。固有风险源于被审计单位的经营及其业务的特征,独立于审计而存在。举例来说,涉及复杂计算的业务相比只需简单计算的业务更容易出错,这是由业务本身的性质决定的。因此,注册会计师无法决定和改变被审计单位的固有风险,而只能对这一风险进行评估,并根据评估的结果来对审计工作的性质、时间和范围进行调整。

控制风险是指某类交易、账户余额或披露的某一认定发生重大错报,而该错报未能被相关内部控制及时防止或发现并纠正的可能性。控制风险取决于与财务报表编制有关的内部控制的设计和运行的有效性,有效的内部控制能够降低被审计单位发生重大错报的概率,但由于内部控制存在固有局限性,奢望于内部控制能够发现并防止所有重大错报显然是不现实的。因此,一定程度的控制风险始终存在。

在实际工作中,注册会计师可以分别对固有风险和控制风险进行单独评估,进而确定被审计单位的重大错报风险,也可以将他们合并评估。具体采用何种评估方法取决于注册会计师对审计技术的偏好,以及实际工作中的具体考虑。

(二)检查风险

检查风险是指如果存在某一重大错报,该错报单独或连同其他错报可能是重大的,注册会计师为将审计风险降低至可接受的低水平而实施相应的程序后没有发现这种错报的风险。检查风险取决于审计程序设计的合理性和执行的有效性。虽然注册会计师无法改变重大错报风险,但是注册会计师能够通过调整审计的性质、时间和范围来降低检查风险。

四、审计风险模型

审计风险、重大错报风险及检查风险的关系可以用以下公式表示:

$$审计风险 = 重大错报风险 \times 检查风险$$

上述公式即为审计风险模型。根据上述模型,不难发现,在审计风险既定的条件下,可接受的检查风险与评估的重大错报风险之间存在着反向变动的关系,即重大错报风险越高,可接受的检查风险越低,反之,如果评估后所得到的重大错报风险越低,注册会计师可以接受的检查风险就越高。

在实际工作中,针对某一具体的审计事项,注册会计师往往会事先设定一个可以接受的审计风险,然后通过风险评估程序来评估被审计单位的重大错报风险,最后注册会计师会通过合理设计审计程序的性质、时间和范围来控制检查风险,从而将最终的审计风险降低到上述设计的水平之下。

比如,在注册会计师对某一认定进行审计时,将可接受的审计风险水平设定为3%,在实施了风险评估程序后,注册会计师将重大错报风险设定为20%。根据这一模型,注册会计师可以接受的最大检查风险为3%÷20%=15%,于是注册会计师可以据此来计划审计工作,从而将检查风险降低到15%以下。

当然,在实际工作中,确定各个风险的具体数值是非常困难的,注册会计师常常会使用"低""中""高"等文字来进行定量描述。

【思考题】

1. 审计总目标是什么？如何理解审计总目标？
2. 什么是认定？如何确定具体审计目标？
3. 什么是总体审计策略？其主要内容有哪些？
4. 什么是具体审计计划？其主要内容有哪些？
5. 审计重要性一般分为哪两个层次？如何确定？
6. 如何确定计划的重要性水平？

第五章 审计证据和审计工作底稿

 引 例

2010年2月28日,助理人员张红经注册会计师王军的安排,前去甲公司进行存货监盘。在盘点现场,小张无意中听到几个工人在议论,存货中可能存在一些无法出售的变质产品。对此,张红对存货进行实地抽点。抽点结果表明,存货数量合理,收发亦较为有序。由于该产品技术含量较高,张红无法鉴别出存货中是否有变质产品,于是,她不得不询问该公司的存货部高级主管。高级主管的答复是,该产品无质量问题。

张红在监盘工作结束后,开始编制工作底稿。在备注中,张红对将可能存在变质产品的情况予以说明,并建议在下阶段的存货审计程序中,应特别注意是否存在变质产品。注册会计师王军在复核工作底稿时,发现了这一问题,向张红详细了解存货监盘情况,特别是有关变质产品的情况,并特别向当时议论此事的工人进行询问,但这些工人矢口否认此事。于是,王军与存货部高级主管商讨后得出结论,认为"存货价值公允且均可出售"。底稿复核后,王军在备注册栏后填写了"变质产品问题经核实尚无证据,但下次审计时应加以考虑"。

甲公司总经理抱怨王军前几次均出具了有保留意见的审计报告,使得他们贷款遇到了不少麻烦。审计结束后,注册会计师王军对该年的财务报表出具了无保留意见的审计报告。

两个月后,甲公司资金周转不灵,主要是存货中存在大量的变质产品无法出售,致使到期的银行贷款无法偿还。银行拟向会计师事务所索赔,认为注册会计师在审核存货时,具有重大过失,没有揭示财务报表中存在的问题,因此,应该承担银行的贷款损失。

你认为该案例中,工人关于变质产品的议论是否应列入工作底稿?注册会计师王军是否已尽到了责任?对于银行的指控,这些工作底稿能否支持注册会计师的抗辩立场?

第一节 审计证据

一、审计证据的含义

审计凭证据"说话",在审计过程中,注册会计师应当获取充分、适当的审计证据,作为得出合理的审计结论、形成恰当审计意见的基础。所谓审计证据,是指注册会计师为了得出审计结论、形成审计意见而使用的所有信息。这些信息包括构成财务报表基础的会计记录所含有的信息和其他信息。

（一）会计记录中含有的信息

会计记录是各种会计账簿、会计凭证、会计报表及发票、合同、签约等其他原始资料的统称。会计记录主要包括原始凭证、记账凭证、总分类账和明细分类账、未在记账凭证中反映的对财务报表的其他调整,以及支持成本分配、计算、调节与披露的手工计算表和电子数据表。会计记录是编制财务报表的基础,是注册会计师执行财务报表审计业务所需获取的审计证据的重要部分。

会计记录取决于相关交易的性质,它既包括被审计单位内部生成的手工或电子形式的凭证,也包括从与被审计单位进行交易的其他企业收到的凭证。除此之外,会计记录还可能包括：

(1) 销售发运单和发票、顾客对账单及顾客的汇款通知单；

(2) 附有验货单的订货单、购货发票和对账单；

(3) 考勤卡和其他工时记录、工薪单、个别支付记录和人事档案；

(4) 支票存根、电子转移支付记录、银行存款单和银行对账单；

(5) 合同记录；

(6) 记账凭证；

(7) 分类账账户调节表。

（二）其他信息

会计记录中含有的信息本身并不足以提供充分的审计证据作为对财务报表发表审计意见的基础,注册会计师还应当获取用作审计证据的其他信息。其他信息的内容比较广泛,包括被审计单位所在行业的信息、被审计单位内外部环境的其他信息等。

可用作审计证据的其他信息包括：

(1) 注册会计师从被审计单位内部或外部获取的会计记录以外的信息,如被审计单位会议记录、内部控制手册、询证函的回函、分析师的报告、与竞争者的比较数据等；

(2) 通过询问、观察和检查等审计程序获取的信息,如通过检查存货获取存货存在的证据等；

(3) 注册会计师自身编制或获取的可以通过合理推断得出结论的信息,如注册会计师编制的各种计算表、分析表等。

财务报表依据的会计记录中包含的信息和其他信息共同构成了审计证据,两者缺一不可。如果没有前者,审计工作将无法进行;如果没有后者,可能无法识别重大错报风险。只有将两者结合在一起,才能将审计风险降至可接受的低水平,为注册会计师发表审计意见提供合理基础。

二、审计证据的充分性和适当性

审计证据的性质就是指其充分性与适当性,注册会计师应当保持职业怀疑态度,运用职业判断,评价审计证据的充分性和适当性。

(一)审计证据的充分性

审计证据的充分性是对审计证据数量的衡量,它是指审计证据的数量要足以支持注册会计师的审计意见。

客观公正的审计意见是建议在足够数量的审计证据的基础上的,注册会计师获取的审计证据要足以将与每一重要认定相关的审计风险限制在可接受的水平。注册会计师判断证据是否充分,应当考虑以下主要因素。

1. 样本量

审计证据的充分性,主要与注册会计师确定的样本量有关。例如,对某个审计项目实施某一选定的审计程序,从 200 个样本项目中获得的证据要比从 100 个样本项目中获得的证据更充分。

2. 重大错报风险

注册会计师需要获取的审计证据的数量受重大错报风险的影响。在可接受的审计风险水平一定时,重大错报风险越大,可接受的检查风险就越低,注册会计师就应实施越多的测试工作,获取充分的审计证据,以将审计风险控制在可接受的低水平范围内。例如,注册会计师在对某电器公司进行审计,经过分析认为,受被审计单位行业性质的影响,存货陈旧的可能性相当高,存货计价的错报可能性就比较大。为此,注册会计师在审计时,就要选取更多的存货样本进行测试,以确定存货的陈旧程度,从而确定存货价值是否被高估。

3. 审计证据质量

注册会计师需要获取的审计证据的数量也受到审计证据质量的影响。审计证据质量越高,需要的审计证据数量可能越少;反之,审计证据的需要量就应增加。

(二)审计证据的适当性

审计证据的适当性,是对审计证据质量的衡量,即审计证据在支持审计意见所依据的结论方面具有的相关性和可靠性。相关性和可靠性是审计证据适当性的核心内容,有相关且可靠的审计证据才是高质量的。

1. 审计证据的相关性

审计证据的相关性,是指用作审计证据的信息与审计程序的目的和所考虑的相关认定之间的逻辑联系。用作审计证据的信息的相关性可能受测试方向的影响。例如,如果某审计程序的目的是测试应付账款的多计错报,则测试已记录的应付账款可能是相关的审计程序。如果某审计程序的目的是测试应付账款的漏记错报,则测试已记录的应付账款很可能不是相关的审计程序,相关的审计程序可能是测试期后支出、未支付发票、供应商结算单及发票未到的收货报告单等。

在确定审计证据的相关性时,注册会计师应当考虑:

(1) 特定的审计程序可能只为某些认定提供相关的审计证据,而与其他认定无关;
(2) 针对同一项认定可以从不同来源获取审计证据或获取不同性质的审计证据;
(3) 只与特定认定相关的审计证据并不能替代与其他认定相关的审计证据。

2. 审计证据的可靠性

审计证据的可靠性是指证据的可信程度。审计证据的可靠性受其来源和性质的影响,并取决于获取审计证据的具体环境。注册会计师通常按照下列原则考虑审计证据的可靠性:

(1) 从外部独立来源获取的审计证据比从其他来源获取的审计证据更可靠。
(2) 内部控制有效时内部生成的审计证据比内部控制薄弱时内部生成的审计证据更可靠。
(3) 直接获取的审计证据比间接获取或推论得出的审计证据更可靠。
(4) 以文件、记录形式(无论是纸质、电子或其他介质)存在的审计证据比口头形式的审计证据更可靠。
(5) 从原件获取的审计证据比从传真件或复印件获取的审计证据更可靠。

注册会计师在按照上述原则评价审计证据的可靠性时,还应当注意可能出现的重要例外情况。例如,审计证据虽然是从独立的外部来源获得的,但如果该证据是由不知情者或不具有资格者提供,审计证据也可能是不可靠的。同样,如果注册会计师不具备评价证据的专业能力,那么即便是直接获取的证据,也可能是不可靠的。例如,注册会计师无法区分人造玉石或天然玉石,那么对天然玉石存货的检查就不能提供有关天然玉石是否存在的可靠证据。

(三) 充分性与适当性的关系

充分性和适当性是审计证据的两个重要特征,两者缺一不可,只有充分且适当的审计证据才是有证明力的。

审计证据的适当性影响审计证据的充分性。审计证据质量越高,需要的审计证据数量可能越少。例如,被审计单位内部控制健全时生成的审计证据更可靠,注册会计师只需获取适量的审计证据,就可以为发表审计意见提供合理的基础。

但如果审计证据的质量存在缺陷,那么注册会计师仅靠获取更多的审计证据可能无法弥补其质量上的缺陷。例如,注册会计师应当获取与销售收入完整性相关的证据,实际获取的却是有关销售收入真实性的证据,审计证据与完整性目标不相关,即使获取的证据再多,也证明不了收入的完整性。同样,如果注册会计师获取的证据不可靠,那么证据数量再多也难以起到证明作用。

(四) 评价充分性和适当性时的特殊考虑

评价审计证据的充分性和适当性时,应对下列事项做特殊考虑。

1. 对文件记录可靠性的考虑

审计工作通常不涉及鉴定文件记录真伪,注册会计师也不是鉴定文件记录真伪的专家,但应当考虑用作审计证据的信息的可靠性,并考虑与这些信息生成与维护相关控制的有效性。

如果在审计过程中识别出的情况使其认为文件记录可能是伪造的,或文件记录中的某些条款已发生变动,注册会计师应当做出进一步调查,包括直接向第三方询证,或考虑利用专家的工作以评价文件记录的真伪。例如,如发现某银行询证函回函有伪造或篡改的迹象,注册会计师应做进一步的调查,并考虑是否存在舞弊的可能性。必要时,应当通过适当方式聘请专家予以鉴定。

2. 使用被审计单位生成信息的考虑

如果在实施审计程序时使用被审计单位生成的信息,注册会计师应当评价该信息对实现审计目的是否足够可靠,包括根据具体情况在必要时实施下列程序:

(1) 获取有关信息准确性和完整性的审计证据。

(2) 评价信息对实现审计目的是否足够准确和详细。例如,在审计收入项目时,注册会计师应当考虑价格信息的准确性及销售数量的完整性和准确性。在某些情况下,为实现审计目标,注册会计师可能还需要实施额外的审计程序,如利用计算机辅助审计技术来重新计算这些信息,测试与信息生成有关的控制等。

3. 证据相互矛盾时的考虑

如果针对某项认定从不同来源获取的审计证据或获取的不同性质的审计证据能够相互印证时,审计证据较可靠;如果从不同来源获取的审计证据或获取的不同性质的审计证据不一致,则表明某项审计证据可能不可靠,注册会计师应当追加必要的审计程序。例如,注册会计师通过检查委托加工协议发现被审计单位有委托加工材料,且委托加工材料占存货比重较大,经发函询证后证实委托加工材料确实存在。委托加工协议和询证函这两个不同来源的审计证据相互印证,可以证明委托加工材料真实存在。如果注册会计师发函询证后证实委托加工材料已加工完成并返回被审计单位,委托加工协议和询证函回函这两个不同来源的审计证据不一致,委托加工材料是否确实存在就应受到质疑。这时注册会计师就应追加审计程序,确认委托加工材料收回后是否未入库或被审计单位收回后已销售而未入账。

4. 获取审计证据时对成本的考虑

注册会计师可以考虑获取审计证据的成本与所获取信息的有用性之间的关系,在保证获取充分、适当审计证据的前提下追求成本最小化,但不应以获取审计证据的困难和成本为由减少不可替代的审计程序。例如,在某些情况下,存货监盘是证实存货存在性认定的不可替代的审计程序,注册会计师在审计中不得以检查成本高和难以实施为由而不执行该程序。

第二节 审计程序

一、审计程序的定义

审计程序是指注册会计师在审计过程中的某个时间,对将要获取的某类审计证据如何进行收集的详细指令。注册会计师的主要任务之一就是通过实施审计程序,获取充分、适当的审计证据,以满足对财务报表发表审计意见。注册会计师时利用审计程序获取审计证据涉及以下四个方面的决策:一是选用何种审计程序;二是对选定的审计程序,应当选取多大的样本规模;三是应当从总体中选取那些项目;四是何时执行这些审计程序。

在设计审计程序时,注册会计师通常使用规范的措辞或术语,以使审计人员能够准确理解和执行。例如,注册会计师为了验证 Y 公司应收账款 2020 年 12 月 31 日的存在,取得 Y 公司编制的应收账款明细账,对应收账款进行函证。注册会计师在选定了审计程序后,确定的样本规模可能在所测试的总体范围内随机变化。假定应收账款明细账合计有 500 家客户,注册会计师对应收账款明细账中 300 家客户进行函证。在确定样本规模之后,注册会计师应当确定测试总体中的哪个或哪些项目。例如,注册会计师对应收账款明细账中余额较大的前 200 家客户进行函证,其余客户按一定规律抽取函证。抽取方法是从第 10 家客户开始,每隔 20 家抽取一家,与选取的大额客户重复的顺序递延。注册会计师执行函证程序的时间可选择在资产负债表日(2020 年 12 月 31 日)后任意时间,但通常受审计完成时间、审计证据的有效性和审计项目组人力充足性的影响。

二、审计程序的种类

(一) 按目的划分

按审计程序的目的划分,可将注册会计师为获取充分、适当的审计证据而实施的审计程序分为风险评估程序、控制测试(必要时或决定测试时)和实质性程序。

1. 风险评估程序

注册会计师应当实施风险评估程序,以此作为评估财务报表层次和认定层次重大错报风险的基础。

风险评估程序为注册会计师确定重要性水平,识别需要特别考虑的领域、设计和实施进一步的审计程序提供了重要的基础,有助于注册会计师合理分配审计资源,获取充分、适当的审计证据。

需要注意的是,风险评估程序并不能识别出所有的重大错报风险,虽然它可以作为评估财务报表层次和认定层次重大错报风险的基础,但风险评估程序本身并不能为发表审计意见提供充分、适当的审计证据,注册会计师还应当实施进一步审计程序,包括实施控制测试(必要时或决定测试时)和实质性程序。

2. 控制测试

实施控制测试的目的是测试内部控制在防止、发现并纠正认定层次重大错报方面的运行有效性,从而支持或修正重大错报风险的评估结果,据以确定实质性程序的性质、时间、范围。

当存在下列情形之一时,控制测试是必要的:(1)在评估认定层次重大错报风险时,预期控制的运行是有效的,注册会计师应当实施控制测试以支持评估结果;(2)仅实施实质性程序不足以提供认定层次充分、适当的审计证据,注册会计师应当实施控制测试,以获取内部控制运行有效性的审计证据。

3. 实质性程序

注册会计师应当计划和实施实质性程序,以应对评估的重大错报风险。实质性程序包括对各类交易、账户余额、列报的细节测试及实质性分析程序。

注册会计师对重大错报风险的评估是一种判断,并且由于内部控制存在固有局限性,无论评估的重大错报风险结果如何,注册会计师均应当针对所有重大的各类交易、账户余额、列报实施实质性程序,以获取充分、适当的审计证据。

(二) 按获取手段划分

1. 检查

检查是指注册会计师对被审计单位内部或外部生成的,以纸质、电子或其他介质形式存在的记录或文件进行审查,或对资产进行实物审查。

检查记录或文件可提供可靠程度不同的审计证据,审计证据的可靠性取决于记录或文件的来源和性质。外部记录或文件通常被认为比内部文件或记录可靠,因为外部文件经被审计单位的客户出具,又经被审计单位认可,表明交易双方对凭证上记录的信息和条款达成一致意见。另外,某些外部凭证的编制过程非常谨慎,通常由律师或其他有资格的专家进行复核,因而具有较高的可靠性,如土地使用权证、保险单、契约和合同等文件。而内部记录或文件的可靠性则取决于生成该记录或文件的内部控制的有效性。

检查有形资产是指注册会计师对资产实物进行审查。检查有形资产程序主要适用于存货和现金,也适用于有价证券、应收票据和固定资产等。检查有形资产可为其存在性提供可靠的审计证据,但不一定能够为权利和义务计价认定提供可靠的审计证据。

2. 观察

观察是指注册会计师察看相关人员正在从事的活动或实施的程序。例如,注册会计师对被审计单位人员执行的存货盘点或控制活动进行观察。观察可以提供执行有关过程或程序的审计证据,但观察所提供的审计证据仅限于观察发生的时点,并且当人们已知自己被观察时,他们从事活动或执行程序可能会与平常不同,从而影响注册会计师对真实情况的了解,因而观察提供的审计证据有其局限性。

3. 询问

询问是指注册会计师以书面或口头方式,向被审计单位内部或外部的知情人员获取财务信息和非财务信息,并对答复进行评价的过程。作为其他审计程序的补充,询问广泛应用于整个审计过程中。

知情人员对询问的答复可能为注册会计师提供尚未获悉的信息或佐证证据,也可能提供与已获悉信息存在重大差异的信息。注册会计师应当根据询问结果考虑修改审计程序或实施追加的审计程序。

询问本身不足以发现认定层次存在的重大错报,也不足以测试内部控制运行的有效性,注册会计师还应当实施其他审计程序获取充分、适当的审计证据。

4. 函证

函证是指注册会计师直接从第三方(被询证者)获取书面答复以作为审计证据的过程,书面答复可以采用纸质、电子或其他介质等形式。由于函证来自独立于被审计单位的第三方,因而是受到高度重视和经常使用的证据获取程序。函证常用于对银行存款、应收账款等特定账户余额及其项目相关的认定;但是,函证不必仅仅局限于账户余额,它还适用于对协议和交易条款进行函证;另外,函证程序还可以用于获取不存在某些情况的审计证据,如不存在可能影响被审计单位收入确认的"背后协议"。

关于函证的内容将在本章第三节做进一步论述。

5. 重新计算

重新计算是指注册会计师以人工方式或使用计算机辅助审计技术,对记录或文件中的数据计算准确性进行核对。在财务报表审计中,注册会计师往往需要大量地运用加总技术来获取必要的审计证据。重新计算通常包括计算销售发票和存货的总金额、加总日记账或明细账、检查折旧费用和预付费用的计算、检查应纳税额的计算等。

6. 重新执行

重新执行是指注册会计师以人工方式或使用计算机辅助审计技术,重新独立执行作为被审计单位内部控制组成部分的程序或控制。

7. 分析程序

分析程序是指注册会计师通过研究不同财务数据之间及财务数据与非财务数据之间的内在关系,对财务信息做出评价。分析程序还包括调查识别出的、与其他相关信息不一致或与预期数据严重偏离的波动和关系。

关于分析程序的详细内容将在本章第四节做进一步论述。

第三节 函 证

一、函证的含义

函证是指注册会计师直接从第三方(被询证者)获取书面答复以作为审计证据的过程。

根据函证的定义可以得知,函证的主体是注册会计师,但是询证函通常以被审计单位的名义编制和发出,函证的对象是拥有相关信息的第三方,函证的目的是通过向函证对象提出书面请求,要求提供影响财务报表认定的特定项目的信息。函证包括相互联系的两个步骤:一是向拥有相关信息的第三方提出书面请求并获得回函;二是在得到第三方对有关信息和现存状况的声明后注册会计师须进行跟进和评价。

二、函证的决策

在做出决策时,注册会计师应当考虑如下两个因素。

(一)评估的认定层次重大错报风险

一般来说,评估的认定层次重大错报风险水平越高,注册会计师对通过实质性程序获取的审计证据的相关性和可靠性的要求越高。这种情况下,函证程序的运用对于提供充分、适当的审计证据可能是有效的。反之,评估的认定层次重大错报风险水平越低,注册会计师需要从实质性程序中获取的审计证据的相关性和可靠性的要求越低。例如,被审计单位可能有一笔以前年度形成的应收账款,假设注册会计师在以前年度已对其进行了函证。如果注册会计师实施的其他工作(包括必要时进行的控制测试)表明该项应收账款发生重大错报风险被评估为低水平时,注册会计师实施的实质性程序可能只限于判断该笔应收账款发生坏账的可能性,而不必再次向债务人直接函证这笔应收账款。

如果注册会计师认为某项风险属于特别风险,注册会计师需要考虑是否能通过函证特定事项以降低检查风险。例如,与简单的交易相比,异常或复杂的交易可能导致更高的错报风险。如果被审计单位从事了异常的或复杂的、容易导致较高重大错报风险的交易,除检查被审计单位持有的文件凭证外,注册会计师可能还需考虑是否向交易对方函证交易的真实性和详细条款。

(二) 实施其他审计程序获取的审计证据如何将检查风险降至可接受的水平

针对同一项认定可以从不同来源获取审计证据或获取不同性质的审计证据。这里的其他审计程序是指除函证程序以外的其他审计程序。例如,对应收账款期末余额存在性认定,注册会计师可能实施对形成应收账款余额的销售交易和收款交易的细节进行测试,实施实质性分析程序,并根据这些程序的结果确定和实施函证程序,如果实施其他审计程序获取的审计证据能将检查风险降至可接受的水平,注册会计师可不实施函证,如果不能则注册会计师需要运用函证程序。

三、函证的内容

(一) 函证的对象

函证程序适用的范围非常广泛,只要存在了解情况的第三方,注册会计师就可以根据具体情况和实际需要对有关内容实施函证。

1. 银行存款、借款及与金融机构往来的其他重要信息

注册会计师应当对银行存款(包括零余额账户和在本期内注销的账户)、借款及与金融机构往来的其他重要信息实施函证程序,除非有充分证据表明某一银行存款、借款及与金融机构往来的其他重要信息对财务报表不重要且与之相关的重大错报风险很低。如果不对这些项目实施函证程序,注册会计师应当在审计工作底稿中说明理由。

2. 应收账款

注册会计师应当对应收账款实施函证程序,除非存在以下两种情形:

(1) 根据审计重要性原则,有充分证据表明应收账款对财务报表不重要;

(2) 注册会计师认为函证很可能无效。

如果不对应收账款函证,注册会计师应当在工作底稿中说明理由。如果认为函证很可能无效,注册会计师应当实施替代审计程序,获取充分、适当的审计证据。针对应收账款存在性认定的替代程序主要包括:

(1) 检查期后收款记录;

(2) 检查销售合同、销售发票和发货记录等证明交易确实已经发生的证据;

(3) 检查被审计单位与客户之间的函电记录。

3. 函证的其他内容

注册会计师可以根据具体情况和实际需要对下列内容(包括但并不限于)实施函证：

(1) 交易性金融资产；

(2) 应收票据；

(3) 其他应收款；

(4) 预付账款；

(5) 由其他单位代为保管、加工或销售的存货；

(6) 长期股权投资；

(7) 应付账款；

(8) 预收账款；

(9) 保证、抵押或质押；

(10) 或有事项；

(11) 重大或异常的交易。

(二) 函证程序实施的范围

审计准则规定注册会计师在确定实质性程序的范围时，应当考虑评估的认定层次重大错报风险和实施控制测试的结果两个重要的因素。如果注册会计师评估的认定层次重大错报风险越高，则需要实施实质性测试程序的范围越广。例如，如果被审计单位与应收账款存在性有关的内部控制设计良好并有效运行，注册会计师可适当减少函证的样本量；如果注册会计师对控制测试结果不满意，注册会计师应当考虑扩大实质性程序的范围。审计准则还规定在设计细节测试时，注册会计师除了从样本量的角度考虑测试范围外，还应考虑选样方法的有效性等因素。

在确定函证程序实施的范围时，注册会计师应根据对被审计单位的了解、评估的重大错报风险及所测试总体的特征等，确定从总体中选取特定项目进行测试。如果注册会计师采用审计抽样的方式确定函证程序的范围，无论采用统计抽样方法，还是非统计抽样方法，选取的样本应当足以代表总体。选取项目的性质应根据审计目标和认定来确定，如在证实某个资产项目的存在性时，选取的特定项目可能包括金额较大的项目、账龄较长的项目；如果需要获取某个项目完整性的证据时，选取特定项目可能包括交易频繁但期末余额较小的项目；另外，不管何种情况下，重大关联方交易、重大或异常的交易、可能存在争议，以及产生重大舞弊或错误的交易都是可能被选取的特定项目。

(三) 函证的时间

注册会计师通常以资产负债表日为截止日，在资产负债表日后适当时间内实施函证。如果重大错报风险评估为低水平，注册会计师可选择资产负债表日前适当日期为截止日实施函证，并对所函证项目自该截止日起至资产负债表日止发生的变动实施实质性程序。

根据评估的重大错报风险，注册会计师可能会决定函证非期末的某一日的账户余额，例如，当审计工作将在资产负债表日之后很短的时间内完成时，可能会这么做。对于各类在年末之前完成的工作，注册会计师应当考虑是否有必要针对剩余期间获取进一步的审计证据。

以应收账款为例，注册会计师通常在资产负债表日后某一天函证资产负债表日的应收账款余额。如果在资产负债表日前对应收账户余额实施函证程序,注册会计师应当针对询证函指明的截止日期与资产负债表日之间实施进一步的实质性程序,或将实质性程序和控制测试结合使用,以将期中测试得出的结论合理延伸至期末。

(四)管理层要求不实施函证时的处理

当被审计单位管理层要求对拟函证的某些账户余额或其他信息不实施函证时,注册会计师应当考虑该项要求是否合理,并获取审计证据予以支持。如果认为管理层的要求合理,注册会计师应当实施替代审计程序,以获取与这些账户余额或其他信息相关的充分、适当的审计证据。如果认为管理层的要求不合理,且被其阻挠而无法实施函证,注册会计师应当视为审计范围受到限制,并考虑对审计报告可能产生的影响。

分析管理层要求不实施函证的原因时,注册会计师应当保持职业怀疑态度,并考虑:
(1) 管理层是否诚信;
(2) 是否可能存在重大的舞弊或错误;
(3) 替代审计程序能否提供与这些账户余额或其他信息相关的充分、适当的审计证据。

四、询证函的设计

(一)询证函设计的一般原则

注册会计师应当根据特定审计目标设计询证函。询证函的设计服从于审计目标的需要。通常,在针对账户余额的存在性认定获取审计证据时,注册会计师在询证函中列明相关信息,要求对方核对确认。但在针对账户余额的完整性认定获取审计证据时,注册会计师则需要改变询证函的内容设计或者采用其他审计程序。例如,在函证应收账款时,询证函中不列出账户余额,而是要求被询证者提供余额信息,这样才能发现应收账款低估错报;再如,在对应付账款的完整性进行审计时,根据被审计单位的供货商明细表向被审计单位的主要供货商发出询证函,就比从应付账款明细表中选择询证对象更容易发现未入账的负债。

(二)设计询证函需要考虑的因素

1. 识别出的重大错报风险(包括舞弊风险)

函证应针对识别出的重大错报风险。注册会计师应当了解被审计单位与第三方之间交易的实质,以及可能存在的重大错报风险,来确定哪些信息需要进行函证。例如,对那些非常规合同或交易,注册会计师不仅应对账户余额或交易金额进行函证,还应当考虑对交易或合同的条款实施函证,是否存在重大口头协议,客户是否有自由退货的权利,付款方式是否有特殊安排等。

2. 询证函的版面设计和表述方式

询证函所函证信息是否便于被询证者回答,影响到回函率和所获取审计证据的性质。例如,某些被询证者的信息系统十分便于对形成账户余额的每笔交易进行函证,而不是对账户余额本身进行函证。另外,询证函中可以列明拟函证的账户余额或其他信息,要求被询证者确认所函证的款项是否正确;也可以在询证函中不列明账户余额或其他信息,而要求被询证者填写有关信息或提供进一步信息。不管如何,设计询证函的版面和表述方式时必须考虑对审计目标的实现。

3. 以往审计或类似业务的经验

在判断实施函证程序的可靠性时,注册会计师通常会考虑来自以前年度审计或类似审计业务的经验,包括回函率、以前年度审计中发现的错报及回函所提供信息的准确程度等。当注册会计师根据以往经验认为,即使询证函设计恰当,回函率仍很低,应考虑从其他途径获取审计证据。

4. 沟通的方式

函证沟通的方式包括以纸质、电子或其他介质等形式。被询证者以传真、电子邮件等方式回函确实能让注册会计师及时得到回函信息,但由于这些方式易被截留、篡改或难以确定回函者的真实身份。因此,在设计询证函时需要考虑沟通的方式。

5. 管理层对被询证者的授权或是否鼓励被询证者向注册会计师回函

询证函询问的是被审计单位相关的信息,只有询证函包含管理层授权时,被询证者可能才愿意回函。因此,询证函一般以被审计单位的名义来撰写,并需要被审计单位和相关人员的签章。

6. 预期的被询证者确认或提供信息的能力

注册会计师应当对所询证信息知情的第三方发送询证函。例如,对交易性金融资产和可供出售投资或持有至到期投资等,注册会计师通常向股票、债券专门保管或登记机构发函询证或向接受投资的一方发函询证;对应收票据,通常向出票人或承兑人发函询证;对其他应收款,向形成其他应收款的有关方发函询证;对预付账款、应付账款,通常向供货单位发函询证;对委托贷款,通常向有关的金融机构发函询证;对预收账款,通常向购货单位发函询证;对保证、抵押或质押,通常向有关金融机构发函询证;对或有事项,通常向律师等发函询证;对重大或异常的交易,通常向有关的交易方发函询证。

五、函证的方式

函证有两种方式:积极函证与消极函证。注册会计师可以采用积极方式或者消极方式实施函证,也可以将两种方式结合使用。

(一) 积极的函证方式

积极的函证方式又被称为肯定式函证,是指注册会计师要求被询证者直接向注册会计师回复,表明是否同意询证函所列示的信息或填列所要求的信息的一种询证方式。

积极的函证方式又分为两种:一种是在询证函中列明拟函证的账户余额或其他信息,要求被询证者确认所函证的款项是否正确。一般认为,对这种询证函的回复能够提供可靠的审计证据。但是,被询证者可能对所列示信息根本就不加以验证就予以回函确认,因此有其缺陷性。所以注册会计师会采用另外一种询证函来降低这种风险,即在询证函中不列明账户余额或其他信息,而要求被询证者填写有关信息或提供进一步信息。由于这种询证函要求被询证者做出更多的努力,可能会导致回函率降低,进而使得注册会计师执行更多的替代程序。

在采用积极的函证方式时,只有注册会计师收到回函,才能为财务报表认定提供审计证据。注册会计师没有收到回函,可能是由于被询证者根本不存在,或是由于被询证者没有收到询证函,也可能是由于询证者没有理会询证函,因此无法证明所函证信息是否正确。

积极的函证方式的询证函如【例5-1】【例5-2】所示。

【例5-1】 积极式询证函——企业间往来款项询证函

企业询证函

编号：

××（公司）：

本公司聘请的××会计师事务所正在对本公司××年度财务报表进行审计，按照中国注册会计师执业准则的要求，应当询证本公司与贵公司的往来账项等事项。下列数据出自本公司账簿记录，如与贵公司记录相符，请在本函下端"信息证明无误"处签章证明；如有不符，请在"信息不符"处列明不符金额。回函请直接寄至××会计师事务所。

通信地址：
邮编：　　　　电话：　　　　传真：　　　　联系人：

1. 本公司与贵公司的往来账项列示如下：

截止日期	贵公司欠	欠贵公司	备注

2. 其他事项：

（公司盖章）
年　月　日

本函仅为复核账目之用，并非催款结算。若款项在上述日期之后已经付清，仍请及时函复为盼。

结论：信息证明无误。

（公司盖章）
年　月　日
经办人：

信息不符，请列明不符的详细情况。

（公司盖章）
年　月　日
经办人：

【例5-2】 积极式询证函——银行询证函

银行询证函

××银行:

  本公司聘请的××会计师事务所正在对本公司××年度财务报表进行审计,按照中国注册会计师执业准则的要求,应当询证本公司与贵行的存款、借款往来等事项。下列数据出自本公司账簿记录,如与贵行记录相符,请在本函下端"信息证明无误"处签章证明;如有不符,请在"信息不符"处列明不符金额。有关询证费用可直接从本公司××存款账户中收取。回函请直接寄至××会计师事务所。

  通信地址:
  邮编: 电话: 传真: 联系人:
  截至 年 月 日,本公司银行存款、借款账户余额等列示如下:

1. 银行存款

账户名称	银行账号	币种	利率	余额	起止日期（活期/定期/保证金）	是否被抵(质)押或存在其他限制	备注

除以上所述,本公司并无其他在贵行的存款。

2. 银行借款

账户名称	币种	余额	借款日期	还款日期	利率	其他借款条件	抵(质)押品/担保人	备注

除以上所述,本公司并无其他自贵行的银行借款。

3. 担保(如采用抵押或质押方式提供担保的,应在备注中说明抵押或质押物情况)

被担保人	担保方式	担保金额	担保期限	担保事由	备注

除以上所述,本公司并无其他向贵行提供的担保。

4. 尚未支付之银行承兑汇票

银行承兑汇号码	金额	出票日	到期日

除以上所述,本公司并无其他由贵行承兑而尚未支付的银行承兑汇票。

5. 已贴现而尚未到期之商业汇票

商业汇票号码	付款人名称	承兑人名称	票面金额	票面利率	出票日	到期日	贴现日	贴现率	贴现净额

除以上所述,本公司并无其他向贵行已贴现而尚未到期之商业汇票。

6. 未完成之已开具而不能撤销信用证

信用证号码	受益人	信用证金额	到期日	未使用金额

除以上所述,本公司并无其他由贵行开具而不能撤销之信用证。

7. 未完成之外汇买卖合约

类别	合约号码	买卖币种	未履行之合约买卖金额	汇率	交收日期

除以上所述,本公司并无其他与贵行未完成之外汇买卖合约。

8. 存放于银行之有价证券

有价证券名称	数量	金额

除以上所述,本公司并无其存放贵行之有价证券。

9. 其他事项(如无除前面所述外的其他事项,则应填写"无")

(公司盖章)

年　月　日

经办人:

结论:信息证明无误。

(公司盖章)

年　月　日

信息不符,请列明不符金额。

经办人:

(公司盖章)
年　月　日
经办人:

(二) 消极的函证方式

消极的函证方式又称否定式函证,是指注册会计师要求被询证者仅在不同意询证函列示信息时才直接向注册会计师回复的一种询证方式。

在采用消极的函证方式时,如果收到回函,则能够为财务报表认定提供说服力强的审计证据。未收到回函可能是因为被询证者根本就没有收到询证函,而不是因为被询证者已收到询证函且核对无误。对消极式询证函而言,未收到回函并不能明确表明预期的被询证者已经收到询证函或已经核实了询证函中包含的信息的准确性。因此,未收到消极式询证函的回函提供的审计证据,远不如积极式询证函的回函提供的审计证据有说服力。如果询证函中的信息对被询证者不利,则被询证者更有可能回函表示其不同意;反之,如果询证函中的信息对被询证者有利,回函的可能性就会相对很小。例如,被审计单位的供应商如果认为询证函低估了被审计单位的应付账款余额,则其更有可能回函;如果高估了该余额,则回函的可能性很小。因此,注册会计师在考虑这些余额是否可能低估时,向供应商发出消极式询证函可能是有用的程序。但是,利用这种程序收集余额高估的证据就未必有效。因此,积极的函证方式通常比消极的函证方式提供的审计证据可靠。因此,在采用消极的方式函证时,注册会计师通常还需辅之以其他审计程序。

消极式函证比积极式函证提供的审计证据的说服力低。除非同时满足下列条件,注册会计师不得将消极式函证作为唯一实质性程序,以应对评估的认定层次重大错报风险:

（1）注册会计师将重大错报风险评估为低水平,并已就与认定相关的控制的运行的有效性获取充分、适当的审计证据;

（2）需要实施消极式函证程序的总体由大量的小额、同质的账户余额、交易或事项构成;

（3）预期不符事项的发生率很低;

（4）没有迹象表明接收询证函的人员或机构不认真对待函证。

当同时存在下列情况时,注册会计师可考虑采用消极的函证方式:

（1）重大错报风险评估为低水平;

（2）涉及大量余额较小的账户;

（3）预期不存在大量的错误;

（4）没有理由相信被询证者不认真对待函证。

消极的函证方式如【例5-3】所示。

【例5-3】 消极式询证函格式

企业询证函

编号：

××（公司）：

　　本公司聘请的××会计师事务所正在对本公司××年度财务报表进行审计，按照中国注册会计师执业准则的要求，应当询证本公司与贵公司的往来账项等事项。下列数据出自本公司账簿记录，如与贵公司记录相符，则无须回复；如有不符，请直接通知会计师事务所，并请在空白处列明贵公司认为是正确的信息。回函请直接寄至××会计师事务所。

通信地址：
邮编：　　　　电话：　　　　传真：　　　　联系人：

1. 本公司与贵公司的往来账项列示如下：

截止日期	贵公司欠	欠贵公司	备注

2. 其他事项：

（公司盖章）

年　　月　　日

　　本函仅为复核账目之用，并非催款结算。若款项在上述日期之后已经付清，仍请及时函复为盼。

××会计师事务所：
上面的信息不正确，差异如下：

（公司盖章）

年　　月　　日

经办人：

（三）两种方式的结合使用

　　在实务中，注册会计师也可将这两种方式结合使用。以应收账款为例，当应收账款的余额是由少量的大额应收账款和大量的小额应收账款构成时，注册会计师可以对所有的或抽取的大额应收账款样本采用积极的函证方式，而对抽取的小额应收账款样本采用消极的函证方式。

六、询证函的内容和格式

　　无论是哪种函证方式下的询证函都应包含以下几个组成部分。

1. 询证函的名称

企业之间询证某一事项叫作"企业询证函",企业向银行进行询证发出的询证函叫作"银行询证函"。

2. 询证函的致送方

3. 对函证原因的说明

如"本公司聘请的××会计师事务所正在对本公司××年度财务报表进行审计,按照中国注册会计师执业准则的要求,应当询证本公司与贵公司的往来账项等事项"。

4. 对函证内容的说明

一般应分别列出需要函证的内容和金额。如果需要对方填写内容的金额应明确说明。为了简明扼要,函证内容可以用表格形式表示。

5. 寄送回函的地址

函证的回函要求被函证的单位直接寄送到会计师事务所,因此在询证函上应明确指出回函的地址、邮政编码、电话、传真、联系人等信息。也可以随询证函寄送已写好回函地址的信封。

6. 被函证方的回复部分

如果是积极式函证,需要列出内容相符和内容不相符两种情况,要求被函证方填写。如果是消极式函证,只需列出内容不相符的情况,要求被函证方填写。

七、函证的实施与评价

(一) 函证的步骤

在函证决策之后,注册会计师需要根据函证决策的内容实施函证程序。以应收账款函证为例,函证程序一般包括以下的具体步骤:

(1) 注册会计师取得或编制应收账款明细余额一览表,将一览表中的内容与企业应收账款明细账核对,并将其加总与总账核对一致,保证作为函证基础的一览表的正确性。

(2) 将应收账款一览表上的数据按照一定的标准分层,为抽样做准备。如果数据分层特征不明显,则不需要分层。之后,为每一个项目连续编号。

(3) 按照一定的标准抽样,在保证样本代表性的同时还应保证证据的充分性,将所抽取的样本在"应收账款函证结果汇总表"中填列。

(4) 根据需要编写询证函并寄发询证函。

(5) 收取回函,并将函证结果填写在"应收账款函证结果汇总表"中。

(6) 对回函不符事项进行调查分析。

(7) 对一定时间(如两周后)没有收到回函的项目寄发第二封询证函。

(8) 对没有回函的项目采用替代程序进行审查。

(9) 对函证获得的证据进行总体的分析评价,并得出结论。

(二) 函证实施过程的控制

当实施函证时,注册会计师应当对选择被询证者、设计询证函及发出和收回询证函保持控制。审计准则规定,注册会计师应当采取下列措施对函证实施过程进行控制:

（1）将被询证者的名称、地址与被审计单位有关记录核对；
（2）将询证函中列示的账户余额或其他信息与被审计单位有关资料核对；
（3）在询证函中指明直接向接受审计业务委托的会计师事务所回函；
（4）询证函经被审计单位盖章后，由注册会计师直接发出；
（5）将发出询证函的情况形成审计工作记录；
（6）将收到的回函形成审计工作记录，并汇总统计函证结果。

（三）积极式函证未收到回函时的处理

审计准则规定，如果在合理的时间内没有收到询证函回函时，注册会计师应当要求对方回应或者再次函证。如果还是未得到被询证者的回应，注册会计师应当实施必要的替代审计程序。这些替代审计程序应当能提供实施函证所能提供的同样效果的审计证据。例如，对应付账款的完整性认定，应检查收货单等入库记录和凭证。

（四）评价审计证据的充分性和适当性应考虑的因素

审计准则规定，如果注册会计师认为取得积极式函证回函是获取充分、适当的审计证据的必要程序，则替代程序不能提供注册会计师所需要的审计证据。这属于审计范围受到限制。在这种情况下，如果未获取回函，注册会计师应当按照《中国注册会计师审计准则第1502号——在审计报告中发表非无保留意见》的规定，确定其对审计工作和审计意见的影响。

在某些情况下，注册会计师可能识别出认定层次重大错报风险，且取得积极式询证函回函是获取充分、适当的审计证据的必要程序。这些情况可能包括：

（1）可获取的佐证管理层认定的信息只能从被审计单位外部获得；
（2）存在特定舞弊风险因素，例如，管理层凌驾于内部控制之上，员工和（或）管理层串通使注册会计师不能信赖从被审计单位获取的审计证据。

（五）评价函证的可靠性

函证所获取的审计证据的可靠性主要取决于注册会计师设计询证函、实施函证程序和评价函证结果等程序的适当性。

在评价函证的可靠性时，注册会计师应当考虑：
（1）对询证函的设计、发出及收回的控制情况；
（2）被询证者的胜任能力、独立性、授权回函情况、对函证项目的了解及其客观性；
（3）被审计单位施加的限制或回函中的限制。

因此，如果可行的话，注册会计师应当努力确保询证函被送交给适当的人员。例如，如果要证实被审计单位的某项长期借款合同已经被终止，注册会计师应当直接向了解这笔长期贷款事项和有权提供这一信息的贷款方人员进行函证。

对以电子形式收到的回函（如传真或电子邮件），由于回函者的身份及其授权情况很难确定，对回函的更改也难以发觉，因此可靠性存在风险。注册会计师和回函者采用一定的程序为电子形式的回函创造安全环境，可以降低该风险。如果注册会计师确信这种程序安全并得到适当控制，则会提高相关回函的可靠性。电子函证程序涉及多种确认发件人身份的技术，如加密技术、电子数码签名技术、网页真实性认证程序。

如果被询证者利用第三方协调和提供回函,注册会计师可以实施审计程序以应对下列风险:

(1) 回函来源不合适;

(2) 回函者未经授权;

(3) 信息传输的安全性遭到破坏。

如果认为询证函回函不可靠,注册会计师应当评价其对评估的相关重大错报风险(包括舞弊风险),以及其他审计程序的性质、时间安排和范围的影响。例如,注册会计师可以通过直接打电话给被询证者等方式以验证回函的内容和来源。

(六) 对不符事项的处理

不符事项,是指被询证者提供的信息与询证函要求确认的信息不一致,或与被审计单位记录的信息不一致。审计准则规定,注册会计师应当调查不符事项,以确定是否表明存在错报。

询证函回函中指出的不符事项可能显示财务报表存在错报或潜在错报。当识别出错报时,注册会计师需要根据《中国注册会计师审计准则第1141号——财务报表审计中与舞弊相关的责任》的规定评价该错报是否表明存在舞弊。不符事项可以为注册会计师判断来自类似的被询证者回函的质量及类似账户回函质量提供依据。不符事项还可能显示被审计单位与财务报告相关的内部控制存在缺陷。

某些不符事项并不表明存在错报。例如,注册会计师可能认为询证函回函的差异是由于函证程序的时间安排、计量或书写错误造成的。

第四节　分析程序

一、分析程序的含义

分析程序,是指注册会计师通过分析不同财务数据之间及财务数据与非财务数据之间的内在关系,对财务信息做出评价。分析程序还包括在必要时对识别出的、与其他相关信息不一致或与预期值差异重大的波动或关系进行调查。

理解分析程序的含义时,应注意以下两点:

(1) 研究不同财务数据之间及财务数据和非财务数据之间的内在关系,是分析程序区别于其他审计程序的主要特征。通常某些财务数据之间及财务数据与非财务数据之间存在一定的内在关系,除非情况发生变化,这种关系将持续存在。例如,销售毛利和营业收入之间一般存在一定关系,除非售价、销售组合或成本结构等发生变动,否则该关系将维持不变。再如,根据客房数量、每间客房的收费标准和客房入住率等数据估计得出的某宾馆客房总收入,应与其账面记录的收入基本一致。

分析财务数据之间及财务数据和非财务数据之间的内在关系,是分析程序的切入点,是分析程序区别于其他审计程序的主要特征,也是分析程序得名的原因。

(2)注册会计师运用分析程序的目的是对财务信息做出评价,不同阶段运用分析程序的方法和步骤有所不同。但完整的分析程序一般包括以下几个步骤:

① 选择适当的数据关系;
② 对数据关系进行分析;
③ 识别异常的数据关系和波动;
④ 调查异常的数据关系和波动;
⑤ 得出结论。

二、分析程序的目的

(一)用作风险评估程序,以了解被审计单位及其环境

注册会计师实施风险评估程序的目的在于了解被审计单位及其环境,并评估财务报表层次和认定层次的重大错报风险。在风险评估程序中使用分析程序也服务于这一目的。分析程序可以帮助注册会计师发现财务报表中的异常变化,或者预期发生而未发生的变化,识别存在潜在重大错报风险的领域。分析程序还可以帮助注册会计师发现财务状况或盈利能力发生变化的信息和征兆,识别那些表明被审计单位持续经营能力问题的事项。

(二)用作实质性程序,以提高审计工作效率

在审计过程中,注册会计师应当针对评估的认定层次的重大错报风险设计和实施实质性程序。实质性程序包括对各类交易、账户余额、列报的细节测试及实质性分析程序。一般而言,实质性分析程序所花代价比细节测试小得多,因此,大多数注册会计师都希望尽可能地以分析程序代替细节测试。对准确性、完整性、分类等审计目标来说,分析程序所取得的证据具有较强的证明力,有些账户只需通过分析程序便可得出审计结论。

当使用分析程序比细节测试更有效地将认定层次的检查风险降至可接受的水平时,注册会计师可将分析程序作为实质性程序,以提高审计工作的效率。

(三)在审计结束或临近结束时对财务报表进行总体复核

在审计结束或临近结束时,注册会计师应当运用分析程序,在已收集的审计证据的基础上对财务报表整体的合理性做最终的把握,评价报表仍然存在重大错报风险而未被发现的可能性,考虑是否需要追加审计程序,以便为发表审计意见提供合理的基础。

三、分析程序用作风险评估程序时的原则与要求

(一)总体要求

注册会计师在实施风险评估程序时,应当运用分析程序,以了解被审计单位及其环境。如前所述,在实施风险评估程序时,运用分析程序的目的是了解被审计单位及其环境并评估重大错报风险,注册会计师应当围绕这一目的运用分析程序。在这个阶段运用分析程序是强制要求。

（二）在风险评估程序中的具体运用

注册会计师在将分析程序用作风险评估程序时，应当遵守《中国注册会计师审计准则第1211号——通过了解被审计单位及其环境识别和评估重大错报风险》的相关规定。注册会计师可以将分析程序与询问、检查和观察程序结合运用，以获取对被审计单位及其环境的了解，识别和评估财务报表层次及具体认定层次的重大错报风险。

在运用分析程序时，注册会计师应重点关注关键的账户余额、趋势和财务比率关系等方面，对其形成一个合理的预期，并与被审计单位记录的金额、依据记录金额计算的比率或趋势相比较。如果分析程序的结果显示的比率、比例或趋势与注册会计师对被审计单位及其环境的了解不一致，并且被审计单位管理层无法提出合理的解释，或者无法取得相关的支持性文件证据，注册会计师应当考虑其是否表明被审计单位的财务报表存在重大错报风险。

例如，注册会计师根据对被审计单位及其环境的了解，得知本期在生产成本中占较大比重的原材料成本大幅上升。因此，注册会计师预期在销售收入未有较大变化的情况下，由于销售成本的上升，毛利率应相应下降。但是，注册会计师通过分析程序发现，本期与上期的毛利率变化不大。注册会计师可能据此认为销售成本或销售收入存在重大错报风险，应对其给予足够的关注。

需要注意的是，注册会计师无须在了解被审计单位及其环境的每一方面时都实施分析程序。例如，在对内部控制的了解中，注册会计师一般不会运用分析程序。

（三）风险评估过程中运用的分析程序的特点

风险评估程序中运用的分析程序主要目的在于识别那些可能表明财务报表存在重大错报风险的异常变化，因此有以下特点：

（1）所使用的数据汇总性比较强，其对象主要是财务报表中账户余额及其相互之间的关系；

（2）所使用的分析程序通常包括对账户余额变化的分析，并辅之以趋势分析和比率分析；

（3）在风险评估过程中使用的分析程序所进行比较的性质、预期值的精确程度，以及所进行的分析和调查的范围都并不足以提供很高的保证水平。

四、分析程序用作实质性程序时的原则与要求

（一）总体要求

注册会计师应当针对评估的认定层次重大错报风险设计和实施实质性程序。实质性程序包括对各类交易、账户余额、列报（包括披露，下同）的细节测试及实质性分析程序。

实质性分析程序是指用作实质性程序的分析程序。它与细节测试都可用于收集审计证据，以识别财务报表认定层次的重大错报风险。当使用分析程序比细节测试能更有效地将认定层次的检查风险降至可接受水平时，注册会计师可以考虑单独或结合细节测试运用实质性分析程序。实质性分析程序不仅仅是细节测试的一种补充，在某些审计领域，如果重大错报风险较低且数据之间具有稳定的预期关系，注册会计师可以单独使用实质性分析程序

获取充分、适当的审计证据。实质性分析程序的运用包括以下几个步骤：(1) 识别需要运用分析程序的账户余额或交易；(2) 确定期望值；(3) 确定可接受的差异额；(4) 识别需要进一步调查的差异；(5) 调查异常数据关系；(6) 评估分析程序的结果。

尽管分析程序有特定的作用，但并未要求注册会计师在实施实质性程序时必须使用分析程序。这是因为针对认定层次的重大错报风险，注册会计师实施细节测试而不实施分析程序，同样可以实现实质性程序的目的。另外，分析程序也有其运用的前提和基础，它并不适用于所有的财务报表认定。

需要强调的是，相对于细节测试而言，实质性分析程序能够达到的精确度可能受到种种限制，所提供的证据在很大程度上是间接证据，证明力相对较弱。从审计过程整体来看，注册会计师不能仅依赖实质性分析程序，而忽略对细节测试的运用。

在设计和实施实质性分析程序时，无论单独使用或与细节测试结合使用，注册会计师都应当：

（1）考虑针对所涉及认定评估的重大错报风险和实施的细节测试，确定特定实质性分析程序对这些认定的适用性；

（2）考虑可获得信息的来源、可比性、性质和相关性及与信息编制相关的控制，评价在对已记录的金额或比率做出预期时使用数据的可靠性；

（3）对已记录的金额或比率做出预期，并评价预期值是否足够精确以识别重大错报；

（4）确定已记录金额与预期值之间可接受的，且无需做进一步调查的差异额。

（二）确定实质性分析程序对特定认定的适用性

并不是所有的认定都适用实质性分析程序。研究不同财务数据之间及财务数据和非财务数据之间的内在关系是运用分析程序的基础，如果数据之间不存在稳定的可预期关系，注册会计师将无法运用实质性分析程序，而只能考虑利用检查、函证等其他审计程序收集充分、适当的审计证据，作为发表审计意见的合理基础。

在信赖实质性分析程序的结果时，注册会计师应当考虑实质性分析程序存在的风险，即分析程序的结果显示数据之间存在预期关系而实际上却存在重大错报。例如，被审计单位的业绩落后于行业平均水平，但管理层篡改了被审计单位的经营业绩，以使其看起来与行业平均水平接近。在这种情况下，使用行业数据进行分析程序可能会误导注册会计师。再如，被审计单位在行业内占有极重要的市场份额时，将行业统计资料用于分析程序，数据的独立性可能受到损害，因为在这种情况下被审计单位的数据在很大程度上决定了行业数据。在确定实质性分析程序对特定认定的适用性时，注册会计师应当考虑下列因素。

1. 评估的重大错报风险

鉴于实质性分析程序能够提供的精确度受到种种限制，评估的重大错报风险水平越高，注册会计师应当越谨慎使用实质性分析程序。如果针对特别风险仅实施实质性程序，注册会计师应当使用细节测试，或将细节测试和实质性分析程序结合使用，以获取充分、适当的审计证据。

2. 针对同一认定的细节测试

在对同一认定实施细节测试的同时，实施实质性分析程序可能是适当的。例如，注册会计师在考虑应收账款的可收回性时,除了对期后收到现金的情况进行细节测试之外,也可以针对应收账款的账龄实施实质性分析程序。

(三) 数据的可靠性

注册会计师对已记录的金额或比率做出预期时,需要采用内部或外部的数据。

来自被审计单位内部的数据包括:(1)前期数据,并根据当期的数据进行调整;(2)当期的财务数据;(3)预算或预测;(4)非财务数据等。

外部数据包括:(1)政府或政府有关部门发布的信息,如通货膨胀率、利率、有关部门确定的生产或进出口配额等;(2)行业监督者、贸易协会及行业调查单位发布的信息,如行业平均增长率等;(3)经济预测组织包括某些银行发布的预测消息,如某些行业的业绩指标等;(4)公开出版的财务信息;(5)证券交易所发布的信息等。

数据的可靠性直接影响根据数据形成的预期值。数据的可靠性越高,预期值的准确性也将越高,分析程序将更有效。注册会计师计划获取的保证水平越高,对数据可靠性的要求也就越高。

数据的可靠性受其来源及性质的影响,并有赖于获取该数据的环境。在确定实质性分析程序使用的数据是否可靠时,注册会计师应当考虑下列因素。

1. 可获得信息的来源

数据来源的客观性和独立性越强,所获取数据的可靠性越高;来源不同的审计证据相互印证时比单一来源的数据更可靠。

2. 可获得信息的可比性

实施分析程序使用的相关数据必须具有可比性。通常,被审计单位所处行业的数据与被审计单位的数据具有一定的可比性。但应当注意,对于生产和销售专门产品的被审计单位,注册会计师应考虑获取广泛的相关行业数据,以增强信息的可比性,进而提高数据的可靠性。

3. 可获得信息的性质和相关性

例如,被审计单位管理层制定预算时,是将该预算作为预期的结果还是作为将要达到的目标。若作为预期的结果,则预算的相关程度较高;若仅作为希望达到的目标,则预算的相关程度较低。此外,可获得的信息与审计目标越相关,数据就越可靠。

4. 与信息编制相关的内部控制

与信息编制相关的内部控制越有效,该信息越可靠。

(四) 评价预期值的准确程度

准确度是对预期值与真实值之间接近程度的度量,也称精确度。分析程序的有效性很大程度上取决于注册会计师形成的预期值的准确性。预期值的准确性越高,注册会计师通过分析程序获取的保证水平将越高。

在评价做出预期的准确程度是否足以在计划的保证水平上识别重大错报时,注册会计师应当考虑下列主要因素。

1. 对实质性分析程序的预期结果做出预测的准确性

例如,与各年度的研究开发和广告费用支出相比,注册会计师通常预期各期的毛利率更具有稳定性。

2. 信息可分解程度

信息可分解程度是指用于分析程序的信息详细程度,如按月份或地区分布分解的数据。通常,数据的可分解程度越高,预期值的准确性越高,注册会计师相应获取的保证水平就越高。当被审计单位经营复杂或多元化时,分解程度高的详细数据更重要。

数据需要具体到哪个层次,受被审计单位性质、规模、复杂程度及记录详细程度等因素的影响。如果被审计单位从事多个不同的行业,或者拥有非常重要的子公司或者在多个地点进行经营活动,注册会计师可能需要考虑就每个重要的组成部分分别取得财务信息。但是,注册会计师也应当考虑分解程度高的数据的可靠性。例如,季度数据可能因为未经审计或相关控制相对较少,其可靠性将不如年度数据。

3. 财务和非财务信息的可获得性

在设计实质性分析程序时,注册会计师应考虑是否可以获得财务信息(如预算和预测)及非财务信息(如已生产或已销售产品的数量),以有助于运用分析程序。

(五)已记录的金额与预期值之间可接受的差异额

预期值只是一个估计数据,大多数情况下与已记录金额并不一致。为此,在设计和实施实质性分析程序时,注册会计师应当确定已记录金额与预期值之间可接受的差异额。可接受的差异额是指已记录金额与预期值之间的差额,注册会计师认为该差额无须做进一步的调查。注册会计师应当将识别出的差额与可接受的差异额进行比较,以确定差异是否重大,是否需要做进一步的调查。

在确定可接受的差异额时,注册会计师应当主要考虑各类交易、账户余额、列报及相关认定的重要性和计划的保证水平。通常,可容忍错报越低,可接受的差异额越小;计划的保证水平越高,可接受的差异额越小。

如果在期中实施实质性程序,并计划针对剩余期间实施实质性分析程序,注册会计师应当考虑实质性分析程序对特定认定的适用性、数据的可靠性、做出预期的准确程度及可接受的差异额,并评估这些因素如何影响针对剩余期间获取充分、适当的审计证据的能力。注册会计师还应考虑某项交易的期末累计发生额或账户余额在金额、相对重要性及构成方面能否被合理预期。如果认为仅实施实质性分析程序不足以收集充分、适当的审计证据,注册会计师还应测试剩余期间相关控制运行的有效性或针对期末实施细节测试。

五、分析程序用于总体复核时的原则和要求

(一)总体要求

在审计结束或临近结束时,注册会计师运用分析程序的目的是确定财务报表整体是否与其对被审计单位的了解一致,注册会计师应当围绕这一目的运用分析程序。注册会计师在这个阶段运用分析程序是强制要求。

(二)总体复核阶段分析程序的特点

在总体复核阶段执行分析程序,所进行的比较和使用的手段与风险评估程序中使用的

分析程序基本相同,但两者的目的不同。在总体复核阶段实施的分析程序主要在于强调并解释财务报表项目自上个会计期间以来发生的重大变化,以证实财务报表中列示的所有信息与注册会计师对被审计单位及其环境的了解一致,与注册会计师取得的审计证据一致。因此,两者的主要区别在于实施分析程序的时间和重点不同。另外,因为在总体复核阶段实施的分析程序并非为了对特定账户余额和披露提供实质性的保证水平,因此并不如实质性分析程序那样详细和具体,而往往集中在财务报表层次。

(三)再评估重大错报风险

在运用分析程序进行总体复核时,如果识别出以前未识别的重大错报风险,注册会计师应当重新考虑对全部或部分各类交易、账户余额、列报评估的风险是否恰当,并在此基础上重新评价之前计划的审计程序是否充分,是否有必要追加审计程序。

第五节 审计工作底稿

一、审计工作底稿的含义及编制目的

审计工作底稿,是指注册会计师对制订的审计计划、实施的审计程序、获取的相关审计证据,以及得出的审计结论做出的记录。审计工作底稿是审计证据的载体,是注册会计师在审计过程中形成的审计工作记录和获取的资料。它形成于审计过程,也反映整个审计过程。

注册会计师应当及时编制审计工作底稿,以实现下列目的:

(1) 提供充分、适当的记录,作为出具审计报告的基础。审计工作底稿是注册会计师形成审计结论,发表审计意见的直接依据。及时编制审计工作底稿有助于提高审计工作的质量,便于在出具审计报告之前,对取得的审计证据和得出的审计结论进行有效的复核和评价。

(2) 提供证据,证明执业的注册会计师按照审计准则和相关法律法规的规定计划和执行了审计工作。在会计师事务所因执业质量而涉及诉讼或有关监管机构进行执业质量检查时,审计工作底稿能够提供证据,证明注册会计师是否按照审计准则的规定执行了审计工作。

除了以上目的外,编制审计工作底稿还可以实现以下目的:

(1) 有助于项目组计划和执行审计工作;

(2) 有助于负责督导的项目组成员按照《中国注册会计师审计准则第1121号——对财务报表审计实施的质量控制》的规定,履行指导、监督与复核审计工作的责任;

(3) 便于项目组说明其执行审计工作的情况;

(4) 保留对未来审计工作持续产生重大影响的事项的记录;

(5) 便于会计师事务所按照《质量控制准则第5101号——会计师事务所对执行财务报表审计和审阅、其他鉴证和相关服务业务实施的质量控制》的规定,实施质量控制复核与

检查；

（6）便于监管机构和注册会计师协会根据相关法律法规或其他相关要求，对会计师事务所实施执业质量检查。

二、审计工作底稿的编制要求

注册会计师编制的审计工作底稿，应当使未曾接触该项审计工作的有经验的专业人士清楚地了解：
（1）按照审计准则和相关法律法规的规定实施的审计程序的性质、时间安排和范围；
（2）实施审计程序的结果和获取的审计证据；
（3）审计中遇到的重大事项和得出的结论，以及在得出结论时做出的重大职业判断。

有经验的专业人士，是指会计师事务所内部或外部的具有审计实务经验，并且对下列方面有合理了解的人士：
（1）审计过程；
（2）审计准则和相关法律法规的规定；
（3）被审计单位所处的经营环境；
（4）与被审计单位所处行业相关的会计和审计问题。

三、审计工作底稿的内容

审计工作底稿通常包括总体审计策略、具体审计计划、分析表、问题备忘录、重大事项概要、询证函回函和声明、管理层声明书、核对表、有关重大事项的往来信件（包括电子邮件），以及对被审计单位文件记录的摘要或复印件等。此外，审计工作底稿通常还包括业务约定书、管理建议书、项目组内部或项目组与被审计单位举行会议的记录、与其他人士（如其他注册会计师、律师、专家等）的沟通文件及错报汇总表等。

审计工作底稿通常不包括已被取代的审计工作底稿的草稿或财务报表的草稿、对不全面或初步思考的记录、存在印刷错误或其他错误而作废的文本，以及重复的文件记录等。由于这些草稿、错误的文本或重复的文件记录不直接构成审计结论和审计意见的支持性证据，因此，注册会计师通常无须保留这些记录。

四、审计工作底稿的存在形式

审计工作底稿可以以纸质、电子或其他介质形式存在。

无论审计工作底稿以哪种形式存在，会计师事务所都应当针对审计工作底稿设计和实施适当的控制，以实现下列目的：
（1）使审计工作底稿清晰地显示其生成、修改及复核的时间和人员；
（2）在审计业务的所有阶段，尤其是在项目组成员共享信息或通过互联网将信息传递给其他人员时，保护信息的完整性和安全性；
（3）防止未经授权改动审计工作底稿；
（4）允许项目组和其他经授权的人员为适当履行职责而接触审计工作底稿。

在实务中，为了便于会计师事务所内部进行质量控制和外部执业质量检查或调查，注册会计师可以将以电子或其他介质形式存在的审计工作底稿通过打印，转换成纸质形式的审计工作底稿，并一并归档，同时单独保存这些以电子或其他介质形式存在的审计工作底稿。

五、审计工作底稿的要素

通常，审计工作底稿包括下列全部或部分要素。

（一）审计工作底稿的标题

每一张审计工作底稿上都应当注明被审计单位的名称、审计项目的名称及资产负债表日或底稿覆盖的会计期间。

（二）审计过程记录

审计工作底稿是注册会计师进行审计工作的轨迹，在审计工作中要求对审计程序实施的全过程进行记录。在审计工作底稿中需要记录审计证据的搜集和评价情况，包括对被审计单位内部控制的评价、对于具体被审计项目的测试和确认、注册会计师所做出的职业判断及最终审计结论形成的过程。在记录审计过程时，应当特别注意以下几个重要方面。

1. 具体项目或事项的识别特征

在记录实施审计程序的性质、时间和范围时，注册会计师应当记录测试的具体项目或事项的识别特征。记录具体项目或事项的识别特征可以实现多种目的。例如，这能反映项目组履行职责的情况，也便于对例外事项或不符事项进行调查，以及对测试的项目或事项进行复核。

识别特征是指被测试的项目或事项表现出的征象或标志。识别特征因审计程序的性质和所测试的项目或事项不同而不同。对某一个具体项目或事项而言，其识别特征通常具有唯一性，这种特性可以使其他人员根据识别特征在总体中识别该项目或事项并重新执行该测试。为帮助理解，以下列举部分审计程序中所测试的样本的识别特征。

如在对被审计单位生成的订购单进行细节测试时，注册会计师可能以订购单的日期或编号作为测试订购单的识别特征。需要注意的是，在以日期或编号作为识别特征时，注册会计师需要同时考虑被审计单位对订购单编号的方式，例如，若被审计单位按年对订购单依次编号，则识别特征是××年的××号；若被审计单位仅以序列号进行编号，则可以直接将该号码作为识别特征。

对于需要选取或复核既定总体内一定金额以上的所有项目的审计程序，注册会计师可以记录实施程序的范围并指明该总体。例如，银行存款日记账中一定金额以上的所有会计分录。

对于需要系统化抽样的审计程序，注册会计师可能会通过记录样本的来源、抽样的起点及抽样间隔来识别已选取的样本。例如，若被审计单位对发运单顺序编号，测试的发运单的识别特征可以是：对7月1日至12月31日的发运台账，从第10123号发运单开始每隔120号系统抽取发运单。

对于需要询问被审计单位中特定人员的审计程序，注册会计师可能会以询问的时间、被询问人的姓名及职位作为识别特征。

对于观察程序,注册会计师可能会以观察的对象或观察过程、相关被观察人员及其各自的责任、观察的地点和时间作为识别特征。

2. 重大事项及相关重大职业判断

注册会计师应当根据具体情况判断某一事项是否属于重大事项。重大事项通常包括:

(1) 引起特别风险的事项;

(2) 实施审计程序的结果,该结果表明财务信息可能存在重大错报,或需要修正以前对重大错报风险的评估和针对这些风险拟采取的应对措施;

(3) 导致注册会计师难以实施必要审计程序的情形;

(4) 导致出具非无保留意见或者带强调事项段"与持续经营相关的重大不确定性"等段落的审计报告的事项。

注册会计师应当及时记录与管理层、治理层和其他人员对重大事项的讨论,包括所讨论的重大事项的性质及讨论的时间、地点和参加人员。有关重大事项的记录可能分散在审计工作底稿的不同部分,注册会计师应将这些分散在审计工作底稿中的有关重大事项的记录汇编在重大事项概要中,这不仅可以帮助注册会计师集中考虑重大事项对审计工作的影响,还有助于审计工作的复核人员全面、快速地了解重大事项,提高复核的效率。对于大型、复杂的审计项目,重大事项概要的作用显得尤为明显。

3. 针对重大事项如何处理不一致的情况

在审计过程中,注册会计师如果发现识别出的信息与针对某重大事项得出的最终结论相矛盾或不一致,应当记录形成最终结论时如何处理该矛盾或不一致的情况。上述情况包括但不限于:

(1) 注册会计师针对该信息执行的审计程序;

(2) 项目组成员对某事项的职业判断不同而向专业技术部门的咨询情况;

(3) 项目组成员和被咨询人员不同意见的解决情况。

记录如何处理识别出的信息与针对重大事项得出的结论相矛盾或不一致的情况是非常必要的,它有助于注册会计师关注这些矛盾或不一致,并对此执行必要的审计程序以恰当地解决这些矛盾或不一致。

(三) 审计结论

审计工作的每一部分都应包含已实施审计程序的结果、是否已实现既定审计目标的结论,以及审计程序识别出的例外情况和重大事项如何得到解决的结论。在记录审计结论时需注意,在审计工作底稿中记录的审计程序和审计证据是否足以支持所得出并记录的审计结论。

(四) 审计标识及其说明

审计标识被用于已实施审计程序相关的底稿。每张底稿都应包含对已实施程序的性质和范围所做的解释,以支持每一个标识的含义。审计工作底稿中可使用各种审计标识,但应说明其含义,并保持前后一致。以下是注册会计师在审计工作底稿中列明标识并说明其含义的例子,供参考。在实务中,注册会计师也可以依据实际情况运用更多的审计标识。

∧:纵加核对

＜:横加核对

B：与上年结转数核对一致

T：与原始凭证核对一致

G：与总分类账核对一致

S：与明细账核对一致

T/B：与试算平衡表核对一致

C∫：已发询证函

C∖：已收回询证函

（五）索引号及编号

通常,审计工作底稿需要注明索引号及顺序编号,相关审计工作底稿之间需要保持清晰的勾稽关系。为了汇总及便于交叉索引和复核,每个事务所都会制定特定的审计工作底稿归档流程。每张表或记录都有一个索引号,例如,A1、D6 等,以说明其在审计工作底稿中的放置位置。工作底稿中包含的信息通常需要与其他相关工作底稿中的相关信息进行交叉索引,例如,现金盘点表与列示所有现金余额的导引表进行交叉索引。利用计算机编制工作底稿时,可以采用电子索引和链接。随着审计工作的推进,链接表还可予以自动更新。例如,审计调整表可以链接到试算平衡表,当新的调整分录编制完后,计算机会自动更新试算平衡表,为相关调整分录插入索引号。同样,评估的固有风险或控制风险可以与针对特定风险领域设计的相关审计程序进行交叉索引。

在实务中,注册会计师可以按照所记录的审计工作的内容层次进行编号。以下是从固定资产汇总表工作底稿(表 5-1)及固定资产明细表工作底稿(表 5-2)中节选的部分,其中：固定资产汇总表编号为 C1,按类别列示的固定资产明细表的编号为 C1-1,房屋建筑物的编号为 C1-1-1,机器设备的编号为 C1-1-2,运输工具的编号为 C1-1-3,其他设备的编号为 C1-1-4。相互引用时,需要在审计工作底稿中交叉注明索引号。

表 5-1 固定资产汇总表（节选）（工作底稿索引号：C1）

工作底稿索引号	固定资产	20×2 年 12 月 31 日	20×1 年 12 月 31 日
C1-1	原值	×××G	×××
C1-1	累计折旧	×××G	×××
	净值	×××T/B∧	×××B∧

表 5-2 固定资产明细表（节选）（工作底稿索引号：C1-1）

工作底稿索引号	固定资产	期初余额	本期增加	本期减少	期末余额
	原值				
C1-1-1	1. 房屋建筑物	×××		×××	×××S
C1-1-2	2. 机器设备	×××	×××		×××S
C1-1-3	3. 运输工具	×××			×××S
C1-1-4	4. 其他设备	×××			×××S
	小计	×××B∧	×××∧	×××∧	×××<C1∧
	累计折旧				

续表

工作底稿索引号	固定资产	期初余额	本期增加	本期减少	期末余额
C1-1-1	1. 房屋建筑物	×××			×××S
C1-1-2	2. 机器设备	×××	×××		×××S
C1-1-3	3. 运输工具	×××			×××S
C1-1-4	4. 其他设备	×××			×××S
	小计	<u>×××B</u>∧	<u>×××</u>∧	<u>×××</u>∧	<u>×××</u><C1 ∧
	净值	<u>×××B</u>∧			<u>×××</u>C1 ∧

注:"∧"纵加核对相符;"<"横加核对相符。

（六）编制人员和复核人员及执行日期

为了明确责任,在各自完成与特定工作底稿相关的任务之后,编制者和复核者都应在工作底稿上签名并注明编制日期和复核日期。

在记录已实施审计程序的性质、时间安排和范围时,注册会计师应当记录:

(1) 测试的具体项目或事项的识别特征;

(2) 审计工作的执行人员及完成该项审计工作的日期;

(3) 审计工作的复核人员及复核的日期和范围。

在需要项目质量控制复核的情况下,还需要注明项目质量控制复核人员及日期。

通常,需要在每一张审计工作底稿上注明执行审计工作的人员和复核人员、完成该项审计工作的日期及完成复核的日期。

六、审计工作底稿的归档

（一）审计工作底稿归档的性质

在出具审计报告前,注册会计师应完成所有必要的审计程序,取得充分、适当的审计证据并得出适当的审计结论。由此,在审计报告日后将审计工作底稿归整为最终审计档案是一项事务性的工作,不涉及实施新的审计程序或得出新的结论。

如果在归档期间对审计工作底稿做出的变动属于事务性的,注册会计师可以做出变动,主要包括:

(1) 删除或废弃被取代的审计工作底稿;

(2) 对审计工作底稿进行分类、整理和交叉索引;

(3) 对审计档案归整工作的完成核对表签字认可;

(4) 记录在审计报告日前获取的、与项目组相关成员进行讨论并达成一致意见的审计证据。

（二）审计档案的类别

在审计实务中,审计档案可以分为永久性档案和当期档案,这主要是基于具体实务中对审计档案适用的时间而划分的。

1. 永久性档案

永久性档案是指那些记录内容相对稳定,具有长期使用价值,并对以后审计工作具有重要影响和直接作用的审计档案。如被审计单位的组织结构、批准证书、营业执照、章程、重要资产的所有权或使用权的证明文件复印件等。如果永久性档案中的某些内容已经发生变化,注册会计师应当及时予以更新。为保持资料的完整性以便满足日后查阅历史资料的需要,永久性档案中被替换下来的资料一般也需要保留。

2. 当期档案

当期档案是指那些记录内容经常变化,主要供当期和下期审计使用的审计档案。如审计策略、具体审计计划等。

目前,由于电子形式的审计工作底稿的普遍使用,一些大型国际会计师事务所不再区分永久性档案和当期档案。

(三)审计工作底稿的归档期限

《质量控制准则第5101号——会计师事务所对执行财务报表审计和审阅、其他鉴证和相关服务业务实施的质量控制》要求会计师事务所制定有关及时完成最终业务档案归整工作的政策和程序。审计工作底稿的归档期限为审计报告日后60天内。如果注册会计师未能完成审计业务,审计工作底稿的归档期限为审计业务中止后的60天内。

如果针对客户的同一财务信息执行不同的委托业务,出具两个或多个不同的报告,会计师事务所应当将其视为不同的业务,根据会计师事务所内部制定的政策和程序,在规定的归档期限内分别将审计工作底稿归整为最终审计档案。

(四)审计工作底稿归档后的变动

1. 需要变动审计工作底稿的情形

注册会计师发现有必要修改现有审计工作底稿或增加新的审计工作底稿的情形主要有以下两种:

(1)注册会计师已实施了必要的审计程序,取得了充分、适当的审计证据并得出了恰当的审计结论,但审计工作底稿的记录不够充分。

(2)审计报告日后,发现例外情况要求注册会计师实施新的或追加审计程序,或导致注册会计师得出新的结论。例外情况主要是指审计报告日后发现与已审计财务信息相关,且在审计报告日已经存在的事实,该事实如果被注册会计师在审计报告日前获知,可能影响审计报告。例如,注册会计师在审计报告日后才获知法院在审计报告日前已对被审计单位的诉讼、索赔事项做出最终判决结果。例外情况可能在审计报告日后发现,也可能在财务报表报出日后发现,注册会计师应当按照《中国注册会计师审计准则第1332号——期后事项》有关"财务报表报出后发现的事实"的相关规定,对例外事项实施新的或追加审计程序。

2. 变动审计工作底稿时的记录要求

在完成最终审计档案的归整工作后,如果发现有必要修改现有审计工作底稿或增加新的审计工作底稿,无论修改或增加的性质如何,注册会计师均应当记录下列事项:

(1)修改或增加审计工作底稿的理由;

(2)修改或增加审计工作底稿的时间和人员,以及复核的时间和人员。

（五）审计工作底稿的保存期限

会计师事务所应当自审计报告日起，对审计工作底稿至少保存 10 年。如果注册会计师未能完成审计业务，会计师事务所应当自审计业务中止日起，对审计工作底稿至少保存 10 年。

在完成最终审计档案的归整工作后，注册会计师不应在规定的保存期届满前删除或废弃任何性质的审计工作底稿。

【思考题】

1. 什么是审计证据的充分性？它受哪些因素的影响？
2. 如何理解审计证据的适当性？
3. 审计程序有哪些种类？
4. 函证程序可以用于哪些报表项目？应向哪些第三方函证？
5. 审计人员应如何评价函证证据的充分性和适当性？
6. 注册会计师实施分析程序的目的是什么？
7. 分析程序用作风险评估程序时的原则和要求是什么？
8. 分析程序用作实质性程序时的原则和要求是什么？
9. 分析程序用作总体复核时的原则和要求是什么？
10. 审计工作底稿归档后何种情况下可以变动？变动的要求是什么？

第六章 审计抽样

引 例

抽样技术的广泛应用是现代审计的主要标志之一,而也正是由于抽样技术的运用,使得审计无法对企业的所有业务进行检查,也无法对被审单位的财务报告提供完全的保障,甚至有时会使审计人员陷入两难。

老陈是一位经验丰富的审计师,在一次对某一家能源行业企业的审计中,老陈发现在销售活动的样本中,有一项业务缺少与运输有关的凭证。在与单位的相关负责人沟通后,负责人承认这是企业的重大疏忽,并很快提供了在形式上符合要求的凭证。由于在抽取的样本中,只发现了这一笔业务存在问题,老陈认为这似乎是符合预期计划所设定的水平的,而另一方面,这笔业务的金额又相当巨大,如果按照这一数值去相应地对总体进行推断并调整,那么将导致企业转盈为亏。那么,面对这种情形,老陈应该怎么处理呢?

第一节 审计抽样概述

一、审计抽样的定义

审计抽样是指注册会计师对具有审计相关性的总体中低于百分之百的项目实施审计程序,使所有抽样单元都有被选取的机会,为注册会计师针对整个总体得出结论提供合理基础。审计抽样能够使注册会计师获取和评价有关所选取项目某一特征的审计证据,以形成或有助于形成有关总体的结论。

在上述的定义中,总体指注册会计师从中选取样本并期望据此得出结论的整个数据集合,而抽样单元,则是指构成总体的个体项目。

基于上述定义,审计抽样具有如下三个特征:
(1) 对具有审计相关性的总体中低于百分之百的项目实施审计程序;

(2) 所有抽样单元都有被选取的机会；

(3) 可以根据样本项目的测试结果推断出有关抽样总体的结论。

另外，在进行审计抽样时，我们还需要注意样本的代表性和审计抽样的适用性。样本的代表性，是指在既定的风险水平下，注册会计师根据样本得出的结论，与对整个总体实施与样本相同的审计程序得出的结论类似。也就是说，只有当从抽样总体中选取的样本具有代表性时，注册会计师才能根据样本项目的测试结果推断出有关总体的结论。

而审计抽样的适用性是指，并不是所有审计程序中审计抽样都是适用的，一般来说，审计抽样通常被用于细节测试中，而当控制的运行留下轨迹时，也可以考虑使用审计抽样实施控制测试；在其他审计程序中，抽样审计则一般不宜使用。

二、审计抽样的种类

审计抽样的分类方法众多，从决策依据的角度，可以将审计抽样划分为统计抽样和非统计抽样；而从所了解的总体特征的角度，可以将审计抽样划分为属性抽样和变量抽样。

（一）统计抽样与非统计抽样

所谓统计抽样，是指同时具备下列特征的抽样方法：

(1) 随机选取样本项目；

(2) 运用概率论评价样本结果，包括计量抽样风险。

但是，即使注册会计师严格按照随机原则选取样本，却没有对样本结果进行统计评估，或者基于非随机选样进行统计评估，都不能认为使用了统计抽样。统计抽样的优点在于有助于客观高效地设计样本，科学地计量证据的充分性，以及定量评价样本结果，而其缺点在于可能会增加额外的成本费用。

与统计抽样相对的是非统计抽样，它是不具备上述两项特征的抽样方法的统称。非统计抽样无法客观地计量抽样风险，也无法通过调整样本规模精确地控制风险，这是非统计抽样主要的缺点之一，也是其与统计抽样最重要的区别。这也导致了非统计抽样的样本往往代表性比较差，且更加依赖于注册会计师的职业判断。

在实际工作中，注册会计师应当根据具体情况并运用职业判断，依照成本效率原则，在统计抽样和非统计抽样之间进行选择。只要设计恰当，非统计抽样也能达到和统计抽样相似的结果，而在实际运用的过程中，人们也常常将这两种方法结合起来使用，来达到一个更好的效果。

（二）属性抽样和变量抽样

在审计抽样中，属性抽样是指用来对总体中某一事件的发生率得出结论的统计抽样方法；而变量抽样，是指用来对总体金额得出结论的统计抽样方法。前者主要一般得出与总体错报发生频率有关的结论，通常运用于控制测试之中，而后者得出的结论则与总体的金额有关，因此通常用于细节测试的情形下。

三、抽样风险与非抽样风险

在审计工作中,注册会计师通过对重大错报风险的评估与对检查风险的控制,来使审计风险降至可接受的低水平。而抽样风险和非抽样风险都会对重大错报风险的评估和检查风险的确定产生影响,进而影响审计风险。

(一) 抽样风险

抽样风险,是指注册会计师根据样本得出的结论,可能不同于对整个总体实施与样本相同的审计程序得出的结论的风险。

抽样风险广泛地存在于控制测试和细节测试之中。

1. 与控制测试有关的抽样风险

与控制测试有关的抽样风险包括信赖过度风险和信赖不足风险。信赖过度风险是指推断的控制有效性高于其实际有效性的风险;而信赖不足风险是指推断的控制有效性低于其实际有效性的风险。

在信赖过度的情形下,由于注册会计师高估了其控制的有效性,从而导致其评估的重大错报风险偏低,注册会计师可能因此而相应地不适当地减少其实质性程序和审计证据,从而导致注册会计师更容易发表不恰当的审计意见。

而在信赖不足的情况下,注册会计师由于低估了企业的控制有效性,评估的重大错报风险会高于实际风险,从而导致注册会计师可能增加不必要的实质性程序,并收集多于必要的审计证据,从而增加审计的成本和工作量。

也就是说信赖过度风险影响的是审计的效果,而信赖不足风险则会影响审计的效率,在实际工作中,由于信赖过度风险会导致注册会计师得出错误的风险,因此此类风险应给予更多的关注。

2. 与细节测试有关的抽样风险

与控制测试类似,与细节测试有关的抽样风险也可以分为两类:误受风险与误拒风险。

误受风险是指注册会计师推断某一重大错报不存在而实际上存在的风险。如果账面价值实际存在重大错报风险,而注册会计师却认为不存在重大错报风险,注册会计师通常会停止对该账面金额继续进行测试,并根据样本结果得出账面金额无重大错报的错误结论,从而影响审计的效果。

误拒风险是指注册会计师推断某一重大错报存在而实际上不存在的风险。如果账面金额不存在重大错报而注册会计师认为其存在重大错报,注册会计师会扩大细节测试的范围并考虑获取其他审计证据。因此在这种情况下,审计效率可能降低。

与有关控制测试有关的抽样风险相似,在细节测试中,误受风险影响的是审计的效果,而误拒风险影响的是审计的效率,因此,对于注册会计师而言,误受风险应该更加值得关注。

3. 抽样风险的影响因素

抽样风险是由抽样引起的。只要使用了审计抽样,抽样风险总会存在。一般来说,抽样风险与样本规模和抽样方法有关,且抽样风险与样本规模反方向变动:样本规模越大,抽样风险越小;样本规模越小,抽样风险越大。

(二)非抽样风险

非抽样风险,是指注册会计师由于任何与抽样风险无关的原因而得出错误结论的风险,包括审计风险中不是由审计抽样所导致的所有风险。注册会计师即使对某类交易或账户余额的所有项目实施审计程序,也可能仍未能发现重大错报或控制失效。产生非抽样风险的原因有许多,具体来说,主要包括下列情况:

(1)注册会计师选择了不适于实现特定目标的审计程序;

(2)注册会计师选择的总体不适合于测试目标;

(3)注册会计师未能适当地定义误差(包括控制偏差或错报),导致注册会计师未能发现样本中存在的偏差或错报;

(4)注册会计师未能适当地评价审计发现的情况,或对所发现误差的重要性的判断有误。

非抽样风险虽然难以量化,但对审计工作的效果和效率都会产生一定的影响。注册会计师应通过采取适当的质量控制政策和程序,对审计工作进行适当的指导、监督和复核,仔细设计审计程序,以及对审计实务的适当改进,来将非抽样风险降至可接受的水平。

第二节 审计抽样在控制测试中的应用

对拟信赖的内部控制进行控制测试时,一般采用属性抽样的方法,来估计被测试控制的偏差发生率,从而对企业的内部控制制度及其有效运行程度进行评估,并以此确定实质性测试的性质、时间和范围。

一、控制测试中抽样的基本原理

控制测试主要是进行符合性测试,即测试被审计单位的内部控制制度及其执行是否遵循了既定标准及存在的偏差水平,其结果可以用"是"或"否"来回答。在控制测试中,注册会计师需要通过样本来推测总体中内控制度不健全或没有有效执行的情况的发生率,即总体误差率的大小,而无需对总体错误的具体金额做出估计。而在评估的总体偏差率超过可容忍偏差率时,注册会计师应降低对内部控制的可信赖程度,并相应调整细节测试的性质、时间和范围。

二、控制测试中审计抽样的一般步骤

(一)确定测试目标和被审查总体的范围

注册会计师实施控制测试的目标是提供关于控制运行有效性的审计证据,以支持计划的重大错报风险评估水平;而总体是指注册会计师从中选取样本并期望据此得出结论的整个数据集合。在界定总体时,应当确保总体的适当性和完整性,并考虑总体的同质性。

总体的适当性,是指总体应适合于特定的审计目标,包括适合于测试的方向,即审计总体要与审计目标密切相关。

总体的完整性,是指注册会计师应当从总体项目内容和涉及时间等方面确定总体的完整性。例如,如果注册会计师从档案中选取付款证明,除非确信所有的付款证明都已归档,否则注册会计师不能对该期间的所有付款证明得出结论,这是从总体项目内容角度的完整性来说的;又如,如果注册会计师对某一控制活动在财务报告期间是否有效运行得出结论,总体应包括来自整个报告期间的所有相关项目,这是从涉及时间方面的完整性来说的。

而总体的同质性,是指总体中的所有项目应该具有同样的特征。如果两项业务具有不同的特征,例如,如果被审计单位的出口和内销业务的处理方式不同,则注册会计师在进行控制测试时,需将国内、国外视为两个不同的总体。

(二) 定义抽样单元与偏差

在进行控制测试时,抽样单元通常是能够提供控制运行证据的一份文件资料、一个记录或其中一行,每个抽样单元构成了总体中的一个项目。抽样单元应与测试目标相适应,因此,在具体工作中,应根据具体的被测试的控制来定义抽样单元。

在控制测试中,偏差是指偏离对设定控制的预期执行,即注册会计师认为的所有控制失效的事件,例如,会计工作中的手续不全、虚假账户等各类不符合会计准则、财务制度的事件。

(三) 选择抽样方法,确定样本规模

选取样本时,只有选的样本具有良好的代表性,才能有效且正确地从样本推断出总体的特征。因此,我们必须选取适当的抽样方法,使总体中的每个抽样单元都有被选取的机会,这样才能得出有关总体的正确结论。在统计抽样中,注册会计师必须使用适当随机的方法,常用的有简单随机抽样或系统抽样。

而样本规模,是指从总体中选取样本项目的数量。统计抽样中,如果样本规模过小,注册会计师就无法获取充分的审计证据,从而影响审计的效果;反之,如果样本规模过大,则会增加审计工作量,加大审计成本,而导致审计效率的降低。

控制测试中,样本规模受到可接受的过度信赖风险、可容忍偏差率及预计总体偏差率的影响。

可接受的信赖过度风险与样本规模反向变动。注册会计师愿意接受的信赖过度风险越低,样本规模通常越大;反之,注册会计师愿意接受的信赖过度风险越高,样本规模越小。而如前所述,过度信赖风险是指推断的控制有效性高于其实际有效性的风险,它影响的是审计的效果,因此,可接受的信赖过度风险应确定在相对较低的水平上,通常设定在5%~10%之间。

可容忍误差率是注册会计师不改变可接受的信赖过度风险程度,所愿意接受的最大误差程度。可容忍偏差率与样本规模反向变动。而在确定可容忍偏差率时,注册会计师应考虑计划评估的控制有效性。计划评估的控制有效性越低,注册会计师确定的可容忍偏差率往往可以高一些。

预计总体偏差率与样本规模同向变动。注册会计师可以根据上年测试结果、内部控制的设计和控制环境等因素对预计总体偏差率进行评估。在既定的可容忍偏差率下,评估所确定的总体误差率越小,所需的样本规模也可以小一些。但是,如果总体偏差率超过了可容忍偏差率,则意味着控制有效性很低,注册会计师通常决定不实施控制测试,而实施更多的实质性程序。

控制测试中样本规模的影响因素与样本规模的关系如表6-1所示。

表6-1 控制测试中样本规模的影响因素与样本规模的关系

影响因素	与样本规模的关系
可接受的信赖过度风险	反向变动
可容忍偏差率	反向变动
预计总体偏差率	同向变动

在实际工作中,注册会计师可根据样本规模确定表(表6-2)来直接确定样本的规模。使用时,注册会计师应先确定可接受的信赖过度风险,并据此选择相应的表格,然后在此表格中找到对应的可容忍偏差率和预计总体偏差率,其交叉点所对应的单元格中的数字即为所需的样本规模。

表6-2 控制测试统计抽样样本规模——信赖过度风险5%

(括号内是可接受的偏差数)

预计总体偏差率	可容忍偏差率										
	2%	3%	4%	5%	6%	7%	8%	9%	10%	15%	20%
0	149 (0)	99 (0)	74 (0)	59 (0)	49 (0)	42 (0)	36 (0)	32 (0)	29 (0)	19 (0)	14 (0)
0.25	236 (1)	157 (1)	117 (1)	93 (1)	78 (1)	66 (1)	58 (1)	51 (1)	46 (1)	30 (1)	22 (1)
0.5	*	157 (1)	117 (1)	93 (1)	78 (1)	66 (1)	58 (1)	51 (1)	46 (1)	30 (1)	22 (1)
0.75	*	208 (2)	117 (1)	93 (1)	78 (1)	66 (1)	58 (1)	51 (1)	46 (1)	30 (1)	22 (1)
1	*	*	156 (2)	93 (1)	78 (1)	66 (1)	58 (1)	51 (1)	46 (1)	30 (1)	22 (1)
1.25	*	*	156 (2)	124 (2)	78 (1)	66 (1)	58 (1)	51 (1)	46 (1)	30 (1)	22 (1)
1.5	*	*	192 (3)	124 (2)	103 (2)	66 (1)	58 (1)	51 (1)	46 (1)	30 (1)	22 (1)
1.75	*	*	227 (4)	153 (3)	103 (2)	88 (2)	77 (2)	51 (1)	46 (1)	30 (1)	22 (1)
2	*	*	*	181 (4)	127 (3)	88 (2)	77 (2)	68 (2)	46 (1)	30 (1)	22 (1)
2.25	*	*	*	208 (5)	127 (3)	88 (2)	77 (2)	68 (2)	61 (2)	30 (1)	22 (1)
2.5	*	*	*	*	150 (4)	109 (3)	77 (2)	68 (2)	61 (2)	30 (1)	22 (1)
2.75	*	*	*	*	173 (5)	109 (3)	95 (3)	68 (2)	61 (2)	30 (1)	22 (1)

续表

预计总体偏差率	可容忍偏差率										
	2%	3%	4%	5%	6%	7%	8%	9%	10%	15%	20%
3	*	*	*	*	195(6)	129(4)	95(3)	84(3)	61(2)	30(1)	22(1)
3.25	*	*	*	*	*	148(5)	112(4)	61(2)	30(1)	22(1)	22(1)
3.5	*	*	*	*	*	167(6)	112(4)	76(3)	40(2)	22(1)	22(1)
3.75	*	*	*	*	*	185(7)	129(5)	100(4)	76(3)	40(2)	22(1)
4	*	*	*	*	*	*	146(6)	100(4)	89(4)	40(2)	22(1)
5	*	*	*	*	*	*	*	158(8)	116(6)	40(2)	30(2)
6	*	*	*	*	*	*	*	*	179(11)	50(3)	30(2)
7	*	*	*	*	*	*	*	*	*	68(3)	37(3)

例如,确定的可接受过度信赖风险为5%,可容忍偏差率定为5%,预计总体误差率为2%,则根据表6-2,确定的样本规模为181。

(四)选取样本项目,评价样本结果

在确定了样本规模后,注册会计师可以按之前确定的抽样方法,从总体中选取样本,并对样本实施相应的审计程序,记录存在的控制偏差,并计算样本的偏差率。

$$样本误差率 = \frac{样本中发现的偏差数量}{样本规模}$$

但是,由于抽样风险的存在,样本误差率往往不能直接代表总体误差率。因此我们必须通过一般特征来推断总体的误差率,在实际工作中,注册会计师通常更加关心在一定的信赖过度风险下总体误差率的上限,并将其与可容忍偏差率进行比较。

在统计抽样中,注册会计师可以利用统计公式,来估算总体偏差率的上限。

$$总体偏差率上限 = \frac{风险系数(R)}{样本量(n)}$$

其中,常用的风险系数可由查表6-3获得。

表6-3 控制测试中常用的风险系数

样本中发现偏差的数量	信赖过度风险	
	5%	10%
0	3.0	2.3
1	4.8	3.9
2	6.3	5.3

续表

样本中发现偏差的数量	信赖过度风险	
	5%	10%
3	7.8	6.7
4	9.2	8.0
5	10.5	9.3

如果总体偏差率上限低于可容忍偏差率,则总体可以接受,注册会计师可对总体得出结论,样本结果支持计划评估的控制有效性,从而支持计划的重大错报风险评估水平。

如果总体偏差率上限大于或等于可容忍偏差率,则总体不能接受,注册会计师可对总体得出结论,样本结果不支持计划评估的控制有效性,从而不支持计划的重大错报风险评估水平。此时注册会计师应当修正重大错报风险评估水平,并增加实质性程序的数量,注册会计师也可以对影响重大错报风险评估水平的其他控制进行测试,以支持计划的重大错报风险评估水平。

第三节 审计抽样在细节测试中的应用

一、细节测试中审计抽样的基本原理

在细节测试中,注册会计师需要对各类交易、账户余额等项目进行实质性测试,以确定它们的具体数额和金额是否正确。根据这一特点,细节测试最适合的抽样方法为变量抽样法。变量抽样法可以对总体的具体数额、金额和余额做出估计,而不是仅仅做出对与错的判断。通过变量抽样,注册会计师可以对总体中的金额、数额和余额是否存在错误,以及错误的大小进行测试和评价,从而对总体进行定量估计,这就为审查被审项目的具体数量特征提供了一个行之有效的方法。

二、细节测试中审计的一般步骤

(一) 确定测试目标和总体

细节测试的目的是识别财务报表中各类交易、账户余额和披露中存在的重大错报,即测试有关交易总额、账户余额等一项或多项认定的合理性。总体即为被审查的范围,一般指构成某类交易总额或账户余额的所有记录。与控制测试中类似,定义总体时应注意总体的适当性和完整性。

(二) 定义抽样单元

在细节测试中,抽样单元是构成总体的每一个单元,可能是一个账户余额、一笔交易,甚

至是交易中的每一个记录。例如,在进行应付账款的余额测试时,应付账款的每一个明细余额,或构成应付账款的每一笔交易,都可以作为一个适当的抽样单元。在定义抽样单元时,要考虑审计的目标与实施的审计程序的性质。

(三)选择抽样方法

在细节测试中,注册会计师可以使用统计抽样,亦可以使用非统计抽样的方法。具体来说,注册会计师在细节测试中常用的抽样方法有传统变量抽样和货币单元抽样。

1. 传统变量抽样

传统变量抽样运用正态分布理论,根据样本推断总体。理论上讲,传统变量抽样所依赖的数学基础难度较大,比较复杂。然而在实际工作中,注册会计师可以使用计算机技术直接确定一般规模,因而一般来说,注册会计师并不需要懂得这些方法背后的数学公式。

传统变量抽样具体主要包括均值法、比率抽样和差额估计抽样三种方法。

(1)均值法。在这种方法下,注册会计师可以计算样本中所有项目审定金额的平均值,然后通过样本均值推断总体均值,进而估计总体金额,而总体估计金额与总体账面金额之差,就是注册会计师推断的总体错报。

均值法可通过以下公式表达:

$$样本审定金额的平均值 = 样本审定金额 \div 样本规模$$

$$估计的总体金额 = 样本审定金额的平均值 \times 总体规模$$

$$推断的总体错报 = 总体账面金额 - 估计的总体金额$$

例如,注册会计师从所有的2 000个应收账款账户中随机选择了400个作为样本,这些应收账款总体的账面金额为2 000 000元。而在对400个样本实施了函证等程序后,结果表明,样本项目的平均值为980元。以此为基础,注册会计师估计总体金额为1 960 000元(980×2 000),则推断的错报即为40 000元(2 000 000 − 1 960 000)。

(2)差额法。在这种方法下,注册会计师先计算样本的审定金额与账面金额的均差额,再利用此差额乘以样本规模得到总体错报,并进而计算估计的总体金额。

差额法可通过以下公式表达:

$$样本平均错报 = (样本账面金额 - 样本审定金额) \div 样本规模$$

$$推断的总体错报 = 样本平均错报 \times 总体规模$$

$$估计的总体金额 = 总体账面金额 - 推断的总体错报$$

举例来说,注册会计师从总体规模1 000个、账面金额1 000 000元的存货中选取了200个项目进行检查,这200个项目的账面金额为200 000元。注册会计师在实施了必要的审计程序之后,得到样本的审定金额为196 000元。从而得出差异总额为4 000元,用这个差额除以200,得到样本的平均错报为20元(4 000÷200);然后,注册会计师将这个数与总体规模相乘,计算得出总体错报为20 000元(20×1 000);由于样本的账面金额大于审定金额,所以估计的总体金额为980 000元(1 000 000 − 20 000)。

(3)比率法。在比率法下,注册会计师先计算样本的审定金额与账面金额之间的比率,再以这个比率去乘以总体的账面金额,来求出估计的总体金额。

比率法可通过以下公式表达:

比率＝样本审定金额/样本账面金额
估计的总体金额＝总体账面金额×比率
推断的总体错报＝总体账面金额－估计的总体金额

沿用差额法下的例子，如果选择使用比例法，则注册会计师首先计算得到样本审定金额与账面金额的比率为0.98（196 000÷200 000）；然后，注册会计师用这个比率乘以总体账面金额，得到估计的总体金额为980 000元（1 000 000×0.98）；所以，推断的总体错报即为20 000元（1 000 000－980 000）。

总的来说，传统变量抽样具有以下优点：

（1）在账面金额与审定金额之间存在较多差异的条件下，传统变量抽样只需抽取较小规模的样本，就能满足审计目标；

（2）当注册会计师关注总体的低估时，使用传统变量抽样比货币单元抽样更合适；

（3）需要追加选取额外的样本项目时，传统变量抽样在扩大样本规模时更加容易；

（4）传统变量抽样在设计时不需要对零余额、负余额项目予以特别的考虑。

当然，传统变量抽样也存在一些缺点，具体包括：

（1）传统变量抽样相对更复杂，注册会计师通常需要借助计算机程序来完成。

（2）在传统变量抽样中确定样本规模时，注册会计师需要对总体特征的标准差进行估计，而这种估计往往难以做出。在实际工作中，注册会计师可以利用以前对总体的了解或根据初始样本的标准差来对总体的进行估计。

（3）如果存在非常大的项目，或者在总体的账面金额与审定金额之间存在非常大的差异，而且样本规模比较小时，正态分布理论可能不适用。这时，运用传统变量抽样更可能得出错误的结论。

（4）在几乎不存在错报的情形下，传统变量抽样中的差异法和比率法都将无法使用。

2. 货币单元抽样

货币单元抽样属于属性抽样，它是一种对货币的金额而不是发生率得出结论的统计抽样方法。

货币单元抽样以货币单元作为抽样单元，总体中的每个货币单元被选中的机会相同，所以总体中某一项目被选中的概率等于该项目的金额与总金额的比率，项目金额越大，被选中的概率就越大。举例来说，若总体共包含100个应收账款账户，这些账户的总金额为100 000元，那么，在货币单元抽样下，注册会计师就会把总体视作100 000个抽样单元，而不是100个。

当然，在实际工作中，注册会计师并不会对总体的货币单元进行检查，而是对被选取的货币单元的账户余额或交易实施检查。这些账户余额或交易叫作逻辑单元。

表6-4以应收账款账户余额为例，采用货币单元抽样方法进行抽样，计算机随机生成3个数字：759、2 443、3 564，分别属于逻辑单元2、逻辑单元4、逻辑单元7。

表 6-4　应收账款总体表

逻辑单元	账面金额	累计合计数	相关的货币单元
1	723	723	1 ~ 723
2	667	1 390	724 ~ 1 390
3	1 005	2 395	1 391 ~ 2 395
4	334	2 729	2 396 ~ 2 729
5	521	3 250	2 730 ~ 3 250
6	182	3 432	3 251 ~ 3 432
7	638	4 070	3 433 ~ 4 070
8	805	4 875	4 071 ~ 4 785

货币单元抽样主要包括以下优点：

(1) 货币单元抽样以属性抽样原理为基础，与传统变量抽样相比更易于使用；

(2) 货币单元抽样在确定所需的样本规模时无须直接考虑总体的特征，而在使用传统变量抽样时，必须首先对总体的标准差做出估计；

(3) 货币单元抽样中，项目被选取的概率与其货币金额大小成比例，因而样本自动分层，注册会计师无须再进行额外的分层处理，而传统变量抽样通常需要对总体进行分层以减小样本规模；

(4) 在货币单元抽样可以自动地识别所有重大项目时，如果一个项目金额等于或大于选样间距，则该项目一定会被选中；

(5) 如果注册会计师预计不存在错报，货币单元抽样的样本规模通常更小；

(6) 货币单元抽样的样本更容易设计，且可在能够获得完整的最终总体之前开始选取样本。

货币单元抽样的缺点主要包括：

(1) 货币单元抽样不适用于测试总体的低估的情形。因为在这种情形下，被严重低估的项目被选中的概率低。如果在货币单元抽样中发现低估，注册会计师在评价样本时就需要特别考虑；

(2) 需要在设计时对零余额或负余额的项目予以特别考虑。因为零余额的项目在货币单元抽样中不会被选取；

(3) 当发现错报时，如果风险水平一定，货币单元抽样在评价样本时可能高估抽样风险，从而导致注册会计师更可能拒绝一个可接受的总体账面金额；

(4) 在货币单元抽样中，注册会计师通常需要逐个累计总体金额，但考虑到现在的相关会计数据都会以电子形式储存，这一工作并不会额外增加大量的审计成本；

(5) 当预计总体错报的金额增加时，货币单元抽样所需的样本规模也会需要增加，这时，货币单元抽样所需的样本规模更大。

(四) 确定样本规模

样本规模的大小受到可接受的误受风险、可容忍错报、预计总体错报、总体变异程度的影响，而总体的规模则对样本规模的选择影响很小。

误受风险是指注册会计师推断某一重大错报不存在而实际上存在的风险,它与审计的效果有关,因此注册会计师通常更为关注。可接受的误受风险与样本规模反向变动,也就是说,如果注册会计师将重大错报风险评估为高水平,那么在既定的审计风险下,其可接受的误受风险就会降低,那么所需的样本规模会相应扩大。

细节测试中的可容忍错报,是指注册会计师在账户余额、交易类型或披露中能够接受的错报的最大金额,可以看作是重要性这个概念在抽样过程中的具体运用。可容忍错报与样本规模呈反向变动关系。当误受风险一定时,如果注册会计师确定的可容忍错报降低,为实现审计目标所需的样本规模就增加。

预计总体错报,是指注册会计师在考虑被审计单位的经营状况和经营风险,以前年度对账户余额或交易类型进行测试的结果,初始样本的测试结果等因素的前提下,对账户余额和交易类别中存在的错报金额与频率的预计。在预计总体错报不超过可容忍错报的前提下,预计总体错报与样本规模同向变动,即预计总体错报的金额和频率越小,所需的样本规模也越小。但是,如果预计总体错报很高,甚至超过了可容忍错报的大小,注册会计师则可以考虑对总体进行100%检查。

总体变异性,指总体的某一特征(如金额)在各项目之间的差异程度。在实际操作时,一般使用项目的标准差来衡量。总体的变异性与样本规模同向变化,总体项目的变异性越低,通常样本规模越小。

需要注意的是,如果总体项目的变异性比较大,注册会计师可以考虑将总体分层。分层,就是将总体划分为多个子总体的过程,使每个子总体都由一组具有相同特征的抽样单元组成。通过分层,注册会计师可以降低每一层中项目的变异性,从而在抽样风险没有成比例增加的条件下减小样本规模,提高审计效率。在细节测试时,注册会计师应具体考虑项目的账面金额、与项目处理有关的控制的性质、或与特定项目有关的特殊考虑等因素,来对总体进行分层。

细节测试中样本规模的影响因素与样本规模的关系可用表6-5进行总结。

表6-5 细节测试中样本规模的影响因素与样本规模的关系

影响因素	与样本规模的关系
可接受的误受风险	反向变动
可容忍错报	反向变动
预计总体错报	同向变动
总体变异程度	同向变动

与控制测试中类似,注册会计师在实际工作中,也可以通过查阅相应的样本规模表,来快速而便捷地确定样本的具体规模。

(五)实施抽样,审查样本项目并进行评价

在用上述方法确定了抽样方法和样本规模后,注册会计师应当仔细选取样本,使样本能够代表总体的特征,并根据审计目标实施必要的审计程序对其进行审查,推断总体错报。在统计抽样中,注册会计师还需考虑抽样风险的影响,当推断的错报超过可容忍错报时,总体中的实际错报很可能超过了可容忍错报;当推断的错报总额低于可容忍错报时,总体的实际错报仍有可能超过可容忍错报的风险。

在非统计抽样中,注册会计师运用职业判断和经验考虑抽样风险。例如,某账户的账面金额为 240 000 元,可容忍错报为 10 000 元,根据适当的样本推断的总体错报为 2 000 元,由于推断的总体错报远远低于可容忍错报,则注册会计师可以合理确信,总体实际错报金额超过可容忍错报的抽样风险很低,总体可以接受。

除此之外,注册会计师还应进一步考虑错报的性质和原因,以及错报与审计工作其他阶段之间可能存在的关系。在完成上述工作之后,注册会计师需要利用职业判断,得出总体结论。如果样本的结果不支持总体账面金额,注册会计师通常会建议被审计单位对错报进行调查,并在必要时调整账面记录;如果样本结果表明注册会计师在计划阶段做出的假设有误,注册会计师应当采取必要的行动。例如,若细节测试中发现的错报的金额与频率大于依据评估的重大错报水平所做出的预期,注册会计师应当考虑对重大错报风险的评估是否仍然适当。

【思考题】

1. 什么是审计抽样的适用性?审计抽样适用于哪些程序?不适用于哪些程序?
2. 抽样风险有哪些类型?它们对审计工作会产生什么样的影响?
3. 简述属性抽样和变量抽样的主要区别。
4. 举例说明控制测试中的偏差。
5. 在控制测试和细节测试中,有哪些因素会影响样本规模?影响的方向如何?
6. 简述控制测试中审计抽样的基本程序。
7. 简述细节测试中审计抽样的基本程序。

第七章 风险评估

伊恩是一位资深的审计工作者。在一次其接手的审计工作中,在对企业的经营环境和内部控制进行评估之后,伊恩评估企业的重大错报风险较低。因此,伊恩认为可以接受相对较高的审计风险,于是仅抽取了较小部分的样本,并不打算采取进一步的实质性程序。

然而,随着审计工作的进行,伊恩发现,公司的主要收入来源于一款公司自主研发的新型节庆用品,这一新型产品在近几年的各大节日大受欢迎,取得了惊人的销量,也为企业带来了不菲的利润。然而,由于节庆用品的特点与性质,这一商品具有很强的时效性,虽然在节日期间常常供不应求,但在平日里,该商品的销售充其量也就是不温不火。伊恩还发现,虽然企业还经营其他产品,但这些产品的销售量所占的比重都很小,也就是说,该企业似乎将所有鸡蛋都放在了一个篮子里。伊恩认为这一事实会增加企业的经营风险,并进而引发重大错报风险。

在实施了更多的细节测试之后,伊恩在存货、销售等业务循环中发现了许多错报,这些错报的数量和大小远远超出了预计的可容忍错报水平。在与同事进行细致的讨论之后,伊恩决定对之前确定的重大错报风险进行调整,并相应地采取了进一步的实质性程序,来控制审计风险。

第一节 风险识别和评估概述

一、风险识别和评估的概念

随着时代与环境的变化,审计模式也不断得到进步与发展,过去的账项导向与制度导向的审计已逐渐退出历史舞台,而风险导向审计模式成为目前审计的主流。顾名思义,在风险导向的审计模式下,注册会计师通过评估企业的重大错报风险和对检查风险的控制,从而将审计风险降至可接受的低水平,为客户的财务报表提供合理的保障。因此,风险的评估与应对,贯穿于整个审计过程,是审计工作中必不可少的一个环节。《中国注册会计师审计准则第1211号——通过了解被审计单位及其环境识别和评估重大错报风险》作为专门规范风险评估的准则,规定注册会计师应当了解被审计单位及其环境,以充分识别和评估财务报表重大错报风险,设计和实施进一步审计程序,为注册会计师识别和评估风险提供了指导与规范。

所谓风险识别和评估,就是指注册会计师通过实施风险评估程序,识别和评估财务报表层次和认定层次的重大错报风险。其中,风险识别是指找出财务报表层次和认定层次的重大错报风险;风险评估是指对重大错报发生的可能性和后果严重程度进行评估。

二、风险识别与评估的作用与意义

了解被审计单位及其环境,评估其重大错报风险,对于注册会计师进行职业判断,制订审计计划,并合理设计程序,最终促使审计目标的实现具有重大意义。具体来说,风险评估可以为注册会计师在下列环节的职业判断提供重要依据:

(1)确定重要性水平,并随着审计工作的进程评估对重要性水平的判断是否仍然适当或需要调整;

(2)考虑会计政策的选择和运用是否恰当,以及财务报表的列报是否适当;

(3)识别需要特别考虑的领域,包括关联方交易、管理层运用持续经营假设的合理性,以及交易是否具有合理的商业目的等;

(4)确定在实施分析性程序时所使用的预期值;

(5)设计和实施进一步审计程序,以将审计风险降至可接受的低水平;

(6)评价所获取的审计证据是否充分并且适当。

总之,风险评估应贯穿于审计工作的整个过程,需要连续且动态地收集、更新和分析信息的过程,并且在必要时应该对风险评估的结果进行及时调整。在确定需要了解被审计单位及其环境的程度时,注册会计师应使用恰当的职业判断。

第二节 风险评估程序和信息来源

注册会计师应通过了解被审计单位及其环境,来识别和评估财务报表重大错报风险。注册会计师可以通过以下风险评估程序,来获取有关的信息,从而评估企业的重大错报风险。

一、询问管理层和被审计单位内部其他人员

询问管理层和被审计单位内部其他人员是注册会计师了解被审计单位及其环境的一个重要的风险评估程序信息来源。注册会计师可以考虑针对下列事项,对管理层和其他内部

人员进行询问：

（1）管理层所关注的主要问题。如新的竞争对手、主要客户和供应商的流失、新的税收法规的实施及经营目标或战略的变化等。

（2）被审计单位最近的财务状况、经营成果和现金流量。

（3）可能影响财务报告的交易和事项，或者目前发生的重大会计处理问题。如重大的购并事宜等。

（4）被审计单位发生的其他重要变化。如所有权结构、组织结构的变化，以及内部控制的变化等。

注册会计师可以通过询问管理层和负责财务报告的人员来获取大部分信息。此外，注册会计师还可以通过询问被审计单位内部的其他不同层级的人员，如内部审计人员、生产销售人员、内部法律顾问等，来获取更加一致的信息，从不同视角来判别重大错报风险。

二、实施分析程序

分析程序是指注册会计师通过研究不同财务数据之间及财务数据与非财务数据之间的内在关系，对财务信息做出评价。分析程序还包括调查识别出的、与其他相关信息不一致或与预期数据严重偏离的波动和关系。分析程序被广泛运用于风险评估程序和实质性程序之中，在对财务报表的总体复核时，也可以使用分析性程序。

通过实施分析程序，注册会计师能够识别异常的交易或事项，以及对财务报表和审计产生影响的金额、比率和趋势。在实施分析程序时，注册会计师应当将审计单位记录的金额及依据这些金额计算的比率或趋势和这些金额、比率，以及趋势预期可能存在的合理关系进行比较，如果发现异常或未预期到的关系，注册会计师应当在识别重大错报风险时考虑这些比较结果。可能存在的合理关系可以是被审计单位的历史数据或预算数据，也可以是同期的行业数据或行业标准。

而在使用了高度汇总的数据时注册会计师还应将分析程序的结果与识别重大错报风险时获取的其他信息一并考虑，从而更好地评价分析程序的结果。例如，为了获取评估重大错报风险的正确来源，注册会计师可以对汇总数据的每一来源实施更为详细的分析程序，或将其结果与其他信息进行综合考虑，并加以核实。

三、观察和检查

通过观察和检查，注册会计师可以进一步验证管理层和其他相关人员的询问结果，并获取有关被审计单位及其环境的信息。注册会计师应针对以下几个方面，实施观察和检查程序：

（1）观察被审计单位的经营活动。例如，通过观察被审计单位人员正在从事的生产活动和内部控制活动，注册会计师可以增加对被审计单位人员如何进行生产经营活动及实施内部控制的了解。

（2）检查文件、记录和内部控制手册。这些文件包括被审计单位的章程，与其他单位签订的合同、协议，各业务流程操作指引和内部控制手册等，通过对这些文件记录的检查，注册会计师可以更好地了解被审计单位组织结构和内部控制制度的建立健全情况。

（3）阅读由管理层和治理层编制的报告。例如，注册会计师可以通过阅读被审计单位年度和中期财务报告，股东大会、董事会会议、高级管理层会议的会议记录或纪要，管理层的讨论和分析资料，来了解自上一期审计结束至本期审计期间被审计单位发生的重大事项。

（4）实地察看被审计单位的生产经营场所和厂房设备。通过现场访问和实地察看被审计单位的生产经营场所和厂房设备，以及与这些场所中的各层员工的交流，可以帮助注册会计师了解被审计单位的性质及其经营活动，以及相关活动的重大影响因素。

（5）追踪交易在财务报告信息系统中的处理过程（穿行测试）。通过追踪某笔或某几笔交易在业务流程中如何生成、记录、处理和报告，以及相关控制如何执行，注册会计师可以了解被审计单位业务流程及其相关控制，并确定相关控制是否得到执行。

四、其他审计程序和信息来源

（一）其他审计程序

除了采用上述的程序从企业内部获取信息以外，注册会计师还可以通过其他程序来从被审计单位外部获取信息，从而进一步识别和评估风险。这些程序包括：询问被审计单位聘请的外部法律顾问、专业评估师、投资顾问和财务顾问，阅读有关被审计单位及其所处行业的经济或市场环境等状况的报告、贸易与经济方面的报纸期刊等出版物，以及政府部门或民间组织发布的行业报告和统计数据等。

（二）其他信息来源

注册会计师在承接新业务或保持既有业务的过程中获取的信息，也应该在识别重大错报风险时加以考虑。在考虑是否接受一个新的业务时，注册会计师应首先对被审计单位及其环境有一个初步的了解，并作为确定是否承接该业务的一个依据。而对连续审计业务，也应在每年的续约过程中对上年审计作总体评价，并更新对被审计单位的了解和风险评估结果，以确定是否续约。注册会计师还应当考虑向被审计单位提供其他服务（如执行中期财务报表审阅业务）所获得的经验是否有助于识别重大错报风险。

另外，为了保证所有事项都得到恰当保证，更好地评估被审计单位的风险，应当安排具有较多经验的成员（如项目合伙人）进行项目组内部的讨论。项目合伙人和项目组其他关键成员应当讨论被审计单位财务报表存在重大错报的可能性，交流和分享各成员在整个审计过程中获得的信息，强调在整个审计过程中保持职业怀疑，警惕可能发生重大错报的迹象，并对这些迹象进行严格追踪，从而使每个人都对自己负责的领域可能发生的重大错报风险有一个充分的认识和了解。

第三节　了解被审计单位及其环境

为了评估重大错报风险,注册会计师需要了解被审计单位并对其环境进行评估。注册会计师应根据实际业务的具体情况,来确定相关评估程序的性质、时间和范围;注册会计师还应特别关注被审计单位及其环境与以前期间相比发生的重大变化,这对于充分了解被审计单位及其环境、识别和评估重大错报风险十分重要。

了解被审计单位及其环境,应既包括了解被审计单位的外部环境,又包括了解其内部因素。具体来说,可分为下列六个方面:

(1) 相关行业状况、法律环境和监管环境及其他外部因素;
(2) 被审计单位的性质;
(3) 被审计单位对会计政策的选择和运用;
(4) 被审计单位的目标、战略及可能导致重大错报风险的相关经营风险;
(5) 对被审计单位财务业绩的衡量和评价;
(6) 被审计单位的内部控制。

下面,将就上述几个方面做详细探讨。

一、相关行业状况、法律环境和监管环境及其他外部因素

(一) 行业状况

注册会计师可以通过了解行业状况来识别与被审计单位所处行业有关的重大错报风险。注册会计师应当了解的行业状况有:

(1) 所处行业的市场与竞争、包括市场需求、生产能力和价格竞争;
(2) 生产经营的季节性和周期性;
(3) 与被审计单位产品相关的生产技术;
(4) 能源供应与成本;
(5) 行业的关键指标和统计数据。

(二) 法律和监管环境

法律与监管环境会对被审计单位的经营活动、责任义务及核算要求等方面都产生重大的影响,所以,注册会计师还应对企业所处的法律和监管环境进行了解,具体包括:

(1) 适用的会计原则和行业特定惯例;
(2) 受管制行业的法规框架;
(3) 对被审计单位经营活动产生重大影响的法律法规,包括直接的监管活动;
(4) 目前对被审计单位开展经营活动产生影响的税收政策、货币政策、财政政策、贸易政策等政府政策;
(5) 影响行业和被审计单位经营活动的环保要求。

(三) 其他外部因素

除上述行业状况及法律和监管环境外，注册会计师还应当对影响被审计单位经营的其他外部因素进行必要的了解，并考虑这些因素对企业经营活动的影响，主要包括：

(1) 总体经济情况；

(2) 利率、融资的可获得性；

(3) 通货膨胀水平或币值变动。

在了解被审计单位的上述环境时，注册会计师应根据被审计单位所处行业、规模及其他因素来确定对行业状况、法律环境与监管环境及其他外部因素了解的范围和程度；为了更好地评估被审计单位所在行业的业务性质或监管程度是否可能导致特定的重大错报风险，注册会计师可以在项目组中配备具有相关知识和经验的成员。

二、被审计单位的性质

注册会计师可以从所有权结构、治理结构、组织机构、经营活动、投资活动、筹资活动，以及财务报告等角度，来了解被审计单位的性质。

(一) 所有权结构

注册会计师应当通过了解所有权结构及所有者与其他人员或实体之间的关系，来评估关联方关系是否已经得到识别，以及关联方交易是否得到恰当核算。有的时候，注册会计师还应对其控股母公司（股东）的情况做进一步的了解。这有助于注册会计师识别关联方关系并了解被审计单位的决策过程。

(二) 治理结构

良好的治理结构可以对被审计单位的经营和财务运作实施有效的监督，从而降低财务报表发生重大错报的风险。因此，注册会计师应当从董事会的构成情况、董事会内部是否有独立董事等角度，了解被审计单位的治理结构，并考虑治理层是否能够在独立于管理层的情况下对被审计单位事务（包括财务报告）做出客观判断。

(三) 组织结构

组织结构的复杂性可能会导致某些特定的重大错报风险。因此注册会计师应当从财务报表合并、商誉减值及长期股权投资核算等问题切入，了解被审计单位的组织结构，考虑复杂组织结构可能导致的重大错报风险。

(四) 经营活动

通过了解被审计单位经营活动，注册会计师能够更有效地识别预期在财务报表中反映的主要交易类别、重要账户余额和列报，注册会计师可以从以下方面了解被审计单位的经营活动：

(1) 主营业务的性质；

(2) 与生产产品或提供劳务相关的市场信息；

(3) 业务的开展情况；

(4) 联盟、合营与外包情况；

(5) 从事电子商务的情况;
(6) 地区分布与行业细分;
(7) 生产设施、仓库和办公室的场所地点及存货数量;
(8) 关键客户;
(9) 货物和服务的重要供应商;
(10) 劳动用工安排情况;
(11) 研究与开发活动及其支出情况;
(12) 关联方交易。

（五）投资活动

通过了解被审计单位投资活动,注册会计师能够更好地识别被审计单位在经营策略和方向上的重大变化。注册会计师可以从以下方面了解被审计单位的投资活动,主要包括：

(1) 近期拟实施或已实施的并购活动与资产处置情况,包括业务重组或某些业务的终止,并考虑它们对经营风险的进一步影响;
(2) 证券投资、委托贷款的发生与处置;
(3) 资本性投资活动,包括固定资产和无形资产投资,近期或计划发生的变动,以及重大的资本承诺等;
(4) 不纳入合并范围的投资,例如对联营及合营企业的投资。

（六）筹资活动

通过了解被审计单位筹资活动,注册会计师可以更好地评估被审计单位在融资方面的压力,并进一步考虑被审计单位在可预见未来的持续经营能力。注册会计师可以从以下方面了解被审计单位的筹资活动：

(1) 债务结构和相关条款,包括资产负债表外融资和租赁安排;
(2) 主要子公司和联营企业的重要融资安排;
(3) 实际受益方及关联方可能对被审计单位产生的影响;
(4) 衍生金融工具的使用。

（七）财务报告

注册会计师还应了解财务报告的重要政策、交易或事项,具体包括：
(1) 会计政策和行业特定惯例,尤其是特定行业的特定重要活动;
(2) 收入确认惯例;
(3) 公允价值会计核算;
(4) 外币资产、负债与交易;
(5) 异常或复杂交易的会计处理(如对股份支付的会计处理)。

三、被审计单位对会计政策的选择和运用

注册会计师应考虑会计准则与会计制度,并结合被审计单位的具体情况,来评估被审计单位会计政策的选择和运用是否恰当,具体包括以下几个方面：

（1）重大和异常交易的会计处理方法。注册会计师应当考虑被审计单位对重大的和不经常发生的交易的会计处理方法是否适当。

（2）在缺乏权威性标准或共识、有争议的或新兴领域采用重要会计政策产生的影响。注册会计师应当关注被审计单位在这些新兴领域选用了哪些会计政策，以及选用这些会计政策产生的原因影响。

（3）会计政策的变更。如果被审计单位变更了重要的会计政策，注册会计师应当考虑这些会计政策变更的原因及其适当性。

（4）新颁布的财务报告准则、法律法规。注册会计师应当考虑被审计单位何时采用、如何采用这些新的规定。

此外，注册会计师还应该考虑被审计单位是否采用激进的会计政策、方法、估计和判断，被审计单位的财会人员是否拥有足够的运用会计准则的知识、经验和能力，被审计单位是否拥有足够的资源支持会计政策的运用，以及是否按照适用的会计准则和相关会计制度的规定恰当地进行了列报并披露了重要事项等因素，来进一步评估被审计单位对会计政策的选择和运用。

四、被审计单位的目标、战略及可能导致重大错报风险的相关经营风险

目标是企业经营活动的指针。企业管理层或治理层一般会根据企业经营面临的外部环境和各种内部因素，来制定合理可行的经营目标。而战略是管理层为实现经营目标采用的方法。为了实现某一既定的经营目标，企业可能有多个可行战略。企业需要在公司发展的过程中，不断地修正与调整目标和战略，以适应外部环境的变化。

而由于企业经营的性质、所处行业及外部监管环境，企业难免会遇到一些对被审计单位实现目标和实施战略的能力产生不利影响的重要状况；随着企业规模的扩大与复杂程度的提高，企业也很难制定出完美的目标与战略，也难以根据环境十分精确地进行调整。这就引发了企业的经营风险，而经营风险又是企业重大错报风险的诱因。因此，注册会计师需要了解被审计单位的目标、战略，以及相应的经营风险。具体来说，可以分为以下几个方面：

（1）行业发展及其可能导致的被审计单位不具备足以应对行业变化的人力资源和业务专长的潜在经营风险；

（2）开发新产品或提供新服务及其可能导致的被审计单位产品责任增加的潜在经营风险；

（3）业务扩张及其可能导致的被审计单位对市场需求的估计不准确的潜在经营风险；

（4）新的会计要求及其可能导致的被审计单位不当执行相关会计要求，或会计处理成本增加的潜在经营风险；

（5）监管要求及其可能导致的被审计单位法律责任增加的潜在经营风险；

（6）本期及未来的融资条件及其可能导致的被审计单位由于无法满足融资条件而失去融资机会的潜在经营风险；

（7）信息技术的运用及其可能导致的被审计单位信息系统与业务流程难以融合的潜在经营风险；

(8) 实施战略的影响,特别是由此产生的需要运用新的会计要求的影响和随之产生的风险。

需要注意的是,虽然经营风险是重大错报风险的重要诱因,但并非所有经营风险都会引发重大错报风险。在审计工作中,注册会计师只需要了解那些有助于其识别财务报表重大错报风险的经营风险,而没有责任去识别或评估那些对财务报表没有重大影响的经营风险。

五、被审计单位财务业绩的衡量和评价

被审计单位管理层经常会衡量和评价关键业绩指标、预算及差异分析、分部信息和分支机构、部门或其他层次的业绩报告,以及与竞争对手的业绩比较。此外,外部机构也会衡量和评价被审计单位的财务业绩。这就可能会对企业的管理层造成压力,促使他们采取行动去粉饰业绩,导致财务报告的扭曲,所以注册会计师应了解被审计单位财务业绩的衡量和评价,并分析其导致重大错报风险的可能性。

具体来说,在了解被审计单位财务业绩衡量和评价情况时,注册会计师应当关注下列信息:

(1) 关键业绩指标(包括财务的或非财务的)、关键比率、趋势和经营统计数据;
(2) 同期财务业绩比较分析;
(3) 预算、预测、差异分析,分部信息与分部、部门或其他不同层次的业绩报告;
(4) 员工业绩考核与激励性报酬政策;
(5) 被审计单位与竞争对手的业绩比较。

在了解上述这些信息时,注册会计师应重点关注被审计单位内部财务业绩衡量所显示的未预期到的结果或趋势、管理层的调查结果和纠正措施,以及相关信息是否显示财务报表可能存在重大错报,并且考虑信息的可靠性,以及管理层是否存在歪曲财务报表的压力和动机,以更好地实现审计目标。

六、了解被审计单位的内部控制

(一) 内部控制的基本内涵及其要素

1. 内部控制的基本内涵

所谓内部控制,是指被审计单位为了合理保证财务报告的可靠性、经营的效率和效果及对法律法规的遵守,由治理层、管理层和其他人员设计与执行的政策及程序。

为了更好地理解上述定义,我们应当指出以下几点:

(1) 内部控制的目标是对财务报告的可靠性、经营的效率和效果,以及遵守适用的法律法规的要求提供合理保证;
(2) 设计和实施内部控制的责任主体是治理层、管理层和其他人员,也就是说,组织中的每一个人都对内部控制负有责任。
(3) 实现内部控制目标的手段是设计和执行控制政策及程序。

2. 内部控制的要素

内部控制主要包括控制环境、风险评估过程、与财务报告相关的信息系统和沟通、控制

活动及对控制的监督五个要素。

(1) 控制环境。控制环境是指建立、加强、削弱特定政策、程序及其效率产生影响的各种因素,它具有治理职能和管理职能。控制环境决定了被审计单位的内部控制基调,影响员工对内部控制的认识和态度,并反映了治理层和管理层对内部控制及其重要性的态度、认识和措施。注册会计师应当从业务的承接阶段就开始了解和评估,管理层是否在治理层的监督下,营造并保持了诚实守信和合乎道德的文化,以及是否建立了防止或发现并纠正舞弊和错误的恰当控制。

具体来说,控制环境又包括对诚信和道德价值观念的沟通与落实、对胜任能力的重视、治理层的参与程度、管理层的理念及经营风格、组织结构及职权与责任的分配、人力资源政策等方面的内容。

(2) 风险评估过程。风险评估过程是指识别、评估和管理影响被审计单位实现经营目标能力的各种风险的过程。而针对财务报告目标的风险评估过程则包括识别与财务报告相关的经营风险,评估风险的重大性和发生的可能性,以及采取措施管理这些风险。风险影响着企业的生存与竞争能力,且许多风险并不受企业的控制。因此,管理层应密切关注各个层次的风险,确定好自身的风险应对能力,并且建立适当的管理和应对机制。

(3) 信息系统与沟通。与财务报告相关的信息系统,包括用于生成、记录、处理和报告交易、事项与情况,对相关资产、负债和所有者权益履行经营管理责任的程序与记录。

决策离不开信息,信息的质量对管理层是否能做出恰当的管理决策、编制可靠的财务报告会产生重大的影响。一个良好的沟通系统可以使企业及时掌握经营状况,以及企业中发生的各种情况,并且使企业的各层员工获得其开展相应工作所需的信息,从而使企业能够流畅地运行下去。而且,一个有效的信息与沟通系统不仅能使企业内部信息高效地传递与交换,还有助于企业及时获取外部信息,了解环境变化,并迅速做出反应与调整,以适应外部环境的改变。

(4) 控制活动。控制活动,是指有助于确保管理层的指令得以执行的政策和程序。管理层控制目标的实现,离不开控制政策的制定与执行。具体来说,包括授权、业绩评价、信息处理、实物控制和职责分离等相关活动。

(5) 对控制的监督。对控制的监督是由适当的人员,在适当、及时的基础上,评估控制的设计和运行情况的过程,目的是建立和维护控制并保证其持续并有效地运行。企业可以运用管理控制方法或内部审计等方式,来对控制进行监督。

3. 与审计相关的内部控制

如前所述,内部控制的目标是对财务报告的可靠性、经营的效率和效果及对法律法规的遵守提供合理保证。而注册会计师审计的目标是对财务报表是否不存在重大错报发表审计意见,因此,在审计工作中,注册会计师仅需要了解和评价与财务报表审计相关的内部控制,而并不需要对被审计单位所有的内部控制都进行了解。

注册会计师需要运用职业判断,来确定一项控制单独或连同其他控制是否与审计相关。具体来说,应当考虑以下事项:

(1) 重要性水平;

(2) 相关风险的重要程度;

(3) 被审计单位的规模、性质及其经营的多样性和复杂性；
(4) 适用的法律法规；
(5) 内部控制的情况和适用的要素；
(6) 作为内部控制组成部分的系统包括使用服务机构的性质和复杂性；
(7) 一项特定控制(单独或连同其他控制)是否及如何防止或发现并纠正重大错报。

另外，在考虑是否与审计相关时，我们还需注意：如果在设计和实施进一步审计程序时拟利用被审计单位内部生成的信息，针对该信息完整性和准确性的控制可能与审计相关；如果与经营和合规目标相关的控制与注册会计师实施审计程序时评价或使用的数据相关，则这些控制也可能与审计相关。

（二）对内部控制了解的深度

在了解被审计单位及其环境时对内部控制了解的程度，称为对内部控制了解的深度，具体包括评价控制的设计，并确定其是否得到执行。

评价控制的设计，是指评估该控制单独或连同其他控制是否能够有效防止或发现并纠正重大错报；而确定控制是否得到执行是指某项控制存在且被审计单位正在使用。显然，评估一项无效控制的运行是没有意义的，所以，在了解被审计单位的内部控制时，我们需要首先考虑控制的设计。

在实际进行风险评估时，注册会计师通常实施下列风险评估程序，以获取有关控制设计和执行的审计证据：

(1) 询问被审计单位人员；
(2) 观察特定控制的运用；
(3) 检查文件和报告；
(4) 追踪交易在财务报告信息系统中的处理过程(穿行测试)。

需要注意的是，询问本身并不足以评价控制的设计及确定其是否得到执行，注册会计师应当将询问与其他风险评估程序结合使用。另外，对于自动化控制来说，除非存在某些可以使控制得到一贯运行的自动化控制，否则注册会计师对控制的了解并不足以测试控制运行的有效性。

（三）内部控制的人工和自动化成分

随着信息技术的日益先进，被审计单位的内部控制系统的自动化程度也不断提升。但是即便如此，人工因素仍然会广泛存在于这些系统之中。注册会计师在了解被审计单位的内部控制时，应注意区分内部控制中的人工成分和自动化成分，并考虑它们不同的特征及影响。

1. 自动化成分的优势及相关内部控制风险

信息技术的应用，可以提高被审计单位内部控制的自动化程度，并在以下几个方面提高其效率和效果：

(1) 在处理大量的交易或数据时，一贯运用事先确定的业务规则，并进行复杂运算；
(2) 提高信息的及时性、可获得性及准确性；
(3) 促进对信息的深入分析；

（4）提高对被审计单位的经营业绩及其政策和程序执行情况进行监督的能力；

（5）降低控制被规避的风险；

（6）通过对应用程序系统、数据库系统和操作系统执行安全控制,提高不兼容职务分离的有效性。

但另一方面,信息技术的运用也可能对内部控制带来特定的风险,具体来说,包括以下几个方面：

（1）所依赖的系统或程序不能正确处理数据,或处理了不正确的数据,或两种情况并存；

（2）未经授权访问数据,可能导致数据的毁损或对数据不恰当的修改,包括记录未经授权或不存在的交易,或不正确地记录了交易,另外,多个用户同时访问同一数据库也可能会造成特定风险；

（3）信息技术人员可能获得超越其职责范围的数据访问权限,从而破坏了系统应有的职责分工；

（4）未经授权改变主文档的数据；

（5）未经授权改变系统或程序,或未能对系统或程序做出必要的修改；

（6）不恰当的人工干预；

（7）可能丢失数据或不能访问所需要的数据。

2. 人工成分的优势及相关内部控制风险

在处理一些依赖于主观判断或需要酌情处理的情形时,相比于自动化控制,人工控制可能更具优势。这些情形包括：

（1）存在大额、异常或偶发的交易；

（2）存在难以界定、预计或预测的错误情况；

（3）针对变化的情况,需要对现有的自动化控制进行人工干预；

（4）监督自动化控制的有效性。

然而,也正由于人工控制由人执行,所以也容易被人为因素所影响,从而亦会产生一些特定的风险。注册会计师从以下角度,考虑由此产生的风险：

（1）人工控制可能更容易被规避、忽视或凌驾；

（2）人工控制可能不具有一贯性；

（3）人工控制可能更容易产生简单错误或失误。

从以上几点也可以看出,相对于自动化控制,人工控制的可靠性较低。因此,在下列事项中运用人工控制可能是不恰当的。具体来说,可能包括以下几个方面：

（1）存在大量或重复发生的交易；

（2）事先可预计或预测的错误能够通过自动化控制得以防止或发现并纠正；

（3）用特定方法实施控制的控制活动可得到适当设计和自动化处理。

同时,内部控制风险的程度和性质还取决于被审计单位信息系统的性质和特征。因此,通过考虑信息系统的特征,被审计单位可以通过建立有效的控制,应对由于采用自动化成分或人工成分而产生的风险。

(四) 内部控制的局限性

无论如何设计内部控制,其都只能为被审计单位财务报告目标的实现提供合理保证,其原因之一是内部控制存在固有局限性。这些局限性包括:

(1) 在决策时人为判断可能出现错误和因人为失误而导致内部控制失效。这种错误和失误既可能存在于内部控制的设计和修改过程中,也可能存在于控制的运行中。

(2) 控制可能由于两个或更多的人员串通或管理层不当地凌驾于内部控制之上而被规避。

(3) 如果被审计单位内部行使控制职能的人员素质不适应岗位要求,也会影响内部控制功能的正常发挥。

(4) 成本效益问题也会影响被审计单位内部控制的实施。当实施某项内部控制控制成本大于控制效果而发生损失时,则不应设置该控制环节或控制措施。

(五) 了解企业内部控制的基本流程

在初步计划审计工作时,注册会计师可以通过以下程序了解企业的内部控制,并确定被审计单位财务报表中可能存在重大错报风险的重大账户及其相关认定。

1. 确定重要业务流程和重要交易类别

在实务中,注册会计师常将被审计单位的整个经营活动划分为几个重要的业务循环,从而有效地了解和评估重要业务流程及相关控制。通常,对制造业企业,可以划分为销售与收款循环、采购与付款循环、生产与存货循环、人力资源与工薪循环、投资与筹资循环等。

而重要交易类别,是指可能对被审计单位财务报表产生重大影响的各类交易。重要交易类别应与相关账户及其认定相联系。举例来说,对于一般制造业企业,销售收入和应收账款通常是重大账户,而销售和收款都是重要交易类别。

2. 了解重要交易流程,并进行记录

在确定重要的业务流程和交易类别后,注册会计师便可着手了解重要交易流程。重要交易流程,是指每一类重要交易在自动化或人工系统中生成、记录、处理及在财务报表中报告的程序。这是确定在哪个环节或哪些环节可能发生错报的基础。

3. 确定可能发生错报的环节

注册会计师需要确认和了解被审计单位应在哪些环节设置控制,以防止或发现并纠正各重要业务流程可能发生的错报。虽然不同被审计单位可能设计和运行的内部控制各不相同,但这些控制的目的都是为了实施某些控制目标,而这些控制目标又与财务报告的重大账户的相关认定密切相关。常见的控制目标如表7-1所示。

表7-1 常见的控制目标

控制目标	解释
完整性	必须有程序确保没有漏记实际发生的交易
存在和发生(真实性)	必须有程序确保会计记录中没有虚构或重复入账的项目
适当地计量交易	必须有程序确保交易以适当的金额入账

续表

控制目标	解 释
恰当确定交易生成的会计期间（截止性）	必须有程序确保交易在适当的会计期间内入账
恰当分类	必须有程序确保将交易记入正确的总分类账，并在必要时记入相应的明细账内
正确汇总和过账	必须有程序确保所有作为账簿记录中的借贷方余额都正确地归集加总，确保加总后的金额正确过入总账和明细账内

4. 识别和了解相关控制

在了解被审计单位整体层面对内部控制及在上述重要业务流程后，必要时，注册会计师可以进一步了解在业务流程层面的控制。在进一步了解业务流程层面的控制时，注册会计师可以关注以下方面，来确定业务流程中容易发生错报的环节：

(1) 被审计单位是否建立了有效的控制，以防止或发现并纠正这些错报；

(2) 被审计单位是否遗漏了必要的控制；

(3) 是否识别了可以最有效测试的控制。

5. 执行穿行测试，证实对交易流程和相关控制的了解

通过穿行测试，注册会计师可以了解各类重要交易在业务流程中发生、处理和记录的过程，具体来说，注册会计师可以获得以下方面的证据：

(1) 确认对业务流程的了解；

(2) 确认对重要交易的了解是完整的，即确认在交易流程中所有与财务报表认定相关的可能发生错报的环节都已识别；

(3) 确认所获取的有关流程中的相关控制的信息的准确性；

(4) 评估控制设计的有效性；

(5) 确认控制是否得到执行；

(6) 确认之前所做的书面记录的准确性。

此外，即使注册会计师已不准备信赖被审计单位的控制，注册会计师仍需要执行适当的审计程序，以确认以前对业务流程及可能发生错报环节的了解的准确性和完整性。

6. 初步评价和风险评估

在识别和了解控制后，根据执行上述程序及获取的审计证据，注册会计师需要对控制设计的合理性及控制是否得到有效运行做出评价。但需要注意的是，此时得出的结论只是初步的，我们还应通过控制测试，以进行进一步的评估。

7. 对财务报告流程的了解

以上讨论了注册会计师如何在重要业务流程层面了解重大交易生成、处理和记录的流程，并评估在可能发生错报的环节控制的设计及其是否得到执行。在实际工作中，注册会计师还需要进一步了解有关信息从具体交易的业务流程过入总账、财务报表及相关列的流程，即财务报告流程的控制。注册会计师可以考虑从以下几个方面进行评估：

(1) 主要的输入信息、执行的程序、主要的输出信息；

(2) 每一财务报告流程要素中涉及信息技术的程度；

(3) 管理层的哪些人员参与其中；
(4) 记账分录的主要类型，如标准分录、非标准分录等；
(5) 管理层和治理层对流程实施监督的性质和范围。

第四节 评估重大错报风险

评估重大错报风险，是风险评估活动的最后一个环节。上述的所有对风险和控制的考虑和评估，通常都是为评估重大错报风险服务的。重大错报风险将作为注册会计师确定进一步审计程序性质、范围和时间的依据，以应对审计风险。

一、评估财务报表层次和认定层次的重大错报风险

（一）评估重大错报风险的基本流程

注册会计师可以通过以下几个步骤，来评估被审计单位在报表层次及各类交易、账户余额、报表认定层次的重大错报风险：

(1) 在了解被审计单位及其环境（包括与风险相关的控制）的整个过程中识别风险，并将风险与报表中各类交易、账户余额和披露联系起来考虑。例如，被审计单位因相关环境法规的实施需要更新设备，则可能面临原有设备闲置或贬值的风险；又例如，宏观经济的低迷可能预示应收账款的回收存在问题。

(2) 结合对拟测试的相关控制的考虑，将识别出的风险与认定层次可能发生错报的领域相联系。例如，被审计单位销售困难可能会使产品的市场价格下降，这或许会进而导致年末存货成本高于其可变现净值而需要计提存货跌价准备，从而显示存货的计价认定可能发生错报。

(3) 评估识别出的风险，并评价其是否更广泛地与财务报表整体相关，进而潜在地影响多项认定。

(4) 考虑发生一项或多项错报的可能性，以及潜在错报的重大程度是否足以导致重大错报。

注册会计师应当利用在进行风险评估时所获得的信息，作为支撑风险评估结果的证据，并依此确定进一步审计程序的性质、时间和范围。

（二）重大错报风险层次

一般来说，重大错报风险可以分为两个层次：与特定的某类交易、账户余额和披露的认定相关的重大错报风险，以及与财务报表整体广泛相关的重大错报风险。

某些重大错报风险可能与特定的某类交易、账户余额和披露的认定相关。举例来说，被审计单位存在复杂的联营或合资，这一事项表明长期股权投资账户的认定可能存在重大错报风险。又比如，如果被审计单位存在重大的关联交易，该事项表明关联方及关联方交易的披露认定可能存在重大错报风险。

某些重大错报风险可能与财务报表整体广泛相关,进而影响多项认定。例如,在经济不稳定的国家和地区开展业务、资产的流动性出现问题、重要客户流失、融资能力受到限制等,可能导致注册会计师对被审计单位的持续经营能力产生重大疑虑。又如,管理层缺乏诚信或承受异常的压力可能引发舞弊风险,这些风险与财务报表整体相关。

在评估重大错报风险时,注册会计师还应将特定的认定与对控制的了解联系起来。因为重大错报风险可能源于被审计单位生产经营过程中的薄弱的控制,而有效的控制则会减少错报发生的可能性。注册会计师应了解并识别出有助于防止或发现并纠正特定认定发生重大错报的控制。在确定这些控制是否能够实现上述目标时,注册会计师还应当将控制活动和其他要素综合起来考虑。

此外,注册会计师应当考虑对识别的各类交易、账户余额和披露认定层次的重大错报风险予以汇总和评估,以确定进一步审计程序的性质、时间安排和范围。在实际工作中,注册会计师可以利用表7-2,来识别和评估认定层次的重大错报风险。

表7-2 识别和评估认定层次的重大错报风险

重大账户	认 定	识别的重大错报风险	风险评估结果
列示重大账户。例如,应收账款	列示相关的认定。例如,是否存在、完整性、计价或分摊等	汇总实施审计程序识别出的与该重大账户的某项认定相关的重大错报风险	评估该项认定的重大错报风险水平(应考虑控制设计是否合理、是否得到执行)

注:注册会计师也可以在该表中记录针对评估的认定层次重大错报风险而相应制订的审计方案。

二、需要特别考虑的重大错报风险

(一)特别风险的定义及判断

特别风险,是指注册会计师识别和评估的、根据判断认为需要特别考虑的重大错报风险。注册会计师可以从以下角度出发,来考虑被审计单位的某些风险是否属于特别风险:

(1) 风险是否属于舞弊风险;

(2) 风险是否与近期经济环境、会计处理方法或其他方面的重大变化相关,从而需要特别关注;

(3) 交易的复杂程度;

(4) 风险是否涉及重大的关联方交易;

(5) 财务信息计量的主观程度,特别是计量结果是否具有高度不确定性;

(6) 风险是否涉及异常或超出正常经营过程的重大交易。

特别风险通常与重大的非常规交易和判断事项有关。而日常的、不复杂的、经正规处理的交易则不太可能产生此类风险。

非常规交易是指由于金额或性质异常而不经常发生的交易。如企业并购、债务重组、重大或有事项等。由于通常具有下列特征,非常规交易所产生的特别风险更可能引起重大错报:

(1) 管理层更多地干预会计处理;

（2）数据收集和处理进行更多的人工干预；
（3）复杂的计算或会计处理方法；
（4）非常规交易的性质可能使被审计单位难以对由此产生的特别风险实施有效控制。

而判断事项通常包括做出的具有计量的重大不确定性的会计估计。如资产减值准备金额的估计、需要运用复杂估值技术确定的公允价值计量等。由于通常具有下列特征，判断事项所产生的特别风险更可能引起重大错报：

（1）对涉及会计估计、收入确认等方面的会计原则存在不同的理解；
（2）所要求的判断可能是主观和复杂的，或需要对未来事项做出假设。

（二）特别风险的应对

注册会计师应了解与特别风险相关的控制，以制订有效的审计方案来应对这些风险。注册会计师应当评价相关控制的设计情况，并确定其是否已经得到执行。需要格外注意的是由于与重大非常规交易或判断事项相关的风险很少受到日常控制的约束，注册会计师应当了解被审计单位是否针对该特别风险专门设计和实施了控制。

如果注册会计师发现管理层未能实施控制以恰当应对特别风险，那么此时，注册会计师就应当认为内部控制存在重大缺陷。注册会计师应考虑其对风险评估的影响，并应当就此类事项与治理层沟通。

三、仅通过实质性程序无法应对的重大错报风险

作为风险评估的一部分，如果注册会计师认为仅通过实质性程序无法获取足够的审计证据以应对认定层次的重大错报风险，那么注册会计师应当评价被审计单位针对这些风险设计的控制，并确定其执行情况。

例如，某企业通过高度自动化的系统确定采购品种和数量，生成采购订购单，并通过系统中设定的收货确认和付款条件进行付款。除了系统中的相关信息以外，该企业没有其他有关订购单和收货的记录。在此例中，被审计单位对日常交易采用自动化处理程度较高，绝大部分相关审计证据仅以电子形式存在，因此，其充分性和适当性通常取决于自动化信息系统相关控制的有效性。在这种情况下，注册会计师应当考虑仅通过实施实质性程序不能获取充分、适当审计证据的可能性。如果注册会计师在评估后认为仅通过实施实质性程序不能获取充分、适当的审计证据，注册会计师就应当考虑依赖相关控制的有效性，并对其进行了解、评估和测试。

四、对风险评估的修正

注册会计师对认定层次重大错报风险的评估，应随着审计证据的获取，而不断进行调整。

例如，注册会计师对重大错报风险的评估可能基于"预期控制运行有效且该控制可以防止或发现并纠正认定层次的重大错报这一判断"，但在测试控制运行的有效性时，注册会计师获取的证据表明相关控制在被审计期间并未有效运行。且实施实质性程序后，注册会计师也发现错报的金额和频率比在风险评估时预计的金额和频率要高。此时，注册会计师就

应该对之前的评估结果进行调整和修正,并修改有关进一步的审计程序的性质、范围和时间。

也就是说,评估重大错报风险与了解被审计单位及其环境一样,也是一个连续和动态地收集、更新与分析信息的过程,应贯穿于整个审计过程的始终。

【思考题】

1. 简述风险评估的概念与意义。
2. 列举风险评估程序和信息来源。
3. 注册会计师可以从哪几个方面了解被审计单位及其环境?
4. 简述内部控制的要素,并指出内部控制的固有局限性。
5. 概括企业内部控制的基本流程。
6. 概括识别和评估重大错报风险的基本流程。
7. 重大错报风险可分为哪几个层次?
8. 概括特别风险的含义,并说明特别风险与哪些事项有关?这些事项为什么更可能引起重大错报风险?

第八章 风险应对

引 例

ABC 会计师事务所负责审计甲公司 2020 年度财务报表,审计工作底稿中与内部控制相关的部分内容摘录如下:

(1) 甲公司营业收入的发生认定存在特别风险。相关控制在 2019 年度审计中经测试运行有效。因这些控制本年未发生变化,审计项目组拟继续予以信赖,并依赖上年审计获取的有关这些控制运行有效的审计证据。

(2) 考虑到甲公司 2020 年固定资产的采购主要发生在下半年,故审计项目组从下半年固定资产采购中选取样本实施控制测试。

(3) 甲公司与原材料采购批准相关的控制每日运行数次,审计项目组确定样本规模为 25 个,考虑到该控制自 2020 年 7 月 1 日起发生重大变化,故审计项目组从上半年和下半年的交易中分别选取 12 个和 13 个样本实施控制测试。

(4) 审计项目组对银行存款实施了实质性程序,未发生错报,因此认为甲公司与银行存款相关的内部控制运行有效。

(5) 甲公司内部控制制度规定,财务经理每月应复核销售返利计算表,检查销售收入金额和返利比例是否准确,如有异常则进行调查并处理,复核完成后签字存档。审计项目组选取了 3 个月的销售返利计算表,检查了财务经理的签字,认为该控制运行有效。

(6) 审计项目组拟信赖与固定资产折旧计提相关的自动化应用控制。因该控制在 2019 年度审计中测试结果满意,且在 2020 年未发生变化,故审计项目组仅对信息技术一般控制实施测试。

上述事项(1)至(6)项,审计项目组的做法是否恰当?如果不恰当,那么存在哪些方面的不合规之处?

第一节 针对财务报表层次重大错报风险的总体应对措施

一、财务报表层次重大错报风险与总体应对措施

（一）总体应对措施的内容

在财务报表重大错报风险的评估过程中，注册会计师应当确定，识别的重大错报风险是与特定的某类交易、账户余额和披露的认定相关，还是与财务报表整体广泛相关，进而影响多项认定。如果是后者，则属于财务报表层次的重大错报风险。

注册会计师应当针对评估的财务报表层次重大错报风险确定下列总体应对措施：

（1）向项目组强调保持职业怀疑的必要性。

（2）指派更有经验或具有特殊技能的审计人员，或利用专家的工作。

（3）提供更多的督导。

（4）在选择拟实施的进一步审计程序时融入更多的不可预见的因素。

（5）对拟实施审计程序的性质、时间安排或范围做出总体修改。

一般来说，财务报表层次的重大错报风险很可能源于薄弱的控制环境。薄弱的控制环境带来的风险很可能对财务报表产生广泛影响，难以限于某类交易、账户余额、列报，因此注册会计师应当采取总体应对措施。如果控制环境存在缺陷，注册会计师在对拟实施审计程序的性质、时间安排和范围做出总体修改时应当考虑：

① 在期末而非期中实施更多的审计程序。控制环境的缺陷通常会削弱期中获得的审计证据的可信赖程度。

② 通过实施实质性程序获取更广泛的审计证据。良好的控制环境是其他控制要素发挥作用的基础。控制环境存在缺陷通常会削弱其他控制要素的作用，导致注册会计师可能无法信赖内部控制，而主要依赖实施实质性程序获取审计证据。

③ 修改审计程序的性质，获取更具说服力的审计证据。

④ 扩大审计程序的范围，例如扩大样本规模，或采用更详细的数据实施分析程序。

⑤ 增加拟纳入审计范围的经营地点的数量。

（二）控制环境对总体应对措施的影响

（1）注册会计师对控制环境的了解影响其对财务报表层次重大错报风险的评估。

（2）有效的控制环境可以增强注册会计师对内部控制的信心和对被审计单位内部生成的审计证据的信赖程度。例如，如果控制环境有效，注册会计师可以在期中而非期末实施某些审计程序；如果控制环境存在缺陷，则产生相反的影响。

二、增加审计程序不可预见性的方法

(一) 增加审计程序不可预见性的思路

注册会计师可以通过以下方法提高审计程序的不可预见性,例如:

(1) 对某些以前未测试的低于设定的重要性水平或风险较小的账户余额和认定实施实质性程序。

(2) 调整实施审计程序的时间,使其超出被审计单位的预期。

(3) 采取不同的审计抽样方法,使当年抽取的测试样本与以前有所不同。

(4) 选取不同的地点实施审计程序,或预先不告知被审计单位所选定的测试地点。

(二) 增加审计程序不可预见性的示例

表 8-1 举例说明了一些具有不可预见性的审计程序。

表 8-1 审计程序的不可预见性示例

审计领域	一些可能适用的具有不可预见性的审计程序
存货	向以前审计过程中接触不多的被审计单位员工询问,例如采购、销售、生产人员等
	在不预先通知被审计单位的情况下,选择一些以前未曾到过的盘点地点进行存货监盘
销售和应收账款	向以前审计过程中接触不多或未曾接触过的被审计单位员工询问,例如负责处理大客户账户的销售部人员
	改变实施实质性分析程序的对象,例如对收入按细类进行分析
	针对销售和销售退回延长截止测试期间
	实施以前未曾考虑过的审计程序,例如: (1) 函证确认销售条款或者选定销售额较不重要、以前未曾关注的销售交易,例如对出口销售实施实质性程序。 (2) 实施更细致的分析程序,例如使用计算机辅助审计技术复核销售及客户账户。 (3) 测试以前未曾函证过的账户余额,例如金额为负或是零的账户,或者余额低于以前设定的重要性水平的账户。 (4) 改变函证日期,即把所函证账户的截止日期提前或者推迟。 (5) 对关联公司销售和相关账户余额,除了进行函证外,再实施其他审计程序进行验证
采购和应付账款	如果以前未曾对应付账款余额普遍进行函证,可考虑直接向供应商函证确认余额。如果经常采用函证方式,可考虑改变函证的范围或者时间
	对以前由于低于设定的重要性水平而未曾测试过的采购项目,进行细节测试
	使用计算机辅助审计技术审阅采购和付款账户,以发现一些特殊项目,例如是否有不同的供应商使用相同的银行账户
现金和银行存款	多选几个月的银行存款余额调节表进行测试。对有大量银行账户的,考虑改变抽样方法

续表

审计领域	一些可能适用的具有不可预见性的审计程序
固定资产	对以前由于低于设定的重要性水平而未曾测试过的固定资产进行测试,例如考虑实地盘查一些价值较低的固定资产,如汽车和其他设备等
集团审计项目	修改组成部分审计工作的范围或者区域(如增加某些不重要的组成部分的审计工作量,或实地去组成部分开展审计工作)

三、总体应对措施对拟实施进一步审计程序的总体审计方案的影响

(一)影响总体审计方案的因素

财务报表层次重大错报风险难以限于某类交易、账户余额和披露的特点,意味着此类风险可能对财务报表的多项认定产生广泛影响,并相应增加注册会计师对认定层次重大错报风险的评估难度。因此,注册会计师评估的财务报表层次重大错报风险及采取的总体应对措施,对拟实施进一步审计程序的总体审计方案具有重大影响。

(二)总体审计方案的类型

拟实施进一步审计程序的总体审计方案包括实质性方案和综合性方案。实质性方案是指注册会计师实施的进一步审计程序以实质性程序为主。综合性方案是指注册会计师在实施进一步审计程序时,将控制测试与实质性程序结合使用。

当评估的财务报表层次重大错报风险属于高风险水平(并相应采取更强调审计程序不可预见性及重视调整审计程序的性质、时间安排和范围等总体应对措施)时,拟实施进一步审计程序的总体方案往往更倾向于实质性方案。

第二节 针对认定层次重大错报风险的进一步审计程序

一、进一步审计程序的含义和要求

(一)进一步审计程序的含义

进一步审计程序相对于风险评估程序而言,是指注册会计师针对评估的各类交易、账户余额和披露认定层次重大错报风险实施的审计程序,包括控制测试和实质性程序。

注册会计师应当针对评估的认定层次重大错报风险设计和实施进一步审计程序,包括审计程序的性质、时间安排和范围。注册会计师设计和实施的进一步审计程序的性质、时间安排和范围,应当与评估的认定层次重大错报风险具备明确的对应关系。注册会计师实施的审计程序应具有目的性和针对性,有的放矢地配置审计资源,有利于提高审计效率和效果。

（二）设计进一步审计程序时的考虑因素

在设计进一步审计程序时,注册会计师应当考虑下列因素：

(1) 风险的重要性；

(2) 重大错报发生的可能性；

(3) 涉及的各类交易、账户余额和披露的特征；

(4) 被审计单位采用的特定控制的性质；

(5) 注册会计师是否拟获取审计证据,以确定内部控制在防止或发现并纠正重大错报方面的有效性。

综合上述几方面因素,注册会计师对认定层次重大错报风险的评估为确定进一步审计程序的总体审计方案奠定了基础,因此,注册会计师应当根据对认定层次重大错报风险的评估结果,恰当选用实质性方案或综合性方案。

小型被审计单位可能不存在能够被注册会计师识别的控制活动,注册会计师实施的进一步审计程序可能主要是实质性程序。但是,注册会计师始终应当考虑在缺乏控制的情况下,仅通过实施实质性程序是否能够获取充分、适当的审计证据。

二、进一步审计程序的性质

（一）进一步审计程序的性质的含义

进一步审计程序的性质是指进一步审计程序的目的和类型。其中,进一步审计程序的目的包括通过实施控制测试以确定内部控制运行的有效性,通过实施实质性程序以发现认定层次的重大错报；进一步审计程序的类型包括检查、观察、询问、函证、重新计算、重新执行和分析程序。

（二）进一步审计程序的性质的选择

在确定进一步审计程序的性质时,注册会计师首先需要考虑的是认定层次重大错报风险的评估结果。因此,注册会计师应当根据认定层次重大错报风险的评估结果选择审计程序。评估的认定层次重大错报风险越高,对通过实质性程序获取的审计证据的相关性和可靠性的要求越高,从而可能影响进一步审计程序的类型及其综合运用。

除了从总体上把握认定层次重大错报风险的评估结果对选择进一步审计程序的影响外,在确定拟实施的审计程序时,注册会计师接下来应当考虑评估的认定层次重大错报风险产生的原因,包括考虑各类交易、账户余额和披露的具体特征及内部控制。

三、进一步审计程序的时间

（一）进一步审计程序的时间的含义

进一步审计程序的时间是指注册会计师何时实施进一步审计程序,或审计证据适用的期间或时点。因此,当提及进一步审计程序的时间时,在某些情况下指的是审计程序的实施时间,在另一些情况下是指需要获取的审计证据适用的期间或时点。

（二）进一步审计程序的时间的两个层面

第一个层面：注册会计师选择在何时实施进一步审计程序的问题（何时做）。

第二个层面：选择获取什么期间或时点的审计证据的问题（获取时点或时期的证据，期中还是期末）。

通常，证据适用的时间决定了程序实施的时间。财务报表上列示的应收账款是12月31日的余额，这决定了对应收账款的函证通常应当在12月31日之后。所以，在时间的两层含义中，审计证据适用的期间或时点更为基础。

（三）进一步审计程序的时间的基本考虑因素

当重大错报风险较高时，注册会计师应当考虑：

（1）在期末或接近期末实施实质性程序；

（2）采用不通知的方式；

（3）在管理层不能预见的时间实施审计程序。如果在期中实施了进一步审计程序，注册会计师还应当针对剩余期间获取审计证据。

（四）对期中实施审计程序的三点局限

（1）期中实施程序可能难以获取有关期中以前的充分适当的审计证据（例如，某些期中以前发生的交易或事项在期中审计结束时尚未完结）；

（2）从期中到期末（剩余期间）还会发生重大交易或事项（包括期中前交易的延续，期中后新发生的交易），从而对相关认定产生重大影响；

（3）管理层可能调整甚至篡改期中以前的相关会计记录，使注册会计师期中获取的审计证据发生变化。

（五）确定实施审计程序时间的考虑因素

实施审计程序时间时应考虑以下几点因素：

（1）控制环境；

（2）何时能得到相关信息；

（3）错报风险的性质；

（4）审计证据适用的期间或时点；

（5）审计程序的性质。

四、进一步审计程序的范围

进一步审计程序的范围是指实施进一步审计程序的数量，包括抽取的样本量，对某项控制活动的观察次数等。

在确定审计程序的范围时，注册会计师应当考虑下列因素：

（1）确定的重要性水平；

（2）评估的重大错报风险；

（3）计划获取的保证程度。

随着重大错报风险的增加，注册会计师应当考虑扩大审计程序的范围。但是，只有当审计程序本身与特定风险相关时,扩大审计程序的范围才是有效的。

注册会计师可以使用计算机辅助审计技术对电子化的交易和账户文档进行更广泛的测试,包括从主要电子文档中选取交易样本,或按照某一特征对交易进行分类,或对总体而非样本进行测试。

第三节　控制测试

一、控制测试的含义和要求

（一）控制测试的含义

控制测试是指用于评价内部控制在防止或发现并纠正认定层次重大错报方面的运行有效性的审计程序。

（二）控制测试的要求

控制测试并非评估重大错报风险的必要程序,它的目的是评价控制是否有效运行。只有存在下列情形时,审计人员才应当实施控制测试,再次评估认定层次的重大错报风险：

（1）根据特定控制的性质选择所需实施审计程序的类型；

（2）仅实施实质性程序不足以提供认定层次充分、适当的审计证据；

（3）利用自动化应用控制得以执行的审计证据和信息技术一般控制运行有效性的审计证据,作为支持该项控制在相关期间运行有效性的重要审计证据。

二、控制测试的性质

（一）控制测试的性质的含义

控制测试的性质是指控制测试所使用的审计程序的类型及其组合。

计划从控制测试中获取的保证水平是决定控制测试性质的主要因素之一。注册会计师应当选择适当类型的审计程序以获取有关控制运行有效性的保证。在计划和实施控制测试时,对控制有效性的信赖程度越高,注册会计师应当获取越有说服力的审计证据；当拟实施的进一步审计程序主要以控制测试为主,尤其是仅实施实质性程序无法或不能获取充分、适当的审计证据时,注册会计师应当获取有关控制运行有效性的更高的保证水平。控制测试采用的审计程序有询问、观察、检查和重新执行。

（二）控制测试的设计要求

在设计和实施控制测试时,注册会计师应当：

（1）将询问与其他审计单位程序结合使用,以获取有关控制运行有效性的审计证据。

（2）确定拟测试的控制是否依赖其他控制(间接控制)。如果依赖其他控制,确定是否有必要获取支持这些间接控制有效运行的审计证据。

(三) 实施控制测试时对双重目的的实现

控制测试的目的是评价控制是否有效运行;细节测试的目的是发现认定层次的重大错报。

尽管两者目的不同,但注册会计师可以考虑针对同一交易同时实施控制测试和细节测试,以实现双重目的。例如,注册会计师通过检查某笔交易的发票可以确定其是否经过适当的授权,也可以获取关于该交易的金额、发生时间等细节证据。当然,如果拟实施双重目的的测试,注册会计师应当仔细设计和评价测试程序。

(四) 实施实质性程序的结果对控制测试结果的影响

(1) 如果通过实施实质性程序未发现某项认定存在错报,这本身并不能说明与该认定有关的控制是有效运行的(没有错报并不能说明有效,只是没有发现而已)。

(2) 如实质性程序发现某项认定存在重大错报,通常表明内部控制存在重大缺陷。此时,应降低对相关控制的信赖程度、调整实质性程序的性质、扩大实质性程序的范围等。

三、控制测试的时间

控制测试的时间有两层含义:一是何时实施控制测试;二是测试所针对的控制适用的时点或期间。一个基本的原理是:如果测试特定时点的控制,注册会计师仅需要得到该时点控制运行有效性的审计证据。因此注册会计师应当根据控制测试的目的确定控制测试的时间,并确定拟信赖的相关控制的时点或期间。控制测试的目的在一定程度上可以用以确定测试的时间。如果仅需要测试控制在特定时点的运行有效性,注册会计师只需要获取该时点的审计证据;如果需要获取控制在某一期间有效运行的审计证据,仅获取与时点相关的审计证据是不充分的,注册会计师应当辅以其他控制测试,包括测试被审计单位对控制的监督。"其他控制测试"应当具备的功能是,能提供相关控制在所有相关时点都有效运行的审计证据;被审计单位对控制的监督起到的就是一种检验相关控制在所有相关时点是否都有效运行的作用,因此注册会计师测试这类活动能够强化控制在某期间运行有效性的审计证据效力。

(一) 如何考虑期中审计证据

注册会计师一般在期中进行控制测试。如果已获取有关控制在期中运行有效性的审计证据,并拟利用该证据,注册会计师应当:

(1) 获取这些控制在剩余期间发生重大变化的审计证据;

(2) 确定针对剩余期间还需获取的补充审计证据。

在执行针对剩余期间还需获取的补充审计证据时,注册会计师应当考虑下列因素:

(1) 评估的认定层次重大错报风险的重大程度;

(2) 在期中测试的特定控制;

(3) 在期中对有关控制运行有效性获取的审计证据的程度;

(4) 剩余期间的长度;

(5) 在信赖控制的基础上拟缩小实质性程序的范围;

（6）控制环境。

（二）如何考虑以前期间审计获取的审计证据

在确定利用以前审计获取的有关控制运行有效性的审计证据是否恰当，以及两次测试控制的时间间隔时，注册会计师应当考虑下列因素：

（1）内部控制其他要素的有效性，包括控制环境、被审计单位对控制的监督及被审计单位的风险评估过程；

（2）控制特征；

（3）信息技术一般控制的有效性；

（4）影响内部控制的重大人事变动；

（5）是否存在由于环境发生变化而特定控制缺乏相应变化导致的风险；

（6）重大错报风险和控制的信赖程度。

如果拟利用以前审计获取的有关控制运行有效性的审计证据，注册会计师应当通过获取这些控制在以前审计后是否发生重大变化的审计证据，确定以前审计获取的审计证据是否与本期审计持续相关。

注册会计师应当通过实施询问并结合观察或检查程序，获取这些控制是否发生重大变化的审计证据，以确定对这些控制的了解，并根据下列情况做出不同处理：

（1）如果已发生变化，且这些变化对以前审计获取的审计证据的持续相关性产生影响，注册会计师应当在本期审计中测试这些控制运行有效性；

（2）如果未发生变化，注册会计师应当每三年至少对控制测试一次，并且在每年审计中测试部分控制，以避免将所有拟信赖控制的测试集中于某一年，而在之后的两年中不进行任何测试。

四、控制测试的范围

注册会计师应当设计控制测试，以获取控制在某个拟信赖的期间有效运行的充分、适当的审计证据。在确定某项控制的测试范围时，注册会计师通常考虑下列因素：

（1）在某个拟信赖期间，被审计单位执行控制的效率；

（2）在所审计期间，注册会计师拟信赖控制运行有效性的时间长度；

（3）为证实控制能够防止或发现并纠正认定层次重大错报，所需获取审计证据的相关性和可靠性；

（4）通过测试控制与认定相关的其他控制获取的审计证据的范围；

（5）在风险评估时拟信赖控制运行有效性的程度；

（6）控制的预期偏差。

控制的预期偏差率越高，需要实施控制测试的范围越大。如果发现拟信赖的控制出现偏差，注册会计师应当进行专门查询以了解这些偏差及其潜在后果，并确定：

（1）已实施的控制测试是否为信赖这些控制提供了适当的基础；

（2）是否有必要实施追加的控制测试；

（3）是否需要针对潜在的错报风险实施实质性程序。

第四节 实质性程序

一、实质性程序的含义和要求

（一）实质性程序的含义

实质性程序是指用于发现认定层次重大错报的审计程序,包括对各类交易、账户余额和披露的细节测试与实质性分析程序。

注册会计师实施的实质性程序应当包括下列与财务报表编制完成阶段相关的审计程序：

（1）将财务报表与其所依据的会计记录进行核对或调节。

（2）检查财务报表编制过程中做出的重大会计分录和其他调整。注册会计师对会计分录和其他会计调整检查的性质和范围,取决于被审计单位财务报告过程的性质和复杂程度及由此产生的重大错报风险。

由于注册会计师对重大错报风险的评估是一种判断,可能无法充分识别所有的重大错报风险,并且由于内部控制存在固有局限性,无论评估的重大错报风险结果如何,注册会计师都应当针对所有重大类别的交易、账户余额和披露实施实质性程序。这一要求反映出审计人员的风险评估结果是判断性的而且不是十分准确地识别出了所有重大错报风险这一事实。而且,内部控制存在包括可能被管理当局逾越在内的固有局限性。因此,当审计人员可能确定只对与某一交易种类、账户余额或披露有关的特定认定执行控制测试就可将重大错报风险降至可接受的低水平时,审计人员总是要对每一重大交易种类、账户余额和披露执行实质性程序。在进行实质性程序之前,审计人员必须在对审计风险、重要性水平和成本效益原则等考虑基础上做出职业判断,确定实质性程序的性质、时间和范围。

（二）针对特别风险实施的实质性程序

如果认为评估的认定层次重大错报风险是特别风险,注册会计师应当专门针对该风险实施实质性程序。如果针对特别风险实施的程序仅为实质性程序,这些程序应当包括细节测试,或将细节测试和实质性分析程序结合使用,以获取充分、适当的审计证据。

二、实质性程序的性质

实质性程序的性质,是指实质性程序的类型及其组合。注册会计师应当根据各类交易、账户余额、列报的性质选择实质性程序的类型。实质性程序包括细节测试和实质性分析程序两类。

细节测试是对各类交易、账户余额和披露的具体细节进行测试,目的在于直接识别财务报表认定是否存在错报。注册会计师应当针对评估的风险设计细节测试,获取充分、适当的审计证据,以达到认定层次所计划的保证水平。在针对存在或发生认定设计细节测试时,注册会计师应当选择包含在财务报表金额中的项目,并获取相关审计证据。在针对完整性认定设计细节测试时,注册会计师应当选择有证据表明应包含在财务报表金额中的项目,并调查这些项目是否确实包括在内。

在设计实质性分析程序时,注册会计师应当考虑下列因素:

(1) 对特定认定使用实质性分析程序的适当性;

(2) 对已记录的金额或比率做出预期时,所依据的内部或外部数据的可靠性;

(3) 做出预期的准确程度是否足以在计划的保证水平上识别重大错报;

(4) 已记录金额与预期值之间可接受的差异额。当实施实质性分析程序时,如果使用被审计单位编制的信息,注册会计师应当考虑测试与信息编制相关的控制,以及这些信息是否在本期或前期经过审计。

三、实质性程序的时间

实质性程序的时间选择与控制测试的时间选择有共同点,也有很大差异。共同点在于:两类程序都面临着对期中审计证据和对以前审计获取的审计证据的考虑。两者的差异在于:

(1) 在控制测试中,期中实施控制测试并获取期中关于控制运行有效性审计证据的做法更具有一种"常态";而由于实质性程序的目的在于更直接地发现重大错报,在期中实施实质性程序时更需要考虑其成本效益的权衡。

(2) 在本期控制测试中拟信赖以前审计获取的有关控制运行有效性的审计证据,已经受到了很大的限制;而对于以前审计中通过实质性程序获取的审计证据,则采取了更加慎重的态度和更严格的限制。

(一) 如何考虑是否在期中实施实质性程序

虽然大部分的实质性程序是在资产负债表日后进行,但为了节约期后审计的时间,一小部分的实质性程序可能在期中审计阶段进行。注册会计师在考虑是否在期中实施实质性程序时应当考虑以下因素:

(1) 控制环境和其他相关的控制;

(2) 实施审计程序所需信息在期中之后的可获得性;

(3) 实质性程序的目标;

(4) 评估的重大错报风险;

(5) 特定类别交易或账户余额及相关认定的性质;

(6) 针对剩余期间,能否通过实施实质性程序或将实质性程序与控制测试相结合,降低期末存在错报而未被发现的风险。

(二) 如何考虑期中审计证据

(1) 如果在期中实施了实质性程序,注册会计师为了将期中测试得出的结论合理延伸至期末,应当有两种选择:

① 剩余期间实施进一步的实质性程序;

② 实质性程序和控制测试结合使用。

例如：在期中审计时，检查并认可了被审计单位在期中之前确认的销售收入。为使这部分证据的有效性延伸到期末，注册会计师可能认为需要检查剩余期间的退货记录。

（2）如果拟将期中测试得出的结论延伸至期末，注册会计师应当考虑针对剩余期间仅实施实质性程序是否足够。如果认为实施实质性程序本身不充分，注册会计师还应测试剩余期间相关控制运行的有效性或针对期末实施实质性程序。

（3）如果已识别出由于舞弊导致的重大错报风险，为将期中得出的结论延伸至期末而实施的审计程序通常是无效的，注册会计师应当考虑在期末或者接近期末实施实质性程序。

（三）如何考虑以前审计获取的审计证据

（1）在以前审计中实施实质性程序获取的审计证据，通常对本期只有很弱的证据效力或没有证据效力，不足以应对本期的重大错报风险。

（2）只有当以前获取的审计证据及其相关事项未发生重大变动时，以前获取的审计证据才可能用作本期的有效审计证据。

（3）如拟利用以前的证据，应在本期实施审计程序，以确认证据是否具有持续相关性。

四、实质性程序的范围

评估的认定层次重大错报风险和实施控制测试的结果是注册会计师在确定实质性程序的范围时的重要考虑因素。因此，在确定实质性程序的范围时，注册会计师应当考虑评估的认定层次重大错报风险和实施控制测试的结果。注册会计师评估的认定层次的重大错报风险越高，需要实施实质性程序的范围越广。如果对控制测试结果不满意，注册会计师可能需要考虑扩大实质性程序的范围。

在设计细节测试时，注册会计师除了从样本量的角度考虑测试范围外，还要考虑选样方法的有效性等因素。如果不考虑成本效益的问题，那么审计人员只有在获取了最充分适当的审计证据后才能发表审计意见。但是，如果为了实现某个具体审计目标有多种可选审计方案，审计人员将选择成本较低的方案。例如，为了确定被审计单位委托他人保管的有价证券确实存在而且所有权归属于被审计单位，一方面审计人员可以亲自前往存放地点进行核查；另一方面，审计人员也可以通过向证券管理人员进行函证来有效确认证券的存在和所有权。很显然，后一种方案更经济，而且可以达到相同的审计目标。所以，除非有明显迹象表明证券管理人员和被审计单位存在串通舞弊的可能时，审计人员将选择成本最低的那个方案。

实质性分析程序的范围有两层含义：第一层含义是对什么层次上的数据进行分析。注册会计师可以选择在高度汇总的财务数据层次进行分析，也可以根据重大错报风险的性质和水平调整分析层次。例如，按照不同产品线、不同季节或月份、不同经营地点或存货存放地点等实施实质性分析程序。第二层含义是需要对什么幅度或性质的差异展开进一步调查。实施分析程序可能发现差异，但并非所有的差异都值得展开进一步调查。可容忍或可接受的差异额（预期差异额）越大，作为实质性分析程序一部分的进一步调查的范围就越小。于是确定适当的预期差异额同样属于实质性分析程序的范畴。因此，在设计实质性分析程序时，注册会计师应当确定已记录金额与预期值之间可接受的差异额。在确定该差异额时，注册会计师应当主要考虑各类交易、账户余额和披露及相关认定的重要性和计划的保证水平。

　　成本效益原则的考虑会影响到实质性程序的范围，一般而言，审计人员根据可接受的检查风险的水平确定所需要获取的审计证据和实质性程序的范围。可接受的风险水平高，审计人员可以获取相对较少的审计证据，实质性程序的范围也相对较小；反之，则要获取较多的审计证据，并实施较大范围的实质性程序。但是，无论如何，成本效益的原则不能成为审计人员无法获取充分适当审计证据的理由。如上所述，审计人员实施的实质性程序的性质、时间和范围的确定，最终取决于根据重大错报风险所确定的可接受的检查风险。

【思考题】

1. 审计师针对评估的财务报表层次重大错报风险应确定哪些总体应对措施？
2. 如果已获取有关控制在期中运行有效性的审计证据，注册会计师应当怎么做？
3. 为取得理想的审计效率与效果，如何恰当选择实质性程序的时间与范围？
4. 在设计实质性分析程序时，注册会计师应该考虑哪些因素？
5. 审计人员实施控制测试的情况有哪些？
6. 控制测试包括哪些审计程序？

第九章 销售与收款循环的审计

 引 例

安徽皖江物流(集团)股份有限公司是一家集煤炭物流、大宗生产资料电商物流和集装箱物流于一体的大型现代综合物流企业。公司是由原芜湖港改制而成的,2003年3月正式上市。皖江物流2014年10月9日收到证监会的调查通知书,公司涉嫌现金披露违法违规行为被立案调查。

2015年7月23日,中国证监会下发《行政处罚决定书》,最后决定对皖江物流给予警告,并处以50万元罚款。决定书中指出了皖江物流存在的违法事实:(1)皖江物流连续两年有虚增利润和收入的行为,其中:2012年虚增利润2.56亿元,占2012年年报利润总额的51.36%;2013年虚增利润2.34亿元,占2013年年报利润总额的64.64%。此外,2013年,皖江物流未按规定披露淮矿物流和福鹏系公司30亿元债务转移情况。(2)未在2011年年报中披露淮矿物流为中华有色等公司提供16亿元的动产差额回购担保业务。(3)未披露淮矿物流为其他公司提供的高额担保。

 ## 第一节 销售与收款循环的特点

一、不同行业类型的收入来源

企业的收入主要来自出售商品、提供服务等,由于所处行业不同,企业具体的收入来源有所不同。表9-1列示了一些不同行业的主要收入来源,供参考。

表 9-1　不同行业的主要收入来源

行业类型	收入来源
贸易业	作为零售商向普通大众(最终消费者)零售商品;作为批发商向零售商供应商品
一般制造业	通过采购原材料并将其用于生产流程制造产成品卖给客户取得收入
专业服务业	律师、会计师、商业咨询师等主要通过提供专业服务取得服务费收入;医疗服务机构通过提供医疗服务取得收入,包括给住院病人提供病房和医护设备,为病人提供精细护理、手术和药品等取得收入
金融服务业	向客户提供金融服务取得手续费;向客户发放贷款取得利息收入;通过协助客户对其资金进行投资取得相关理财费用
建筑业	通过提供建筑服务完成建筑合同取得收入

从表 9-1 可见,一个企业所处的行业和经营性质决定了该企业的收入来源,以及为获取收入而相应产生的各项费用支出,注册会计师需要对被审计单位的相关行业活动和经营性质有比较全面的了解,才能因地制宜地执行被审计单位收入、支出的审计工作。

二、涉及的主要单据与会计记录

在内部控制比较健全的企业,处理销售与收款业务通常需要使用很多单据与会计记录。典型的销售与收款循环所涉及的主要单据与会计记录有以下几种(不同被审计单位的单据名称可能不同)。

(一) 客户订购单

客户订购单即客户提出的书面购货要求。企业可以通过销售人员或其他途径,如采用电话、信函、邮件和向现有的及潜在的客户发送订购单等方式接受订货,取得客户订购单。

(二) 销售单

销售单是列示客户所订商品的名称、规格、数量及其他与客户订购单有关信息的凭证,作为销售方内部处理客户订购单的凭据。

(三) 发运凭证

发运凭证是在发运货物时填制的,用以反映发出商品的规格、数量和其他有关内容的凭据。发运凭证的一联留给客户,其余联(一联或数联)由企业保留,通常其中有一联由客户在收到商品时签署并返还给销售方,用作销售方确认收入及向客户收取货款的依据。

(四) 销售发票

销售发票通常包含已销售商品的名称、规格、数量、价格、销售金额等内容。以增值税发票为例,销售发票的两联(抵扣联和发票联)寄送给客户,一联由企业保留。销售发票也是在会计账簿中登记销售交易的基本凭证之一。

(五) 商品价目表

商品价目表是列示已经授权批准的、可供销售的各种商品的价格清单。

(六) 贷项通知单

贷项通知单是一种用来表示由于销售退回或经批准的折让而导致应收货款减少的单

据,其格式通常与销售发票的格式类似。

(七) 应收账款账龄分析表

通常,应收账款账龄分析表按月编制,反映月末应收账款总额的账龄区间,并详细反映每个客户月末应收账款金额和账龄。它也是常见的计提应收账款坏账准备的重要依据之一。

(八) 应收账款明细账

应收账款明细账是用来记录每个客户各项赊销、还款、销售退回及折让交易的明细账。

(九) 主营业务收入明细账

主营业务收入明细账是一种用来记录销售交易的明细账。它通常记载和反映不同类别商品或服务的营业收入的明细发生情况和总额。

(十) 折扣与折让明细账

折扣与折让明细账是一种用来核算企业销售商品时,按销售合同规定为了及早收回货款而给予客户的销售折扣和因商品品种、质量等原因而给予客户的销售折让情况的明细账。企业也可以不设置折扣与折让明细账,而将该类业务直接记入主营业务收入明细账。

(十一) 汇款通知书

汇款通知书是一种与销售发票一起寄给客户,由客户在付款时再寄回销售单位的凭证。这种凭证注明了客户名称、销售发票号码、销售单位开户银行账号及金额等内容。

(十二) 现金日记账和银行存款日记账

现金日记账和银行存款日记账是用来记录应收账款的收回或现销收入,以及其他各种现金、银行存款收入和支出的日记账。

(十三) 坏账核销审批表

坏账核销审批表是一种用来批准将无法收回的应收款项作为坏账予以核销的单据。

(十四) 客户对账单

客户对账单是一种定期寄送给客户的用于购销双方核对账目的文件。客户对账单上通常注明应收账款的期初余额、本期销售交易的金额、本期已收到的货款、贷项通知单的金额及期末余额等内容。对账单可能是月度、季度或年度的,取决于企业的经营管理需要。

(十五) 转账凭证

转账凭证是指记录转账业务的记账凭证。它是根据有关转账业务(不涉及现金、银行存款收付的各项业务)的原始凭证编制的、企业记录赊销交易的会计凭证,即为一种转账凭证。

(十六) 现金和银行凭证

现金和银行凭证是指分别用来记录现金和银行存款收入业务和支付业务的记账凭证。

第二节　销售与收款循环的业务活动和相关内部控制

了解被审计单位的重大业务循环的业务活动及其相关内部控制是会计师在审计计划阶段实施的一项必要工作,其目的一方面是为了识别和评估认定层次的重大错报风险,另一方面也使会计师对相关内部控制的有效性做出初步判断,以便设计和实施应对重大错报风险的进一步审计程序。

一、了解业务活动和相关内部控制的程序

(1) 询问参与销售与收款流程各业务活动的被审计单位人员,一般包括销售部门、仓储部门和财务部门的员工和管理人员;

(2) 获取并阅读企业的相关业务流程图或内部控制手册等资料;

(3) 观察销售与收款流程中特定控制的运用,例如观察仓储部门人员是否及如何将装运的商品与销售单上的信息进行核对;

(4) 检查文件资料,例如检查销售单、发运凭证、客户对账单等;

(5) 实施穿行测试,即追踪销售交易从发生到最终被反映在财务报表中的整个处理过程。例如:选取一笔已收款的销售交易,追踪该笔交易从接受客户订购单直至收回货款的整个过程。

二、主要业务活动

表9-2以一般制造业企业为例,分别针对销售与收款循环中的两个重要交易类别(销售、收款两个交易类别)简要列示了它们通常包含的相关财务报表项目、涉及的主要业务活动及常见的主要凭证和会计记录。

表9-2　销售与收款循环涉及的财务报表项目、主要业务活动和主要凭证与记录

1. 销售

财务报表项目	主要业务活动	主要凭证与记录
营业收入应收账款	接受顾客订购单;批准赊销信用;按销售单编制发运凭证并发货;按销售单装运货物;向顾客开具发票;办理和记录销售退回、折扣与折让	客户订购单、销售单、销售发票、发运凭证、商品价目表、顾客月末对账单、营业收入明细表、转账凭证、贷项通知单、折扣与折让明细账

2. 收款

财务报表项目	主要业务活动	主要凭证与记录
货币资金应收账款资产减值损失	办理和记录现金和银行存款收入;提取坏账准备;坏账核销	应收账款账龄分析表及明细表、汇款通知书、库存现金日记账和银行存款日记账、顾客月末对账单、收款凭证、坏账审批表、转账凭证

下面，我们就针对表9-2中列示的常见的业务活动做出进一步解释，并说明被审计单位通常可能存在的相关控制。

（一）接受客户订购单

客户提出订货要求是整个销售与收款循环的起点，是购买某种货物或接受某种劳务的一项申请。

客户订购单只有在符合企业管理层的授权标准时才能被接受。例如，管理层一般设有已批准销售的客户名单。销售单管理部门在决定是否同意接受某客户的订购单时，需要追查该客户是否被列入这张名单。如果该客户未被列入，则通常需要由销售单管理部门的主管来决定是否同意销售。

很多企业在批准了客户订购单之后，会编制一式多联的销售单。销售单是证明销售交易的"发生"认定的凭据之一，也是此笔销售交易轨迹的起点之一。此外，由于客户订购单是来自外部的引发销售交易的文件之一，有时也能为有关销售交易的"发生"认定提供补充证据。

（二）批准赊销信用

对于赊销业务的批准是由信用管理部门根据管理层的赊销政策在每个客户的已授权的信用额度内进行的。信用管理部门的员工在收到销售单管理部门的销售单后，应将销售单与该客户已被授权的赊销信用额度及至今尚欠的账款余额加以比较。执行人工赊销信用检查时，还应合理划分工作职责，以避免销售人员为扩大销售而使企业承受不适当的信用风险。

企业的信用管理部门通常应对每个新客户进行信用调查，包括获取信用评审机构对客户信用等级的评定报告。无论是否批准赊销，都要求被授权的信用管理部门人员在销售单上签署意见，然后再将已签署意见的销售单送回销售单管理部门。

设计信用批准控制的目的是降低坏账风险，因此，这些控制与应收账款账面余额的"计价和分摊"认定有关。

（三）根据销售单编制发运凭证并发货

企业管理层通常要求商品仓库只有在收到经过批准的销售单时才能编制发运凭证并供货。设立这项控制程序的目的是防止仓库在未经授权的情况下擅自发货。因此，已批准销售单的一联通常应送达仓库，作为仓库按销售单供货和发货给装运部门的授权依据。

信息系统可以协助企业在销售单得到发货批准后才能生成连续编号的发运凭证，并能按照设定的要求核对发运凭证与销售单之间相关内容的一致性。

（四）按销售单装运货物

将按经批准的销售单供货与按销售单装运货物职责相分离，有助于避免负责装运货物的员工在未经授权的情况下装运产品。装运部门员工在装运之前，通常会进行独立验证，以确定从仓库提取的商品都附有经批准的销售单，且所提取商品的内容与销售单及发运凭证一致。

（五）向客户开具发票

开具发票是指开具并向客户寄送事先连续编号的销售发票。与这项活动相关的问题是：
（1）是否对所有装运的货物都开具了发票（"完整性"）；
（2）是否只对实际装运的货物开具发票，有无重复开具发票或虚开发票（"发生"）；
（3）是否按已授权批准的商品价目表所列价格计价开具发票（"准确性"）。

为了降低开具发票过程中出现遗漏、重复、错误计价或其他差错的风险，通常需要设立以下控制：
（1）负责开发票的员工在开具每张销售发票之前，检查是否存在发运凭证和相应的经批准的销售单；
（2）依据已授权批准的商品价目表开具销售发票；
（3）将发运凭证上的商品总数与相对应的销售发票上的商品总数进行比较。

上述控制与销售交易（营业收入）的"发生""完整性""准确性"认定有关。企业通常保留销售发票的存根联。

信息系统也可以协助实现上述内部控制，在单证核对一致的情况下生成连续编号的销售发票，并对例外事项进行汇总，以供企业相关人员进行进一步的处理。

（六）记录销售

（1）只依据附有有效装运凭证和销售单的销售发票记录销售。这些装运凭证和销售单应能证明销售交易的发生及其发生的日期。
（2）控制所有事先连续编号的销售发票。
（3）独立检查已处理销售发票上的销售金额与会计记录金额的一致性。
（4）记录销售的职责应与处理销售交易的其他功能相分离。
（5）对有关记录的接触予以限制，以减少未经授权批准的记录发生。
（6）定期独立检查应收账款的明细账与总账的一致性。
（7）定期向客户寄送对账单，并要求客户将任何例外情况直接向指定的会计主管报告。

这些控制与"发生""完整性""准确性""计价和分摊"认定有关。

（七）办理和记录现金、银行存款收入

这项活动涉及的是货款收支，导致现金、银行存款增加及应收账款减少。在办理和记录现金、银行存款收入时，企业最关心的是货币资金的安全，货币资金的失窃或被侵占可能发生在货币资金收入入账之前或入账之后。处理货币资金收入时要保证全部货币资金如数、及时地记入现金、银行存款日记账或应收账款明细账，并如数、及时地将现金存入银行。企业通过出纳与现金记账的职责分离、现金盘点、编制银行余额调节表、定期向客户发送对账单等控制来实现上述目的。

（八）办理和记录销售退回、销售折扣与折让

客户如果对商品不满意，销售企业一般会同意在商品售出一定期限内接受退货，或给予一定的销售折让；客户如果提前支付货款，销售企业则可能会给予一定的销售折扣。发生此类事项时一般需经过授权批准，并确保与办理此事有关的部门和员工各司其职，分别控制实物流和会计处理。

（九）提取坏账准备

企业一般定期对应收账款的可回收性进行评估，并基于一定的指标（例如账龄、客户的财务状况等）计提坏账准备。

（十）核销坏账

不管赊销部门的工作如何主动，客户因经营不善、宣告破产、死亡等原因而不支付货款的事仍可能发生。如有证据表明某项货款已无法收回，企业即通过适当的审批程序注销该笔货款。

三、相关内部控制

（一）适当的职责分离

适当的职责分离有助于防止各种有意或无意的错误。例如，主营业务收入账如果是由记录应收账款之外的员工独立登记，并由另一位不负责账簿记录的员工定期调节总账和明细账，就构成了一项交互牵制；规定负责主营业务收入和应收账款记账的员工不得经手货币资金，也是防止舞弊的一项重要控制。另外，销售人员通常有一种追求更大销售数量的自然倾向，而不问它是否将以巨额坏账损失为代价，赊销的审批则在一定程度上可以抑制这种倾向。因此，赊销批准职能与销售职能的分离，也是一种理想的控制。

为确保办理销售与收款业务的不相容岗位相互分离、制约和监督，一个企业销售与收款业务相关职责适当分离的基本要求通常包括：企业应当分别设立办理销售、发货、收款三项业务的部门（或岗位）；企业在销售合同订立前，应当指定专门人员就销售价格、信用政策、发货及收款方式等具体事项与客户进行谈判。谈判人员至少应有两人以上，并与订立合同的人员相分离；编制销售发票通知单的人员与开具销售发票的人员应相互分离；销售人员应当避免接触销货现款；企业应收票据的取得和贴现必须经由保管票据以外的主管人员的书面批准。

（二）恰当的授权审批

对于授权审批问题，注册会计师应当关注以下四个关键点上的审批程序：其一，在销售发生之前，赊销已经正确审批；其二，非经正当审批，不得发出货物；其三，销售价格、销售条件、运费、折扣等必须经过审批；其四，审批人应当根据销售与收款授权批准制度的规定，在授权范围内进行审批，不得超越审批权限。对于超过企业既定销售政策和信用政策规定范围的特殊销售交易，需要经过适当的授权。前两项控制的目的在于防止企业因向虚构的或者无力支付货款的客户发货而蒙受损失；价格审批控制的目的在于保证销售交易按照企业定价政策规定的价格开票收款；对授权审批范围设定权限的目的则在于防止因审批人决策失误而造成严重损失。

（三）充分的凭证和记录

充分的凭证和记录有助于企业执行各项控制以控制目标。例如，企业在收到客户订购单后，编制一份预先编号的一式多联的销售单，分别用于批准赊销、审批发货、记录发货数量及向客户开具发票等。在这种制度下，通过定期清点销售单和销售发票，可以避免漏开发票或漏记销售的情况。又如,财务人员在记录销售交易之前对相关的销售单、发运凭证和销售发票上的信息进行核对,以确保入账的营业收入是真实发生的、准确的。

(四)凭证的预先编号

对凭证预先进行编号,旨在防止销售以后遗漏向客户开具发票或登记入账,也可防止重复开具发票或重复记账。当然,如果对凭证的编号不作清点,预先编号就会失去其控制意义。定期检查全部凭证的编号,并调查凭证缺号或重号的原因,是实施这项控制的关键点。在目前信息技术得以广泛运用的环境下,凭证预先编号这一控制在很多情况下由系统执行,同时辅以人工的监控(例如对系统生成的例外报告进行复核)。

(五)按月寄出对账单

由不负责现金出纳和销售及应收账款记账的人员按月向客户寄发对账单,能促使客户在发现应付账款余额不正确后及时反馈有关信息。为了使这项控制更加有效,最好将账户余额中出现的所有核对不符的账项,指定一位既不掌管货币资金也不记录主营业务收入和应收账款账目的主管人员处理,然后由独立人员按月编制对账情况汇总报告并交管理层审阅。

(六)内部核查程序

由内部审计人员或其他独立人员核查销售交易的处理和记录,是实现内部控制目标所不可缺少的一项控制措施。

销售与收款内部控制检查的主要内容包括:

(1)销售与收款交易相关岗位及人员的设置情况。重点检查是否存在销售与收款交易不相容职务混岗的现象。

(2)销售与收款交易授权批准制度的执行情况。重点检查授权批准手续是否健全,是否存在越权审批行为。

(3)销售的管理情况。重点检查信用政策、销售政策的执行是否符合规定。

(4)收款的管理情况。重点检查销售收入是否及时入账,应收账款的催收是否有效,坏账核销和应收票据的管理是否符合规定。

(5)销售退回的管理情况。重点检查销售退回手续是否齐全,退回货物是否及时入库。

第三节 销售与收款循环的重大错报风险的评估

被审计单位可能有各种各样的收入来源,处于不同的控制环境,存在复杂的合同安排,这些情况对收入交易的会计核算可能存在诸多影响,比如不同交易安排下的收入确认的时间和依据可能不尽相同。我们应结合本章第二节中所介绍的对销售与收款循环中业务流程和相关控制的了解,考虑在销售与收款循环中发生错报的可能性及潜在错报的重大程度是否足以导致重大错报,从而评估销售与收款循环的相关交易和余额存在的重大错报风险,以为设计和实施进一步的审计程序提供基础。

一、销售与收款循环存在的重大错报风险

与销售与收款循环相关的财务报表项目主要为营业收入和应收账款,此外还有应收票据、预收货款、长期应收款、应交税费、税金及附加等。以一般制造业的赊销销售为例,相关交易和余额存在的重大错报风险通常包括:

(1) 收入确认存在的舞弊风险。收入是利润的来源,直接关系到企业的财务状况和经营成果。有些企业往往为了达到粉饰财务报表的目的而采用虚增(发生认定)或隐瞒收入(完整性认定)等方式实施舞弊。

(2) 收入的复杂性可能导致的错误。例如,被审计单位可能针对某些特定的产品或者服务提供一些特殊的交易安排(例如特殊的退货约定、特殊的服务期限安排等),但管理层可能对这些不同安排下所涉及的交易风险的判断缺乏经验,收入确认上就容易发生错误。

(3) 发生的收入交易未能得到准确记录(准确性认定)。

(4) 期末收入交易和收款交易间导致错误,包括销售退回交易的截止错误。

(5) 收款未及时入账或记入不正确的账户,因而导致应收账款(或应收票据/银行存款)的错报。

(6) 应收账款坏账准备的计提不准确。

某些重大错报风险可能与财务报表整体广泛相关,进而影响多项认定,如舞弊风险;某些重大错报风险可能与特定的某类交易、账户余额和披露的认定相关,如会计期末的收入交易和收款交易的截止错误,或应收账款坏账准备的计提。在评估重大错报风险时,注册会计师应当落实到该风险所涉及的相关认定,从而更有针对性地设计进一步的审计程序。

二、常见的与收入确认相关的舞弊手段与舞弊迹象

注册会计师在识别和评估与收入确认相关的重大错报风险时,应当基于收入确认存在舞弊风险的假定,评价哪些类型的收入、收入交易或认定导致舞弊风险。

存在舞弊风险迹象并不必然表明发生了舞弊,但了解舞弊风险迹象,有助于注册会计师对审计过程中发现的异常情况产生警觉,从而更有针对性地采取应对措施。

(一) 常见的与收入确认相关的舞弊手段

1. 为了达到粉饰财务报表的目的而虚增收入或提前确认收入

主要包括:

(1) 虚构销售交易,包括:① 在无存货实物流转的情况下,通过与其他方(包括已披露或未披露的关联方、非关联方等)签订虚假购销合同,虚构存货进出库,并通过伪造出库单、发运单、验收单等单据,以及虚开商品销售发票虚构收入。② 在多方串通的情况下,通过与其他方(包括已披露或未披露的关联方、非关联方等)签订虚假购销合同,并通过存货实物流转、真实的交易单证票据和资金流转配合虚构收入。③ 被审计单位根据其所处行业特点虚构销售交易。

(2) 进行显失公允的交易,包括:① 通过出售关联方的股权,使之从形式上不再构成关联方,但仍与之进行显失公允的交易,或与未来或潜在的关联方进行显失公允的交易。

② 通过未披露的关联方进行显失公允的交易。例如,以明显高于其他客户的价格向未披露的关联方销售商品。③ 与同一客户或受同一方控制的多个客户在各期发生多次交易,通过调节各次交易的商品销售价格,调节各期销售收入金额。④ 在客户取得相关商品控制权前确认销售收入。例如,在委托代销安排下,在被审计单位向受托方转移商品时确认收入,而受托方并未获得对该商品的控制权。⑤ 通过隐瞒退货条款,在发货时全额确认销售收入。⑥ 在被审计单位属于代理人的情况下,被审计单位按主要责任人确认收入。⑦ 通过隐瞒不符合收入确认条件的售后回购或售后租回协议,而将以售后回购或售后租回方式发出的商品作为销售商品确认收入。⑧ 当存在多种可供选择的收入确认会计政策或会计估计方法时,随意变更所选择的会计政策或会计估计方法。⑨ 选择与销售模式不匹配的收入确认会计政策。

2. 为了达到报告期内降低税负或转移利润等目的而少计收入或推迟确认收入

包括:

(1)被审计单位在满足收入确认条件后,不确认收入,而将收到的货款作为负债挂账,或转入本单位以外的其他账户;

(2)被审计单位采用以旧换新的方式销售商品时,以新旧商品的差价确认收入;

(3)对于应采用总额法确认收入的销售交易,被审计单位采用净额法确认收入;

(4)对于属于在某一时段内履约的销售交易,被审计单位未按实际履约进度确认收入,或采用时点法确认收入;

(5)对于属于在某一时点履约的销售交易,被审计单位未在客户取得相关商品或服务控制权时确认收入,推迟收入确认时点。

(二) 常见的与收入确认相关的舞弊迹象

1. 销售客户方面出现异常情况

包括:

(1) 销售情况与客户所处行业状况不符;

(2) 主要客户自身规模与其交易规模不匹配;

(3) 与同一客户同时发生销售和采购交易;

(4) 主要标的对交易对方不具有合理用途。

2. 销售交易方面出现异常情况

主要包括:

(1) 在接近期末时发生了大量或大额的交易;

(2) 实际销售情况与订单不符,或者根据已取消的订单发货或重复发货;

(3) 未经客户同意,在销售合同约定的发货期之前发送商品或将商品运送到销售合同约定地点以外的其他地点;

(4) 销售记录表明已将商品发往外部仓库或货运代理人,却未指明任何客户;

(5) 销售价格异常,明显高于或低于被审计单位和其他客户之间的交易价格;

(6) 已经销售的商品在期后有大量退回;

(7) 交易之后长期不进行结算。

3. 销售合同、单据方面出现异常情况

包括：

（1）销售合同未签字，或者合同上加盖的公章不属于合同所指定的客户；

（2）销售合同中重要条款缺失或含糊；

（3）销售合同或发运单上的日期被更改；

（4）在实际发货之前开具销售发票，或实际未发货而开具销售发票。

4. 销售回款方面出现异常情况

包括：

（1）应收账款收回时，付款单位与购买方不一致，存在较多代付款的情况；

（2）应收账款收回时，银行回单中的摘要与销售业务无关；

（3）经常采用多方债权债务抵消的方式抵消应收账款。

5. 被审计单位通常会使用货币资金配合收入舞弊，注册会计师需要关注资金方面出现的异常情况

包括：

（1）通过虚构交易套取资金；

（2）发生异常大量的现金交易，或被审计单位有非正常的资金流转及往来，特别是有非正常现金收付的情况；

（3）在货币资金充足的情况下，仍大额举债；

（4）与关联方或疑似关联方客户发生大额资金往来。

6. 其他方面出现异常情况

包括：

（1）采用异常于行业惯例的收入确认方法；

（2）非财务人员过度参与与收入相关的会计政策的选择、运用及重要会计估计的做出；

（3）通过实施分析程序发现异常或偏离预期的趋势或关系；

（4）在被审计单位业务或其他相关事项未发生重大变化的情况下，询证函回函相符比例明显异于以前年度。

三、对收入确认实施分析程序

分析程序是一种识别收入确认舞弊风险较为有效的方法，注册会计师需要重视并充分利用分析程序，发挥其在识别收入确认舞弊中的作用。

在收入确认领域，注册会计师可以实施分析程序的例子包括：

（1）将账面销售收入、销售清单和销售增值税销项清单进行核对；

（2）将本期销售收入金额与以前可比期间的对应数据或预算数进行比较；

（3）分析月度或季度销售量、销售单价、销售收入金额、毛利率变动趋势；

（4）将销售收入变动幅度与销售商品及提供劳务收到的现金、应收账款、存货、税金等项目的变动幅度进行比较；

（5）将销售毛利率、应收账款周转率、存货周转率等关键财务指标与可比期间数据、预算数或同行业其他企业数据进行比较；

（6）分析销售收入等财务信息与投入产出率、劳动生产率、产能、水电能耗、运输数量等非财务信息之间的关系；

（7）分析销售收入与销售费用之间的关系，包括销售人员的人均业绩指标、销售人员薪酬、差旅费用、运费，以及销售机构的设置、规模、数量、分布等。

注册会计师通过实施分析程序，可能识别出未注意到的异常关系，或难以发现的变动趋势，从而有目的、有针对性地关注可能发生重大错报风险的领域，有助于评估重大错报风险，为设计和实施应对措施提供基础。例如，如果注册会计师发现被审计单位不断地为完成销售目标而增加销售量，或者大量的销售因不能收现而导致应收账款大量增加，则需要对销售收入的真实性予以额外关注；如果注册会计师发现被审计单位临近期末销售量大幅增加，则需要警惕将下期收入提前确认的可能性；如果注册会计师发现单笔大额收入能够减轻被审计单位盈利方面的压力，或使被审计单位完成销售目标，则需要警惕被审计单位虚构收入的可能性。

如果发现异常或偏离预期的趋势或关系，注册会计师需要认真调查其原因，评价是否表明可能存在由于舞弊导致的重大错报风险。涉及期末收入和利润的异常关系尤其值得关注，例如在报告期的最后几周内记录了不寻常的大额收入或异常交易。注册会计师可能采取的调查方法举例如下：

（1）如果注册会计师发现被审计单位的毛利率变动较大或与所在行业的平均毛利率差异较大，注册会计师可以采用定性分析与定量分析相结合的方法，从行业及市场变化趋势、产品销售价格和产品成本要素等方面对毛利率变动的合理性进行调查。

（2）如果注册会计师发现应收账款余额较大，或其增长幅度高于销售收入的增长幅度，注册会计师需要分析具体原因（如赊销政策和信用期限是否发生变化等），并在必要时采取恰当的措施，如扩大函证比例、增加截止测试和期后收款测试的比例等。

（3）如果注册会计师发现被审计单位的收入增长幅度明显高于管理层的预期，可以询问管理层的适当人员，并考虑管理层的答复是否与其他审计证据一致，例如，如果管理层表示收入增长是由于销售量增加所致，注册会计师可以调查与市场需求相关的情况。

四、根据重大错报风险评估结果设计进一步审计程序

注册会计师基于销售与收款循环的重大错报风险评估结果，制订实施进一步审计程序的总体方案（包括综合性方案和实质性方案）（表9-3），继而实施控制测试和实质性程序，以应对识别出的认定层次的重大错报风险。注册会计师通过控制测试和实质性程序获取的审计证据综合起来应足以应对识别出的认定层次的重大错报风险。

注册会计师根据重大错报风险的评估结果初步确定实施进一步审计程序的具体审计计划，因为风险评估和审计计划都是贯穿审计全过程的动态的活动，而且控制测试的结果可能导致注册会计师改变对内部控制的信赖程度，因此，具体审计计划并非一成不变，可能需要在审计过程中进行调整。

然而，无论是采用综合性方案还是实质性方案，获取的审计证据都应当能够从认定层面

应对所识别的重大错报风险,直至针对该风险所涉及的全部相关认定,都已获取了足够的保证程度。我们将在本章第四节和第五节,说明内部控制测试和实质性程序是如何通过"认定"与识别的重大错报风险相对应的。

表9-3 销售与收款循环的重大错报风险和进一步审计程序总体方案

重大错报风险描述	相关财务报表项目及认定	风险程度	是否信赖控制	进一步审计程序的总体方案	拟从控制测试中获取的保证程度	拟从实质性程序中获取的保证程度
销售收入可能未真实发生	收入:发生 应收账款:存在	特别	是	综合性方案	高	中
销售收入记录可能不完整	收入/应收账款:完整性	一般	否	实质性方案	无	低
期末收入交易可能未计入正确的期间	收入:截止 应收账款:存在/完整性	特别	否	实质性方案	无	高
发生的收入交易未能得到准确记录	收入:准确性 应收账款:计价和分摊	一般	是	综合性方案	部分	低
应收账款坏账准备的计提不准确	应收账款:计价和分摊	一般	否	实质性方案	无	中

第四节 销售与收款循环的内部控制测试

一、控制测试的基本原理

在对被审计单位销售与收款循环的相关内部控制实施测试时,注册会计师需要注意以下几点:

(1)控制测试所使用的审计程序的类型主要包括询问、观察、检查和重新执行,其提供的保证程度依次递增。注册会计师需要根据所测试的内部控制的特征及需要获得的保证程度选用适当的测试程序。

(2)如果在期中实施了控制测试,注册会计师应当在年末审计时实施适当的前推程序,就控制在剩余期间的运行情况获取证据,以确定控制是否在整个被审计期间持续运行有效。

(3)控制测试的范围取决于注册会计师需要通过控制测试获取的保证程度。

(4)如果拟信赖的内部控制是由计算机执行的自动化控制,注册会计师除了测试自动化应用控制的运行有效性外,还需要就相关信息技术一般控制的运行有效性获取审计证据。如果所测试的人工控制利用了系统生成的信息或报告,注册会计师除了测试人工控制外,还需就系统生成的信息或报告的可靠性获取审计证据。

二、以风险为起点的控制测试

风险评估和风险应对是整个审计过程的核心,因此,注册会计师通常以识别的重大错报风险为起点,选取拟测试的控制并实施控制测试。表 9-4 列示了通常情况下对销售与收款循环实施的控制测试。

表 9-4　销售与收款循环的风险、存在的控制及控制测试程序

可能发生错报的环节	财务报表项目及认定	存在的内部控制(自动)	存在的内部控制(人工)	内部控制测试程序
1. 订单处理和赊销的信用控制				
可能向没有获得赊销授权或超出了其信用额度的客户赊销	收入:发生 应收账款:存在	订购单上的客户代码与应收账款主文档记录的代码一致;目前未偿付余额加上本次销售额在信用限额范围内。上述两项均满足才能生成销售单	对于不在主文档中的客户或是超过信用额度的客户订购单,需要经过适当授权批准,才可生成销售单	询问员工销售单的生成过程,检查是否所有生成的销售单均有对应的客户订购单为依据。检查系统中自动生成销售单的生成逻辑,是否确保满足了客户范围及其信用控制的要求。对于系统外授权审批的销售单,检查是否经过适当批准
2. 发运商品				
可能在没有批准发货的情况下发出了商品	收入:发生 应收账款:存在	当客户销售单在系统中获得发货批准时,系统自动生成连续编号的发运凭证	保安人员只有见到附有经批准的销售单和发运凭证时才能放行	(1)检查系统内发运凭证的生成逻辑及发运凭证是否连续编号。(2)询问并观察发运时保安人员的放行检查
发运商品与客户销售单可能不一致	收入:准确性 应收账款:计价与分摊	计算机把发运凭证中所有准备发出的商品与销售单上的商品种类和数量进行比对。打印种类或数量不符的例外报告,并暂缓发货	管理层复核例外报告和暂缓发货的清单,并解决问题	检查例外报告和暂缓发货的清单

续表

可能发生错报的环节	财务报表项目及认定	存在的内部控制（自动）	存在的内部控制（人工）	内部控制测试程序
已发出商品可能与发运凭证上的商品种类和数量不符	收入：准确性应收账款：计价与分摊		商品打包发运前，装运部门对商品和发运凭证内容进行独立核对，并在发运凭证上签字以示商品已与发运凭证核对且种类和数量相符。客户要在发运凭证上签字以作为收到商品且商品与订购单一致的证据	检查发运凭证上相关员工及客户的签名，作为发货一致的证据
已销售商品可能未实际发运给客户	收入：发生应收账款：存在		客户要在发运凭证上签字以作为收到商品且商品与订购单一致的证据	检查发运凭证上客户的签名，作为收货的证据
3. 开具发票				
商品发运可能未开具销售发票或已开出发票没有发运凭证的支持	收入：发生完整应收账款：存在完整权利和义务	（1）发货以后系统根据发运凭证及相关信息自动生成连续编号的销售发票。（2）系统自动复核连续编号的发票和发运凭证的对应关系并定期生成例外报告	复核例外报告并调查原因	检查系统生成发票的逻辑。检查例外报告及跟进情况
由于定价或产品摘要不正确，以及销售单或发运凭证或销售发票代码输入错误，可能导致销售价格不正确	收入：准确性应收账款：计价与分摊	（1）通过逻辑登录限制控制定价主文档的更改。（2）系统通过使用和检查主文档版本序号，确定正确的定价主文档版本已经被上传，系统检查录入的产品代码的合理性	（1）核对经授权的有效的价格更改清单与计算机获得的价格更改清单是否一致。（2）如果发票由手工填写或没有定价主文档，则有必要对发票的价格进行独立核对	（1）检查文件以确定价格更改是否经授权。（2）重新执行以确定打印出的更改后价格与授权是否一致。（3）通过检查IT的一般控制和收入交易的应用控制，确定正确的定价主文档版本是否已被用来生成发票。如果发票由手工填写，检查发票中价格核入员的签名。（4）核对经授权的价格清单与发票上的价格。重新执行该核对过程

续表

可能发生错报的环节	财务报表项目及认定	存在的内部控制（自动）	存在的内部控制（人工）	内部控制测试程序
发票上的金额可能出现计算错误	收入：准确性 应收账款：计价与分摊	(1) 每张发票的单价、计算、商品代码、商品摘要和客户账户代码均由计算机程序控制。 (2) 如果由计算机控制的发票开具程序的更改是受监控的，在操作控制帮助下，可以确保使用的是正确的发票生成程序版本。 (3) 系统代码有密码保护，只有经授权的员工才可以更改。 (4) 定期打印所有系统上做出的更改	(1) 上述程序的所有更改由上级复核和审批。 (2) 如果由手工开具发票，独立复核发票上计算的增值税和总额的正确性	(1) 自动：询问发票生成程序更改的一般控制情况，确定是否经授权及现有的版本是否正在被使用。检查有关程序更改的审核审批程序。 (2) 手工：检查与发票计算金额正确性相关的人员的签名。重新计算发票金额，证实其是否正确
4. 已录赊销				
销售发票入账的会计期间可能不正确	收入：截止发生 应收账款：存在完整权利和义务	系统根据销售发票的信息自动汇总生成当期销售入账记录	(1) 定期执行人工销售截止检查程序。 (2) 向客户发送月末对账单，调查并解决客户质询的差异	(1) 检查系统中销售记录生成的逻辑。 (2) 重新执行销售截止检查程序。检查客户质询信件并确定问题是否已得到解决
销售发票入账金额可能不准确	收入：准确性 应收账款：计价和分摊	系统根据销售发票的信息自动汇总生成当期销售入账记录	(1) 复核明细账与总账间的调节。 (2) 向客户发送月末对账单，调查并解决客户质询的差异	(1) 检查系统销售入账记录的生成逻辑，对于手工调节项目进行检查，并调查原因是否合理。 (2) 检查客户质询信件并确定问题是否已得到解决
销售发票可能被记入不正确的应收账款明细账户	应收账款：计价与分摊	系统将客户代码、商品发送地址、发运凭证、发票与应收账款主文档中的相关信息进行比对	(1) 应收账款客户主文档中明细账的汇总金额应与应收账款总分类账核对。对于二者之间的调节项需要调查原因并解决。 (2) 向客户发送月末对账单，调查并解决客户质询的差异	(1) 检查应收账款客户主文档中明细余额汇总金额的调节结果与应收账款总分类账是否核对相符，以及是否有负责该项工作的员工签名。 (2) 检查客户质询信件并确定问题是否已得到解决

续表

可能发生错报的环节	财务报表项目及认定	存在的内部控制（自动）	存在的内部控制（人工）	内部控制测试程序
5. 已录应收账款的收款				
应收账款记录的收款与银行存款可能不一致	应收账款/货币资金；完整存在权利和义务、计价与分摊	在每日编制电子版存款清单时，系统自动贷记应收账款	(1) 将每日收款汇总表、电子版收款清单和银行存款清单相比较。(2) 定期取得银行对账单，独立编制银行存款余额调节表。向客户发送月末对账单，对客户质询的差异应予以调查并解决	(1) 检查核对每日收款汇总表、电子版收款清单和银行存款清单的核对记录及核对人签名。(2) 检查银行存款余额调节表和负责编制的员工的签名。检查客户质询信件并确定问题是否已被解决
收款可能被记入不正确的应收账款账户	应收账款：计价与分摊	(1) 在电子版的收款清单与应收账款明细账之间建立连接界面，根据对应的客户名称、代码、发票号等将收到的款项对应到相应的客户账户。对于无法对应的款项生成例外事项报告。(2) 系统定期生成按客户细分的应收账款账龄分析表	将生成的例外事项报告的项目进行手工核对，或调查产生的原因并解决。向客户发送月末对账单，对客户质询的差异应予以调查并解决管理层每月复核按客户细分的应收账款账龄分析表，并调查长期余额或其他异常余额	(1) 检查系统中的对应关系审核设置是否合理。检查对例外事项报告中的信息进行核对的记录以及无法核对事项的解决情况。(2) 检查客户质询信件并确定问题是否已被解决。(3) 检查管理层对应收账款账龄分析表的复核及跟进措施
6. 坏账准备计提及坏账核销				
坏账准备的计提可能不充分	应收账款：计价与分摊	系统自动生成应收账款账龄分析表	管理层对财务人员依据账龄分析表计算编制的坏账准备计提表进行复核。对于存在客观证据表明将无法按应收款项的原有条款收回款项时，复核财务人员是否已经获得该证据，并恰当计算了应计提的坏账准备金额。复核无误后需在坏账准备计提表上签字。管理层复核坏账核销的依据，并进行审批	(1) 检查财务系统计算账龄分析表的规则是否正确。询问管理层如何复核坏账准备计提表的计算，检查是否有复核人员的签字。(2) 检查坏账核销是否经过管理层的恰当审批

续表

可能发生错报的环节	财务报表项目及认定	存在的内部控制（自动）	存在的内部控制（人工）	内部控制测试程序
7. 已录现金销售				
登记入账的现金收入与企业已经实际收到的现金不符	收入：完整发生、截止、准确性 货币资金：完整存在	现金销售通过统一的收款台用收银机集中收款，并自动打印销售小票	（1）销售小票应交予客户确认金额一致。 （2）通过监视器监督收款台。每个收款台都打印每日现金销售汇总表，盘点每个收款台收到的现金，并与相关销售汇总表调节相符。 （3）独立检查所有收到的现金已存入银行。 （4）将每日现金销售汇总表与银行存款单相比较。 （5）定期取得银行对账单，独立编制银行存款余额调节表	（1）实地观察收银台、销售点的收款过程，并检查在这些地方是否有足够的物理监控。检查收款台打印销售小票和现金销售汇总表的程序设置和修改权限设置。 （2）检查盘点记录和结算记录上负责计算现金和与销售汇总表相调节工作的员工的签名；检查银行存款单和销售汇总表上的签名，证明已实施复核；检查银行存款余额调节表的编制和复核人员的审核记录

需要注意的是，表9-4列示的是销售与收款循环中一些较为常见的内部控制和相应的控制测试程序，目的在于帮助注册会计师根据具体情况设计能够应对已识别风险、实现审计目标的控制测试。该表既未包含销售和收款循环所有的内部控制和控制测试，也并不意味着审计实务应当按此执行。一方面，被审计单位所处行业不同、规模不一、内部控制制度的设计和执行方式不同，以前期间接受审计的情况也各不相同；另一方面，受审计时间、审计成本的限制，注册会计师除了确保审计质量、审计效果外，还需要提高审计效率，尽可能地消除重复的测试程序，保证检查某一凭证时能够一次完成对该凭证的全部审计测试程序，并按最有效的顺序实施审计测试。因此，在审计实务工作中，注册会计师需要从实际出发，设计适合被审计单位具体情况的实用高效的控制测试计划。

第五节 销售与收款循环的实质性程序

在完成控制测试之后，注册会计师基于控制测试的结果（控制运行是否有效），确定从控制测试中已获得的审计证据及其保证程度，确定是否需要对具体审计计划中设计的实质性程序的性质、时间安排和范围做出适当调整。下面我们从风险对应的具体审计目标和相关认定的角度出发,对实务中较为常见的针对营业收入和应收账款的实质性程序进行阐述。这些程序可以从一个或多个认定方面应对识别的重大错报风险。

一、营业收入的实质性程序

(一)营业收入的审计目标

营业收入项目核算企业在销售商品、提供劳务等主营业务活动中所产生的收入,以及企业确认的除主营业务活动以外的其他经营活动实现的收入,包括出租固定资产、出租无形资产、出租包装物和商品、销售材料等实现的收入。其审计目标一般包括:确定利润表中记录的营业收入是否已发生,且与被审计单位有关(发生认定);确定所有应当记录的营业收入是否均已记录(完整性认定);确定与营业收入有关的金额及其他数据是否已恰当记录,包括对销售退回、销售折扣与折让的处理是否适当(准确性认定);确定营业收入是否已记录于正确的会计期间(截止认定);确定营业收入是否已按照企业会计准则的规定在财务报表中做出恰当的列报。营业收入包括主营业务收入和其他业务收入,下面分别介绍这两部分的实质性程序。

(二)主营业务收入的一般实质性程序

(1)获取营业收入明细表,并执行以下工作:
① 复核加计是否正确,并与总账数和明细账合计数核对是否相符;
② 检查以非记账本位币结算的主营业务收入使用的折算汇率及折算是否正确。

(2)实施实质性分析程序。

1)针对已识别需要运用分析程序的有关项目,并基于对被审计单位及其环境的了解,通过进行以下比较,同时考虑有关数据间关系的影响,以建立有关数据的期望值:
① 将账面销售收入、销售清单和销售增值税销项清单进行核对;② 将本期销售收入金额与以前可比期间的对应数据或预算数进行比较;③ 分析月度或季度销售量、销售单价、销售收入金额、毛利率变动趋势;④ 将销售收入变动幅度与销售商品及提供劳务收到的现金、应收账款、存货、税金等项目的变动幅度进行比较;⑤ 将销售毛利率、应收账款周转率、存货周转率等关键财务指标与可比期间数据、预算数或同行业其他企业数据进行比较;⑥ 分析销售收入等财务信息与投入产出率、劳动生产率、产能、水电能耗、运输数量等非财务信息之间的关系;⑦ 分析销售收入与销售费用之间的关系,包括销售人员的人均业绩指标、销售人员薪酬、差旅费用、运费,以及销售机构的设置、规模、数量、分布等。

2)确定可接受的差异额。

3)将实际金额与期望值相比较,计算差异。

4)如果差异额超过确定的可接受差异额,需要调查并获取充分的解释和恰当的、佐证性质的审计证据(如通过检查相关的凭证等)。需要注意的是,如果差异超过可接受差异额,注册会计师需要对差异额的全额进行调查证实,而非仅针对超出可接受差异额的部分。

5)评估实质性分析程序的结果。

(3)检查主营业务收入确认方法是否符合企业会计准则的规定。

根据《企业会计准则第14号——收入》的规定,企业应当在履行了合同中的履约义务,及在客户取得相关商品控制权时确认收入。取得相关商品控制权,是指能够主导该商品的使用并从中获得几乎全部的经济利益。

当企业与客户之间的合同同时满足下列条件时,企业应当在客户取得商品控制权时确认收入:

① 合同各方已批准该合同并承诺将履行各自义务;
② 该合同明确了合同各方与所转让商品或提供劳务相关的权利和义务;
③ 该合同有明确的与所转让的商品相关的支付条款;
④ 该合同具有商业实质,即履行该合同将改变企业未来现金流量的风险、时间分布或金额;
⑤ 企业因向客户转让商品而有权取得的对价很可能收回。

《企业会计准则》分别对"在某一时段内履行的履约义务"和"在某一时间点履行的履约义务"的收入确认做出了规定。

对于在某一时段内履行的履约义务,企业应当在该段时间内按照履约进度确认收入,当履约进度能够合理确定时,采用产出法或投入法确定恰当的履约进度。当履约进度不能合理确定时,企业已经发生的成本预计能够得到补偿的,应当按照已经发生的成本金额确认收入,直到履约进度能够合理确定为止。

对于在某一时点履行的履约义务,企业应当在客户取得相关商品的控制权时确认收入。在判断客户是否已经取得商品控制权时,企业应当考虑下列迹象:

① 企业就该商品享有现实收款权利,即客户就该商品负有现实付款义务;
② 企业已将该商品的法定所有权转移给客户,即客户已拥有该商品的法定所有权;
③ 企业已将该商品实物转移给客户,即客户已实物占有该产品;
④ 业已将该商品所有权上的主要风险和报酬转移给客户,即客户已取得该商品所有权上的主要风险和报酬;
⑤ 客户已接受该商品;
⑥ 其他表明客户已取得商品控制权的迹象。

因此注册会计师需要基于对被审计单位商业模式和日常经营活动的了解,判断被审计单位的合同履约义务,是在某一时段内履行还是在某一时点履行的,据以评估被审计单位确认产品销售收入的会计政策是否符合《企业会计准则》,并测试被审计单位是否按照既定的会计政策确认产品销售收入。

(4) 核对收入交易的原始凭证与会计分录。以主营业务收入明细账中的会计分录为起点,检查相关原始凭证如订购单、销售单、发运凭证、发票等,以评价已入账的营业收入是否真实发生。检查订购单和销售单,以确认存在真实的客户购买要求,销售交易已经过适当的授权批准。销售发票存根上所列的单价,通常还要与经过批准的商品价目表进行比较核对,对其金额小计和合计数也要进行复算。发票中列出的商品的规格、数量和客户代码等,则应与发运凭证进行比较核对,尤其是由客户签收商品的一联,确定已按合同约定完成交易,可以确认收入。同时,还要检查原始凭证中的交易日期,以确认收入计入了正确的会计期间。

(5) 从发运凭证中选取样本,追查至主营业务收入明细账,以确定是否存在遗漏事项(完整性认定)。也就是说,如果注册会计师测试收入的"完整"这一目标,起点应是发货凭证。为使这一程序成为一项有意义的测试,注册会计师必须能够确信全部发运凭证均已归档,这点一般可以通过检查发运凭证的顺序编号来查明。

(6) 结合对应收账款实施的函证程序,选择主要客户函证本期销售额。

(7) 实施销售截止测试。对销售实施截止测试,其目的主要在于确定被审计单位主营业务收入的会计记录归属期是否正确:应记入本期或下期的主营业务收入是否被推延至下期或提前至本期。

注册会计师对销售交易实施的截止测试可能包括以下程序:

① 选取资产负债表日前后若干天的发运凭证,与应收账款和收入明细账进行核对;同时,从应收账款和收入明细账选取在资产负债表日前后若干天的凭证与发运凭证核对,以确定销售是否存在跨期现象。

② 复核资产负债表日前后销售和发货水平,确定业务活动水平是否异常,并考虑是否有必要追加实施截止测试程序。

③ 取得资产负债表日后所有的销售退回记录,检查是否存在提前确认收入的情况。

④ 结合对资产负债表日应收账款的函证程序,检查有无未取得对方认可的销售。

实施截止测试的前提是会计师充分了解被审计单位的收入确认会计实务,并识别能够证明某笔销售符合收入确认条件的关键单据。例如,货物出库时,与货物相关的风险和报酬可能尚未转移,不符合收入确认的条件,因此,仓储部门留存的发运凭证可能不是实现收入的充分证据,会计师需要检查有客户签署的那一联发运凭证。销售发票与收入相关,但是发票开具日期不一定与收入实现的日期一致。实务中由于增值税发票涉及企业的纳税和抵扣问题,开票日期滞后于收入可确认日期的情况并不少见,因此,通常不能将开票日期作为收入确认的日期。

假定某一般制造型企业在货物送达客户并由客户签收时确认收入,注册会计师可以考虑选择两条审计路径实施主营业务收入的截止测试。

一是以账簿记录为起点。从资产负债表日前后若干天的账簿记录追查至记账凭证和客户签收的发运凭证,目的是证实已入账收入是否在同一期间已发货并由客户签收,有无多记收入。这种方法的优点是比较直观,容易追查至相关凭证记录,以确定其是否应在本期确认收入,特别是在连续审计两个以上会计期间时,检查跨期收入十分便捷,可以提高审计效率。缺点是缺乏全面性和连贯性,只能查多记,无法查漏记,尤其是当本期漏记收入延至下期而审计时被审计单位尚未及时登账时,不易发现应记而未记入报告期收入的情况。因此,使用这种方法主要是为了防止多计收入。

二是以发运凭证为起点。从资产负债表日前后若干天的已经客户签收的发运凭证查至账簿记录,确定主营业务收入是否已记入恰当的会计期间。

上述两条审计路径在实务中均被广泛采用,它们并不是孤立的,注册会计师可以考虑在同一主营业务收入科目审计中并用这两条路径。实际上,由于被审计单位的具体情况各异,管理层意图各不相同,有的为了完成利润目标、承包指标,更多地享受税收等优惠政策,便于筹资等目的,可能会多计收入;有的则为了以丰补歉、留有余地、推迟缴税时间等而少计收入。因此,注册会计师需要凭借专业经验和所掌握的信息进行风险评估,做出正确判断,选择适当的审计路径实施有效的收入截止测试。

(8) 存在销货退回的,检查相关手续是否符合规定,结合原始销售凭证检查其会计处理是否正确,结合存货项目审计关注其真实性。

(9)检查销售折扣与折让。企业在销售交易中,往往会因产品品种不符、质量不符合要求及结算方面的原因发生销售折扣与折让。销售折扣与折让均是对收入的抵减,直接影响收入的确认和计量。会计师针对销售折扣与折让的实质性程序可能包括:

① 获取折扣与折让明细表,复核加计正确,并与明细账合计数核对相符;

② 了解被审计单位有关折扣与折让的政策和程序,抽查折扣与折让的授权批准情况,与实际执行情况进行核对;

③ 检查折扣与折让的会计处理是否正确。

(10)检查主营业务收入在财务报表中的列报和披露是否符合企业会计准则的规定。

(三)营业收入的特别审计程序

除了上述较为常规的审计程序外,注册会计师还要根据被审计单位的特定情况和收入的重大错报风险程度,考虑是否有必要实施一些特别的审计程序。

(1)附有销售退回条件的商品销售:评估对退货部分的估计是否合理,确定其是否按估计不会退货部分确认收入。

(2)售后回购:了解回购安排是否属于远期安排、企业拥有回购选择权还是客户拥有回售选择权,确定企业是否根据不同的安排进行了恰当的会计处理。

(3)以旧换新销售:确定销售的商品是否按照商品销售的方法确认收入,回收的商品是否作为购进商品处理。

(4)出口销售:根据交易的定价和成交方式(离岸价格、到岸价格或成本加运费价格等),并结合合同(包括购销合同和运输合同)中有关货物运输途中风险承担的条款,确定收入确认的时点和金额。

(四)其他业务收入的实质性程序

其他业务收入的实质性程序一般包括以下内容:

(1)获取其他业务收入明细表,复核加计是否正确,并与总账数和明细账合计数核对是否相符,结合主营业务收入科目与营业收入报表数核对是否相符;

(2)计算本期其他业务收入与其他业务成本的比率,并与上期该比率比较,检查是否有重大波动,并查明原因;

(3)检查其他业务收入是否真实准确,收入确认原则及会计处理是否符合规定,抽查原始凭证予以核实;

(4)对异常项目,追查入账依据及有关法律文件是否充分;

(5)抽查资产负债表日前后一定数量的记账凭证,实施截止测试,确定入账时间是否正确;

(6)确定其他业务收入在财务报表中的列报是否恰当。

二、应收账款的实质性程序

应收账款余额一般包括应收账款账面余额和相应的坏账准备两部分。

应收账款指企业因销售商品、提供劳务而形成的现时收款权利,即由于企业销售商品、提供劳务等原因,应向购货客户或接受劳务的客户收取的款项。

坏账是指企业无法收回或收回可能性极小的应收款项(包括应收票据、应收账款、预付款项、其他应收款和长期应收款等)。由于发生坏账而产生的损失称为坏账损失。企业通常应采用备抵法按期估计坏账损失。企业通常应当于资产负债表日评估应收款项的信用风险,合理预计各项应收款项可能发生的坏账,相应计提坏账准备。

企业的应收账款是在销售交易或提供劳务过程中产生的。因此,应收账款的审计应结合销售交易来进行。一方面,收入的"发生"认定直接影响应收账款的"存在"认定;另一方面,由于应收账款代表了尚未收回货款的收入,通过审计应收账款获取的审计证据也能够为收入提供审计证据。

(一)应收账款的审计目标

应收账款的审计目标一般包括:确定资产负债表中记录的应收账款是否存在(存在认定);确定所有应当记录的应收账款是否均已记录(完整性认定);确定记录的应收账款是否由被审计单位拥有或控制(权利和义务认定);确定应收账款是否可收回,坏账准备的计提方法和比例是否恰当,计提是否充分(计价和分摊认定);确定应收账款及其坏账准备是否已按照企业会计准则的规定在财务报表中做出恰当列报。

(二)应收账款的实质性程序

针对应收账款的实质性程序通常有以下几种。

1. 取得应收账款明细表

(1)复核加计正确,并与总账数和明细账合计数核对是否相符;结合坏账准备科目与报表数核对是否相符。应收账款报表数反映企业因销售商品、提供劳务等应向购买单位收取的各种款项,减去已计提的相应的坏账准备后的净额。

(2)检查非记账本位币应收账款的折算汇率及折算是否正确。对于用非记账本位币(通常为外币)结算的应收账款,注册会计师检查被审计单位外币应收账款的增减变动是否采用交易发生日的即期汇率将外币金额折算为记账本位币金额,或者采用按照系统合理的方法确定的、与交易发生日即期汇率近似的汇率折算,选择采用汇率的方法前后各期是否一致;期末外币应收账款余额是否采用期末即期汇率折合为记账本位币金额;折算差额的会计处理是否正确。

(3)分析有贷方余额的项目,查明原因,必要时,建议做重分类调整。

(4)结合其他应收款、预收款项等往来项目的明细余额,调查有无同一客户多处挂账、异常余额或与销售无关的其他款项(如代销账户、关联方账户或员工账户)。必要时提出调整建议。

2. 分析与应收账款相关的财务指标

(1)复核应收账款借方累计发生额与主营业务收入关系是否合理,并将当期应收账款借方发生额占销售收入净额的百分比与管理层考核指标和被审计单位相关赊销政策比较,如存在异常查明原因。

(2)计算应收账款周转率、应收账款周转天数等指标,并与被审计单位相关赊销政策、被审计单位以前年度指标、同行业同期相关指标对比,分析是否存在重大异常并查明原因。

3. 检查应收账款账龄分析是否正确

(1)获取应收账款账龄分析表。被审计单位通常会编制应收账款账龄分析报告,以监控货款回收情况、及时识别可能无法收回的应收账款并作为计提坏账准备的依据之一。注册会计师可以通过查看应收账款账龄分析表了解和评估应收账款的可收回性。应收账款账龄分析表参考格式如表9-5所示。

表9-5　应收账款账龄分析表

年　月　日　　　　　　　　　　　　　　　货币单位：

客户名称	期末余额	账龄			
		1年以内	1～2年	2～3年	3年以上
合计					

（2）测试应收账款账龄分析表计算的准确性，并将应收账款账龄分析表中的合计数与应收账款总分类账余额相比较，并调查重大调节项目。

（3）从账龄分析表中抽取一定数量的项目，追查至相关销售原始凭证，测试账龄划分的准确性。

4. 对应收账款实施函证程序

函证应收账款的目的在于证实应收账款账户余额是否真实准确。通过第三方提供的函证回复，可以比较有效地证明被询证者的存在和被审计单位记录的可靠性。

注册会计师根据被审计单位的经营环境、内部控制的有效性、应收账款账户的性质、被询证者处理询证函的习惯做法及回函的可能性等，确定应收账款函证的范围、对象、方式和时间。

（1）函证决策。除非有充分证据表明应收账款对被审计单位财务报表而言是不重要的，或者函证很可能是无效的，否则，注册会计师应当对应收账款进行函证。如果注册会计师不对应收账款进行函证，应当在审计工作底稿中说明理由。如果认为函证很可能是无效的，注册会计师应当实施替代审计程序，获取相关、可靠的审计证据。

（2）函证的范围和对象。函证范围是由诸多因素决定的，主要有：

① 应收账款在全部资产中的重要程度。若应收账款在全部资产中所占的比重较大，则函证的范围应相应大一些。

② 被审计单位内部控制的有效性。若相关内部控制有效，则可以相应减少函证范围；反之，则扩大函证范围。

③ 以前期间的函证结果。若以前期间函证中发现过重大差异，或欠款纠纷较多，则函证范围应相应扩大一些。

注册会计师选择函证项目时，除了考虑金额较大的项目外，也需要考虑风险较高的项目，例如：账龄较长的项目；与债务人发生纠纷的项目；重大关联方项目；主要客户（包括关系密切的客户）项目；新增客户项目；交易频繁但期末余额较小甚至余额为零的项目；可能产生重大错报或舞弊的非正常项目。这种基于一定的标准选取样本的方法具有针对性，比较适用于应收账款余额金额和性质差异较大的情况。如果应收账款余额由大量金额较小且性质类似的项目构成，则注册会计师通常采用抽样技术选取函证样本。

（3）函证的方式。注册会计师可采用积极的或消极的函证方式实施函证，也可将两种方式结合使用。由于应收账款通常存在高估风险，且与之相关的收入确认存在舞弊风险假定，因此，实务中通常对应收账款采用积极的函证方式。下文均假设为积极式函证。

参考格式9-1列示了积极式询证函的格式；参考格式9-2列示了消极式询证函的格式。

【参考格式9-1】 积极式询证函格式

企业询证函

编号：

××（公司）：

　　本公司聘请的××会计师事务所正在对本公司ＸＸ年度财务报表进行审计，按照中国注册会计师审计准则的要求，应当询证本公司与贵公司的往来账项等事项。下列数据出自本公司账簿记录，如与贵公司记录相符，请在本函下端"信息证明无误"处签章证明；如有不符，请在"信息不符"处列明不符金额。回函请直接寄至××会计师事务所。

　　回函地址：

　　邮编：　　　　电话：　　　　传真：　　　　联系人：

1. 本公司与贵公司的往来账项列示如下：

截止日期	贵公司欠	欠贵公司	备注

2. 其他事项：

（公司盖章）
年　　月　　日
经办人：

【参考格式9-2】 消极式询证函格式

企业询证函

编号：

××（公司）：

　　本公司聘请的××会计师事务所正在对本公司ＸＸ年度财务报表进行审计，按照中国注册会计师审计准则的要求，应当询证本公司与贵公司的往来账项等事项。下列数据出自本公司账簿记录，如与贵公司记录相符，则无须回复；如有不符，请直接通知会计师事务所，并请在空白处列明贵公司认为是正确的信息。回函请直接寄至××会计师事务所。

　　回函地址：

　　邮编：　　　　电话：　　　　传真：　　　　联系人：

1. 本公司与贵公司的往来账项列示如下：

截止日期	贵公司欠	欠贵公司	备注

2．其他事项：

本函仅为复核账目之用，并非催款结算。若款项在上述日期之后已经付清，仍请及时核对为盼。

（公司盖章）

年　　月　　日

××会计师事务所：

上面的信息不正确，差异如下：

（公司盖章）

年　　月　　日

经办人：

（4）函证时间的选择。注册会计师通常以资产负债表日为截止日，在资产负债表日后适当时间内实施函证。如果重大错报风险评估为低水平，注册会计师可选择资产负债表日前适当日期为截止日实施函证，并对所函证项目自截止日起至资产负债表日止发生的变动实施其他实质性程序。

（5）函证的控制。注册会计师通常利用被审计单位提供的应收账款明细账户名称及客户地址等资料据以编制询证函，但注册会计师应当对函证全过程保持控制，并对确定需要确认或填列的信息、选择适当的被询证者、设计询证函及发出和跟进（包括收回）询证函保持控制。

注册会计师可通过函证结果汇总表的方式对询证函的收回情况加以汇总。应收账款函证结果汇总表如表9-6所示。

表9-6　应收账款函证结果汇总表

被审计单位名称：　　　　　　　　制表：　　　　　　　　日期：

结账日：　　　年　　月　　日　　复核：　　　　　　　　日期：

询函编号	客户名称	地址及联系方式	账面金额	函证方式	函证日期		回函日期	替代程序	确认余额	差异金额及说明	备注
					第一次	第二次					
	合计										

（6）对不符事项的处理。对回函中出现的不符事项，注册会计师需要调查核实原因，确

定其是否构成错报。注册会计师不能仅通过询问被审计单位相关人员对不符事项的性质和原因得出结论,而是要在询问原因的基础上,检查相关的原始凭证和文件资料予以证实。必要时与被询证方联系,获取相关信息和解释。对应收账款而言,登记入账的时间不同而产生的不符事项主要表现为:客户已经付款,被审计单位尚未收到货款;被审计单位的货物已经发出并已做销售记录,但货物仍在途中,客户尚未收到货物;客户由于某种原因将货物退回,而被审计单位尚未收到;客户对收到的货物的数量、质量及价格等方面有异议而全部或部分拒付货款等。

（7）对未回函项目实施替代程序。如果未收到被询证方的回函,注册会计师应当实施替代审计程序,例如:

① 检查资产负债表日后收回的货款;

② 检查相关的销售合同、销售单、发运凭证等文件;

③ 检查被审计单位与客户之间的往来邮件,如有关发货、对账、催款等事宜邮件。

5. 对应收账款余额实施函证以外的细节测试

在未实施应收账款函证的情况下（例如,由于实施函证不可行）,注册会计师需要实施其他审计程序获取有关应收账款的审计证据。这种程序通常与上述未收到回函情况下实施的替代程序相似。

6. 检查坏账的冲销和转回

首先,注册会计师检查有无债务人破产或者死亡的,以及破产或以遗产清偿后仍无法收回的,或者债务人长期未履行清偿义务的应收账款;其次,应检查被审计单位坏账的处理是否经授权批准,有关会计处理是否正确。

7. 确定应收账款的列报是否恰当

除了企业会计准则要求的披露之外,如果被审计单位为上市公司,注册会计师还要评价其披露是否符合证券监管部门的特别规定。

（三）坏账准备的实质性程序

应收账款属于以摊余成本计量的金融资产,企业应当以预期信用损失为基础,对其进行减值会计处理并确认损失准备。以下阐述坏账准备审计常用的实质性程序:

（1）取得坏账准备明细表,复核加计是否正确,与坏账准备总账数、明细账合计数核对是否相符。

（2）将应收账款坏账准备本期计提数与信用减值损失相应明细项目的发生额核对是否相符。

（3）检查应收账款坏账准备计提和核销的批准程序,取得书面报告等证明文件,结合应收账款函证回函结果,评价计提坏账准备所依据的资料、假设及方法。

企业应合理预计信用损失并计提坏账准备,不得多提或少提,否则应视为滥用会计估计,按照前期差错更正的方法进行会计处理。

（4）实际发生坏账损失的,检查转销依据是否符合有关规定,会计处理是否正确。对于被审计单位在被审计期间内发生的坏账损失,会计师应检查其原因是否清楚,是否符合有关规定,有无授权批准,有无已做坏账处理后又重新收回的应收账款,相应的会计处理是否正确。对有确凿证据表明确实无法收回的应收账款,如债务单位已撤销、破产、资不抵债、现金流量严重不足等,企业应根据管理权限,经股东(大)会或董事会,或经理(厂长)办公会或类似机构批准作为坏账损失,冲销提取的坏账准备。

(5) 已经确认并转销的坏账重新收回的,检查其会计处理是否正确。

(6) 确定应收账款坏账准备的披露是否恰当。企业应当在财务报表附注中清晰地说明坏账的确认标准、坏账准备的计提方法和计提比例。上市公司还应在财务报表附注中分项披露以下主要事项:

① 本期全额计提坏账准备,或计提坏账准备的比例较大的(计提比例一般超过40% 及以上的,下同),应说明计提的比例及理由;

② 以前期间已全额计提坏账准备,或计提坏账准备的比例较大但在本期又全额或部分收回的,或通过重组等其他方式收回的,应说明其原因及原估计计提比例的理由、原估计计提比例的合理性,以及本期实际冲销的应收款项及其理由等,其中,实际冲销的关联交易产生的应收账款应单独披露。

【思考题】

1. 试说明销售与收款循环的主要业务活动。
2. 试述销售与收款循环的主要内部控制。
3. 对应收账款进行分析性复核时,可能涉及的财务比率指标有哪些?
4. 应收账款函证有哪几种类型?它们适合在什么情况下使用?
5. 如何设计收入的截止测试?

第十章 采购与付款循环的审计

引 例

美国巨人零售公司是一家大型零售折扣商店,创建于 1959 年,总部设在马萨诸塞州,公司在 20 年的时间内迅速发展,到 1971 年,已经拥有了 112 家零售批发商店。但就在那一年,巨人公司的管理部门面临着历史上第一次重大经营损失。为了掩盖这一真相,它们决定篡改公司的会计记录,把 1971 年发生的 250 万美元的经营损失篡改为 150 万美元收益,并且提高与之相关的流动比率和周转率。

罗斯会计师事务所担任巨人零售公司 1972 年年报审计工作,签发了无保留意见的审计报告。

1972 年 4 月 28 日,巨人零售公司把经过审计的财务报表提交给美国证券交易委员会,申请并获准发行了 300 万美元的股票,并贷到了 1 200 万美元的流动资金。但 1973 年年初,罗斯会计师事务所撤回了其签发的无保留意见的审计报告,1973 年 8 月,巨人零售公司向波士顿法院提交破产申请,两年后法院宣告公司破产。

根据法庭查证事实表明,巨人零售公司蓄意调整了 1972 年 1 月 29 日结束的会计年度的应付账款余额的情况。

巨人零售公司的舞弊行为列示如下:

(1)巨人零售公司的总裁和财务主管,在 1972 年 1 月 29 日结束的会计年度中,命令下属广告部门的经理,准备了 14 页的备忘录,虚构了大约 1 100 家的广告商名单,记载着巨人零售公司以前曾向它们预付广告费用但并未入账;

(2)巨人零售公司的财务副总裁伪造了 28 个虚假的贷方通知单(红字发票),以此来抵减外发的应付给米尔布鲁克公司的账款 25.7 万美元;

(3)巨人零售公司通过发出 35 份假造的贷项通知单蓄意减少了 13 万美元的应付给另一个供应商罗斯盖尔公司的账款;

(4)巨人零售公司虚构几百个曾被供应商索价过高的赊购事项,减少应收账款 17 万美元;

(5)巨人零售公司假造了发给健美产品制造商的贷项通知单,用根本没被确认的 16.3 万美元的商品退回来减少应付账款。

第一节 采购与付款循环的特点

一、采购与付款循环的业务特性

采购与付款循环的业务特性主要包括两方面内容：一是该循环中的主要业务活动；二是该循环设计的主要凭证和账户。

二、本循环涉及的主要单据和会计记录

采购与付款交易通常需要经过请购、订货、验收、付款这样的程序，和销售与收款交易一样，内部控制比较健全的企业，处理采购和付款交易通常需要使用很多单据与会议记录。

（一）采购计划

企业以其销售和生产计划为基础，结合供需关系及市场计划变化等因素，制订企业的采购计划，并经适当的管理层审批后执行。

（二）供应商清单

企业通过文件审核及实地考察等方式对合作的供应商进行认证，并通过认证的供应商信息进行手工或系统维护，并及时进行更新。

（三）请购单

请购单是生产、仓库等相关部门的有关人员填写后，送交采购部门的申请购买商品、劳务或者其他资产的书面凭据。企业的生产和仓库等部门按照需要购买的存货填写请购单。请购单是证明有关采购交易"发生"认定的凭据之一。

（四）订购单

订购单是由采购部门填写，经适当管理层审核批准后发送给供应商的单据。订购单是向供应商购买订购单上所指定的商品和劳务的书面凭据。

（五）验收及入库单

验收单是收到商品时候所编制的凭据，单上列出通过质量检测的、从供应商处收到的商品的数量、种类等内容。入库单是由仓库管理人员填写的验收合格商品入库的凭证。验收单既与资产或费用及与采购有关的负债的"存在"认定有关，也与采购交易的"完整性"认定有关。

（六）卖方发票

卖方发票（供应商发票）是供应商开具的，交给买方以载明发运的货物或提供的劳务、应付款金额及付款条件等事项的凭证。

（七）付款凭单

付款凭单是采购方企业的应付凭单部门编制的，载明已收到的商品、资产或者接受的劳务、应付款金额和付款日期的凭证。付款凭单是采购方企业内部记录和支付负债的授权证明文件。

（八）转账凭证

转账凭证是指记录转账交易的记账凭证，它是根据有关转账交易（不涉及库存现金、银行存款收付的各项交易）的原始凭证编制。

（九）付款凭证

付款凭证包括现金付款凭证和银行存款付款凭证，是指用来记录库存现金和银行存款支出交易的记账凭证。

（十）应付账款明细账

（十一）库存现金日记账和银行存款日记账

（十二）供应商对账单

供应商对账单是由供应商编制的、用于核对与采购企业往来款项的凭据，通常标明期初余额、本期购买、本期支付给供应商的款项和期末余额等信息。供应商对账单是供应商对有关交易的陈述，如果不考虑买卖双方在收发货物上可能存在的时间差等因素，其期末余额通常应与采购方相应的应付账款期末余额一致。

第二节　采购与付款循环的业务活动和相关内部控制

本节以一般制造业商品采购为例，简要介绍采购与付款循环通常涉及的主要业务活动及相关的内部控制。

一、采购与付款循环通常涉及的主要业务活动

（一）制订采购计划

基于企业的生产经营计划，生产、仓库等部门定期编制采购计划，经部门负责人等适当的管理人员审批后提交采购部门，具体安排商品及服务采购。

（二）供应商认证及信息维护

企业通常对于合作的供应商事先进行资质等审核，将通过审核的供应商信息录入系统，形成完整的供应商清单，并及时对其信息变更进行更新。采购部门只能向通过审核的供应商进行采购。

（三）请购商品和劳务

生产部门根据采购计划，对需要购买的已列入存货清单的原材料等项目填写请购单，其

他部门也可以对所需购买的商品或劳务编制请购单。大多数企业对正常经营所需物资的购买均做一般授权,例如,生产部门在现有库存达到再订购点时就可提出采购申请,其他部门也可为正常的维修工作和类似工作直接申请采购相关物品。请购单可由手工或计算机编制。由于企业内不少部门都可以填列请购单,可以分别设置请购单的连续编号,每张请购单必须经过对这类支出预算负责的主管人员签字批准。请购单是证明有关采购交易的"发生"认定的凭据之一,也是采购交易的起点。

(四)编制订购单

采购部门在收到请购单之后,只能对经过恰当批准的请购单发出订购单。对于每张订购单,采购部门应当确定最佳的供应来源。对于一些大额的、重要的采购项目,应采取竞价方式来确定供应商,从而保证供货的质量、低廉的成本和及时性。

订购单应正确填写所需要的商品品名、数量、价格、厂商名称和地址等信息,预先予以顺序编号并有被授权的采购人员的签名。其正联应当送交供应商,副联则送交企业内部的验收部门、应付凭单部门和编制请购单的部门。随后,应独立检查订购单的处理,以确定是否确实收到商品并正确入账。这项检查与采购交易的"完整性"和"发生"认定有关。

(五)验收商品

有效的订购单代表企业已授权验收部门接受供应商发来的商品。验收部门首先应该比较所收商品与订购单上要求是否相符,如商品的数量、品名等,然后再盘点商品并检查商品有无损坏。

验收后,验收部门应对已收货的每张订购单编制一式多联、预先按顺序编号的验收单,作为检验和验收商品的依据。验收人员将商品送交仓库或者其他请购部门时,应取得经过签字的收据,或要求其在验收单的副联上签收,以确定他们对采购资产应付的保管责任。验收人员还应当将其中的一联验收单送交应付凭单部门。验收单是支持资产及与采购有关的负债的"存在或发生"认定的重要凭据。定期独立检查验收单的顺序以确定每笔采购交易都已编制凭单,则与采购交易的"完整性"认定有关。

(六)储存已验收的商品

将已验收商品的保管与采购的其他职责相分离,可减少未经授权的采购和盗用商品的风险。存放商品的仓储区应相对独立,限制无关人员的接近。这些控制与商品的"存在"认定有关。

(七)编制付款凭单

记录采购交易之前,应付凭单部门应核对订购单、验收单和卖方发票的一致性并编制付款凭单。这项控制的功能包括:

(1)确定供应商发票的内容与相关的验收单、订购单的一致性。

(2)确定供应商发票计算的正确性。

(3)编制有预先顺序编号的付款凭单,并附上支持性凭证(如订购单、验收单和供应商发票等)。这些支持性凭证的种类,因交易对象的不同而不同。

(4)独立检查付款凭单计算的正确性。

(5) 在付款凭单上填入应借记的资产或费用账户名称。

(6) 由被授权人员在凭单上签字,以示批准照此凭单要求付款。所有未付凭单的副联应保存在未付凭单档案中,以待日后付款。经适当批准和有预先编号的凭单为记录采购交易提供了依据,因此,这些控制与"存在""发生""完整性""权利和义务""计价和分摊"等认定有关。

(八)确认与记录负债

正确确认已验收货物和已接受劳务的债务,对企业财务报表和实际现金支出具有重大影响。与应付账款确认和记录相关的部门一般有责任核查购置的财产,并在应付凭单登记簿或应付账款明细账中加以记录。在收到供应商发票时,应付账款部门应当将发票上所记载的品名、规格、价格、数量、条件及运费与订购单上的有关资料核对,如有可能,还应与验收单上的资料进行比较。

在手工系统下,应将已批准的未付款凭单送达会计部门,据以编制有关记账凭证和登记有关账簿。会计主管应监督为采购交易而编制的记账凭证中账户分类的适当性;通过定期核对编制记账凭证的日期与凭单副联的日期,监督入账的及时性。而独立检查会计人员则应该对所记录的凭单总数与应付凭单部门送来的每日凭单汇总表是否一致,并定期检查应付账款总账余额与应付凭单部门未付款凭单档案中的总金额是否一致。对于每月末尚未收到供应商发票的情况,则需根据验收单和订购单暂估相关的负债。

(九)办理付款

通常是由应付凭单部门负责确定未付凭单在到期日付款。企业有多种款项结算方式,以支票结算方式为例,编制和签署支票的有关控制包括:

(1) 应当独立检查已签发支票的总额与所处理的付款凭单的总额的一致性;

(2) 应由经授权的财务部门人员负责签署支票;

(3) 被授权签署支票的人员应确定每张支票都附一张已经适当批准的未付款凭单,并确定支票收款人姓名和金额与凭单内容的一致;

(4) 支票一经签署就需要在其凭单和支持性凭证上用加盖印戳或打洞等方式将其注销,以免重复付款;

(5) 支票签署人不可以签发无记名甚至空白的支票;

(6) 支票应预先顺序编号,保证支票存根的完整性和作废支票处理的恰当性;

(7) 应确保只有被授权的人员才能接近未使用的空白支票。

(十)记录现金、银行存款支出

以支票结算方式为例,在手工系统下,会计部门应根据已签发的支票编制付款记账凭证,并据以登记银行存款日记账及其他相关账簿。以记录银行存款支出为例,有关控制包括:

(1) 会计主管应独立检查记入银行存款日记账和应付账款明细账金额的一致性,以及与支票汇总记录的一致性;

(2) 独立编制银行存款余额调节表;

(3) 通过定期比较银行存款日记账记录的日期与支票副本的日期,独立检查入账的及时性。

二、相关的内部控制

(一) 适当的职责分离

由上文可知,适当的职责分离有利于防止各种有意或者无意的错误,采购与付款交易需要适当的职责分离。企业应当明确相关部门和岗位的职责、权限,确保办理采购与付款交易的不相容岗位相互分离、制约和监督。采购与付款交易不相容岗位至少包括:(1)请购与审批;(2)询价与确定供应商;(3)采购合同的订立与审批;(4)采购与验收;(5)采购、验收与会计记录;(6)付款审批与付款执行。这些都是对相关企业提出的、有关采购与付款交易相关职责适当分离的基本要求,以确保办理采购与付款交易的不相容岗位相互分离、制约和监督。

(二) 正确、适当的授权审批

付款需要由经授权的人员审批,审批人员在审批前需检查相关支持文件,并对其发现的例外事项进行跟进处理。采购与付款循环业务的授权审批主要集中在以下几个方面:(1)采购预算批准,采购的货物需要经过负责采购预算的相关人员的审批;(2)采购价格授权;(3)付款授权。

(三) 凭证的预先编号及对例外报告的跟进处理

通过对入库单的预先编号及对例外情况的汇总处理,被审计单位可以应对存货和负债记录方面的完整性风险。

(四) 企业内部检查程序

企业应当建立对采购和付款业务内部控制的检查监督制度。检查监督的内容主要包括:(1)采购和付款业务的相关岗位及人员设置情况,检查的重点在于是否存在采购和付款业务不相容职务混岗的现象;(2)采购与付款业务授权批准制度的执行情况,重点审批授权批准手续是否齐全,是否存在越权审批的情况;(3)有关单据、文件和凭证的使用和保管情况,重点检查相关手续是否齐全,使用和保管制度是否存在漏洞。

第三节 采购与付款循环的重大错报风险的评估

一、采购与付款循环的相关交易和余额存在的重大错报风险

在实施控制测试和实质性程序之前,注册会计师基于在了解被审计单位及其环境的整个过程中所识别的相关风险,结合对采购与付款循环中拟测试控制的了解,考虑在采购与付款循环中发生错报的可能性及潜在错报的重大程度是否足以导致重大错报,从而评估采购与付款循环的相关交易和余额存在的重大错报风险,为设计和实施进一步审计程序提供基础。

影响采购与付款交易和余额的重大错报风险可能包括如下方面。

(一) 低估负债或相关准备

在承受反映较高盈利水平和营运资本的压力下,被审计单位管理层可能试图低估应付账款等负债或资产相关准备,包括低估对存货应计提的跌价准备。重大错报风险常常集中体现在:

(1) 遗漏交易;

(2) 采用不正确的费用支出截止期,例如将本期的支出延迟到下期确认;

(3) 将应当及时确认损益的费用性支出资本化,然后通过资产的逐步摊销予以消化等,这将对完整性、截止、发生、存在、准确性和分类认定产生影响。

(二) 管理层错报负债费用支出的动因和偏好

被审计单位管理层可能为了完成预算,满足业绩考核要求,保证从银行获得资金,吸引潜在投资者,误导股东,影响公司股价等动机,通过操纵负债和费用的确认控制损益。例如:

(1) 平滑利润。通过多计准备或少计负债和准备,把损益控制在被审计单位管理层希望的程度。

(2) 利用关联方间的费用定价优势制造虚假的收益增长趋势。

(3) 被审计单位管理层把私人费用计入企业费用,把企业资金当作私人资金来运作。

(三) 费用支出的复杂性

例如,管理层对于涉及的服务收益与付款安排所涉及的复杂性缺乏足够的了解,这可能导致费用支出分配或计提的错误。

(四) 不正确地记录外币交易

当被审计单位进口用于出售的商品时,可能由于采用不恰当的外币汇率而导致该项采购的记录出现差错。

(五) 舞弊和盗窃的固有风险

(六) 存在未记录的权利和义务

这可能会导致资产负债表分类错误及财务报表附注不正确或者披露不充分。

注册会计师应详细了解有关交易或付款的内部控制,这些控制主要是为预防、检查和纠正签名所认定的重大错报的固有风险而设置的。注册会计师可以通过审阅以前年度的审计工作底稿、观察内部控制执行情况、询问管理层和员工、检查相关的文件和资料等方法加以了解。

在评估重大错报风险时,注册会计师之所以需要充分了解被审计单位对采购与付款交易的控制活动,目的在于使得计划实施的审计程序更加有效。

二、根据重大错报风险的评估结果设计进一步的审计程序

针对评估的财务报表层次重大错报风险,注册会计师应计划进一步审计程序的总体方案,包括确定针对相关认定计划采用综合性方案还是实质性方案,以及考虑审计程序的性

质、范围和时间安排等。存在以下情形时,注册会计师应当设计和实施控制测试:

(1) 在评估认定层次重大错报风险时,在确定实质性程序的性质、范围和时间安排时,注册会计师拟信赖控制运行的有效性;

(2) 仅实施实质性程序并不能提供认定层次充分、适当的审计证据。

综合控制测试及实质性程序,注册会计师需要评价获取的审计证据是否足以应对识别出的认定层次重大错报风险。

表 10-1 假定评估应付账款为重要账户,且相关认定包括存在、发生、完整性、准确性及截止的前提下,注册会计师计划的进一步审计程序总体方案示例。

表 10-1 采购及付款循环的重大错报风险及进一步审计程序综合审计方案

重大错报风险描述	相关财务报表科目及认定	风险程度	是否信赖控制	进一步审计程序的总体方案	拟从控制测试中获取的保证程度	拟从实质性程序中获取的保证程度
确认的负债及费用并未实际发生	应付账款、其他应付款:准确性 销售费用、管理费用:计价和公摊	一般	是	综合性方案	高	低
不计提采购相关的负债或不计提尚未付款的已经购买的服务支出	应付账款、其他应付款:完整 销售费用、管理费用:完整	特别	是	综合性方案	高	中
采用不正确的费用支出截止期,例如将本期的支出延迟到下期确认	应付账款、其他应付款:存在、完整 销售费用、管理费用:截止	一般	否	实质性方案	无	高
发生的采购未能以正确的金额记录	计价和分摊	一般	是	综合性方案	高	低

需要说明的是,上面的计划示例是根据注册会计师对重大错报风险的初步评估安排的,如果在审计过程中注册会计师了解的情况或获取的证据导致其更新相关风险的评估,则注册会计师需要执行的进一步审计程序也需要相应更新。

第四节 采购与付款循环的内部控制测试

本节进一步举例说明采购与付款循环中常见内部控制的具体测试方法。需要说明的是,如上节所述,是否执行如本节示例的内部控制测试是注册会计师根据其风险评估确定的。在某些情况下,例如被审计单位的采购是根据 IT 系统事先设定的规则自动发起的,付款也是根据收到商品后系统设置的付款期限自动确定的,该过程在 IT 系统之外没有其他相关凭据的情形下,注册会计师可能判断无法仅通过执行实质性程序获取充分适当的审计证据;在其他情况下,是否执行本节所述的控制测试则是注册会计师根据审计效率做出的总体判断。另外,有效的内部控制仅能降低而不能消除重大错报风险,因此仅依赖控制测试而不执行实质性程序也不能为相关的重要账户及其认定提供充分、适当的审计证据。

一、以风险为起点的控制测试

在审计实务中,注册会计师可以用识别的重大错报风险为起点实施控制测试。

如果被审计企业采购与付款循环的内部控制存在但并未得到遵循,或者根本不存在,或者控制测试的工作量可能大于进行控制测试所减少的实质性程序的工作量,则注册会计师不应当继续实行控制测试,而应当直接进行实质性程序。

表10-2 采购及付款循环的风险、存在的控制及控制测试程序

可能发生错报的环节	相关的财务报表项目及认定	对应的内部控制示例(自动)	对应的内部控制示例(人工)	内部控制测试程序
采购计划未经适当审批	存货:存在 其他费用:发生 应付账款:存在		生产、仓储等部门根据生产计划制订需求计划,采购部门汇总需求,按采购类型制订采购计划,经复核人复核后执行	询问复核人复核采购计划的过程,检查采购计划是否经复核人恰当复核
新增供应商或供应商信息变更未经恰当的认证	存货:存在 其他费用:发生 应付账款:存在	采购订单上的供应商代码必须在系统供应商清单中存在匹配的代码,才能生效并发送给供应商	复核人复核并批准供应商数据的变更请求。包括供应商地址或银行账户的变更及新增供应商等。复核时,评估拟进行的供应商数据变更是否得到合适文件的支持,当复核完成且复核人提出的问题/要求的修改已经得到满意的解决后,复核人在系统中确认复核完成	询问复核人复核供应商数据变更请求的过程,抽样检查变更需求是否有相关文件支持及有复核人的复核确认。检查系统中采购订单的生成逻辑,确认是否存在供应商代码匹配的要求
录入系统的供应商数据可能未经恰当复核	存货:存在 其他费用:发生 应付账款/其他应付款:存在	系统定期生成对应供应商信息所有新增变更的报告(包括新增供应商、更改银行账户等)	复核人员定期复核系统生成报告中的项目是否均经恰当授权,当复核工作完成或要求的修改得到满意解决后签字确认复核工作完成	检查系统报告的生成逻辑及完整性。询问复核人对报告的检查过程,确认其是否签署

续表

可能发生错报的环节	相关的财务报表项目及认定	对应的内部控制示例(自动)	对应的内部控制示例(人工)	内部控制测试程序
采购订单与有效的请购单不符	存货:存在、准确性 其他费用:发生、准确性 应付账款/其他应付款:存在、准确性		复核人复核并批准每一个采购订单,包括复核采购订单是否有经适当权限人员签署的请购单支持。复核人也确认采购订单的价格与供应商协商一致且该供应商已通过审批。当复核完成且复核人提出的问题/要求的修改已经得到满意的解决后,签署确认复核完成	询问复核人复核采购订单的过程,包括复核人提出的问题及其跟进记录。抽样检查采购订单是否有对应的请购单及复核人签署确认
订单未被录入系统或在系统中重复录入	存货:存在、完整性 其他费用:发生、完整性 应付账款/其他应付款:存在、完整性	系统每月末生成列明跳码或重码的采购订单的例外报告	复核人定期复核列明重码或者跳码的采购订单编号的例外报告,以确定是否有遗漏、重复的记录。该复核确定所有采购订单是否都输入系统,且仅输入了一次	检查系统例外报告的生成逻辑。 询问复核人对例外报告的检查过程,确认发现的问题是否及时得到了跟进处理
接收了缺乏有效采购订单或未经验收的商品	应付账款:存在、完整性 存货:存在、完整性 其他费用:发生、完整性	入库确认后,系统生成连续编号的入库单	收货人只有完成以下程序后,才能在系统中确认商品入库: (1)检查是否存在有效的采购订单; (2)检查是否存在有效的验收单; (3)检查收到的货物的数量是否与发货单一致	检查系统入库单编号的连续性。 询问收货人员的收货过程,抽样检查入库单是否有对应一致的采购订单及验收单
临近会计期末的采购未被记录在正确的会计期间	存货/其他费用:完整性 应付账款:完整性	系统每月末生成列明跳码或者重码的入库单的例外报告	复核人复核系统生成的例外报告,检查是否有遗漏、重复的入库单。当复核完成且复核人提出的问题/要求的修改已经得到满意的解决后,签署确认复核已经完成	检查系统例外报告的生成逻辑。 询问复核人对例外报告的检查过程,确认发现的问题是否及时得到了跟进处理

续表

可能发生错报的环节	相关的财务报表项目及认定	对应的内部控制示例(自动)	对应的内部控制示例(人工)	内部控制测试程序
	应付账款:存在、完整性 存货:存在、完整性 其他费用:发生、完整性	系统每月末生成包含所有已收货但相关发票未录入系统货物信息的例外报告	复核人复核该例外报告中的项目,确定采购是否被记录在正确的期间及负债计提是否有效。当复核完成且复核人提出的问题/要求的修改已经得到满意的解决后,签署确认复核已经完成	检查系统例外报告的生成逻辑。询问复核人对报告的复核过程,核对报告中的采购是否计提了相应负债,检查复核人的签署确认
发票未被正确编码,导致在成本或费用之间的错误分类	存货:准确性、完整性 其他费用:准确性、完整性 应付账款:存在、完整性 费用/成本:完整性、计价和分摊 应付账款:完整性、计价和分摊	系统自动将相关的发票归集入对应的总分类账费用科目	每张发票开具前均经复核人复核并批准,复核人评估正确的总分类账代码是否被应用到该项目。 定期编制所选定关键绩效指标(例如,分成本中心/部门的费用、费用占收入的比例等)与管理层预期(包括以前期间或预算等信息)相比较的报告,复核人识别关键绩效指标与预期之间差异的相关问题(例如波动、例外或异常调整),并与相关人员跟进。所有问题会被合理应对,复核人通过签署关键绩效指标报告以证明完成复核	询问复核人对发票编号/总分类代码的复核过程,抽样检查相关发票是否被恰当分类到了相关费用。根据样本量要求选取关键绩效报告,确定是否经过管理层复核;复核是否在合理的时间内完成;检查关键绩效指标的计算是否准确,是否与账面记录核对一致;评估用于调查重大差异的界限是否适当。向复核人询问其复核方法,对于其提出的问题,检查是否以恰当根据处理。评价使用数据的完整性和准确性
批准付款的发票上存在价格/数量错误或者劳务尚未提供的情形	应付账款:完整性、计价和分摊 存货/成本:完整性、计价和分摊	当入库单录入系统后,系统将其与采购订单进行核对。当发票录入系统后,系统将其详细信息与采购订单及入库单进行核对。如信息相符或差异不超过可接受差异,系统将自动批准发票可以付款。如信息不符,发票将被列示于例外报告中,由人工跟进	负责应付账款且无职责冲突的人员负责跟进例外报告中的所有项目。仅当不符信息从例外报告中消除后发票才可以付款	检查系统报告的生成逻辑,确认例外报告的完整性及准确性。 与复核人讨论其复核过程,抽样选取例外/删减情况报告。检查每一份报告并确定: (1)是否存在管理层复核的证据; (2)复核是否在合理的时间范围内完成; (3)复核人提出问题的跟进是否恰当、是否能使交易恰当记录于会计系统。抽样选取采购发票,检查是否与入库单和采购订单所记载的价格、供应商、日期、描述及数量一致

续表

可能发生错报的环节	相关的财务报表项目及认定	对应的内部控制示例(自动)	对应的内部控制示例(人工)	内部控制测试程序
现金支付未记录、未记录在正确的供应商账户(串户)或记录金额不正确	应付账款:准确性、存在 存货:准确性 其他费用:准确性		独立于负责现金交易处理的会计人员每月末编制银行存款余额调节表。所有重大差异由调节表编制人跟进,并根据具体情形进行跟进处理。经授权的管理人员复核所编制的银行余额调节表,当复核工作完成或者复核人提出的问题/要求的修改已得到满意解决后,签署确认复核工作已经完成	询问复核人对银行存款余额调节表的复核过程。抽样检查银行余额调节表,检查其是否得到及时复核、复核的问题是否得到了恰当跟进处理、复核人是否签署确认
	应付账款:存在、完整性、计价和分摊 存货:存在、完整性、计价和分摊 其他费用:发生、完整性、计价和分摊		应付账款会计人员将供应商提供的对账单与应付账款明细表进行核对,并对差异进行跟进和处理。复核人定期复核供应商对账结果,该对账通过从应付账款明细账中抽取一定数量的应付供应商余额与供应商提供的对账单进行核对。当复核工作完成或复核人提出的问题/要求的修改已得到满意的解决后,签署确认复核工作已完成	询问复核人对供应商对账结果的复核过程,抽样选取供应商对账单,检查其是否与应付账款明细账进行了正确的核对,差异是否得到恰当的跟进处理。检查复核人的相关签署确认
员工具有不适当的访问权力,使其能够实施违规交易或隐瞒错误	应付账款:存在、完整性、准确性 存货:存在、完整性、计价和分摊 其他费用:发生、完整性、计价和分摊	采购系统根据管理层的授权进行权限设置,以支持采购职能所要求的上述职责分离	管理层分离以下活动: (1)供应商主信息维护; (2)请购授权; (3)输入采购订单; (4)开具供应商发票; (5)按照订单收取货物; (6)存货盘点调整等	检查系统中相关人员的访问权限。复核管理层的授权职责分配表,对不相容职位(申请与审批等)是否设置了恰当的职责分离

续表

可能发生错报的环节	相关的财务报表项目及认定	对应的内部控制示例(自动)	对应的内部控制示例(人工)	内部控制测试程序
总账与明细账中的记录不一致	应付账款:完整性、准确性 其他费用:完整性、准确性	应付账款/费用明细账的总余额与总账账户间的调节表会在每个期间未及时执行	任何差异会被调查,如恰当,将进行调整。复核人会复核调节表及相关支持文档,任何差异及/或调整会被批准	核对总账与明细账的一致性,检查复核人的复核及差异跟进记录

二、关键控制的选择和测试

注册会计师在实际工作中,并不需要对该流程的所有控制点进行测试,而是应该针对识别的可能发生的错报环节,选择足以应对评估的重大错报风险的关键控制进行控制测试。

例如,针对存货及应付账款的存在性认定,企业制订的采购计划及审批主要是企业为提高经营效率效果设置的流程及控制,不能直接应对该认定,注册会计师不需要对其执行专门的控制测试;请购单的审批与存货及应付账款的存在性认定相关,但如果企业存在将订购单、验收单和卖方发票的一致性进行核对的"三单核对"控制,该控制足以应对存货及应付账款的存在性风险,则可以直接选择"三单核对"控制作为关键控制进行测试更能提高审计效率。

控制测试的具体方法则需要根据具体控制的性质确定。例如,对于验收单连续编号的控制,如果该控制是人工控制,注册会计师可以根据样本量选取几个月经复核人复核的入库单清单,检查入库单的编号是否完整。若入库单编号跳号,与复核人跟进并通过询问确认跳号的原因。如需要,进行佐证并考虑是否对审计存在影响。如果该控制是系统设置的,则注册会计师可以选取系统生成的例外/删减情况报告,检查每一份报告并确定是否存在管理层复核的证据及复核是否在合理的时间内完成;与复核人讨论其复核和跟进过程,如适当,确定复核人采取的行动及这些行动在此环境下是否恰当。确认是否发现了任何调整,调整如何得以解决及采取的行动是否恰当。

第五节 采购与付款循环的实质性程序

一、应付账款的实质性程序

应付账款是企业在正常经营过程中,因购买材料、商品和接受劳务供应等经营活动而应付给供应商的款项。

(一)应付账款的审计目标

应付账款的审计目标一般包括:(1)确定资产负债表中记录的应付账款是否存在;

(2)确定所有应当记录的应付账款是否均已记录;(3)确定资产负债表中记录的应付账款是否为被审计单位应当履行的现时义务;(4)确定应付账款是否以恰当的金额包括在财务报表中,与之相关的计价调整是否已恰当记录;(5)确定应付账款是否已按照企业会计准则的规矩在财务报表中做出恰当的列报。

具体的审计程序计划则需要根据评估的重大错报风险确定。

(二) 应付账款的实质性程序

应付账款的实质性程序如下:

(1) 获取或编制应付账款明细表。

执行以下工作:

① 检查非记账本位币应付账款的折算汇率及折算是否正确;

② 复核加计是否正确,并与报表数、总账数和明细账合计数核对是否相符;

③ 分析出现借方余额的项目,查明原因,必要时,建议做重分类调整;

④ 结合预付账款、其他应付款等往来项目的明细余额,检查有无针对同一交易在应付账款和预付款项同时记账的情况、异常余额或与购货无关的其他款项。

(2) 函证应付账款。获取适当的供应商相关清单,询问该清单是否完整并考虑该清单是否应包括预期负债等附加项目。选取样本进行测试并执行如下程序:

① 向债权人发送询证函。注册会计师应根据审计准则的规定对询证函保持控制,包括确定需要确认或填列的信息、选择适当的被询证者、设计询证函、正确填列被询证者的姓名和地址,以及被询证者直接向注册会计师回函的地址等信息,必要时再次向被询证者寄发询证函等。

② 将询证函余额与已记录金额相比较,如存在差异,检查支持性文件。评价已记录金额是否适当。

③ 对于未作回复的函证实施替代程序。

④ 如果认为回函不可靠,评价对评估的重大错报风险及其他审计程序的性质、时间安排和范围的影响。

(3) 检查应付账款是否计入了正确的会计期间,是否存在未入账的应付账款。

① 对本期发生的应付账款增减变动,检查至相关支持性文件,确认会计处理是否正确。

② 检查资产负债表日后应付账款明细账贷方发生额的相应凭证,关注其购货发票的日期,确认其入账时间是否合理。

③ 获取并检查被审计单位与其供应商之间的对账单及被审计单位编制的差异调节表,确定应付账款金额的准确性。

④ 针对资产负债表日后付款项目,检查银行对账单及有关付款凭证,询问被审计单位内部或外部的知情人员,查找有无未及时入账的应付账款。

⑤ 结合存货监盘程序,检查被审计单位在资产负债表日前后的存货入库资料,检查相关负债是否计入了正确的会计期间。

(4) 寻找未入账负债的测试。获取期后收取、记录或支付的发票明细,包括获取支票登记簿、电汇报告、银行对账单(根据被审计单位情况不同)及入账的发票和未入账的发票。

从中选取项目(应当尽量接近审计报告日)进行测试并实施以下程序:

① 检查支持性文件。

② 追踪已选取项目至应付账款明细账、货到票未到的暂估入账和/或预提费用明细表,并关注费用所计入的会计期间。调查并跟进所有已识别的差异。

③ 评价费用是否被记录于正确的会计期间,并相应确定是否存在期末未入账负债。

(5) 检查应付账款长期挂账的原因并做出记录,对确实无须支付的应付款的会计处理是否正确。

(6) 如存在应付关联方的款项处理办法:

① 了解交易的商业理由。

② 检查证实交易的支持性文件(例如,发票、合同、协议及入库和运输单据等相关文件)。

③ 检查被审计单位与关联方的对账记录或向关联方函证。

(7) 检查应付账款是否已按照企业会计准则的规定在财务报表中做出恰当列报和披露。

二、除折旧、摊销、人工费用以外的一般费用的实质性程序

折旧、摊销和人工费用一般分别在固定资产循环、人力资源和工资薪酬循环中涵盖,此处提及的是除这些以外的一般费用。

(一) 一般费用的审计目标

一般费用的审计目标一般包括:(1)确定利润表中记录的一般费用是否确认发生,即发生认定;(2)确定所有应当记录的费用是否均已记录,即完整性认定;(3)确定一般费用是否以恰当的金额包括在财务报表中,即准确性认定;(4)确定费用是否已计入恰当的会计期间,即截止认定。

(二) 一般费用的实质性程序

(1) 获取一般费用和明细表,复核其加计数是否正确、并与总账和明细账合计数核对是否正确。

(2) 实质性分析程序:

① 考虑可获取信息的来源、可比性、性质和相关性及与信息编制相关的控制,评价在对记录的金额或比率做出预期时使用数据的可靠性。

② 将费用细化到适当层次,根据关键因素和相互关系设定预期值,评价预期值是否足够精确以识别重大错报。

③ 确定已记录金额与预期值之间可接受的、无须作进一步调查的可接受的差异额。

④ 将已记录金额与期望值进行比较,识别需要进一步调查的差异。

⑤ 调查差异,询问管理层,针对管理层的答复获取适当的审计证据;根据具体情况在必要时实施其他审计程序。

(3) 从资产负债表日后的银行对账单或付款凭证中选取项目进行测试,检查支持性文件,关注发票日期和支付日期,追踪已选取项目至相关费用明细表,检查费用所计入的会计期间,评价费用是否被记录于正确的会计期间。

（4）对本期发生的费用选取样本,检查其支持性文件,确定原始凭证是否齐全,记账凭证与原始凭证是否相符及账务处理是否正确。

（5）抽取资产负债表日前后的凭证,实施截止测试,评价费用是否被记录于正确的会计期间。

（6）检查一般费用是否已按照企业会计准则及其他相关规定在财务报表中做出恰当的列报和披露。

【思考题】

1. 注册会计师应当如何查找未入账的应付账款?
2. 采购和付款交易通常要依次经过几个业务活动?请具体说明。
3. 采购与付款循环的主要业务活动有哪些?
4. 简述采购交易内部控制有哪些。
5. 简述采购交易控制测试有哪些。
6. 简述付款交易控制测试有哪些。

第十一章 生产与存货循环的审计

引 例

甲同学在会计师事务所实习,她跟随事务所会计师来到乙公司进行2020年度的财务报表审计。乙公司是一家汽车零部件生产企业,2020年年末存货余额占资产总额的比重很大。面对该企业的各种存货,甲同学不知道如何去审计该公司的生产成本,也不知道如何对存货进行监盘。

第一节 生产与存货循环的特点

一、不同行业类型的存货性质

存货的性质由于被审计单位业务的不同而有很大的差别,表11-1列示了不同行业的存货性质。

表11-1 不同行业的存货性质

行业类型	存货性质
一般制造业	生产的半成品和产成品、采购的原材料、低值易耗品和配件等
贸易业	从厂商、批发商或其他零售商处采购的商品
餐饮业	用于加工食品的食材、饮料等
建筑业	建筑材料、周转材料、在建项目成本

存货是企业的重要资产,存货的采购、使用和销售与企业的经营活动紧密相关,对企业的财务状况和经营成果具有重大而广泛的影响。注册会计师应当确认在财务报表中列示的存货金额是否正确;是否归被审计单位所有;期末计价是否准确;存货的购入和发出交易是否计入正确的会计期间。

原材料的采购入库在采购与付款循环中涉及,产成品的出库销售在销售与收款循环中涉及,本章侧重于原材料入库之后至产成品发出之间的业务活动。

二、本循环涉及的主要单据与会计记录

在内部控制比较健全的企业,处理生产和存货业务通常需要使用很多单据与会计记录。典型的生产与存货循环所涉及的主要单据与会计记录有以下几种。

(一) 生产通知单

生产通知单是企业下达制造产品等生产任务的书面文件,用以通知供应部门组织材料发放,生产车间组织产品制造,会计部门组织成本计算。广义的生产指令也包括用于指导产品加工的工艺规程。

(二) 领发料凭证

领发料凭证是企业为控制材料发出所采用的各种凭证,例如材料发出汇总表、领料单、限额领料单、领料登记簿、退料单等。

(三) 产量和工时记录

产量和工时记录是登记工人或生产班组在出勤时间内完成产品数量、质量和生产这些产品所耗费工时数量的原始记录。产量和工时记录的内容与格式是多种多样的,在不同的生产企业中,甚至在同一企业的不同生产车间中,由于生产类型不同而采用不同格式的产量和工时记录。常用的产量和工时记录主要有工作通知单、工序进程单、工作班产量报告、产量通知单、产量明细表、废品通知单等。

(四) 工薪汇总表及工薪费用分配表

工薪费用分配表反映了各生产车间各产品应负担的生产工人工薪及福利费。

工薪汇总表是为了反映企业全部工薪的结算情况,并据以进行工薪总分类核算和汇总整个企业工薪费用而编制的,它是企业进行工薪费用分配的依据。

(五) 材料费用分配表

材料费用分配表是用来汇总反映各生产车间各产品所耗费的材料费用的原始记录。

(六) 制造费用分配汇总表

制造费用分配汇总表是用来汇总反映各生产车间各产品所应负担的制造费用的原始记录。

(七) 成本计算单

成本计算单是用来归集某一成本计算对象所应承担的生产费用,计算该成本计算对象的总成本和单位成本的记录。

(八) 产成品入库单和出库单

产成品入库单是产品生产完成并经检验合格后从生产部门转入仓库的凭证。产成品出库单是根据经批准的销售单发出产成品的凭证。

(九) 存货明细账

存货明细账是用来反映各种存货增减变动情况和期末库存数量及相关成本信息的会计

记录。

（十）存货盘点指令、盘点表及盘点标签

一般制造型企业通常会定期对存货实物进行盘点，将实物盘点数量与账面数量进行核对，对差异进行分析调查，必要时做账务调整，以确保账实相符。在实施存货盘点之前，管理人员通常编制存货盘点指令，对存货盘点的时间、人员、流程及后续处理等方面做出安排。在盘点过程中，通常会使用盘点表记录盘点结果，使用盘点标签对已盘点存货及数量做出标识。

（十一）存货货龄分析表

很多制造型企业通过编制存货货龄分析表，识别流动较慢或滞销的存货，并根据市场情况和经营预测，确定是否需要计提存货跌价准备。

第二节　生产与存货循环的业务活动和相关内部控制

一、生产与存货循环的主要业务活动

生产与存货循环的主要业务活动包括：(1)计划和安排生产；(2)发出原材料；(3)生产产品；(4)核算产品成本；(5)存储产成品；(6)发出产成品；等等。上述业务活动通常涉及以下部门：生产计划部门、仓储部门、生产部门、人事部门、销售部门、会计部门等。

（一）计划和安排生产

生产计划部门的职责是根据客户订购单或者销售部门对销售预测和产品需求的分析来决定生产授权。该部门通常应将发出的所有生产通知单顺序编号并加以记录控制。此外，通常该部门还需编制一份材料需求报告，列示所需要的材料和零件及其库存。

（二）原材料的发出

仓储部门的责任是根据从生产部门收到的领料单发出原材料。领料单上必须列示所需的材料数量和种类，以及领料部门的名称。领料单可以一料一单，也可以多料一单，通常需一式三联。仓库管理人员发料并签署后，将其中一联连同材料交给领料部门，一联留在仓库登记材料明细账，一联交会计部门进行材料收发核算和成本核算。

（三）生产产品

生产部门在收到生产通知单及领取原材料后，便将生产任务分解到每一个生产工人，并将所领取的原材料交给生产工人，据以执行生产任务。生产工人在完成生产任务后，将完成的产品交生产部门统计人员盘点，然后转交检验员验收并办理入库手续；或是将所完成的半成品移交下一个部门，作进一步加工。

（四）核算产品成本

为了正确核算并有效控制产品成本，必须建立健全成本会计制度，将生产控制和成本核

算有机结合在一起。一方面,生产过程中的各种记录、生产通知单、领料单、计工单、产量统计记录表、生产统计报告、入库单等文件资料都要汇集到会计部门,由会计部门对其进行检查和核对,了解和控制生产过程中存货的实物流转;另一方面,会计部门要设置相应的会计账户,会同有关部门对生产过程中的成本进行核算和控制。成本会计制度可以非常简单,只是在期末记录存货余额;也可以是完善的标准成本制度,持续地记录所有材料处理、在产品和产成品,并形成对成本差异的分析报告。完善的成本会计制度应该提供原材料转为在产品,在产品转为产成品,以及按成本中心、分批次生产任务通知单或生产周期所消耗的材料、人工和间接费用的分配与归集的详细资料。

（五）产成品入库及储存

产成品入库须由仓储部门先行点验和检查,然后签收。签收后,将实际入库数量通知会计部门。由此,仓储部门确立了本身应承担的责任,并对验收部门的工作进行验证。除此之外,仓储部门还应根据产成品的品质特征分类存放,并填制标签。

（六）发出产成品

产成品的发出须由独立的发运部门进行。装运产成品时必须持有关部门核准的发运通知单,并据此编制出库单。出库单一般为一式四联,一联交仓储部门;一联由发运部门留存;一联送交客户;一联作为开具发票的依据。

（七）存货盘点

管理人员编制盘点指令,安排适当人员对存货实物进行定期盘点,将盘点结果与存货账面数量进行核对,调查差异并进行适当调整。

（八）计提存货跌价准备

财务部门根据存货货龄分析表信息及相关部门提供的有关存货状况的信息,结合存货盘点过程中对存货状况的检查结果,对出现损毁、滞销、跌价等降低存货价值的情况进行分析计算,计提存货跌价准备。

注册会计师通常通过实施下列程序,了解生产和存货循环的业务活动和相关内部控制:

（1）询问参与生产和存货循环各业务活动的被审计单位人员,一般包括生产部门、仓储部门、人事部门和财务部门的员工和管理人员;

（2）获取并阅读企业的相关业务流程图或内部控制手册等资料;

（3）观察生产和存货循环中特定控制的运用,例如观察生产部门如何将完工产品移送入库并办理手续;

（4）检查文件资料,例如检查原材料领料单、成本计算表、产成品出入库单等;

（5）实施穿行测试,追踪一笔交易在财务报告信息系统中的处理过程。

在审计工作的计划阶段,注册会计师应当对生产与存货循环中的业务活动进行充分了解和记录,通过分析业务流程中可能发生重大错报的环节,进而识别和了解被审计单位为应对这些可能的错报而设计的相关控制,并通过诸如穿行测试等方法对这些流程和相关控制加以证实。

二、相关内部控制

以下是对上述八个业务活动中可能存在的内部控制的举例说明。

（1）对于计划和安排生产这项主要业务活动，有些被审计单位的内部控制要求，根据经审批的月度生产计划书，由生产计划经理签发预先按顺序编号的生产通知单。

（2）对于发出原材料这项主要业务活动，一些被审计单位的内部控制要求：

① 领料单应当经生产主管批准，仓库管理员凭经批准的领料单发料；领料单一式三联，分别作为生产部门存根联、财务联和仓库联。

② 仓库管理员应把领料单编号、领用数量、规格等信息输入计算机系统，经仓储经理复核并以电子签名方式确认后，系统自动更新材料明细台账。

（3）对于生产产品和核算产品成本这两项主要业务活动，一些被审计单位的内部控制要求：

① 生产部门记录生产各环节所耗用工时数，包括人工工时数和机器工时数，并将工时信息输入生产记录日报表。

② 生产成本记账员应根据原材料领料单财务联，编制原材料领用日报表，与计算机系统自动生成的生产记录日报表核对材料耗用和流转信息；由会计主管审核无误后，生成记账凭证并过账至生产成本及原材料明细账和总分类账。

③ 每月末，由生产车间与仓库核对原材料和产成品的转出和转入记录，如有差异，仓库管理员应编制差异分析报表，经仓储经理和生产经理签字确认后交会计部门进行调整。

④ 每月末，由计算机系统对生产成本中外项组成部分进行归集，按照预设的分摊公式和方法，自动将当月发生的生产成本在完工产品和在产品之间按比例分配；同时，将完工产品成本在各不同产品类别之间分配，由此生成产品成本计算表和生产成本分配表；由生产成本记账员编制成生产成本结转凭证，经会计主管审核批准后进行账务处理。

（4）对于产成品入库和储存这项主要业务活动，一些被审计单位的内部控制要求：

① 产成品入库时，质量检验员应检查并签发预先按顺序编号的产成品验收单，由生产小组将产成品送交仓库，仓库管理员应检查产成品验收单，并清点产成品数量，填写预先顺序编号的产成品入库单，经质检经理、生产经理和仓储经理签字确认后，由仓库管理员将产成品入库单信息输入计算机系统，计算机系统自动更新产成品明细台账并与采购订购单编号核对。

② 存货存放在安全的环境中，经过授权的工作人员才可以接触及处理存货。

（5）对于发出产成品这项主要业务活动，在销售与收款流程循环中涉及了产成品出库这一环节，此外还有后续的结转销售成本环节，有些被审计单位可能设计以下内部控制要求：

① 产成品出库时，由仓库管理员填写预先顺序编号的出库单，并将产成品出库单信息输入计算机系统，经仓储经理复核并以电子签名方式确认后，计算机系统自动更新产成品明细台账并与发运通知单编号核对。

② 产成品装运发出前，由运输经理独立检查出库单、销售订购单和发运通知单，确定从仓库提取的商品附有经批准的销售订购单，并且所提取商品的内容与销售订购单一致。

③ 每月末，生产成本记账员根据计算机系统内状态为"已处理"的订购单数量，编制销售成本结转凭证，结转相应的销售成本，经会计主管审核批准后进行账务处理。

（6）对于盘点存货这项业务活动，有些被审计单位的内部控制要求：

① 生产部门和仓储部门在盘点日前对所有存货进行清理和归整，以便于盘点顺利进行。

② 每一组盘点人员中应包括仓储部门以外的其他部门人员，即不能由负责保管存货的人员单独负责盘点存货；安排不同的工作人员分别负责初盘和复盘。

③ 盘点表和盘点标签事先连续编号，发放给盘点人员时登记领用人员；盘点结束后回收并清点所有已使用和未使用的盘点表和盘点标签。

④ 为防止存货被遗漏或重复盘点，所有盘点过的存货贴盘点标签，注明存货品名、数量和盘点人员，完成盘点前检查现场，确认所有存货均已贴上盘点标签。

⑤ 将不属于本单位的代其他方保管的存货单独堆放并作标识；将盘点期间需要领用的原材料或出库的产成品分开堆放并作标识。

⑥ 汇总盘点结果，与存货账面数量进行比较，调查分析差异原因，并对认定的盘盈和盘亏提出账务调整，经仓储经理、生产经理、财务经理和总经理复核批准后入账。

（7）对于计提存货跌价准备这项业务活动，有些被审计单位的内部控制要求：

① 定期编制存货货龄分析表，管理人员复核该分析表，确定是否有必要对滞销存货计提存货跌价准备，并计算存货可变现净值，据此计提存货跌价准备。

② 生产部门和仓储部门每月上报残冷背次存货明细，采购部门和销售部门每月上报原材料和产成品最新价格信息，财务部门据此分析存货跌价风险并计提跌价准备，由财务经理和总经理复核批准并入账。

第三节　生产与存货循环的重大错报风险

一、生产与存货循环存在的重大错报风险

注册会计师应当清楚了解被审计单位管理层管理生产与存货交易的关键业绩指标和关键因素。以一般制造类企业为例，影响生产与存货循环交易和余额的风险因素可能包括：

（1）交易的数量和复杂性导致的舞弊或者错误的风险；

（2）成本核算的复杂性导致费用分配出现错误的风险；

（3）产品的多元化使其价值、数量、质量难以衡量的风险；

（4）某些存货项目的可变现净值难以确定的风险；

（5）将存货存放在很多地点导致毁损灭失的风险；

（6）寄存的存货使得所有权界定出现错误的风险。

由于存货与企业各项经营活动紧密联系，存货的重大错报风险往往与财务报表其他项目的重大错报风险紧密相关。综上所述，一般制造型企业存货的重大错报风险通常包括：

(1) 存货实物可能不存在;
(2) 属于被审计单位的存货可能未在账面反映;
(3) 存货的所有权可能不属于被审计单位;
(4) 存货的单位成本可能存在计算错误;
(5) 存货的账面价值可能无法实现,即跌价损失准备的计提可能不充分。

二、根据重大错报风险评估结果设计进一步审计程序

注册会计师基于生产与存货循环的重大错报风险评估结果,制订实施进一步审计程序的总体方案(表11-2),继而实施控制测试和实质性程序,以应对识别出的认定层次的重大错报风险。注册会计师通过控制测试和实质性程序获取的审计证据综合起来应足以应对识别出的认定层次的重大错报风险。

注册会计师根据重大错报风险的评估结果初步确定实施进一步审计程序的具体审计计划,因为风险评估和审计计划都是贯穿审计全过程的动态的活动,而且控制测试的结果可能导致注册会计师改变对内部控制的信赖程度,因此,具体审计计划并非一成不变,可能需要在审计过程中进行调整。

然而,无论是采用综合性方案还是实质性方案,获取的审计证据都应当能够从认定层次应对所识别的重大错报风险,直至针对该风险所涉及的全部相关认定均已获取了足够的保证程度。我们将在本章第四节和第五节中,说明内部控制测试和实质性程序是如何通过"认定"与识别的重大错报风险相对应的。

表11-2 生产和存货的重大错报风险和进一步审计程序总体方案

重大错报风险描述	相关财务报表项目及认定	风险程度	是否信赖控制	进一步审计程序的总体方案	拟从控制测试中获取的保证程度	拟从实质性程序中获取的保证程度
存货实物可能不存在	存货:存在	特别	是	综合性	中	高
存货的单位成本可能存在计算错误	存货:计价和分摊 营业成本:准确性	一般	是	综合性	中	低
已销售产品的成本可能没有准确结转至营业成本	存货:计价和分摊 营业成本:准确性	一般	是	综合性	中	低
存货的账面价值可能无法实现	存货:计价和分摊	特别	否	实质性	无	高

第四节 生产与存货循环的控制测试

总体上看,生产与存货循环的内部控制主要包括存货数量的内部控制和存货单价的内

部控制两方面。由于生产与存货循环和其他业务循环的紧密联系,生产与存货循环中某些审计程序,特别是对存货余额的审计程序,与其他相关业务循环的审计程序同时进行将更为有效。因此,在对生产与存货循环的内部控制实施测试时,要考虑其他业务循环的控制测试是否与本循环相关,避免重复测试。风险评估和风险应对是整个审计过程的核心,因此,注册会计师通常以识别的重大错报风险为起点,选取拟测试的控制并实施控制测试。表11-3列示了通常情况下生产与存货循环的风险、存在的控制及控制测试程序。

表11-3 生产与存货循环的风险、存在的控制及控制测试程序

可能发生错报的环节	相关财务报表项目及认定	存在的内部控制(自动)	存在的内部控制(人工)	内部控制测试程序
发出原材料				
原材料的发出可能未经授权	生产成本:发生		所有领料单由生产主管签字批准,仓库管理员凭经批准的领料单发出原材料	选取领料单,了解生产主管如何执行相关审核,检查是否有生产主管的签字授权
发出的原材料可能未正确记入相应产品的生产成本中	生产成本:计价和分摊	领料单信息输入系统时须输入对应的生产任务单编号和所生产的产品代码,每月末系统自动归集生成材料成本明细表	生产主管每月末将其生产任务单及相关领料单存根联与材料成本明细表进行核对,调查差异并处理	检查生产主管核对材料成本明细表的记录,并询问其核对过程及结果
记录人工成本				
生产工人的人工成本可能未得到准确反映	生产成本:准确性	所有员工有专属员工代码和部门代码,员工的考勤记录记入相应员工代码	人事部每月编制工薪费用分配表,按员工所属部门将工薪费用分配至生产成本、制造费用、管理费用和销售费用,经财务经理复核后入账	检查系统中员工的部门代码设置是否与其实际职责相符;询问并检查财务经理复核工资费用分配表的过程和记录
记录制造费用				
发生的制造费用可能没有得到完整归集	制造费用:完整性	系统根据输入的成本和费用代码自动识别制造费用并进行归集	成本会计每月复核系统生成的制造费用明细表并调查异常波动。必要时由财务经理批准进行调整	检查系统的自动归集设置是否符合有关成本和费用的性质,是否合理。询问并检查成本会计复核制造费用明细表的过程和记录,检查财务经理对调整制造费用的分录的批准记录

续表

可能发生错报的环节	相关财务报表项目及认定	存在的内部控制(自动)	存在的内部控制(人工)	内部控制测试程序
计算产品成本				
生产成本和制造费用在不同产品之间、在产品和产成品之间的分配可能不正确	存货：计价和分摊营业成本：准确性		成本会计执行产品成本核算日常成本核算，财务经理每月末审核产品成本计算表及相关资料(原材料成本核算表、工薪费用分配成本核算表、制造费用分配表等)，并调查异常项目	询问财务经理如何执行复核及调查。选取产品成本计算表及相关资料，检查财务经理的复核记录
产成品入库				
已完工产品的生产成本可能没有转移到产成品中	存货：计价和分摊	系统根据当月输入的产成品入库单和出库单信息自动生成产成品收(入库)发(出库)存(余额)报表	成本会计将产成品收发存报表中的产品入库数量与当月成本计算表中结转的产成品成本对应的数量进行核对	询问和检查成本会计将产成品收发存报表与成本计算表进行核对的过程和记录
发出产成本				
销售发出的产成品的成本可能没有准确转入营业成本	存货：计价和分摊营业成本：准确性	系统根据确认营业收入所对应的售出产品自动结转营业成本	财务经理和总经理每月对毛利率进行比较分析，对异常波动进行调查和处理	检查系统设置的自动结转功能是否正常运行，成本结转方式是否符合公司成本核算政策。询问和检查财务经理和总经理进行毛利率分析的过程和记录，并对异常波动的调查和处理结果进行核实
盘点存货				
存货可能被盗或因材料领用/产品销售未入账而出现账实不符	存货：存在		仓库保管员每月末盘点存货并与仓库台账核对并且调节一致；成本会计监督其盘点与核对，并抽查部分存货进行复盘。每年末盘点所有存货，并根据盘点结果分析盘盈盘亏并进行账面调整	计提存货跌价准备
可能存在残冷背次的存货，影响存货的价值	存货：计价和分摊资产减值损失：完整性	系统根据存货入库日期自动统计货龄，每月末生成存货货龄分析表	财务部根据系统生成的存货货龄分析表，结合生产和仓储部门上报的存货损毁情况及存货盘点中对存货状况的检查结果，计提存货减值准备，报总经理审核批准后入账	询问财务经理识别减值风险并确定减值准备的过程，检查总经理的复核批准记录

在上述控制测试中,如果人工控制在执行时依赖于信息系统生成的报告,注册会计师还应当针对系统生成报告的准确性执行测试,例如与计提存货跌价准备相关的管理层控制中使用了系统生成的存货货龄分析表,其准确性影响管理层控制的有效性,因此,注册会计师需要同时测试存货货龄分析表的准确性。

有些被审计单位采用信息系统执行全程自动化成本核算。在这种情况下,注册会计师通常需要对信息系统的成本核算流程和参数设置进行了解和测试(可能还需要利用信息技术专家的工作),并测试相关信息系统一般控制的运行有效性。

第五节 生产与存货循环的实质性程序

在完成控制测试之后,注册会计师基于控制测试的结果,确定从控制测试中已获得的审计证据及其保证程度,确定是否需要对具体审计计划中设计的实质性程序的性质、时间安排和范围做出适当调整。

在实务中,注册会计师通过计划阶段执行的风险评估程序,已经确定了已识别重大错报风险的相关认定。接下来,我们从风险对应的具体审计目标和相关认定的角度出发,对实务中较为常见的针对存货和营业成本的实质性程序进行阐述。这些程序可以从一个或多个认定方面应对识别的重大错报风险。

一、存货的审计目标

存货审计,尤其是对年末存货余额的测试,通常是审计中最复杂也最费时的部分。对存货存在和存货价值的评估常常十分困难。导致存货审计复杂的主要原因包括:

(1) 存货通常是资产负债表中的一个主要项目,而且通常是构成营运资本的最大项目;
(2) 存货存放于不同的地点,这使得对它的实物控制和盘点都很困难;
(3) 存货项目的多样性也给审计带来了困难;
(4) 存货本身的陈旧以及存货成本的分配也使得存货的估价存在困难;
(5) 不同企业采用的存货计价方法存在多样性。

由于存货对于企业的重要性、存货问题的复杂性以及存货与其他项目密切的关联度,要求注册会计师对存货项目的审计应当予以特别的关注。相应地,要求实施存货项目审计的注册会计师应具备较高的专业素质和相关业务知识,分配较多的审计工具时,运用多种有针对性的审计程序。

存货审计涉及数量和单价两个方面。针对存货数量的实质性程序主要是存货监盘。此外,还包括对第三方保管的存货实施函证等程序,对在途存货检查相关凭证和期后入库记录等。针对存货单价的实质性程序包括对购买和生产成本的审计程序和对存货可变现净值的审计程序。其中原材料成本的计量较为简单,通常通过对采购成本的审计进行测试;在产品和产成品的单价较为复杂,包括测试原材料成本、人工成本和制造费用的归集和分摊。

审计存货的另一个考虑就是其与采购、销售收入及销售成本间的相互关系,因为就存货认定取得的证据也同时为其对应项目的认定提供了证据。例如,通过存货监盘和对已收存货的截止测试取得的,与外购商品或原材料存货的完整性和存在认定相关的证据,自动为同一期间原材料和商品采购的完整性和发生提供了保证。类似地,销售收入的截止测试也为期末之前的销售成本已经从期末存货中扣除并正确计入销售成本提供了证据。

存货的审计目标一般包括实施审计程序以证实:

(1) 账面存货余额对应的实物是否真实存在(存在认定);
(2) 属于被审计单位的存货是否均已入账(完整性认定);
(3) 存货是否属于被审计单位(权利和义务、鉴证存在);
(4) 存货单位成本的计量是否准确(计价和分摊认定);
(5) 存货的账面价值是否可以实现(计价和分摊认定)。

二、存货的一般审计程序

(一) 获取年末存货余额明细表

获取年末存货余额明细表,并执行以下工作:

(1) 复核单项存货金额的计算(单位成本×数量)和明细表的加总计算是否准确;
(2) 将本年末存货余额与上年末存货余额进行比较,总体分析变动原因。

(二) 实施实质性分析程序

存货的实质性分析程序中较常见的是对存货周转天数的实质性分析程序,过程如下:

(1) 根据对被审计单位的经营活动、供应商、贸易条件、行业惯例和行业现状的了解,确定存货周转天数的预期值;
(2) 根据对本期存货余额组成、实际经营情况、市场情况、存货采购情况等的了解,确定可接受的重大差异额;
(3) 计算实际存货周转天数和预期周转天数之间的差异;
(4) 通过询问管理层和相关员工,调查存在重大差异的原因,并评估差异是否表明存在重大错报风险,是否需要设计恰当的细节测试程序以识别和应对重大错报风险。

三、存货监盘

(一) 存货监盘的作用

如果存货对财务报表是重要的,注册会计师应当实施下列审计程序,对存货的存在和状况获取充分、适当的审计证据:

(1) 在存货盘点现场实施监盘(除非不可行);
(2) 对期末存货记录实施审计程序,以确定其是否准确反映实际的存货盘点结果。

在存货盘点现场实施监盘时,注册会计师应当实施下列审计程序:

(1) 评价管理层用以记录和控制存货盘点结果的指令和程序;
(2) 观察管理层制定的盘点程序的执行情况;

（3）检查存货；

（4）执行抽盘。

存货监盘的相关程序可以用作控制测试或者实质性程序。注册会计师可以根据风险评估结果、审计方案和实施的特定程序做出判断。例如，如果只有少数项目构成了存货的主要部分，注册会计师可能选择将存货监盘用作实质性程序。

注册会计师监盘存货的目的在于获取有关存货数量和状况的审计证据。因此，存货监盘针对的主要是存货的存在认定，对存货的完整性认定及计价和分摊认定，也能提供部分审计证据。此外，注册会计师还可能在存货监盘中获取有关存货所有权的部分审计证据。

（二）存货监盘计划

1. 制订存货监盘计划的基本要求

存货存在认定与完整性认定具有比较高的重大错报风险，而且注册会计师通常只有一次机会提供存货的实地监盘对有关认定做出评价。所以注册会计师应当根据被审计单位存货的特点、盘存制度和存货内部控制的有效性等情况，在评价被审计单位管理层制定的存货盘点程序的基础上，编制存货监盘计划，对存货监盘做出合理安排。

有效的存货监盘需要制订周密、细致的计划。为了避免误解并有助于有效地实施存货监盘，注册会计师通常需要与被审计单位就存货监盘等问题达成一致意见。因此，注册会计师首先应当充分了解被审计单位存货的特点、盘存制度和存货内部控制的有效性等情况，并考虑获取、审阅和评价被审计单位预定的盘点程序。

2. 制订存货监盘计划应考虑的相关事项

在编制存货监盘计划时，注册会计师需要考虑以下事项：

（1）与存货相关的重大错报风险。存货通常具有较高水平的重大错报风险，影响重大错报风险的因素具体包括：存货的数量和种类、成本归集的难易程度、陈旧过时的速度或易损坏程度、遭受失窃的难易程度。由于制造过程和成本归集制度的差异，制造企业的存货与其他企业的存货相比往往具有更高的重大错报风险，对于注册会计师的审计工作而言则更具复杂性。外部因素也会对重大错报风险产生影响。例如，技术进步可能导致某些产品过时，从而导致存货价值容易发生高估。

（2）与存货相关的内部控制的性质。在制订存货监盘计划时，注册会计师应当了解被审计单位与存货相关的内部控制，并根据内部控制的完善程度确定进一步审计程序的性质、时间安排和范围。与存货相关的内部控制涉及被审计单位供、产、销各个环节，包括采购、验收、仓储、领用、加工、装运出库等方面。

（3）对存货盘点是否制定了适当的程序，并下达了正确的指令。注册会计师一般需要复核或与管理层讨论其存货盘点程序。在复核或与管理层讨论其存货盘点程序时，注册会计师应当考虑下列主要因素，以评价其能否合理地确定存货的数量和状况：盘点的时间安排；存货盘点范围和场所的确定；盘点人员的分工及胜任能力；盘点前的会议及任务布置；存货的整理和排列，对毁损、陈旧、过时、残次及所有权不属于被审计单位的存货的区分；存货的计量工具和计量方法；在产品完工程度的确定方法；存放在外单位的存货的盘点安排；存货收发截止的控制；盘点期间存货移动的控制；盘点表单的设计、使用与控制；盘点结果的汇总,以及盘盈或盘亏的分析、调查与处理。如果认为被审计单位的存货盘点程序存在缺陷,注册会计师应当提请被审计单位调整。

(4)存货盘点的时间安排。如果存货盘点在财务报表日以外的其他日期进行,注册会计师除实施存货监盘相关审计程序外,还应当实施其他审计程序,以获取审计证据,确定存货盘点日与财务报表日之间的存货变动是否已得到恰当的记录。

(5)存货的盘存制度。存货数量的盘存制度一般分为实地盘存制和永续盘存制。存货盘存制度不同,注册会计师需要做出的存货监盘安排也不同。如果被审计单位通过实地盘存制确定存货数量,则注册会计师要参加此种盘点。如果被审计单位采用永续盘存制,注册会计师应在年度中一次或多次参加盘点。

(6)存货的存放地点(包括不同存放地点的存货的重要性和重大错报风险),以确定适当的监盘地点。

如果被审计单位的存货存放在多个地点,注册会计师可以要求被审计单位提供一份完整的存货存放地点清单(包括期末库存量为零的仓库、租赁的仓库,以及第三方代被审计单位保管存货的仓库等),并考虑其完整性。同时,在连续审计中,注册会计师可以考虑在不同期间的审计中变更所选择实施监盘的地点。

(7)是否需要专家协助。注册会计师可能不具备其他专业领域专长与技能,在确定资产数量或资产实物状况,或在收集特殊类别存货(如艺术品、稀有玉石、房地产等)的审计证据时,注册会计师可以考虑利用专家的工作。

当在产品存货金额较大时,可能面临如何评估在产品完工程度的问题。注册会计师可以了解被审计单位的盘点程序,如果有关在产品的完工程度未被明确列出,注册会计师应当考虑采用其他有助于确定完工程度的措施,如获取零部件明细清单、标准成本表及作业成本表,与工厂的有关人员进行讨论等,并运用职业判断。注册会计师也可以根据存货生产过程的复杂程度考虑利用专家的工作。

3. 存货监盘计划的主要内容

存货监盘计划应当包括以下主要内容:

(1)存货监盘的目标、范围及时间安排。存货监盘的主要目标包括获取被审计单位资产负债表日有关存货数量和状况,以及有关管理层存货盘点程序可靠性的审计证据,检查存货的数量是否真实完整,是否归属被审计单位,存货有无毁损、陈旧、过时、残次和短缺等状况。存货监盘范围的大小取决于存货的内容、性质及与存货相关的内部控制的完善程度和重大错报风险的评估结果。存货监盘的时间,包括实地察看盘点现场的时间、观察存货盘点的时间和对已盘点存货实施检查的时间等,应当与被审计单位实施存货盘点的时间相协调。

(2)存货监盘的要点及关注事项。存货监盘的要点主要包括注册会计师实施存货监盘程序的方法、步骤,各个环节应注意的问题及所要解决的问题。注册会计师需要重点关注的事项包括盘点期间的存货移动、存货的状况、存货的截止确认、存货的各个存放地点及金额等。

(3)参加存货监盘人员的分工。注册会计师应当根据被审计单位参加存货盘点人员分工、分组情况、存货监盘工作量的大小和人员素质情况,确定参加存货监盘的人员组成,以及各组成人员的职责和具体的分工情况,并加强督导。

（4）检查存货的范围。注册会计师应当根据对被审计单位存货盘点和对被审计单位内部控制的评价结果确定检查存货的范围。在实施观察程序后，如果认为被审计单位内部控制设计良好且得到有效实施，存货盘点组织良好，可以相应缩小实施检查程序的范围。

4. 存货监盘程序

在存货盘点现场实施监盘时，注册会计师应当实施下列审计程序：

（1）评价管理层用以记录和控制存货盘点结果的指令和程序。同时，注册会计师可以通过询问管理层，以及阅读被审计单位的盘点计划等方式，了解被审计单位对存货移动所采取的控制程序和对存货收发截止影响的考虑。例如，如果被审计单位在盘点过程中无法停止生产，可以考虑在仓库内划分出独立的过渡区域，将预计在盘点期间领用的存货移至过渡区域、对盘点期间办理入库手续的存货暂时存放在过渡区域，以此确保相关存货只被盘点一次。

在实施存货监盘程序时，注册会计师需要观察被审计单位有关存货移动的控制程序是否得到执行。同时，注册会计师可以向管理层索取盘点期间存货移动相关的书面记录及出、入库资料作为执行截止测试的资料，以为监盘结束的后续工作提供证据。

（2）观察管理层制定的盘点程序的执行情况。这有助于注册会计师获取有关管理层指令和程序是否得到适当设计和执行的审计证据。尽管盘点存货时最好能保持存货不发生移动，但在某些情况下存货的移动是难以避免的。如果在盘点过程中被审计单位的生产经营仍将持续进行，注册会计师应通过实施必要的检查程序，确定被审计单位是否已经对此设置了相应的控制程序，确保在适当的期间内对存货做出了准确记录。

此外，注册会计师还可以获取有关截止性信息的复印件，有助于日后对存货移动的会计处理实施审计程序。具体来说，注册会计师一般应当获取盘点日前后存货收发及移动的凭证，检查库存记录与会计记录期末截止是否正确。注册会计师在对期末存货进行截止测试时，通常应当关注：

① 所有在截止日以前入库的存货项目是否均已包括在盘点范围内，并已反映在截止日以前的会计记录中。任何在截止日期以后入库的存货项目是否均未包括在盘点范围内，也没有反映在截止日以前的会计记录中。

② 所有在截止日以前装运出库的存货项目是否均未包括在盘点范围内，且未包括在截止日的存货账面余额中。任何在截止日期以后装运出库的存货项目是否均已包括在盘点范围内，并已包括在截止日的存货账面余额中。

③ 所有已确认为销售但尚未装运出库的商品是否均未包括在盘点范围内，且未包括在截止日的存货账面余额中；所存已记录为购货但尚未入库的存货是否均已包括在盘点范围内，并已反映在会计记录中。

④ 在途存货和被审计单位直接向顾客发运的存货是否均已得到了适当的会计处理。

注册会计师通常可观察存货的验收入库地点和装运出库地点以执行截止测试，在存货入库和装运过程中采用连续编号的凭证时，注册会计师应当关注截止日期前的最后编号。如果被审计单位没有使用连续编号的凭证，注册会计师应当列出截止日期以前的最后几笔装运和入库记录。如果被审计单位使用运货车厢或拖车进行存储、运输或验收入库，注册会计师应当详细列出存货场地上满载和空载的车厢或拖车，并记录各自的存货状况。

(3) 检查存货。在存货监盘过构中检查存货,虽然不一定能确定存货的所有权,但有助于确定存货的存在,以及识别毁损或陈旧的存货。

(4) 执行抽盘。在对存货盘点结果进行测试时,注册会计师可以从存货盘点记录中选取项目追查至存货实物,以及从存货实物中选取项目追查至盘点记录,以获取有关盘点记录准确性和完整性的审计证据。注册会计师应尽可能避免让被审计单位事先了解将抽盘的存货项目。除记录注册会计师对存货盘点结果进行的测试情况外,获取管理层完成的存货盘点记录的复印件也有助于注册会计师日后实施审计程序,以确定被审计单位的期末存货记录是否准确地反映了存货的实际盘点结果。

注册会计师在实施抽盘程序时发现差异,很可能表明被审计单位的存货盘点在准确性或完整性方面存在错误。由于检查的内容通常仅仅是已盘点存货中的一部分,所以在检查中发现的错误很可能意味着被审计单位的存货盘点还存在着其他错误。一方面,注册会计师应当查明原因,并及时提请被审计单位更正;另一方面,注册会计师应当考虑错误的潜在范围和重大程度,在可能的情况下,扩大检查范围以减少错误的发生。注册会计师还可要求被审计单位重新盘点。重新盘点的范围可限于某一特殊领域的存货或特定盘点小组。

(5) 需要特别注意的情况有以下几个方面:

① 存货盘点范围。在被审计单位盘点存货前,注册会计师应当观察盘点现场,确定应纳入盘点范围的存货是否已经适当整理和排列,并附有盘点标识,防止遗漏或重复盘点。对未纳入盘点范围的存货,注册会计师应当查明未纳入的原因。

对所有权不属于被审计单位的存货,注册会计师应当取得其规格、数量等有关资料,确定是否已单独存放、标明,且未被纳入盘点范围。在存货监盘过程中,注册会计师应当根据取得的所有权不属于被审计单位的存货的有关资料,观察这些存货的实际存放情况,确保其未被纳入盘点范围。

② 对特殊类型存货的监盘。对某些特殊类型的存货而言,被审计单位通常使用的盘点方法和控制程序并不完全适用。这些存货通常或者没有标签,或者其数量难以估计,或者其数量难以确定,或者盘点人员无法对其移动实施控制。在这些情况下,注册会计师需要运用职业判断,根据存货的实际情况,设计恰当的审计程序,对存货的数量和状况获取审计证据。表11-4列举了被审计单位特殊存货的类型、通常采用的盘点方法、存货的潜在问题,以及可供注册会计师实施的监盘程序。

表11-4 特殊类型存货的监盘程序

存货类型	盘点方法与潜在问题	可供实施的审计程序
木材、钢筋盘条、管子	通常无标签,但在盘点时会做上标记或用粉笔标识。难以确定存货的数量或等级	检查标记或标识;利用专家或被审计单位内部有经验人员的工作
堆积型存货	通常既无标签也不做标记。在估计存货数量时存在困难	运用工程估测、几何计算、高空勘测,并依赖详细的存货

续表

存货类型	盘点方法与潜在问题	可供实施的审计程序
使用磅秤测量的存货	在估计存货数量时存在困难	在监盘前和监盘过程中均应检验磅秤的精准度,并留意磅秤的位置移动与重新调校程序。将检查和重新称量程序相结合。检查称量尺度的换算问题。
散装物品	在盘点时通常难以识别和确定。在估计存货数量及质量时存在困难	使用容器进行监盘或通过预先编号的清单列表加以确定;使用浸蘸、测量棒、工程报告及依赖永续存货记录;选择样品进行化验与分析,或利用专家的工作
贵金属、石器、艺术品与收藏品	在存货辨认与质量确定方面存在困难	选择样品进行化验与分析,或利用专家的工作
生产纸浆用木材、牲畜	在存货辨认与质量确定方面存在困难。可能无法对此类存货的移动实施控制	通过高空摄影以确定其存在,对不同时点的数量进行比较,并依赖永续存货记录

(6) 存货监盘结束时的工作。在被审计单位存货盘点结束前,注册会计师应当:

① 再次观察盘点现场,以确定所有应纳入盘点范围的存货是否均已盘点。

② 取得并检查已填用、作废及未使用盘点表单的号码记录,确定其是否连续编号,查明已发放的表单是否均已收回,并与存货盘点的汇总记录进行核对。注册会计师应当根据自己在存货监盘过程中获取的信息对被审计单位最终的存货盘点结果汇总记录进行复核,并评估其是否正确地反映了实际盘点结果。

如果存货盘点日不是资产负债表日,注册会计师应当实施适当的审计程序,确定盘点日与资产负债表日之间存货的变动是否已得到恰当的记录。

5. 特殊情况的处理

(1) 在存货盘点现场实施存货监盘不可行。在某些情况下,实施存货监盘可能是不可行的。这可能是由存货性质和存放地点等因素造成的,比如,存货存放在对注册会计师的安全有威胁的地点。然而,对注册会计师带来不便的一般因素不足以支持注册会计师做出实施存货监盘不可行的决定,审计中的困难、时间或成本等事项本身,不能作为注册会计师省略不可替代的审计程序或满足于说服力不足的审计证据的正当理由。

如果在存货盘点现场实施存货监盘不可行,注册会计师应当实施替代审计程序以获取有关存货的存在和状况的充分、适当的审计证据,但在其他一些情况下,可能不能实施替代审计程序,或者实施替代审计程序可能无法获取有关存货的存在和状况的充分、适当的审计证据。

(2) 因不可预见的情况导致无法在存货盘点现场实施监盘。有时,由于不可预见情况而可能导致无法在预定日期实施存货监盘,两种比较经典的情况包括:一是注册会计师无法亲临现场,即由于不可抗力导致其无法到达存货存放地实施存货监盘;二是气候因素。

如果由于不可预见的情况无法在存货盘点现场实施监盘,注册会计师应当另择日期实施监盘,并对间隔期内发生的交易实施审计程序。

(3) 由第三方保管或控制的存货。如果由第三方保管或控制的存货对财务报表是重要的,注册会计师应当实施下列一项或两项审计程序,以获取有关该存货存在和状况的充分、适当的审计证据：

① 向持有被审计单位存货的第三方函证存货的数量和状况。

② 实施检查或其他适合具体情况的审计程序，根据具体情况，注册会计师可能认为实施其他审计程序是适当的。其他审计程序可以作为函证的替代程序，也可以作为追加的审计程序。

其他审计程序的示例包括：

a. 实施或安排其他注册会计师实施对第三方的存货监盘（如可行）；

b. 获取其他注册会计师或服务机构注册会计师针对用以保证存货得到恰当盘点和保管的内部控制的适当性而出具的报告；

c. 检查与第三方持有的存货相关的文件记录，如仓储单；

d. 当存货被作为抵押品时，要求其他机构或人员进行确认。

考虑到第三方仅在特定时点执行存货盘点工作，在实务中，注册会计师可以事先考虑实施函证的可行性。如果预期不能通过函证获取相关审计证据，可以事先计划和安排存货监盘等工作。

此外，注册会计师可以考虑由第三方保管存货的商业理由的合理性，以进行存货相关风险的评估，并计划和实施适当的审计程序，例如检查被审计单位和第三方所签署的存货保管协议的相关条款、复核被审计单位调查及评价第三方工作的程序等。

四、存货计价测试

存货监盘程序主要是对存货的结存数量予以测试。为验证财务报表上存货余额的真实性，还有必要对存货的计价进行审计。在存货计价测试中，注册会计师应关注两个问题：一是存货计价金额的正确性；二是存货计价方法的合理性、合规性及一贯性。存货计价测试包括两个方面：一是被审计单位所使用的存货单位成本是否正确；二是是否恰当计提了存货跌价损失准备。

在对存货的计价实施细节测试之前，注册会计师通常先要了解被审计单位本年度的存货计价方法与以前年度是否保持一致。如发生变化，变化的理由是否合理，是否经过适当的审批。

（一）存货单位成本测试

针对原材料的单位成本，注册会计师通常基于企业的原材料计价方法（如先进先出法），结合原材料的历史购买成本，测试其账面成本是否准确，测试程序包括核对原材料采购的相关凭证（主要是与价格相关的凭证，如合同、采购订单、发票等）及验证原材料计价方法的运用是否正确。

1. **直接材料成本测试**

对采用标准成本法的企业，获取样本的生产指令或产量统计记录、直接材料单位标准用量、直接材料标准单价及发出材料汇总表或领料单，并检查下列事项：根据生产量、直接材料单位标准用量和标准单价计算的标准成本与成本计算单中的直接材料成本核对是否相符；直接材料成本差异的计算与账务处理是否正确。

2. **直接人工成本测试**

对采用标准成本法的企业，获取样本的生产指令或产量统计报告、工时统计报告和经批准的单位标准工时、标准工时工资率、直接人工的公薪汇总表等资料,并检查下列事项:根据产量和单位标准工时计算的标准工时总量与标准工时工资率只积同成本计算单中直接人工成本核对是否相符;直接人工成本差异的计算与账务处理是否正确。

3. 制造费用测试

获取样本的制造费用分配汇总表、按项目分列的制造费用明细账、与制造费用分配标准有关的统计报告及相关原始记录,并做如下检查:制造费用分配汇总表中,样本分担的制造费用与成本计算单中的制造费用核对是否相符;制造费用分配汇总表中的合计数与样本所属成本报告期的制造费用明细账总计数核对是否相符;制造费用分配汇总表的分配标准(机器工时数、直接人工工资、直接人工工时数、产量等)与相关的统计报告或原始记录核对是否相符,并对费用分配标准的合理性做出评估。

4. 生产成本在当期完工产品与在产品之间的分配测试

检查成本计算单中在产品数量与生产统计报告或在产品盘存表中的数量是否一致。

(二) 存货跌价损失准备的测试

注册会计师在测试存货跌价准备时,需要从两个方面进行测试。

1. 识别需要计提跌价损失准备的存货项目

注册会计师可以通过询问管理层和相关部门(生产、仓储、财务、销售等)员工,了解被审计单位如何收集有关滞销、过时、陈旧、损毁、残次存货的信息,并为之计提必要的跌价准备。如被审计单位编制存货货龄分析表,则可以通过审阅分析表识别滞销或陈旧的存货。

2. 检查可变现净值的计量是否合理

可变现净值是指企业在日常活动中,存货的估计售价减去至完工时估计将要发生的成本、估计的销售费用及相关税费后的金额。企业确定存货的可变现净值应当以取得确凿证据为基础,并且考虑持有存货的目的及资产负债表日后事项的影响等因素。注册会计师应抽样检查可变现净值确定的依据,相关计算是否正确。

(三) 计价测试

进行计价测试时,注册会计师应当对存货价格的组成内容予以审核,然后按照所了解的计价方法对所选择的存货样本进行计价测试。测试时应尽量排除被审计单位已有计算程序和结果的影响,进行独立测试。测试结果出来后,应当与被审计单位账面记录进行对比,并编制对比分析表,分析形成差异的原因,若差异过大,应该扩大范围继续测试,并且根据审计结果做出审计调整。

【思考题】

1. 生产与存货循环涉及哪些业务活动?
2. 如何实施生产与存货循环的实质性分析程序?
3. 如何实施存货计价测试?
4. 存货监盘计划包括哪些内容?
5. 制订存货监盘计划需要考虑哪些事项?

第十二章 货币资金的审计

引 例

某市 D 集团公司是一家大型国有企业,2020 年某市审计机关在对 D 公司的资产负债及损益审计中,以真实性为基础,加强了账账、账表、账证、账实间的核对检查。通过核对相关资料,审计人员首先发现 D 公司账上工资奖金发放数与单位人事部门制定的工资单存在差别,进而查出 D 公司自 2017 年以来将下属公司上缴的利润、股票投资收益、收回并已经核销的应收账款及返还的人寿保险费等收入截留账外,私设"小金库"用于发放员工奖金津贴和其他费用开支,涉及金额 8 412 万元。这种行为相当猖狂,几乎公司每一项有收入的业务都会被截留部分资金。虽然"小金库"的资金全都用在发放奖金津贴和其他集体费用开支上,未涉及私人或者小集团瓜分现象,但仍然是一起严重的违法乱纪行为。审计机关在查清全部事实后,及时以审计要情上报市政府,并建议有关部门依法对 D 公司及有关责任人做出处理处罚。由此可以看出,货币资金流动性最强,极容易发生错误和舞弊,如何对货币资金进行审计就显得尤为重要。

第一节 货币资金审计概述

一、货币资金审计的意义

货币资金审计,是指对企业的库存现金、银行存款及其他货币资金收付业务的合理性、合法性和效益性及其会计核算资料的真实性、正确性所进行的审计。

货币资金是企业资产的重要组成部分,是企业资产中流动性最强的一种资产。持有货币资金是企业生产经营活动的基本条件,可能关乎企业命脉。货币资金主要来源于股东投入、债权人借款和企业经营累积,主要用于资产的取得和费用的结付。只有保持健康的、正的现金流,企业才能继续生存;如果出现现金流逆转迹象,产生了不健康的、负的现金流,长此以往,企业会陷入财务困境,并导致对企业的持续经营能力产生疑虑。

二、货币资金的主要业务活动

货币资金业务主要包括企业的库存现金、银行存款及其他货币资金的收入与支出。货币资金业务和销售收款业务、购货与付款业务、生产与储存业务、筹资与投资业务密切相关。企业首先在筹资业务中收到货币资金,然后在投资业务、购货业务、生产业务中支出货币资金,最后通过销售业务收回货币资金。货币资金业务与各业务循环的关系如图12-1所示。

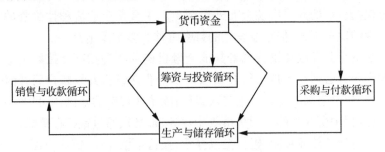

图12-1 货币资金业务与各业务循环的关系

三、货币资金的主要凭证和记录

货币资金业务涉及的凭证和会计记录主要有:库存现金盘点表、银行对账单、银行存款余额调节表、货币资金收付的相关原始凭证、货币资金收付的相关记账凭证、货币资金收付的相关总账、日记账和备查簿等。

四、货币资金审计的目标

(一) 证实货币资金的存在及权利和义务

审计人员应确定,企业资产负债表及有关账户中的货币资金余额是否实际存在,是否为被审计单位所拥有。

(二) 证实货币资金的完整性

审计人员应确定,企业全部货币资金收付业务是否均已记录到有关账户并反映在资产负债表的货币资金项目中去,有无漏记,造成货币资金余额不完整的问题。

(三) 证实货币资金账务处理及余额的正确性

审计人员应确定,企业的各项货币资金业务是否按会计制度规定进行了分类,及时、正确地计入相应的账户中去,资产负债表日的货币资金余额是否正确。

(四) 证实货币资金收付业务的合法性

审计人员应确定,企业各项货币资金收付业务是否符合国家有关制度规定,有无舞弊与违法行为。

（五）证实货币资金披露的恰当性

审计人员应确定，企业各项货币资金在财务报表上的披露是否恰当。

第二节 货币资金的重大错报风险

货币资金主要包括库存现金、银行存款及其他货币资金。

库存现金包括企业的人民币现金和外币现金。现金是企业流动性最强的资产，尽管在企业资产总额中的比重不大，但企业发生的舞弊事件大多与现金有关。

银行存款是指企业存放在银行或者其他金融机构的各种款项。按照国家有关规定，凡是独立核算的企业都必须在当地银行开设账户。企业在银行开设账户后，除按核定的限额保留库存现金外，超过限额的现金必须转入银行；除了在规定的范围内可以用现金直接支付款项外，在经营过程中所发生的一切货币收支业务，都必须通过银行存款账户进行结算。

其他货币资金包括外埠存款、银行汇票存款、银行本票存款、信用但保汇金存款、信用卡存款、存出投资款等。

一、货币资金的可能发生错报环节

与货币资金相关的财务报表项目主要为：库存现金、银行存款、应收（付）款项、短（长）期借款、财务费用、长期投资等。以一般制造业为例，与库存现金、银行存款相关的交易和余额可能发生错报的环节通常包括（括号内为相应的认定）：

（1）被审计单位资产负债表的货币资金项目中的库存现金和银行存款在资产负债表日不存在。（存在）

（2）被审计单位所有应当记录的现金收支业务和银行存款收支业务未得到完整记录，存在遗漏。（完整性）

（3）被审计单位的现金收款通过舞弊手段被侵占。（完整性）

（4）记录的库存现金和银行存款不是为被审计单位所拥有或控制。（权利和义务）

（5）库存现金和银行存款的金额未被恰当地包括在财务报表的货币资金项目中，与之相关的计价调整未得到恰当记录。（计价和分摊）

（6）库存现金和银行存款未按照企业会计准则的规定在财务报表中做出恰当列报。（列报）

二、识别应对可能发生错报环节的内部控制

为评估与货币资金的交易、余额和列报相关的认定的重大错报风险，注册会计师应了解与货币资金有关的内部控制，这些控制主要是为了防止、发现并纠正相关认定发生重大错报的固有风险（可能发生错报环节）而设置的。注册会计师可以通过审阅以前年度审计工作底稿、观察内部控制执行情况、询问管理层和员工、检查相关的文件和资料等方法对这些控制

进行了解。此外，对相关文件和资料进行检查也可以提供审计证据，例如通过检查财务人员编制的银行余额调节表，可以发现差错并加以纠正。

需要强调的是，在评估与货币资金的交易、余额和列报相关的认定的重大错报风险时，注册会计师之所以需要充分了解被审计单位对货币资金的控制活动，目的在于使得计划实施的审计程序更加有效。也就是说，注册会计师必须恰当评估被审计单位的重大错报风险，在此基础上设计并实施进一步审计程序，才能有效应对重大错报风险。

（一）库存现金内部控制

由于现金是企业流动性最强的资产，因此加强现金管理对于保护企业资产安全完整具有重要的意义。在良好的现金内部控制下，企业的现金收支记录应及时、准确、完整；全部现金支出均按经批准的用途进行；现金得以安全保管。一般而言，一个良好的现金内部控制应该达到以下几点：（1）现金收支与记账的岗位分离；（2）现金收支要有合理、合法的凭据；（3）全部收入及时准确入账，并且现金支出应严格履行审批、复核制度；（4）控制现金坐支，当日收入现金应及时送存银行；（5）按月盘点现金，以做到账实相符；（6）对现金收支业务进行内部审计。

一般地，了解现金内部控制时，注册会计师应当注意检查库存现金内部控制的建立和执行情况，重点包括：

（1）库存现金的收支是否按规定的程序和权限办理；

（2）是否存在与被审计单位经营无关的款项收支情况；

（3）出纳与会计的职责是否严格分离；

（4）库存现金是否妥善保管，是否定期盘点、核对，等等。

（二）银行存款内部控制

一般而言，一个良好的银行存款的内部控制同库存现金的内部控制类似，应达到以下几点：

（1）银行存款收支与记账的岗位分离；

（2）银行存款收支要有合理、合法的凭据；

（3）全部收支及时准确入账，全部支出要有核准手续；

（4）按月编制银行存款余额调节表，以做到账实相符；

（5）加强对银行存款收支业务的内部审计。

按照我国现金管理的有关规定，超过规定限额以上的现金支出一律使用支票。因此，企业应建立相应的支票申领制度，明确申领范围、申领批准及支票签发、支票报销等。

对于支票报销和现金报销，企业应建立报销制度。报销人员报销时应当有正常的报销手续、恰当的付款凭据，有关采购支出还应具有验收手续。会计部门应对报销单据加以审核，出纳员见到加盖核准戳记的支出凭证后方可付款。

付款应及时登记入账，相关凭证应按顺序或者内容编制并作为会计记录的附件。注册会计师应当注意的内容包括：（1）银行存款的收支是否按规定的程序和权限办理；（2）银行账户的开立是否符合《银行账户管理办法》等相关法律法规的要求；（3）银行账户是否存在与本单位经营无关的款项收支情况；（4）是否存在出租、出借银行账户的情况；（5）出纳与会计的职责是否严格分离;(6)是否定期取得银行对账单并编制银行存款余额调节表等。

三、与货币资金相关的重大错报风险

(一)货币资金业务交易、账户余额和列报的认定层次的重大错报风险

货币资金业务交易、账户余额和列报的认定层次的重大错报风险可能包括:

(1)被审计单位存在虚假的货币资金余额或交易,因而导致银行存款余额的存在性或交易的发生存在重大错报风险;

(2)被审计单位存在大额的外币交易和余额,可能存在外币交易或余额未被准确记录的风险;

(3)银行存款的期末收支存在大额的截止性错误;

(4)被审计单位可能存在未能按照企业会计准则的规定对货币资金做出恰当披露的风险。

(二)实施货币资金审计的过程中,注册会计师需要保持警觉的情形

在实施货币资金审计的过程中,如果被审计单位存在以下事项或情形,注册会计师需要保持警觉:

(1)被审计单位的现金交易比例较高,并与其所在的行业常用的结算模式不同;

(2)库存现金规模明显超过业务周转所需资金;

(3)银行账户开立数量与企业实际的业务规模不匹配;

(4)在没有经营业务的地区开立银行账户;

(5)企业资金存放于管理层或者员工个人账户;

(6)货币资金收支金额与现金流量表不匹配;

(7)不能提供银行对账单或银行存款余额调节表;

(8)存在长期或大量银行未达账项;

(9)银行存款明细账存在非正常转账的"一借一贷";

(10)违反货币资金存放和使用规定;

(11)存在大额外币收付记录,而被审计单位并不涉及外贸业务;

(12)被审计单位以各种理由不配合注册会计师实施银行函证。

(三)审计其他财务报表项目时,注册会计师需要保持警觉的事项和情形

审计其他财务报表项目时,注册会计师需要保持警觉的事项和情形:

(1)存在没有具体业务支持或与交易不相匹配的大额资金往来;

(2)长期挂账的大额预付款项;

(3)存在大额自有资金的同时,向银行高额举债;

(4)付款方账户名称与销售客户名称不一致、收款方账户名称与供应商名称不一致;

(5)开具的银行承兑汇票没有银行承兑协议支持;

(6)银行承兑票据保证金金额与应付票据余额比例不合理。

当被审计单位存在以上事项或者情形时,可能表明存在舞弊风险。

第三节　货币资金的内部控制及其测试

一、货币资金的内部控制

由于货币资金是容易出现错报的项目,企业必须加强对货币资金的管理,建立良好的货币资金内部控制,以确保:全部应收进的货币资金均能收进,并及时正确地予以记录;全部货币资金支出是按照经批准的用途进行的,并及时正确地予以记录;货币资金得以恰当保管,并能正确预测企业正常经营所需的货币资金收支金额,确保企业有充足又不过剩的货币资金。

（一）岗位分工及授权批准

（1）企业应当建立货币资金业务的岗位责任制,明确相关部门和岗位的职责权限,确保办理货币资金业务的不相容岗位相互分离、制约和监督。

出纳人员不得兼任稽核、会计档案保管和收入、支出、费用、债权债务账目的登记工作。

企业不得由一人办理货币资金业务的全过程。

（2）企业应当对货币资金业务建立严格的授权批准制度。明确审批人对货币资金业务的授权批准方式、权限、程序、责任和相关控制措施,规定经办人办理货币资金业务的职责范围和工作要求。

对于审批人超越授权范围审批的货币资金业务,经办人员有权拒绝办理,并及时向审批人的上级授权部门报告。

（3）单位应当按照规定的程序办理货币资金支付业务。

程序:申请→审批→复核→支付。

（4）单位对于重要货币资金支付业务,应当实行集体决策和审批。

（5）严禁未经授权的机构或人员办理货币资金业务或直接接触货币资金。

（二）现金和银行存款的管理

（1）超过库存限额的现金应及时存入银行。

（2）不属于现金开支范围的业务应当通过银行办理转账结算。

（3）不得坐支收入。

（4）货币资金收入必须及时入账。

（5）严格按照规定开立账户,办理存款、取款和结算。

（6）不准签发空头支票;不准签发、取得和转让没有真实交易和债权债务的票据。

（7）单位应当指定专人定期核对银行账户,每月至少核对一次,编制银行存款余额调节表,使银行存款账面余额与银行对账单调节相符。

（8）应当定期和不定期地进行现金盘点。

（三）票据及有关印章的管理

（1）专设登记簿进行记录，防止空白票据的遗失和被盗用。

（2）财务专用章应由专人保管，个人名章必须由本人或其授权人员保管。严禁一人保管支付款项所需的全部印章。

二、库存现金的控制测试

如果被审计单位的现金交易比例较高，注册会计师可以考虑在了解和评价被审计单位现金交易内部控制的基础上，针对相关控制运行的有效性获取充分、适当的审计证据。

（一）测试现金付款的审批和复核的控制

（1）询问相关业务部门的部门经理和财务经理其在日常现金付款业务中执行的内部控制，以确定其是否与被审计单位内部控制政策要求保持一致。

（2）观察财务经理复核付款申请的过程，是否核对了付款申请的用途、金额及后附相关凭据，以及在核对无误后是否进行了签字确认。

（3）重新核对经审批及复核的付款申请及其相关凭据，并检查是否经签字确认。

（二）测试现金盘点的控制

现金监盘程序是用作控制测试还是实质性程序，取决于注册会计师对风险评估结果、审计方案和实施的特定程序的判断。注册会计师可以将现金监盘同时用作控制测试和实质性程序。

如被审计单位库存现金存放部门有两处或两处以上的，应同时进行盘点。

（1）检查现金以确定其是否存在，并检查现金盘点结果。

（2）观察执行现金盘点的人员对盘点计划的遵循情况，以及用于记录和控制现金盘点结果的程序的实施情况。

（3）获取有关被审计单位现金盘点程序可靠性的审计证据。

三、银行存款的控制测试

（一）测试银行账户的开立、变更和注销的内部控制

（1）询问会计主管被审计单位本年开户、变更、撤销的整体情况。

（2）取得本年度账户开立、变更、撤销申请项目清单，检查清单的完整性，并在选取适当样本的基础上检查账户的开立、变更、撤销项目是否已经财务经理和总经理审批。

（二）测试银行付款的审批和复核的控制

（1）询问相关业务部门的部门经理和财务经理在日常银行付款业务中执行的内部控制，以确定其是否与被审计单位内部控制政策要求保持一致。

（2）观察财务经理复核付款申请的过程，是否核对了付款申请的用途、金额及后附相关凭据，以及在核对无误后是否进行了签字确认。

（3）重新核对经审批及复核的付款申请及其相关凭据，并检查是否经签字确认。

（三）测试编制银行存款余额调节表的控制

（1）询问应收账款会计和会计主管，以确定其执行的内部控制是否与被审计单位内部控制政策要求保持一致。

（2）检查银行存款余额调节表，查看调节表中记录的企业银行存款日记账余额及银行对账单余额是否分别与银行存款日记账、银行对账单中的余额保持一致。

（3）针对调节项目，检查是否经会计主管的签字复核。

（4）针对大额未达账项进行期后收付款的检查。

第四节　货币资金的实质性程序

一、货币资金的实质性程序概述

如果实施了本章第三节所述的控制测试，注册会计师可根据控制测试的结果（控制运行是否有效），确定从控制测试中已获得的审计证据及其保证程度，进而确定是否需要从实质性程序中获取审计证据及其保证程度，在此过程中也可能需要对制订具体审计计划时初步确定的实质性程序的性质、时间安排和范围做出适当调整。例如，如果控制测试的结果表明内部控制未能有效运行，注册会计师需要从实质性程序中获取更多的相关审计证据，注册会计师可以修改实质性程序的性质，如采用细节测试而非实质性分析程序、获取更多的外部证据等，或修改实质性审计程序的范围，如扩大样本规模等。

如果根据注册会计师的判断，注册会计师未实施本章第三节所述的控制测试，而直接对货币资金采取实质性审计方案，注册会计师需要确定其实施的实质性程序的性质、时间安排和范围是否能够提供充分、适当的审计证据。

二、库存现金的实质性程序

根据重大错报风险的评估和从控制测试（如实施）中所获取的审计证据和保证程度，注册会计师就库存现金实施的实质性程序可能包括：

（1）核对库存现金日记账与总账的金额是否相符，检查非记账本位币库存现金的折算汇率及折算金额是否正确。注册会计师测试现金余额的起点是，核对库存现金日记账与总账的金额是否相符。如果不相符，应查明原因，必要时应建议做出适当调整。

（2）监盘库存现金。对被审计单位现金盘点实施的监盘程序是用作控制测试还是实质性程序，取决于注册会计师对风险评估结果、审计方案和实施的特定程序的判断。注册会计师可能基于风险评估的结果判断无须对现金盘点实施控制测试，仅实施实质性程序。

企业盘点库存现金，通常包括对已收到但未存入银行的现金、零用金、找换金等的盘点。盘点库存现金的时间和人员应视被审计单位的具体情况而定，但现金出纳员和被审计单位会计主管人员必须参加，并由注册会计师进行监盘。监盘库存现金的步骤与方法主要有：

① 查看被审计单位制订的监盘计划,以确定监盘时间。对库存现金的监盘最好实施突击性的检查,时间最好选择在上午上班前或下午下班时,监盘范围一般包括被审计单位各部门经管的所有现金。

② 查阅库存现金日记账并同时与现金收付凭证相核对。一方面检查库存现金日记账的记录与凭证的内容和金额是否相符;另一方面了解凭证日期与库存现金日记账日期是否相符或接近。

③ 检查被审计单位现金实存数,并将该监盘金额与库存现金日记账余额进行核对。如有差异,应要求被审计单位查明原因,必要时应提请被审计单位做出调整;如无法查明原因,应要求被审计单位按管理权限批准后作出调整;若有冲抵库存现金的借条、未提现支票、未作报销的原始凭证,应在"库存现金监盘表"中注明,必要时应提请被审计单位做出调整。

④ 在非资产负债表日进行监盘时,应将监盘金额调整至资产负债表日的金额,并对变动情况实施程序。

(3) 抽查大额库存现金收支。查看大额现金收支,并检查原始凭证是否齐全、原始凭证内容是否完整、有无授权批准、记账凭证与原始凭证是否相符、账务处理是否正确、是否记录于恰当的会计期间等项内容。

(4) 检查库存现金是否在财务报表中作出恰当列报。根据有关规定,库存现金在资产负债表的"货币资金"项目中反映,注册会计师应在实施上述审计程序后,确定"库存现金"账户的期末余额是否恰当,进而确定库存现金是否在资产负债表中恰当披露。

三、银行存款的实质性程序

根据重大错报风险的评估和从控制测试(如实施)中所获取的审计证据和保证程度,注册会计师就银行存款实施的实质性程序可能包括:

(1) 获取银行存款余额明细表,复核加计是否正确,并与总账数和日记账合计数核对是否相符;检查非记账本位币银行存款的折算汇率及折算金额是否正确。注册会计师核对银行存款日记账与总账的余额是否相符。如果不相符,应查明原因,必要时应建议做出适当调整。

如果对被审计单位银行账户的完整性存有疑虑,例如,当被审计单位可能存在账外账或资金体外循环时,注册会计师可以考虑额外实施以下实质性程序:

① 注册会计师亲自到中国人民银行或基本存款账户开户行查询并打印《已开立银行结算账户清单》,以确认被审计单位账面记录的银行人民币结算账户是否完整。

② 结合其他相关细节测试,关注原始单据中被审计单位的收(付)款银行账户是否包含在注册会计师已获取的开立银行账户清单内。

(2) 实施实质性分析程序。计算银行存款累计余额应收利息收入,分析比较被审计单位银行存款应收利息收入与实际利息收入的差异是否恰当,评估利息收入的合理性,检查是否存在高息资金拆借,确认银行存款余额是否存在,利息收入是否已经完整记录。

(3) 检查银行存款账户发生额。注册会计师还可以考虑对银行存款账户的发生额实施以下程序:

① 分析不同账户发生银行日记账漏记银行交易的可能性,获取相关账户相关期间的全部银行对账单。

② 如果对被审计单位银行对账单的真实性存有疑虑,注册会计师可以在被审计单位的协助下亲自到银行获取银行对账单。在获取银行对账单时,注册会计师要全程关注银行对账单的打印过程。

③ 从银行对账单中选取交易的样本与被审计单位银行日记账记录进行核对;从被审计单位银行存款日记账上选取样本,核对至银行对账单。

④ 浏览银行对账单,选取大额异常交易,如银行对账单上有一收二付相同金额,或分次转出相同金额等,检查被审计单位银行存款日记账上有无该项收付金额记录。

(4) 取得并检查银行对账单和银行存款余额调节表。取得并检查银行对账单和银行存款余额调节表是证实资产负债表中所列银行存款是否存在的重要程序。银行存款余额调节表通常应由被审计单位根据不同的银行账户及货币种类分别编制,其格式如表12-2所示。具体测试程序通常包括:

① 取得并检查银行对账单。取得被审计单位加盖银行印章的银行对账单,注册会计师应对银行对账单的真实性保持警觉,必要时,亲自到银行获取对账单,并对获取过程保持控制;将获取的银行对账单余额与银行日记账余额进行核对,如存在差异,获取银行存款余额调节表;将被审计单位资产负债表日的银行对账单与银行询证函回函核对,确认是否一致。

② 取得并检查银行存款余额调节表。检查调节表中加计数是否正确,调节后银行存款日记账余额与银行对账单余额是否一致。

检查调节事项。对于企业已收付、银行尚未入账的事项,检查相关收付款凭证,并取得期后银行对账单,确认未达账项是否存在,银行是否已于期后入账;对于银行已收付、企业尚未入账的事项,检查期后企业入账的收付款凭证,确认未达账项是否存在,如果企业的银行存款余额调节表存在大额或较长时间的未达账项,注册会计师应查明原因并确定是否需要提请被审计单位进行调整。

关注本期未达账项,查看是否存在挪用资金等事项。

特别关注银付企未付、企付银未付中支付异常的领款事项,包括没有载明收款人、签字不全等支付事项,确认是否存在舞弊。

表 12-2 银行存款余额调节表

年   月   日

编制人：   日期：   索引号：

复核人：   日期：   页次：

户别：

币别：

项目
银行对账单余额(年   月   日)
加：企业已收、银行尚未入账金额
其中：1.   元
2.   元
减：企业已付、银行尚未入账金额
其中：1.   元
2.   元
调整后银行对账单金额
企业银行存款日记账金额(年   月   日)
加：银行已收、企业尚未入账金额
其中：1.   元
2.   元
减：银行已付、企业尚未入账金额
其中：1.   元
2.   元
调整后企业银行存款日记账金额

经办会计人员：(签字)   会计主管：(签字)

（5）函证银行存款余额，编制银行函证结果汇总表，检查银行回函。应注意银行函证程序是证实资产负债表所列银行存款是否存在的重要程序。通过向往来银行函证，注册会计师不仅可了解企业资产的存在，还可了解企业账面反映所欠银行债务的情况，并有助于发现企业未入账的银行借款和未披露的或有负债。

注册会计师应当对银行存款（包括零余额账户和在本期内注销的账户）、借款及与金融机构往来的其他重要信息实施函证程序，除非有充分证据表明某一银行存款、借款及与金融机构往来的其他重要信息对财务报表不重要且与之相关的重大错报风险很低。如果不对这些项目实施函证程序，注册会计师应当在审计工作底稿中说明理由。

当实施函证程序时，注册会计师应当对询证函保持控制，当函证信息与银行回函结果不符时，注册会计师应当调查不符事项，以确定是否表明存在错报。

在实施银行函证时，注册会计师需要以被审计单位名义向银行发函询证，以验证被审计单位的银行存款是否真实、合法、完整。根据《关于进一步规范银行函证及回函工作的通知》（财会〔2016〕13号）（以下简称《通知》），各银行应对询证函列示的全部项目做出回应，并在收到询证函之日起10个工作日内，将回函直接寄往会计师事务所。【例12-1】列示了通知中给出的银行询证函格式（通用格式）。

【例12-1】

银行询证函

编号：

××（银行）：

本公司聘请的××会计师事务所正在对本公司××年度财务报表进行审计，按照中国注册会计师审计准则的要求，应当询证本公司与贵行相关的信息。下列信息出自本公司记录，如与贵行记录相符，请在本函下端"信息证明无误"处签章证明；如有不符，请在"信息不符"处列明不符项目及具体内容；如存在与本公司有关的未列入本函的其他重要信息，也请在"信息不符"处列出其详细资料。回函请直接寄至××会计师事务所。

回函地址： 邮编：
电话： 传真： 联系人：

截至××年×月×日止，本公司与贵行相关的信息列示如下：

1. 银行存款

客户名称	银行账号	币种	利率	余额	起止日期	是否被质押、用于担保或存在其他使用限制	备注

除上述列示的银行存款外，本公司并无在贵行的其他存款。

注："起止日期"一栏仅适用于定期存款，如为活期或保证金存款，可只填写"活期"或"保证金"字样。

2. 银行借款

借款人名称	币种	本息余额	借款日期	到款日期	利率	借款条件	抵（质）押品/担保人	备注

除上述列示的银行借款外，本公司并无贵行的其他借款。

注：此项仅函证截至资产负债表日本公司尚未归还的借款。

3. 截至函证日之前12个月内注销的账户

账户名称	银行账号	币种	注销账户日

除上述列示的账户外，本公司并无截至函证日之前12个月内在贵行注销的其他账户。

4. 委托存款

账户名称	银行账号	借款方	币种	利率	余额	存款起止日期	备注

除上述列示的委托存款外,本公司并无通过贵行办理的其他委托存款。

5. 委托贷款

账户名称	银行账号	资金使用方	币种	利率	本金	利息	贷款起止日期	备注

除上述列示的委托贷款外,本公司并无通过贵行办理的其他委托贷款。

6. 担保

(1) 本公司为其他单位提供的、以贵行为担保受益人的担保。

被担保人	担保方式	担保金额	担保期限	担保事由	担保合同编号	被担保人与贵行就担保事项往来的内容(贷款等)	备注

除上述列示的担保外,本公司并无其他以贵行为担保受益人的担保。

注:如采用抵押或质押方式提供担保的,应在备注中说明抵押或质押物情况。

(2) 贵行向本公司提供的担保。

被担保人	担保方式	担保金额	担保期限	担保事由	担保合同编号	备注

除上述列示的担保外,本公司并无贵行提供的其他担保。

7. 本公司为出票人且由贵行承兑而尚未支付的银行承兑汇票

银行承兑汇票号码	票面金额	出票日	到期日

除上述列示的银行承兑汇票外,本公司并无由贵行承兑而尚未支付的其他银行承兑汇票。

8. 本公司向贵行已贴现而尚未到期的商业汇票

商业汇票号码	付款人名称	承兑人名称	票面金额	票面利率	出票日	到期日	贴现日	贴现率	贴现净额

除上述列示的商业汇票外,本公司并无向贵行已贴现而尚未到期的其他商业汇票。

9. 本公司为持票人且由贵行托收的商业汇票

商业汇票号码	承兑人名称	票面金额	出票日	到期日

除上述列示的商业汇票外,本公司并无由贵行托收的其他商业汇票。

10. 本公司为申请人、由贵行开具的、未履行完毕的不可撤销信用证

信用证号码	受益人	信用证金额	到期日	未使用金额

除上述列示的不可撤销信用证外,本公司并无由贵行开具的、未履行完毕的其他不可撤销信用证。

11. 本公司与贵行之间未履行完毕的外汇买卖合约

类别	合约号码	买卖币种	未履行的合约买卖金额	汇率	交收日期
贵行卖予本公司					
本公司卖予贵行					

除上述列示的外汇买卖合约外,本公司并无与贵行之间未履行完毕的其他外汇买卖合约。

12. 本公司存放于贵行的有价证券或其他产权文件

有价证券或其他产权文件名称	产权文件编号	数量	金额

除上述列示的有价证券或其他产权文件外,本公司并无存放于贵行的其他有价证券或其他产权文件。

注:此项不包括本公司存放在贵行保险箱中的有价证券或其他产权文件。

13. 其他重大事项

注：此项应填列注册会计师认为重大且应予函证的其他事项，如信托存款等；如无则应填写"不适用"。

（公司盖章）
年　月　日

以下仅供被询证银行使用

结论：1. 信息证明无误。

（银行盖章）
年　月　日
经办人：

2. 信息不符，请列示不符项目及具体内容（对于在本函前述第1项至第13项中漏列的其他重要信息，请列出详细资料）。

（银行盖章）
年　月　日
经办人：

（6）检查银行存款账户存款人是否为被审计单位，若存款人为非被审计单位，应获取该账户户主和被审计单位的书面声明，确认资产负债表日是否需要提请被审计单位进行调整。

（7）关注是否存在质押、冻结等对变现有限制或存在境外的款项。如果存在，是否已提请被审计单位做必要的调整和披露。

（8）对不符合现金及现金等价物条件的银行存款在审计工作底稿中予以列明，以考虑对现金流量表的影响。

（9）抽查大额银行存款收支的原始凭证，检查原始凭证是否齐全、记账凭证与原始凭证是否相符、账务处理是否正确、是否记录于恰当的会计期间等项内容。检查是否存在非营业目的的大额货币资金转移，并核对相关账户的进账情况；如有与被审计单位生产经营无关的收支事项，应查明原因并做相应的记录。

（10）检查银行存款收支的截止是否正确。选取资产负债表日前后若干张、一定金额以上的凭证实施截止测试,关注业务内容及对应项目,如有跨期收支事项,应考虑是否提请被审计单位进行调整。

(11) 检查银行存款是否在财务报表中做出恰当列报。根据有关规定,企业的银行存款在资产负债表的"货币资金"项目中反映,所以,注册会计师应在实施上述审计程序后,确定银行存款账户的期末余额是否恰当,进而确定银行存款是否在资产负债表中恰当披露。此外,如果企业的银行存款存在抵押、冻结等使用限制情况或者潜在回收风险,注册会计师应关注企业是否已经恰当披露有关情况。

四、其他货币资金的实质性程序

如果被审计单位有定期存款,注册会计师可以考虑实施以下审计程序:

(1) 向管理层询问定期存款存在的商业理由并评估其合理性。

(2) 获取定期存款明细表,检查是否与账面记录金额一致,存款人是否为被审计单位,定期存款是否被质押或限制使用。

(3) 在监盘库存现金的同时,监盘定期存款凭据。如果被审计单位在资产负债表日有大额定期存款,基于对风险的判断考虑选择在资产负债表日实施监盘。

(4) 对未质押的定期存款,检查开户证书原件,以防止被审计单位提供的复印件是未质押(或未提现)前原件的复印件。在检查时,还要认真核对相关信息,包括存款人、金额、期限等,如有异常,需实施进一步审计程序。

(5) 对已质押的定期存款,检查定期存单复印件,并与相应的质押合同核对。对于质押借款的定期存单,关注定期存单对应的质押借款有无入账,对于超过借款期限但仍处于质押状态的定期存款,还应关注相关借款的偿还情况,了解相关质权是否已被行使;对于为他人担保的定期存单,关注担保是否逾期及相关质权是否已被行使。

(6) 函证定期存款相关信息。

(7) 结合财务费用审计测算利息收入的合理性,判断是否存在体外资金循环的情形。

(8) 在资产负债表日后已提取的定期存款,核对相应的兑付凭证等。

(9) 关注被审计单位是否在财务报表附注中对定期存款给予充分披露。

除定期存款外,注册会计师对其他货币资金实施审计程序时,通常可能特别关注以下事项:

(1) 保证金存款的检查,检查开立银行承兑汇票的协议或银行授信审批文件。可以将保证金账户对账单与相应的交易进行核对,根据被审计单位应付票据的规模合理推断保证金数额,检查保证金与相关债务的比例和合同约定是否一致,特别关注是否存在有保证金发生而被审计单位无对应保证事项的情形。

(2) 对于存出投资款,跟踪资金流向,并获取董事会决议等批准文件、开户资料、授权操作资料等。如果投资于证券交易业务,通常结合相应金融资产项目审计,核对证券账户名称是否与被审计单位相符,获取证券公司证券交易结算资金账户的交易流水,抽查大额的资金收支,关注资金收支的财务账面记录与资金流水是否相符。

【思考题】

1. 货币资金与各循环交易的关系如何？
2. 简述货币资金内部控制要点。
3. 应如何确定银行存款的函证范围？请说明理由。
4. 对银行存款日记账进行审计时，应重点关注什么？

第十三章 其他特殊项目的审计

引 例

乐视网自 2010 年上市以来,公司呈现出快速发展的势头,曾经多次创下创业板公司市值的最高纪录,曾是创业板龙头股之一。

但是自 2016 年以来,乐视身陷"欠薪门""催债门""诉讼门"等多方面的困境,乐视股票价格大跳水,并长期处于停盘状态。截至 2017 年 10 月 14 日,乐视巨亏 16 亿元,7 年盈利几乎亏完,乐视曾经的辉煌已经不复存在。

有人指出乐视致命的"命门"是疯狂的关联交易,2016 年关联交易大幅度增加,前五大客户均为关联方,2016 年乐视网与关联方的销售额为 128 亿元,相当于全年营业总收入的 53.6%。也就是说,在乐视网 2016 年的收入中,超过一半来自关联交易。乐视生态圈内 80 多家企业相互之间生意非常火热! 2016 年,从关联方购进的商品和服务高达 74.98 亿元,同比上年增加 47.88 亿元,然而乐视当年的营业成本也不过 182.29 亿元,光是关联采购占比就已经超过了 30%! 疯狂的关联交易反复积累和计算带来的收入数据与企业规模扩张假象,最终让乐视在虚假的繁荣里一步步走向衰亡。

从该案例可以看出,注册会计师应关注关联交易对财务报表的影响。

第一节 会计估计的审计概述

一、会计估计概述

(一) 会计估计的定义

会计估计,是指在缺乏精确计量手段的情况下,采用的某项金额的近似值。会计估计一般包括公允价值会计估计和其他会计估计。

（二）特别风险

会计估计主要是在被审计单位不确定的情况下做出的，管理层对不确定的交易或事项的结果做出的主观判断影响着其准确程度。但是，由于会计估计存在主观性、复杂性和不确定性，管理层做出的会计估计发生重大错报的可能性较大，注册会计师应该按照《中国注册会计师审计准则第1211号——通过了解被审计单位及其环境识别和评估重大错报风险》的规定，确定会计估计的重大错报风险是否属于特别风险。

（三）会计估计的结果

会计估计的结果与财务报表中原来已确认或披露金额存在差异，并不代表财务报表一定存在着错报。任何已观察到的结果都不可避免受到会计估计的时点后发生的事项或情况的影响，对于公允价值会计估计尤其如此。

二、风险评估程序和相关活动

（一）了解适用的财务报告编制基础的要求

了解适用的财务报告编制基础的要求，有利于让注册会计师确定编制基础，是否已经规定了会计估计的确认条件或计量方法；是否明确了某些允许或要求采用公允价值计量的条件；是否明确了要求或允许做出的披露。同时，了解适用的财务报告编制基础的要求能够让管理层明确该如何运用和会计估计相关的要求，注册会计师也能够更加明确地判断这些要求是否得到恰当运用。

（二）了解管理层如何识别是否需要做出会计估计

对于管理层而言，编制财务报表要求其对是否有必要对某项交易、事项和情况做出会计估计确定，并且要确定是否已按照适用的财务报告编制基础确认、计量和披露所有必要的会计估计。管理层可以根据对单位经营情况和所在行业的了解，以及当前期间实施经营战略情况，结合以前期间编制财务报表所积累的经验，识别需要做出会计估计的交易、事项和情况。

对于注册会计师而言，要询问管理层来了解可导致新的或需要修改现有会计估计的环境变化。

（三）了解管理层如何做出会计估计

管理层在编制财务报表时需要建立针对会计估计的财务报告过程。管理层需要选择适当的会计政策，并规定做出会计估计的流程；形成或识别影响会计估计的相关数据和假设；同时还要定期复核需要做出会计估计和在必要时重新做出会计估计的情形。

对于注册会计师来说，需要从以下几点来把握管理层做出会计估计的方法和依据：

1. 用以做出会计估计的方法，包括模型（如适用）

适用的财务报告编制基础有时可能会规定会计估计的计量方法。但在多数情况下，适用的财务报告编制基础没有规定计量方法，或可能规定了多种可供选择的计量方法。在这种情况下，注册会计师在了解管理层作为会计估计所采用的方法或模型（如适用）时就要考虑以下事项：在选择特定方法时，管理层如何考虑需要做出估计的资产或负债的性质；被审计单位是否在某些业务领域、行业或环境中从事经营活动,而这些业务领域、行业或环境存在用于做出特定类型会计估计的通用方法。

2. **相关控制**

在了解相关控制时,注册会计师要考虑作为会计估计人员的经验和胜任能力。同时,注册会计师还要注意管理层是如何确定做出会计估计所使用数据的完整性、相关性和准确性;是否由适当层级的管理层和治理层(如适用)对会计估计(包括使用的假设或输入数据)进行复核和批准;是否将批准交易的人员和负责做出会计估计的人员进行职责分离,职责分离是否恰当考虑了被审计单位的性质及产品或服务的性质。

3. **管理层是否利用专家的工作**

如果需要做出的会计估计的事项具有特殊性质;满足适用的财务报告编制基础相关要求的模型具有一定的技术含量;需要做出对的会计估计的情况、交易或事项具有异常性或偶发性,管理层就可能需要拥有做出点估计必要的经验和胜任能力,或者被审计单位可能雇佣那些具备做出点估计必要的经验和胜任能力的人员。

4. **会计估计所依据的假设**

在了解构成会计估计基础的假设时,注册会计师可能考虑假设(包括重大假设)的性质;管理层如何评价假设是否相关和完整;管理层如何确定所采用假设的内在一致性(如适用);假设是否与管理层所能控制的事项相关,以及这些假设是否与被审计单位的经营计划和外部环境相符,或假设与管理层控制之外的事项相关;支持假设的文件记录(如存在)的性质和范围。值得注意的是,对于公允价值会计估计,假设反映熟悉情况且自愿的公平交易参与方在交换资产或清偿债务时用以确定公允价值可能使用的信息,或者假设与熟悉情况且自愿的公平交易参与方适用信息一致;而特定假设也可能因被估值资产或负债的特征、估值方法和适用的财务报告编制基础的要求的不同而不同。同时,假设或输入数据会因其来源和基础的不同而不同。

5. **用以做出会计估计的方法是否已经发生或应当发生不同于上期的变化,以及变化的原因**

在评价管理层如何做出会计估计时,注册会计师需要了解用以做出会计估计的方法与前期相比是否已经发生变化或应当发生变化。当影响被审计单位的环境或情况或使用的财务报告编制基础要求发生变化时,需要改变估计方法加以应对。如果管理层改变了用以做出会计估计的方法,则注册会计师需要确定管理层能够证明新方法更加恰当,或者新方法本身就是对变化的应对。

6. **管理层是否评估及如何评估估计不确定性的原因**

在了解管理层是否及如何评估估计不确定性的影响时,注册会计师可能考虑的事项有:管理层是否已经考虑及如何考虑各种可供选择的假设或结果;当敏感性分析表明存在多种可能结果时,管理层如何做出会计估计;管理层是否监控上期做出会计估计的结果,以及管理层是否已恰当应对实施监控程序的结果。

三、识别和评估重大错报风险

在识别和评估重大错报风险时,注册会计师应当对会计估计不确定性的程度进行评价,并根据职业判断确定识别出的具有高度估计不确定性的会计估计是否会导致特别风险。

会计估计的相关估计不确定性程度会受到以下因素的影响：

(1) 会计估计对判断的依赖程度；

(2) 会计估计对假设变化的敏感性；

(3) 是否存在可以降低估计不确定性的经认可的计量技术；

(4) 预测期的长度和从过去事项得出的数据对预测未来事项的相关性；

(5) 是否能够从外部来源获得可靠数据；

(6) 会计估计依据可观察到的或不可观察到的输入数据的程度。

在评估重大错报风险时，注册会计师还需要考虑会计估计的实际或预期的重要程度、会计估计的记录金额与注册会计师预期应记录金额的差异、管理层在做出会计估计时是否利用了专家工作；同时，注册会计师在进行会计估计时还可能需要复核上期会计估计的结果对会计估计的影响。

四、应对评估的重大错报风险

基于评估的重大错报风险，注册会计师应当确定：

(1) 管理层是否恰当运用与会计估计相关的适用的财务报告编制基础的规定。注册会计师需要重点关注适用的财务报告编制基础中容易被误用或产生不同解释的相关要求，以确定管理层是否恰当地遵守适用的财务报告编制基础的要求。

在某些情况下，为了确定管理层是否恰当地遵守适用的财务报告编制基础的要求，注册会计师有必要实施追加的审计程序。

(2) 做出会计估计的方法是否恰当，并得到一贯运用，以及会计估计或做出会计估计的方法不同于上期的变化是否合适于具体的情况。在情况没有发生变化或没有出现新的信息时，对会计估计或估计方法做出改变会导致各期财务报表不一致，并可能产生财务报表重大错报，或显示存在管理层偏向。因此，注册会计师考虑会计估计或其估计方法自上期以来发生的变化是非常重要的。

在进行应对评估的重大风险时，注册会计师应对会计估计的性质进行考虑，并实施下列一项或多项程序：

(1) 确定截至审计报告日发生的事项是否提供有关会计估计的审计证据。截至审计报告日发生的事项有时可能提供有关会计估计的充分、适当的审计证据。如果截至审计报告日可能发生的事项预期发生并提供用以证实或否定会计估计的审计证据，确定这些事项是否提供有关会计估计的审计证据可能是恰当的应对措施。在这种情况下，可能没有必要对会计估计实施追加的审计程序。

(2) 测试管理层如何做出会计估计及会计估计所依据的数据。在进行测试的过程中，注册会计师应当评价采用的计量方式在具体的情况下是否恰当，以及根据适用的财务报告编制基础确定的计量目标，管理层适用的假设是否合理。首先，测试会计估计依据数据的准确性、完整性和相关性，以及管理层是否对数据和假设恰当地做出会计估计；其次，要考虑外部数据或信息的来源、相关性和可靠性；另外，要重新计算会计估计，并复核有关会计估计信息的内在一致性;同时,还需要考虑管理层的复核和批准流程。

(3)测试与管理层如何做出会计估计相关的控制的运行有效性,并实施恰当的实质性程序。根据审计准则的规定,当存在以下情形之一时,注册会计师需要测试控制运行的有效性:

① 在评估认定层次重大错报风险时,预期针对会计估计流程的控制的运行是有效的;

② 仅实施实质性程序不能提供认定层次充分、适当的审计证据。

如果管理层做出会计估计的流程设计、执行和维护良好,测试与管理层如何做出会计估计相关的控制运行的有效性可能是适当的。

(4)做出注册会计师的点估计或区间估计,以评估管理层的点估计。注册会计师的点估计或区间估计,是指从审计证据中得出的、用于评价管理层点估计的金额或金额区间。

针对以下两种情况,注册会计师应当分别予以处理:

① 如果使用有别于管理层的假设或方法,注册会计师应当充分了解管理层的假设或方法,以确定注册会计师在做出点估计或区间估计时已考虑了相关变量,并评价与管理层的点估计存在的任何重大差异;

② 如果认为使用区间估计是恰当的,注册会计师应当基于可获得的审计证据来缩小区间估计,直至该区间估计范围内的所有结果均可被视为合理。

五、评价审计结果

注册会计师应当根据获取的审计证据,评价财务报表中的会计估计在适用的财务报告编制基础下是合理的还是存在错报。一般地,注册会计师可以从以下几个方面进行评价:

(1)会计估计的合理性并确定错报;

(2)与会计估计相关的财务报表披露是否符合适用的财务报告编制基础的规定;

(3)对导致特别风险的会计估计,在适用的财务报告编制基础下,财务报表中对估计不确定性披露的充分性;

(4)识别可能存在管理层偏向的迹象。

第二节 关联方的审计

一、关联方及关联方交易的概念与类型

(一)关联方的概念与类型

1. 关联方的概念

根据《企业会计准则》,一方控制、共同控制另一方或对另一方施加重大影响,以及两方或两方以上同受一方控制、共同控制或重大影响的,构成关联方。而我国《公司法》规定:关联关系是指公司控股股东、实际控制人、董事、监事、高级管理人员与其直接或间接控制的企

业之间的关系,以及可能导致公司利益转移的其他关系。

2. 关联方的类型

关联方主要包括:(1)该企业的母公司;(2)该企业的子公司;(3)与该企业受同一母公司控制的其他企业;(4)对该企业实施共同控制的投资方;(5)对该企业施加重大影响的投资方;(6)该企业的合营企业;(7)该企业的联营企业;(8)该企业的主要投资者个人及与其关系密切的家庭成员。主要投资者个人,是指能够控制、共同控制一个企业或者对一个企业施加重大影响的个人投资者;(9)该企业或其母公司的关键管理人员及与其关系密切的家庭成员。关键管理人员,是指有权力并负责计划、指挥和控制企业活动的人员。与主要投资者个人或关键管理人员关系密切的家庭成员,是指在处理与企业的交易时可能影响该个人或受该个人影响的家庭成员;(10)该企业主要投资者个人、关键管理人员或与其关系密切的家庭成员控制、共同控制或施加重大影响的其他企业。

(二)关联方交易的类型和概念

1. 关联方交易的概念

关联方交易是指关联方之间转移资源、劳务或义务的行为,而不论是否收取价款。

2. 关联方交易的类型

关联方交易主要通过:购买或销售商品,购买或销售商品以外的其他资产,提供或接受劳务,担保,提供资金(贷款或股权投资),租赁,代理,研究与开发项目的转移,许可协议,代表企业或由企业代表另一方进行债务结算,关键管理人员薪酬等方式进行。

首先,关联方之间可能会通过广泛而复杂的关系和组织结构进行运作加大关联方交易的复杂程度,不按照正常的市场交易条款和条件进行关联交易,这就加大了关联方交易的财务报表的重大错报风险。其次,关联方关系也很可能为管理层串通舞弊、隐瞒或操纵行为提供更多的机会。在实务中,实施舞弊的手段有很多,例如:被审计单位会利用关联方交易条款,以对交易的商业理由做出不实表述;通过欺诈方式,安排与管理层或其他人员之间按照显著高于或低于市价的金额进行资产转让交易;通过与关联方进行复杂交易,以达到粉饰被审计单位财务状况或经营成果的目的。

二、注册会计师的责任

为了让财务报表使用者能够了解关联方关系和交易性质,以及让使用者能够清楚地了解关联方关系和交易对财务报表所带来的影响,注册会计师应保持对关联方交易的怀疑,并有责任实施审计程序以识别可能会带来的重大错报风险。

注册会计师审计关联方的目标在于:

(1)无论适用的财务报告编制基础是否对关联方做出规定,则都要充分了解关联方交易,以便能够确定由此产生的、与识别和评估由于舞弊导致的重大错报风险相关的舞弊风险因素(如有);并且要根据获取的审计证据,就财务报表受到关联方关系及其交易的影响而言,确定财务报表是否实现公允反映。

(2)如果适用的财务报告编制基础对关联方做出规定,则获取充分、适当的审计证据,确定关联方关系及其交易是否已按照适用的财务报告编制基础得到恰当识别、会计处理和披露。

三、管理层的责任

由于关联方之间彼此并不独立,许多财务报告编制基础对关联方关系及其交易的会计处理和披露做出了规定。

被审计单位管理层有责任识别、披露关联方及其交易,并且管理层还应该向注册会计师提供所有已知的关联方信息,并就提供的关于识别关联方信息的完整性、在财务报表中关联方和关联方交易披露的充分性出具书面证明。

另外,企业还应当在附注中披露该关联方关系的性质、交易类型及交易要素。交易要素应当包括:交易的金额;未结算项目的金额、条款和条件,以及有关提供或取得担保的信息;未结算应收项目的坏账准备金额;定价政策;等等。

四、关联方的审计程序

(一)风险评估程序和相关工作

在审计过程中,注册会计师应当实施风险评估程序和相关工作,以获取与识别关联方关系及其交易相关的重大错报风险。注册会计师应充分了解关联方关系及其交易,同时在检查记录或文件时需要对关联方信息保持警觉。

在了解关联方关系和交易时,可以通过以下方法来实施:

1. 项目组内部的讨论

项目组在进行内部讨论时,要特别考虑关联方关系和其交易带来的舞弊或错误使得财务报表存在重大错报的可能性。项目组内部要着重讨论关联方关系及其交易的性质和范围;强调在整个审计过程中对关联方关系及其交易导致的潜在重大错报风险保持职业怀疑的重要性;了解可能反映管理层以前未识别或未向注册会计师披露的关联方关系或关联方交易的情形或状况(如被审计单位组织结构复杂,利用特殊目的实体从事表外交易,或信息系统不够完善);分析可能表明存在关联方关系或关联方交易的记录或文件。同时,项目组要分析管理层和治理层对关联方关系及其交易进行识别、恰当会计处理和披露的重视程度,以及管理层凌驾于相关控制之上的风险。

2. 询问管理层

注册会计师应当向管理层询问下列事项:

(1)关联方的名称和特征,包括关联方自上期以来发生的变化;

(2)被审计单位和关联方之间关系的性质;

(3)被审计单位在本期是否与关联方发生交易,如发生,交易的类型、定价政策和目的。

3. 了解与关联方关系及其交易相关的控制

被审计单位与关联方关系及其交易相关的控制可能包括:

(1)按照适用的财务报告编制基础,对关联方关系及其交易进行识别、会计处理和披露;

(2)授权和批准重大关联方交易和安排;

(3) 授权和批准超出正常经营过程的重大交易和安排。

如果管理层建立了以上与关联方关系及其交易相关的控制,注册会计师应当询问管理层和被审计单位内部其他人员,实施其他适当的风险评估程序,以获取对相关控制的了解。

(二) 识别和评估重大错报风险

注册会计师应当识别和评估关联方关系及其交易导致的重大错报风险,并确定这些风险是否是特别风险。注册会计师应当将识别出的、超出审计单位正常经营过程中的重大关联方交易导致的风险确定为特别风险。

注册会计师在识别和评估由于舞弊导致的重大错报风险时,要考虑在实施与关联方有关的风险评估程序和相关工作中识别出的舞弊风险因素,包括与能够对被审计单位或管理层施加支配性影响的关联方有关的情形。

(三) 针对重大错报风险的应对措施

针对评估的与关联方关系及其交易相关的重大错报风险,注册会计师应当实施进一步审计程序,以获取充分、适当的审计证据。

(1) 如果识别出可能表明存在管理层以前未识别出或未披露的关联方关系或交易的安排或信息,注册会计师应当确定相关情况是否能够证实关联方关系或关联方交易的存在。

(2) 如果识别出管理层以前未识别出或未向注册会计师披露的关联方关系或重大关联方交易,注册会计师应当:

① 立即向项目组其他成员通报;

② 在适用的财务报表编制基础对关联方做出规定的情况下,要求管理层识别与新识别出的关联方之间发生的所有交易,以便注册会计师做出进一步评价,并询问与关联方关系及其交易相关的控制没有能够识别或披露该关联方关系或交易的原因;

③ 对新识别出的关联方或重大关联方交易实施恰当的实质性程序;

④ 重新考虑可能存在的管理层以前未识别或未向注册会计师披露的其他关联方或重大关联方交易风险,并在必要时实施追加的审计程序;

⑤ 如果管理层看似有意不披露关联方关系或交易,并可能存在由于舞弊而导致的重大错报风险,注册会计师可能还需进一步考虑是否有必要重新评价管理层对询问的答复及管理层声明的可靠性。

(3) 对于识别出超出正常经营过程的重大关联方交易,注册会计师应当检查相关合同和协议,并且获取相关审计证据证明交易已经恰当授权和批准。

(4) 如果管理层在财务报表中作出认定,声明关联方交易是按照等同于公平交易中通行的条款执行的,注册会计师应当就该项认定获取充分、适当的审计证据。

第三节 考虑持续经营假设

持续经营假设是指被审计单位在编制财务报表时,假定其经营活动在可预见的将来会继续下去,不拟也不必终止经营或破产清算,可以在正常经营过程中变现资产、清偿债务。是否采用持续经营假设为基础编制财务报表,对会计确认、计量和列报都有着很大的影响。在通常情况下,财务报表是基于持续性经营假设而编制的。

一、管理层的责任和注册会计师的责任

（一）管理层的责任

某些适用的财务报告编制基础明确要求管理层对持续经营能力做出评估,并规定了需要考虑的事项和做出的披露。相关法律法规还对管理层评估持续经营能力的责任和相关财务报表的披露做出具体规定。管理层应当根据相关规定,对持续经营能力做出评估,考虑运用持续经营假设编制财务报表的合理性。如果认为以持续经营假设为基础编制财务报表不再合理时,管理层应当采用其他基础编制。

（二）注册会计师的责任

在执行财务报表审计业务时,注册会计师的责任是获取充分、适当的审计证据来判断管理层在编制和列报财务报表时运用持续经营假设的适当性,并就是否存在与可能导致对被审计单位持续经营能力产生重大疑虑的事项或情况相关的重大不确定性得出结论,并出具审计报告。即使编制财务报表时采用的财务报告编制基础没有明确要求管理层对持续经营能力作出专门评估,注册会计师的这种责任也始终存在。

财务报表审计的最终目的,是要对被审计单位财务报表的合法性和公允性发表意见,审计人员的审计意见旨在提高财务报表的可信赖程度。而如果未来存在可能导致被审计单位不再持续经营的情况或事项,审计的局限性对注册会计师发现重大错报的能力影响重大,注册会计师对这些未来情况或事项不能做出预测。因此,若注册会计师没有在审计报告中提及持续经营的不确定性,不应被视为对被审计单位持续经营能力的保证。

二、风险评估程序和相关活动

在实施风险评估程序时,注册会计师应当考虑是否存在可能导致对被审计单位持续经营能力产生重大疑虑的事项或情况,并确定管理层是否已经对被审计单位持续经营能力做出初步评估。同时,注册会计师还应分析管理层所做出的评估,是否考虑了已识别事项或情况对重大错报风险评估的影响。

（一）财务方面

被审计单位在财务方面存在的可能导致对持续经营假设产生重大疑虑的事项或情况主

要包括：

（1）净资产为负或营运资金出现负数。资不抵债有可能使被审计单位在近期内无法偿还到期债务，从而引发债务危机。

（2）存在预期不能展期或偿还的即将到期的定期借款，或过度依赖短期借款为长期资产筹资。这会使得被审计单位长期面临着巨大的短期偿债压力，很大程度上会让被审计单位陷入财务困境。

（3）迹象表明存在债权人撤销财务支持的可能。如果被审计单位不能够再获得供应商正常商业信用，就意味着无法通过赊购取得生产经营所必需的原材料或其他物资，现金偿付压力会因此加剧。

（4）历史财务报表或预测性财务报表表明经营活动产生的现金流量净额为负数。一旦被审计单位的营运资金以及经营活动产生的现金流量净额出现负数，表明被审计单位的现金流量存在不能有效维持正常生产经营的可能，被审计单位的盈利能力会进一步受到影响，最终可能会因为资金周转不善而导致破产。

（5）关键财务比率不佳。

（6）发生重大经营亏损或用以产生现金流量的资产价值出现大幅下跌。巨额的经营亏损意味着被审计单位可能丧失盈利能力，使得其持续经营能力存在着重大的不确定性。

（7）拖欠或停止发放股利。

（8）在到期日无法偿还债务。

（9）无法履行借款合同的条款。银行在借款合同中会规定诸如流动资金保持量、资本支出的限制等条款。一旦被审计单位无法履行这些条款，银行为了保全债权，会要求提前偿还债款，这就可能会引起被审计单位的资金短缺，进而影响其资金周转。

（10）与供应商由赊购变为货到付款。

（11）无法获得开发必要的新产品或进行其他必要的投资所需的资金。被审计单位没有必需的资金对盈利前景更好的产品进行投资获取未来收益。一旦现有产品失去竞争力，被审计单位的盈利能力会受到直接影响，对被审计单位的持续经营能力将有着重大打击。

（二）经营方面

被审计单位在经营方面存在的可能导致对持续经营假设产生重大疑虑的事项或情况主要包括：

（1）管理层计划清算被审计单位或终止经营。

（2）关键管理人员离职且无人替代。关键管理人员在企业的日常经营活动中发挥着重要作用。如果关键管理人员离职且无人替代，会让被审计单位的生产经营活动陷入困境，让其持续经营能力存在重大的不确定性。

（3）失去主要市场、关键客户、特许权、执照或主要供应商。

（4）出现用工困难问题。一些企业生产经营高度依赖科技研发人员、技术熟练工人等，一旦这些企业缺乏对其持续经营有着决定性影响的人力资源，会导致企业无法正常持续经营。

（5）重要供应短缺。一些高度依赖原材料供应的企业，一旦短缺，企业就无法持续经营。

（6）出现非常成功的竞争者。

（三）其他

被审计单位在其他方面存在的可能导致对持续经营假设产生重大疑虑的事项或情况主要包括：

（1）违反有关资本或其他法定要求。被审计单位在生产经营过程中如果严重违反有关法律法规或政策，有可能会被有关部门撤销或责令关闭，或被处以较大数额的罚款，这将导致被审计单位无法持续经营或影响其持续经营能力。

（2）未决诉讼或监管程序。未决诉讼或监管程序可能导致企业财产被冻结或被有关部门责令停产整改，也可能导致其无法支付索赔金额，从而影响持续经营。

（3）法律法规或政府政策的变化预期会产生不利影响。

（4）对发生的灾害未购买保险或保险不足。若不可抗力因素超出企业可控制和预测范围，企业可能会因此无法开展正常的生产经营活动，从而导致无法持续经营。

针对有关可能导致对被审计单位持续经营能力产生重大疑虑的事项或情况的审计证据，注册会计师应当在整个审计过程中保持警觉。如果被审计单位存在资不抵债、无法偿还到期债务等事项或情况，则很可能表明被审计单位存在因持续经营问题导致的重大错报风险，该项风险与财务报表整体广泛相关，从而影响多项认定。

三、评价管理层对持续经营能力作出的评估

任何企业都可能面临终止经营的风险，因此，管理层应当定期分析和判断其持续经营能力，确定以持续经营假设为基础编制财务报表是否适当。管理层对被审计单位持续经营能力的评估，是注册会计师考虑管理层运用持续经营假设的一个关键部分。注册会计师应当评价管理层对持续经营能力做出的评估，包括：

（1）管理层评估涵盖的期间。

（2）持续经营假设是指被审计单位在编制财务报表时，假定其经营活动在可预见的将来会继续下去，而可预见的将来通常是指财务报表日后12个月。因此，管理层对持续经营能力的合理评估期间应是自财务报表日起下一个会计期间。如果管理层评估持续经营能力涵盖的期间短于自财务报表日起的12个月，注册会计师应当提请管理层将其至少延长至自财务报表日起的12个月。

（3）管理层的评估、支持性分析和注册会计师的评价。

（4）在评价管理层做出的评价时，审计人员应当考虑管理层做出评估的过程、依据的假设以及应对计划。注册会计师还应当考虑管理层做出的评估是否已经考虑所有相关信息，其中包括注册会计师实施审计程序获取的信息。

管理层需要识别其持续经营能力产生重大疑虑的事项或情况、预测有关事项或情况结果、考虑和计划拟采取改善措施及得出最终的评估结果。注册会计师不仅要考虑管理层的评估程序，同时还需要关注管理层如何识别可能导致对其持续经营能力产生重大疑虑的事项或情况，识别的事项或情况是否完整，以及是否已经充分考虑注册会计师在实施审计程序

过程中发现的所有相关信息。

四、识别出事项或情况时实施追加的审计程序

如果识别出可能导致对持续经营能力产生重大疑虑的事项或情况，注册会计师应当通过实施追加的审计程序（包括考虑缓解因素），获取充分、适当的审计证据，以确定是否存在重大不确定性。这些程序包括：

（1）如果管理层尚未对被审计单位持续经营能力做出评估，提请其进行评估；

（2）评价管理层与持续经营能力评估相关的未来应对计划，这些计划的结果是否可能改善目前的状况，以及管理层的计划对于具体情况是否可行；

（3）如果被审计单位已编制现金流量预测，且对预测的分析是评价管理层未来应对计划时所考虑的事项或情况的未来结果的重要因素，评价用于编制预测的基础数据的可靠性，并确定预测所基于的假设是否具有充分的支持；

（4）考虑自管理层做出的评估后是否存在其他可获取的事实或信息；

（5）要求管理层和治理层（如适用）提供有关未来应对计划及其可行性的书面声明。

五、审计结论

注册会计师应当评价是否就管理层编制财务报表时运用持续经营假设的适当性获取了充分、适当的审计证据，运用职业判断，确定是否存在与事项或情况相关的重大不确定性，且这些事项或情况单独或汇总起来可能导致对被审计单位持续经营能力产生重大疑虑，考虑其对审计意见的影响。如果注册会计师根据职业判断认为，鉴于不确定性潜在影响的重要程度和发生的可能性，为了使财务报表实现公允反映，有必要适当披露该不确定性的性质和影响，则表明存在重大不确定性。

如果运用持续经营假设适合具体情况，但存在重大不确定性，注册会计师应当确定：

（1）财务报表是否已充分描述可能导致对持续经营能力产生重大疑虑的主要事项或情况，以及管理层针对这些事项或情况的应对计划；

（2）财务报表是否已清楚披露可能导致对持续经营能力产生重大疑虑的事项或情况存在重大不确定性，并由此导致被审计单位可能无法在正常的经营过程中变现资产和清偿债务。

如果已识别出可能导致对被审计单位持续经营能力产生重大疑虑的事项或情况，但根据获取的审计证据，注册会计师认为不存在重大不确定性，则注册会计师应当根据适用的财务报告编制基础的规定，评价财务报表是否对这些事项或情况做出充分披露。

六、对审计报告的影响

（一）运用持续经营假设不适当

如果财务报表已按照持续经营假设编制，但根据判断认为管理层在财务报表中运用持续经营假设是不适当的，注册会计师应当发表否定意见。但管理层被要求或自愿选择编制

财务报表,可以采用替代基础编制财务报表。注册会计师在确定替代基础在具体情况下是可接受的编制基础的前提下,财务报表对此做出充分披露,注册会计师可以发表无保留意见。

(二)运用持续经营假设适当但存在重大不确定性

如果运用持续经营假设是适当的,但存在重大不确定性,且财务报表对重大不确定性已做出充分披露,注册会计师应当发表无保留意见,并在审计报告中增加以"与持续经营相关的重大不确定性"为标题的单独部分,以提醒财务报表使用者关注财务报表附注中对所述事项的披露,以及说明这些事项或情况表明存在可能导致对被审计单位持续经营能力产生重大疑虑的重大不确定性,并说明该事项并不影响发表的审计意见。

如果运用持续经营假设是适当的,但存在重大不确定性,且财务报表对重大不确定性未做出充分披露,注册会计师应当恰当发表保留意见或否定意见。注册会计师应当在审计报告形成保留(否定)意见的基础部分说明,存在可能导致对被审计单位持续经营能力产生重大疑虑的重大不确定性,但财务报表未充分披露。

在极少数情况下,当存在多项对财务报表整体具有重要影响的重大不确定性时,尽管注册会计师对每个单独的不确定事项获取了充分、适当的审计证据,但是由于不确定性事项之间存在着相互影响和对报表可能产生的累计影响,注册会计师应当发表无法表示意见。

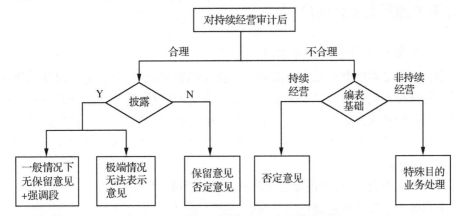

图 13-1 持续经营假设对审计报告的影响

七、与治理层的沟通

注册会计师应当与治理层就识别出的可能导致对被审计单位持续经营能力产生重大疑虑的事项或情况进行沟通,除非治理层全部成员参与管理被审计单位。

与治理层的沟通应当包括下列方面:
(1)这些事项或情况是否构成重大不确定性;
(2)管理层在编制财务报表时,运用持续经营假设是否适当;
(3)财务报表中的相关披露是否充分;
(4)对审计报告的影响(如适用)。

第四节 首次接受委托时对期初余额的审计

注册会计师首次接受被审计单位委托主要有两类情况：一是指会计师事务所在被审计单位财务报表首次接受审计的情况下接受的审计委托；二是指会计师事务所在被审计单位上期财务报表由其他会计师事务所审计的情况下接受的审计委托，即由于种种原因，被审计单位更换会计师事务所对其本期财务报表进行审计。

一、期初余额的含义

期初余额是指期初存在的账户余额。期初余额以上期期末余额为基础，反映了以前期间的交易和事项，以及上期采用的会计政策的结果。

注册会计师在判断期初余额对本期报表的影响程度时，要着重考虑上期结转至本期的金额；上期所采用的会计政策；上期期末已存在的或有事项及承诺。

二、期初余额的审计程序

（一）确定期初余额是否含有错报

判断期初余额对本期财务报表使用者进行决策的影响程度，是否足以改变或影响其判断。如果期初余额存在对本期财务报表产生重大影响的错报，则注册会计师在审计中必须对此提出恰当的调整或披露建议；反之，注册会计师无须对此予以特别关注和处理。

注册会计师需要确定上期期末余额是否已正确结转至本期，在必要情况下需要对期末余额重新进行表述。

当同时满足以下条件时，代表着上期期末余额已正确结转到本期：
（1）上期账户余额计算正确；
（2）上期总账余额与各明细账余额合计数或日记账余额合计数相等；
（3）上期各总账余额和相应的明细账余额或日记账余额已经分别恰当地过入本期的总账和相应的明细账或日记账。

一般地，上期期末余额应直接结转至本期。但是在某些情况下，应当做出重新表述。例如，企业会计准则和相关会计制度的要求发生变化；或者上期期末余额存在重大的前期差错，如果前期差错累积影响数能够确定，按规定应当采用追溯调整法进行更正。

（二）确定会计政策的一贯性

注册会计师首先应了解、分析被审计单位所选用的会计政策是否恰当，是否符合适用的财务报告编制基础的要求，按照所选用会计政策对被审计单位发生的交易或事项进行处理是否能够提供可靠、相关的会计信息；其次，如果认定被审计单位所选用的会计政策恰当，要获取充分、适当的审计证据，来确定期初余额反映的恰当的会计政策是否在本期财务报表中得到一贯运用,或会计政策的变更是否已按照适用的财务报告编制基础做出恰当的会计处理和充分的列报与披露;最后,如果发现会计政策发生变更,应确定其变更理由是否充分,是否按规定予以变更。企业采用的会计政策,在每一个会计期间和前后各期应当保持一致,不得随意变更。只有当法律、行政法规或国家统一的会计制度等要求变更会计政策或会计政策的变更能够提供更加可靠、更加相关的会计信息这两种情况下可以变更会计政策。在第二种情况下,企业应当采用追溯调整法处理,将会计累积影响数调整列报前期最早期初留存收益,其他相关项目的期初余额和列报前期披露的其他比较数据也应当一并调整,但确定该项会计政策变更累积影响数不切实可行的情况除外。

如果被审计单位上期适用的会计政策不恰当或与本期不一致,注册会计师在实施期初余额审计时应提请被审计单位进行调整或予以披露。

(三) 实施一项或多项审计程序

(1) 如果上期财务报表已经审计,注册会计师要查阅前任注册会计师的审计工作底稿,以获取有关期初余额的审计证据。主要包括以下工作:

① 查阅前任注册会计师的工作底稿。查阅重点通常限于对本期审计产生重大影响的事项。具体来讲,就是需要查阅前任注册会计师工作底稿中的所有重要审计领域;考虑前任注册会计师是否已实施审计程序,具有充分适当的审计证据来支持资产负债表中重要账户的期初余额;同时,还需复核前任注册会计师建议的调整分录和未更正错报汇总表,并评价其对当期审计的影响。

② 考虑前任注册会计师的独立性和专业胜任能力。注册会计师能否通过查阅前任注册会计师的审计工作底稿获取有关期初余额充分适当的审计证据,在很大程度上依赖于注册会计师对前任注册会计师独立性和专业胜任能力的判断。若认为前任注册会计师不具备独立性或应有的专业胜任能力,就无法通过查阅其审计工作底稿获取审计证据。

③ 与前任注册会计师沟通时的考虑。在和前任注册会计师沟通时,注册会计师应当遵守职业道德守则和审计准则的相关规定。无论在接受委托的前后,还是在发现前任注册会计师审计的财务报表存在重大错报时,均应采取相应措施。

(2) 评价本期实施的审计程序是否提供了有关期初余额的审计证据。

(3) 实施其他专门的审计程序,以获取有关期初余额的审计证据。

注册会计师应当根据期初余额有关账户的不同性质实施相应的审计程序,按照账户属于资产类还是负债类、属于流动性还是非流动性等标准加以区分。

(1) 对流动资产和流动负债的审计程序。对流动资产和流动负债,注册会计师可以通过本期实施的审计程序获取部分审计证据。

(2) 对非流动资产和非流动负债的审计程序。对非流动资产和非流动负债,注册会计师可以通过检查形成期初余额的会计记录和其他信息获取审计证据。

如果获取的审计证据表明期初余额存在可能对本期财务报表产生重大影响的错报,注册会计师应当实施适合具体情况的追加的审计程序,以确定对本期财务报表的影响。如果认为本期的财务报表中存在此类错报,应根据有关规定,与适当层级的管理层和治理层进行沟通。

如果上期财务报表已由前任注册会计师审计,并发表了非无保留意见,注册会计师应当按照有关规定,在评估本期财务报表重大错报风险时,评价导致对上期财务报表发表非无保留意见的事项的影响。

(四) 审计结论和审计报告

如果实施相关审计程序后无法获取有关期初余额的充分、适当的审计证据,审计人员应当出具保留意见或无法表示意见的审计报告。

如果认为期初余额存在对本期财务报表产生重大影响的错报,且错报的影响未能得到正确的会计处理和恰当的列报,注册会计师应当对财务报表发表保留意见或否定意见。

如果认为按照适用的财务报告编制基础,与期初余额相关的会计政策未能在本期得到运用,或者会计政策的变更未能得到恰当的会计处理或适当的列报与披露,注册会计师应当对财务报表发表保留意见或否定意见。

如果前任注册会计师对上期财务报表发表了非无保留意见,并且导致发表非无保留意见的事项对本期财务报表仍然相关和重大,注册会计师应当对本期财务报表发表非无保留意见。

前任注册会计师对上期财务报表出具了非标准审计报告,对本期财务报表可能产生影响,也可能不再产生影响,注册会计师在审计中应当对具体问题作具体分析。在某些情况下,导致前任注册会计师发表非无保留意见的事项可能与对本期财务报表的意见既不相关也不重大,那么注册会计师在本期审计时就无须因此而发表非无保留意见。反之,如果该事项在本期仍然存在并且对本期财务报表的影响仍然重大,而被审计单位继续坚持不在本期财务报表附注中予以披露,那么注册会计师在本期审计时仍需因此而发表非无保留意见。

【思考题】

1. 影响会计估计的相关估计不确定性的因素有哪些?
2. 注册会计师为了了解关联方关系及其交易,实施的风险评估程序主要有哪些?
3. 如果注册会计师识别出管理层以前未识别出或未向注册会计师披露的关联方关系或重大关联方交易,应采取何种措施?
4. 被审计单位在其他方面存在的可能导致对持续经营假设产生重大疑虑的事项或情况主要包括哪些?
5. 简述被审计单位持续经营存在的重大不确定性对审计意见的影响。
6. 简述期初余额的审计结果对审计意见的影响。

第十四章 完成审计工作

 引 例

2011年,中国注册会计师协会(以下简称"注协")开展了执业质量检查工作,截至2012年2月28日,各地方注协对本地区会计师事务所的执业质量检查和处理工作已基本完成。2011年,各地方注协共抽调814名检查人员,检查了1 671家事务所,抽查了13 237份业务底稿,其中,财务报表审计业务底稿8 085份,验资业务底稿4 985份,高新技术企业认定专项审计业务底稿117份,以及其他专项业务审计底稿50份。

检查发现部分中小事务所的系统风险防范能力和执业质量还存在不少问题,主要表现为:部分事务所的质量控制制度过于原则,缺乏系统性和可操作性,特别是在事务所质量控制环境、合伙人(股东)机制和人力资源等方面问题比较突出;一些注册会计师未能严格执行执业准则,审计计划流于形式,未对识别出的重大错报风险设计和实施有针对性的审计程序;一些注册会计师对函证、监盘等重要的常规性审计程序实施不到位;个别事务所在对重要审计领域未获取充分、适当的审计证据的情况下,出具标准审计报告。

2012年,各地方注协(除深圳市注协尚未完成处理工作外)对存在严重问题的87家事务所和235名注册会计师实施了行业惩罚。其中,给予15家事务所和18名注册会计师公开谴责;给予47家事务所和58名注册会计师通报批评;给予25家事务所和159名注册会计师训诫。

第一节 完成审计工作概述

审计完成阶段是审计的最后一个阶段。注册会计师按业务循环完成各财务报表项目的审计测试和一些特殊项目的审计工作后,在审计完成阶段汇总审计测试结果,进行更具综合性的审计工作,如评价审计中的重大发现,评价审计过程中发现的错报,关注期后事项对财务报表的影响,复核审计工作底稿和财务报表等。在此基础上,评价审计结果,在与客户沟通以后,获取管理层声明,确定应出具的审计报告的意见类型和措辞,进而编制并致送审计

报告,终结审计工作。

需要说明的是,以上只是对审计完成阶段注册会计师主要工作的列举,并不完整。并且,在审计实务中,这些工作有的在审计实施阶段就已经开始,比如对或有事项的关注,有的即使主要在审计完成阶段执行,也未必机械地按照上述列示顺序依次进行。为便于阐述,把主要工作有选择地汇总在本节介绍。

一、评价审计中的重大发现

在审计完成阶段,项目合伙人和审计项目组考虑的重大发现和事项包括:
(1) 期中复核中的重大发现及其对审计方法的影响;
(2) 涉及会计政策的选择、运用和一贯性的重大事项,包括相关披露;
(3) 就识别出的重大风险,对审计策略和计划的审计程序所做的重大修正;
(4) 在与管理层和其他人员讨论重大发现和事项时得到的信息;
(5) 与注册会计师的最终审计结论相矛盾或不一致的信息。

对实施的审计程序的结果进行评价,可能全部或部分地揭示出以下事项:
(1) 为了实现计划的审计目标,是否有必要对重要性进行修订;
(2) 对审计策略和计划的审计程序的重大修正,包括对重大错报风险评估结果的重要变动;
(3) 对审计方法有重要影响的值得关注的内部控制缺陷和其他缺陷;
(4) 财务报表中存在的重大错报;
(5) 项目组成员内部,或项目组与项目质量控制复核人员或提供咨询的其他人员之间,就重大会计和审计事项达成最终结论所存在的意见分歧;
(6) 在实施审计程序时遇到的重大困难;
(7) 向事务所内部有经验的专业人士或外部专业顾问咨询的事项;
(8) 与管理层或其他人员就重大发现,以及与注册会计师的最终审计结论相矛盾或不一致的信息进行的讨论。

注册会计师在审计计划阶段对重要性的判断,与其在评估审计差异时对重要性的判断是不同的。如果在审计完成阶段修订后的重要性水平远远低于在计划阶段确定的重要性水平,注册会计师应重新评估已经获得的审计证据的充分性和适当性。

如果审计项目组内部、项目组与被咨询者之间,以及项目合伙人与项目质量控制复核人员之间存在意见分歧,审计项目组应当遵循事务所的政策和程序予以妥善处理。

二、评价审计过程中发现的错报

(一) 错报的沟通和更正

及时与适当层级的管理层沟通错报事项是重要的,因为这能使管理层评价这些事项是否为错报,并采取必要行动,如有异议则告知注册会计师。适当层级的管理层通常是指有责任和权限对错报进行评价并采取必要行动的人员。

法律法规可能限制注册会计师向管理层或被审计单位内部的其他人员通报某些错报。

例如，法律法规可能专门规定禁止通报某事项或采取其他行动，这些通报或行动可能不利于有关权力机构对实际存在的或怀疑存在的违法行为展开调查。在某些情况下，注册会计师的保密义务与通报义务之间存在的潜在冲突可能很复杂。此时，注册会计师可以考虑征询法律意见。

管理层更正所有错报（包括注册会计师通报的错报），能够保持会计账簿和记录的准确性，降低由于与本期相关的、非重大的且尚未更正的错报的累积影响而导致未来期间财务报表出现重大错报的风险。

《中国注册会计师审计准则第1501号——对财务报表形成审计意见和出具审计报告》要求注册会计师评价财务报表是否在所有重大方面按照适用的财务报告编制基础编制，这项评价包括考虑被审计单位会计实务的质量（包括表明管理层的判断可能出现偏向的迹象）。注册会计师对管理层不更正错报的理由的理解可能影响其对被审计单位会计实务质量的考虑。

（二）评价未更正错报的影响

未更正错报，是指注册会计师在审计过程中累积的且被审计单位未予更正的错报。注册会计师在确定重要性时，通常依据对被审计单位财务结果的估计，因为此时可能尚不知道实际的财务结果。因此，在评价未更正错报的影响之前，注册会计师可能有必要依据实际的财务结果对重要性做出修改。如果在审计过程中获知了某项信息，而该信息可能导致注册会计师确定与原来不同的财务报表整体重要性或者特定类别交易、账户余额或披露的一个或多个重要性水平（如适用），注册会计师应当予以修改。因此，在注册会计师评价未更正错报的影响之前，可能已经对重要性或重要性水平（如适用）做出重大修改。但是，如果注册会计师对重要性或重要性水平（如适用）进行的重新评价导致需要确定较低的金额，则应重新考虑实际执行的重要性和进一步审计程序的性质、时间安排和范围的适当性，以获取充分、适当的审计证据，作为发表审计意见的基础。

注册会计师需要考虑每一单项错报，以评价其对相关类别的交易、账户余额或披露的影响，包括评价该项错报是否超过特定类别的交易、账户余额或披露的重要性水平（如适用）。如果注册会计师认为某一单项错报是重大的，则该项错报不太可能被其他错报抵销。例如，如果收入存在重大高估，即使这项错报对收益的影响完全可被相同金额的费用高估所抵销，注册会计师仍认为财务报表整体存在重大错报。对于同一账户余额或同一类别的交易内部的错报，这种抵销可能是适当的。然而，在得出抵销非重大错报是适当的这一结论之前，需要考虑可能存在其他未被发现的错报的风险。

确定一项分类错报是否重大，需要进行定性评估。例如，分类错报对负债或其他合同条款的影响，对单个财务报表项目或小计数的影响，以及对关键比率的影响。即使分类错报超过了在评价其他错报时运用的重要性水平，注册会计师可能仍然认为该分类错报对财务报表整体不产生重大影响。

在某些情况下，即使某些错报低于财务报表整体的重要性，但因与这些错报相关的某些情况，在将其单独或连同在审计过程中累积的其他错报一并考虑时，注册会计师也可能将这些错报评价为重大错报。例如，某项错报的金额虽然低于财务报表整体的重要性，但对被审计单位的盈亏状况有决定性的影响,注册会计师应认为该项错报是重大错报。

下列情况也可能影响注册会计师对错报的评价:

(1) 错报对遵守监管要求的影响程度;

(2) 错报对遵守债务合同或其他合同条款的影响程度;

(3) 错报与会计政策的不正确选择或运用相关,这些会计政策的不正确选择或运用对当期财务报表不产生重大影响,但可能对未来期间财务报表产生重大影响;

(4) 错报掩盖收益的变化或其他趋势的程度;

(5) 错报对用于评价被审计单位财务状况、经营成果和现金流量的有关比率的影响程度;

(6) 错报对财务报表中列报的分部信息的影响程度;

(7) 错报对增加管理层薪酬的影响程度;

(8) 相对于注册会计师所了解的以前向财务报表使用者传达的信息,错报是重大的;

(9) 错报对涉及特定机构或人员的项目的相关程度;

(10) 错报涉及对某些信息的遗漏;

(11) 错报对其他信息的影响程度。

除非法律法规禁止,注册会计师应当与治理层沟通未更正错报,以及这些错报单独或汇总起来可能对审计意见产生的影响。在沟通时,注册会计师应当逐项指明重大的未更正错报。注册会计师应当要求被审计单位更正未更正错报。

(三) 书面声明

注册会计师应当要求管理层和治理层(如适用)提供书面声明,说明其是否认为未更正错报单独或汇总起来对财务报表整体的影响不重大。这些错报项目的概要应当包含在书面声明中或附在其后。由于编制财务报表要求管理层和治理层(如适用)调整财务报表以更正重大错报,注册会计师应当要求其提供有关未更正错报的书面声明。在某些情况下,管理层和治理层(如适用)可能并不认为注册会计师提出的某些未更正的错报是错报。基于这一原因,他们可能在书面声明中增加以下表述:"因为[描述理由],我们不同意……事项和……事项构成错报。"然而,即使获取了这一声明,注册会计师仍需要对未更正错报的影响形成结论。

三、复核审计工作底稿和财务报表

(一) 对财务报表总体合理性进行总体复核

在审计结束或临近结束时,注册会计师需要运用分析程序的目的是确定经审计调整后的财务报表整体是否与对被审计单位的了解一致,是否具有合理性。注册会计师应当围绕这一目的运用分析程序。

在运用分析程序进行总体复核时,如果识别出以前未识别的重大错报风险,注册会计师应当重新考虑对全部或部分各类别的交易、账户余额、披露评估的风险是否恰当,并在此基础上重新评价之前计划的审计程序是否充分,是否有必要追加审计程序。

（二）复核审计工作底稿

《质量控制准则第 5101 号——会计师事务所对执行财务报表审计和审阅、其他鉴证和相关服务业务实施的质量控制》对会计师事务所业务复核与项目质量控制复核的质量控制制度做出了规定。《中国注册会计师审计准则第 1121 号——对财务报表审计实施的质量控制》对注册会计师执行财务报表审计的复核与审计项目质量控制复核的质量控制程序做出了规定。

遵循准则要求执行复核是确保注册会计师执业质量的重要手段之一。会计师事务所需要按照《质量控制准则第 5101 号——会计师事务所对执行财务报表审计和审阅、其他鉴证和相关服务业务实施的质量控制》和《中国注册会计师审计准则第 1121 号——对财务报表审计实施的质量控制》的相关规定，结合事务所自身组织架构特点和质量控制体系建设需要，制定相关的质量控制政策和程序，对审计项目复核（包括项目组内部复核和项目质量控制复核）的级次以及人员、时间、范围和工作底稿记录等做出规定。

1. 项目组内部复核

（1）复核人员。《质量控制准则第 5101 号——会计师事务所对执行财务报表审计和审阅、其他鉴证和相关服务业务实施的质量控制》规定，会计师事务所在安排复核工作时，应当由项目组内经验较多的人员复核经验较少人员的工作。会计师事务所应当根据这一原则，确定有关复核责任的政策和程序。项目组需要在制订审计计划时确定复核人员的指派，以确保所有工作底稿均得到适当层级人员的复核。

（2）复核范围。所有的审计工作底稿至少要经过一级复核。

执行复核时，复核人员需要考虑的事项包括：

① 审计工作是否已按照职业准则和适用的法律法规的规定执行；

② 重大事项是否已提请进一步考虑；

③ 相关事项是否已进行适当咨询，由此形成的结论是否已得到记录和执行；

④ 是否需要修改已执行审计工作的性质、时间安排和范围；

⑤ 已执行的审计工作是否支持形成的结论，并已得到适当记录；

⑥ 已获取的审计证据是否充分、适当；

⑦ 审计程序的目标是否已实现。

（3）复核时间。审计项目复核贯穿审计全过程，随着审计工作的开展，复核人员在审计计划阶段、执行阶段和完成阶段及时复核相应的工作底稿，例如，在审计计划阶段复核记录审计策略和审计计划的工作底稿，在审计执行阶段复核记录控制测试和实质性程序的工作底稿，在审计完成阶段复核记录重大事项、审计调整及未更正错报的工作底稿等。

（4）项目合伙人复核。根据审计准则的规定：项目合伙人应当对会计师事务所分派的每项审计业务的总体质量负责；项目合伙人应当对项目组按照会计师事务所复核政策和程序实施的复核负责。

2. 项目质量控制复核

根据《质量控制准则第 5101 号——会计师事务所对执行财务报表审计和审阅、其他鉴证和相关服务业务实施的质量控制》的规定，会计师事务所应当制定政策和程序，要求对特定业务(包括所有上市实体财务报表审计)实施项目质量控制复核,以客观评价项目组做出的重大判断,以及在编制报告时得出的结论。

会计师事务所应当制定政策和程序,以明确项目质量控制复核的性质、时间安排和范围。这些政策和程序应当要求,只有完成项目质量控制复核,才可以签署业务报告。

(1) 质量控制复核人员。《质量控制准则第5101号——会计师事务所对执行财务报表审计和审阅、其他鉴证和相关服务业务实施的质量控制》规定,会计师事务所应当制定政策和程序,解决项目质量控制复核人员的委派问题,明确项目质量控制复核人员的资格要求,包括:

① 履行职责需要的技术资格,包括必要的经验和权限。

② 在不损害其客观性的前提下,项目质量控制复核人员能够提供业务咨询的程度。会计师事务所在确定质量控制复核人员的资格要求时,需要充分考虑质量控制复核工作的重要性和复杂性,安排经验丰富的注册会计师担任项目质量控制复核人员,例如,有一定执业经验的合伙人,或专门负责质量控制复核的注册会计师等。

(2) 质量控制复核范围。《中国注册会计师审计准则第1121号——对财务报表审计实施的质量控制》规定,项目质量控制复核人员应当客观地评价项目组做出的重大判断及在编制审计报告时得出的结论。

评价工作应当涉及下列内容:

① 与项目合伙人讨论重大事项;

② 复核财务报表和拟出具的审计报告;

③ 复核选取的与项目组做出的重大判断和得出的结论相关的审计工作底稿;

④ 评价在编制审计报告时得出的结论,并考虑拟出具审计报告的恰当性。

对于上市实体财务报表审计,项目质量控制复核人员在实施项目质量控制复核时,还应当考虑:

① 项目组就具体审计业务对会计师事务所独立性做出的评价;

② 项目组是否已就涉及意见分歧的事项,或者其他疑难问题或争议事项进行适当咨询,以及咨询得出的结论;

③ 选取的用于复核的审计工作底稿,是否反映了项目组针对重大判断执行的工作,以及是否支持得出的结论。

(3) 质量控制复核时间。《中国注册会计师审计准则第1121号——对财务报表审计实施的质量控制》规定,只有完成了项目质量控制复核,才能签署审计报告。

按照《中国注册会计师审计准则第1501号——对财务报表形成审计意见和出具审计报告》的规定,审计报告的日期不得早于注册会计师获取充分、适当的审计证据,并在此基础上对财务报表形成审计意见的日期。对于上市实体财务报表审计业务或符合标准需要实施项目质量控制复核的其他业务,这种复核有助于注册会计师确定是否已获取充分、适当的审计证据。

项目质量控制复核人员在业务过程中的适当阶段及时实施项目质量控制复核,有助于重大事项在审计报告日之前得到迅速、满意的解决。

注册会计师要考虑在审计过程与项目质量复核人员积极协调配合,使其能够及时实施质量控制复核,而非在出具审计报告前才实施复核。例如,在审计计划阶段,质量控制复核人员复核项目组对会计师事务所独立性做出的评价、项目组在制定审计策略和审计计划时做出的重大判断及发现的重大事项等。

第二节 期后事项

一、期后事项的概念

期后事项很可能改变审计人员对所审报表的公允性的意见,因此审计人员必须对期后事项予以充分关注。

我国对期后事项的规范主要体现在《企业会计准则第29号——资产负债表日后事项》和《中国注册会计师审计准则第1332号——期后事项》中。但是,这两个准则对期后事项不仅称谓不同(会计准则称资产负债表日后事项,审计准则称期后事项),含义也不尽相同。在《企业会计准则第29号——资产负债表日后事项》中,资产负债表日后事项是指资产负债表日至财务报告批准报出日之间发生的有利或不利事项。而在《中国注册会计师审计准则第1332号——期后事项》中,期后事项是指财务报表日至审计报告日之间发生的事项,以及注册会计师在审计报告日后知悉的事实。

二、期后事项的种类

会计上将期后事项分为两类:
(1) 对财务报表日已经存在的情况提供证据的事项;
(2) 对财务报表日后发生的情况提供证据的事项。

第一类期后事项是指能为财务报表日已存在情况提供补充证据的事项。这类事项将影响审计人员原来对财务报表日账户余额所做的估计或判断。如果其金额较大,则要提请被审计单位调整财务报表,所以这类事项又称为期后调整事项。第二类期后事项是指财务报表日后发生的为财务报表日并不存在的情况提供补充证据的事项。因为该类期后事项是在资产负债表日以后才发现或存在的事项,不影响资产负债表日存在状况,但如不加以说明将会影响财务报告使用者做出正确估计和决策,这类事项应当作为非调整事项,在会计报表附注中予以披露。

第一类期后事项的例子有:
(1) 已证实某项资产在资产负债表日已减值,或为该项资产已确认的减值损失需要调整,如资产负债表日被审计单位认为可以收回的大额应收账款,因资产负债表日后债务人突然破产而无法收回,破产是由日益恶化的财务状况引起的等。
(2) 表明应将资产负债表日存在的某项现时义务予以确认,或已对某项义务确认的负债需要调整,如被审计单位由于某种原因在资产负债表日前被起诉,在期后确定获得或支付的赔偿等。

(3) 表明资产负债表所属期间或以前期间存在重大会计差错,如被审计单位资产负债表日后不久有大批产成品验收不合格,说明被审计单位在资产负债表日产品存货中已经有相当数量的不合格品;被审计单位于资产负债表日前签发的支票因透支而被开户银行退回等。

(4) 发生资产负债表所属期间或以前期间所售商品的退回,如资产负债表日前实现的销售,在期后退回等事项。

第二类期后事项的例子有:
(1) 发行股票和债券;
(2) 资本公积转增资本;
(3) 对外巨额举债;
(4) 对外巨额投资;
(5) 发生巨额亏损;
(6) 自然灾害导致资产发生重大损失;
(7) 外汇汇率或税收政策发生重大变化;
(8) 发生重大企业合并或处置子公司;
(9) 对外提供重大担保;
(10) 对外签订重大抵押合同;
(11) 发生重大诉讼、仲裁或承诺事项;
(12) 发生重大会计政策变更。

企业应就非调整事项,披露其性质、内容,以及对财务状况和经营成果的影响。如无法做出估计,应说明理由。

正确区分两类性质不同的前后事项的关键在于正确界定期后事项主要情况出现的时间,凡主要情况出现在资产负债表日之前的期后事项应提请被审计单位予以调整;反之,则只需建议被审计单位在报表附注中加以披露即可。

现在举一个例子来说明两类期后事项的区别。假定在 20×5 年 3 月 20 日被审计客户有一个主要顾客破产,还假定客户在估计 20×4 年 12 月 31 日报表中可能无法收回的账款时,预计该客户的应收账款可以如数收回。如果审计人员复核该期后事项后,确定破产是由于该顾客日益恶化的财务状况引起的,并且这一情况在资产负债表日就已经存在,只是客户不知道而已,那么这一期后事项就属于第一类期后事项(因为主要顾客应收账款无法收回是发生在资产负债表日之前),审计人员应当请被审计客户调整 20×4 的会计报表,也即该项损失需要确认在 20×4 的年度报表中。但是,如果审计人员审计后发现,该顾客在 20×4 年年末时状况良好,而破产是因为某些突发因素导致的,如特大水灾、火灾等,则此时这一期后事项属于第二类期后事项,审计人员只需要提请客户在 20×4 年的财务报表附注中披露该事项即可。

审计报告的日期向财务报表使用者表明,注册会计师已考虑其知悉的、截至审计报告日发生的事项和交易的影响。

(一) 财务报表日后调整事项

这类事项既为被审计单位管理层确定财务报表日账户余额提供信息,也为注册会计师核实这些余额提供补充证据。如果这类期后事项的金额重大，应提请被审计单位对本期财务报表及相关的账户金额进行调整。诸如：

(1) 财务报表日后诉讼案件结案，法院判决证实了企业在财务报表日已经存在现时义务，需要调整原先确认的与该诉讼案件相关的预计负债，或确认一项新负债。

例如，被审计单位由于某种原因在财务报表日前被起诉，法院于财务报表日后判决被审计单位应赔偿对方损失。因这一负债实际上在财务报表日之前就已存在，所以，如果赔偿数额比较大，注册会计师应考虑提请被审计单位调整或增加财务报表有关负债项目的金额，并加以说明。

(2) 财务报表日后取得确凿证据，表明某项资产在财务报表日发生了减值或者需要调整该项资产原先确认的减值金额。

例如，财务报表日被审计单位认为可以收回的大额应收款项，因财务报表日后债务人突然破产而无法收回。在这种情况下，债务人财务状况显然早已恶化，所以注册会计师应考虑提请被审计单位计提坏账准备或增加计提坏账准备，调整财务报表有关项目的金额。

(3) 财务报表日后进一步确定了财务报表日前购入资产的成本或售出资产的收入。例如，被审计单位在财务报表日前购入一项固定资产，并投入使用。由于购入时尚未确定准确的购买价款，故先以估计的价格考虑其达到预定可使用状态前所发生的可归属于该项固定资产的运输费、装卸费、安装费和专业人员服务费等因素暂估入账，并按规定计提固定资产折旧。如果在财务报表日后商定了购买价款，取得了采购发票，被审计单位就应该据此调整该固定资产原值。

(4) 财务报表日后发现了财务报表舞弊或差错。例如，在财务报表日以前，被审计单位根据合同规定所销售的商品已经发出，当时认为与该项商品所有权相关的风险和报酬已经转移，货款能够收回，按照收入确认原则确认了收入并结转了相关成本，即在财务报表日被审计单位确认为销售实现，并在财务报表上反映。但在财务报表日后至审计报告日之间所取得的证据证明该批已确认为销售的商品确实已经退回。如果金额较大，注册会计师应考虑提请被审计单位调整财务报表有关项目的金额。

利用期后事项审计以确认被审计单位财务报表所列金额时，应对财务报表日已经存在的事项和财务报表日后出现的事项严加区分，不能混淆。如果确认发生变化的事项直到财务报表日后才发生，就不应将财务报表日后的信息并入财务报表中去。

(二) 财务报表日后非调整事项

这类事项因不影响财务报表日财务状况，而不需要调整被审计单位的本期财务报表。但如果被审计单位的财务报表因此可能受到误解，就应在财务报表中以附注的形式予以适当披露。

被审计单位在财务报表日后发生的，需要在财务报表中披露而非调整的事项通常包括：

(1) 财务报表日后发生重大诉讼、仲裁、承诺；
(2) 财务报表日后资产价格、税收政策、外汇汇率发生重大变化；
(3) 财务报表日后因自然灾害导致资产发生重大损失；
(4) 财务报表日后发行股票和债券及其他巨额举债；
(5) 财务报表日后资本公积转增资本；

（6）财务报表日后发生巨额亏损；

（7）财务报表日后发生企业合并或处置子公司；

（8）财务报表日后企业利润分配方案中拟分配的，以及经审议批准宣告发放的股利或利润。

三、与期后事项相关的几个时间点

在讨论期后事项时，我们必须关注与期后事项密切相关的几个时间点，分别是财务报表日、审计报告日、财务报表报出日和财务报表批准日。

根据《中华人民共和国会计法》的规定，"会计年度自公历1月1日起至12月31日止"，因此，"年度资产负债表日是指12月31日，但资产负债表日后事项不含12月31日发生的事项"。如果母公司在国外，或子公司在国外，无论国外母公司或子公司是如何确定会计年度的，其向国内提供的会计报表均应按照我国对会计年度的规定，提供相同期间的会计报表，而不能以国外母公司或子公司确定的会计年度作为依据。

审计报告日期是指注册会计师按照《中国注册会计师审计准则第1501号——对财务报表形成审计意见和出具审计报告》的规定在对财务报表出具的审计报告上签署的日期。

财务报表报出日是指审计报告和已审计财务报表提供给第三方的日期。

财务报表批准日是指构成整套财务报表的所有报表（包括相关附注）已编制完成，并且被审计单位的董事会、管理层或类似机构已经认可其对财务报表负责的日期，按照《中国注册会计师审计准则第1501号——对财务报表形成审计意见和出具审计报告》的规定，审计报告日不应早于注册会计师获取充分、适当的审计证据，并在此基础上对财务报表形成审计意见的日期。因此，在实务中审计报告日与财务报表批准日通常是相同的日期。

这四个日期的先后顺序可以简单用图14-1表示。

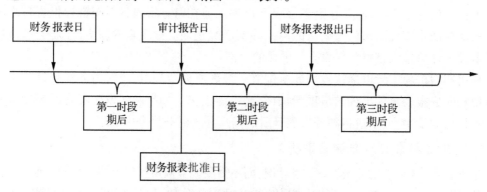

图14-1 期后事项分段示意

按照我国独立审计准则的规定，在审计报告日之前，审计人员应当实施必要的审计程序、获取充分、适当的审计证据，以确认期后事项是否发生。如期后事项确已发生，审计人员应当在实施必要的审计程序后，确定期后事项的类型及对会计报表的影响程度，并形成审计结论。而对于审计报告日至财务报告报出日之间的期后事项，审计人员没有责任实施审计程序或进行专门询问，以发现这段时间发生的期后事项，但应对其已知悉的期后事项予以关注，并实施相应的审计程序，被审计单位管理当局有责任及时向审计人员告知可能影响会计报表的期后事项。

四、期后事项审计程序

考虑到期后事项可能会要求审计调整和披露,审计人员必须确认这些事项是否重大,一些审计程序可以帮助审计人员调查期后事项,例如截止测试和查找未记录的负债。审计人员可以结合对会计报表实施的实质性程序或另行实施审计程序对期后事项进行审计,审计人员另行实施的审计程序,应当尽量在接近审计报告日时进行。

注册会计师应当尽量在接近审计报告日时,实施旨在识别需要在财务报表中调整或披露事项的审计程序。这些程序包括:
(1)复核被审计单位管理层建立的用于确保识别期后事项的程序;
(2)查阅股东会、董事会及其专门委员会在资产负债表日后举行的会议的纪要,并在不能获取会议纪要时询问会议讨论的事项;
(3)查阅最近的中期财务报表,如认为必要和适当,还应当查阅预算、现金流量预测及其他相关管理报告;
(4)向被审计单位律师或法律顾问询问有关诉讼和索赔事项;
(5)向管理层询问是否发生可能影响财务报表的期后事项。
在向管理层询问可能影响财务报表的期后事项时,注册会计师询问的内容主要包括:
(1)根据初步或尚无定论的数据做出会计处理的项目的现状;
(2)是否发生新的担保、借款或承诺;
(3)是否出售或购进资产,或者计划出售或购进资产;
(4)是否已发行或计划发行新的股票或债券,是否已签订或计划签订合并或清算协议;
(5)资产是否被政府征用或因不可抗力而遭受损失;
(6)在风险领域和或有事项方面是否有新进展;
(7)是否已做出或考虑做出异常的会计调整;
(8)是否已发生或可能发生影响会计政策适当性的事项。
在审计报告日后,注册会计师没有责任针对财务报表实施审计程序或进行专门查询。在审计报告日至财务报表报出日期间,管理层有责任告知注册会计师可能影响财务报表的事实。在财务报表报出后,注册会计师没有义务针对财务报表进行查询。

第三节 书面声明

书面声明,是指管理层向注册会计师提供的书面陈述,用以确认某些事项或支持其他审计证据。书面声明不包括财务报表及其认定,以及支持性账簿和相关记录。在本节中单独提及管理层时,应当理解为管理层和治理层(如适用)。管理层负责按照适用的财务报告编制基础编制财务报表并使其实现公允反映。

书面声明是注册会计师在财务报表审计中需要获取的必要信息,是审计证据的重要来源。如果管理层修改书面声明的内容或不提供注册会计师要求的书面声明,可能使注册会计师警觉存在重大问题的可能性。而且,在很多情况下,要求管理层提供书面声明而非口头声明,可以促使管理层更加认真地考虑声明所涉及的事项,从而提高声明的质量。

尽管书面声明提供了必要的审计证据,但其本身并不为所涉及的任何事项提供充分、适当的审计证据。而且,管理层已提供可靠书面声明的事实,并不影响注册会计师就管理层责任履行情况或具体认定获取的其他审计证据的性质和范围。

一、针对管理层责任的书面声明

针对财务报表的编制,注册会计师应当要求管理层提供书面声明,确认其根据审计业务约定条款,履行了按照适用的财务报告编制基础编制财务报表并使其实现公允反映(如适用)的责任。

针对提供的信息和交易的完整性,注册会计师应当要求管理层就下列事项提供书面声明:

(1) 按照审计业务约定条款,已向注册会计师提供所有相关信息,并允许注册会计师不受限制地接触所有相关信息,以及被审计单位内部人员和其他相关人员;

(2) 所有交易均已记录并反映在财务报表中。

二、其他书面声明

除《中国注册会计师审计准则第1341号——书面声明》和其他审计准则要求的书面声明外,如果注册会计师认为有必要获取一项或多项其他书面声明,以支持与财务报表或者一项或多项具体认定相关的其他审计证据,注册会计师应当要求管理层提供这些书面声明。

三、书面声明的日期和涵盖的期间

书面声明的日期应当尽量接近对财务报表出具审计报告的日期,但不得在审计报告日后。书面声明应当涵盖审计报告针对的所有财务报表和期间。

由于书面声明是必要的审计证据,在管理层签署书面声明前,注册会计师不能发表审计意见,也不能签署审计报告。而且,由于注册会计师关注截至审计报告日发生的、可能需要在财务报表中做出相应调整或披露的事项,书面声明的日期应当尽量接近对财务报表出具审计报告的日期,但不得在其之后。

在某些情况下,注册会计师在审计过程中获取有关财务报表特定认定的书面声明可能是适当的。此时,可能有必要要求管理层更新书面声明。管理层有时需要再次确认以前期间做出的书面声明是否依然适当,因此,书面声明需要涵盖审计报告中提及的所有期间。注册会计师和管理层可能认可某种形式的书面声明,以更新以前期间所做的书面声明。更新后的书面声明需要表明,以前期间所做的声明是否发生了变化,以及发生了什么变化(如有)。

在实务中可能会出现这样的情况,即在审计报告中提及的所有期间内,现任管理层均尚未就任。他们可能由此声称无法就上述期间提供部分或全部书面声明。然而,这一事实并不能减轻现任管理层对财务报表整体的责任。相应地,注册会计师仍然需要向现任管理层获取涵盖整个相关期间的书面声明。

四、书面声明的形式

书面声明应当以声明书的形式致送注册会计师。

参考格式 14-1 列示了一种声明书的范例。有必要先介绍一下与该声明书相关的几点背景信息：(1)被审计单位采用企业会计准则编制财务报表；(2)《中国注册会计师审计准则第 1324 号——持续经营》中有关就被审计单位持续经营能力获取书面声明的要求不相关；(3)所要求的书面声明不存在例外情况。如果存在例外情况，则需要对本参考格式列示的书面声明的内容予以调整，以反映这些例外情况。

【参考格式 14-1】

（致注册会计师）：

本声明书是针对你们审计 ABC 公司截至 20×1 年 12 月 31 日的年度财务报表而提供的。审计的目的是对财务报表发表意见，以确定财务报表是否在所有重大方面已按照企业会计准则的规定编制，并实现公允反映。

尽我们所知，并在做出了必要的查询和了解后，我们确认：

一、财务报表

1. 我们已履行[插入日期]签署的审计业务约定书中提及的责任，即根据企业会计准则的规定编制财务报表，并对财务报表进行公允反映；

2. 在做出会计估计时使用的重大假设（包括与公允价值计量相关的假设）是合理的；

3. 已按照企业会计准则的规定对关联方关系及其交易做出了恰当的会计处理和披露；

4. 根据企业会计准则的规定，所有需要调整或披露的资产负债表日后事项都已得到调整或披露；

5. 未更正错报，无论是单独还是汇总起来，对财务报表整体的影响均不重大，未更正错报汇总表附在本声明书后；

6. [插入注册会计师可能认为适当的其他任何事项]。

二、提供的信息

7. 我们已向你们提供下列工作条件：

(1) 允许接触我们注意到的、与财务报表编制相关的所有信息（如记录、文件和其他事项）；

(2) 提供你们基于审计目的要求我们提供的其他信息；

(3) 允许在获取审计证据时不受限制地接触你们认为必要的本公司内部人员和其他相关人员。

8. 所有交易均已记录并反映在财务报表中。

9. 我们已向你们披露了由于舞弊可能导致的财务报表重大错报风险的评估结果。

10. 我们已向你们披露了我们注意到的、可能影响本公司的与舞弊或舞弊嫌疑相关的所有信息,这些信息涉及本公司的:
　(1) 管理层;
　(2) 在内部控制中承担重要职责的员工;
　(3) 其他人员(在舞弊行为导致财务报表重大错报的情况下)。
11. 我们已向你们披露了从现任和前任员工、分析师、监管机构等方面获知的影响财务报表的舞弊指控或舞弊嫌疑的所有信息。
12. 我们已向你们披露了所有已知的、在编制财务报表时应当考虑其影响的违反或涉嫌违反法律法规的行为。
13. 我们已向你们披露了我们注意到的关联方的名称和特征、所有关联方关系及其交易。
14. [插入注册会计师可能认为必要的其他任何事项]。

附:未更正错报汇总表

ABC 公司
ABC 公司管理层
(盖章)
(签名并盖章)
中国××市
二〇×二年××日

五、对书面声明可靠性的疑虑及管理层不提供要求的书面声明

(一) 对书面声明可靠性的疑虑

1. 对管理层的胜任能力、诚信、道德价值观或勤勉尽责存在疑虑

如果对管理层的胜任能力、诚信、道德价值观或勤勉尽责存在疑虑,或者对管理层在这些方面的承诺或贯彻执行存在疑虑,注册会计师应当确定这些疑虑对书面或口头声明和审计证据总体的可靠性可能产生的影响。注册会计师可能认为,管理层在财务报表中做出不实陈述的风险很大,以至于审计工作无法进行。在这种情况下,除非治理层采取适当的纠正措施,否则注册会计师可能需要考虑解除业务约定(如果法律法规允许)。很多时候,治理层采取的纠正措施可能并不足以使注册会计师发表无保留意见。

2. 书面声明与其他审计证据不一致

如果书面声明与其他审计证据不一致,注册会计师应当实施审计程序以设法解决这些问题。注册会计师可能需要考虑风险评估结果是否仍然适当。如果认为不适当,注册会计师需要修正风险评估结果,并确定进一步审计程序的性质、时间安排和范围,以应对评估的风险。如果问题仍未解决,注册会计师应当重新考虑对管理层的胜任能力、诚信、道德价值观或勤勉尽责的评估,或者重新考虑对管理层在这些方面的承诺或贯彻执行的评估,并确定

书面声明与其他审计证据的不一致对书面或口头声明和审计证据总体的可靠性可能产生的影响。

如果认为书面声明不可靠,注册会计师应当采取适当措施,包括确定其对审计意见可能产生的影响。

(二)管理层不提供要求的书面声明

如果管理层不提供要求的一项或多项书面声明,注册会计师应当:

(1)与管理层讨论该事项;

(2)重新评价管理层的诚信,并评价该事项对书面或口头声明和审计证据总体的可靠性可能产生的影响;

(3)采取适当措施,包括确定该事项对审计意见可能产生的影响。

如果存在下列情形之一,注册会计师应当对财务报表发表无法表示意见:

(1)注册会计师对管理层的诚信产生重大疑虑,以至于认为其做出的书面声明不可靠;

(2)管理层不提供下列书面声明:

1)针对财务报表的编制,管理层确认其根据审计业务约定条款,履行了按照适用的财务报告编制基础编制财务报表并使其实现公允反映(如适用)的责任。

2)针对提供的信息和交易的完整性,管理层就下列事项提供书面声明:

① 按照审计业务约定条款,已向注册会计师提供所有相关信息,并允许注册会计师不受限制地接触所有相关信息,以及被审计单位内部人员和其他相关人员;

② 所有交易均已记录并反映在财务报表中。

这是因为,仅凭其他审计证据,注册会计师不能判断管理层是否履行了上述两方面的责任。因此,如果注册会计师认为有关这些事项的书面声明不可靠,或者管理层不提供有关这些事项的书面声明,则注册会计师无法获取充分、适当的审计证据,这对财务报表的影响可能是广泛的,并不局限于财务报表的特定要素、账户或项目。在这种情况下,注册会计师需要按照《中国注册会计师审计准则第 1502 号——在审计报告中发表非无保留意见》的规定,对财务报表发表无法表示意见。

【思考题】

1. 注册会计师在评价审计结果时如何考虑重要性和审计风险?
2. 注册会计师评价审计结果时如何复核审计工作底稿?
3. 什么是期后事项?其对审计结论和审计报告有何影响?
4. 请简要说明期后事项的三个时段。
5. 什么是管理层声明?注册会计师获取的管理层声明对审计结论和报告有什么影响?

第十五章 审计报告

引 例

2021年3月5日,中注协发布上市公司2020年年报审计情况快报(第一期)。该期快报指出,从21家事务所共为57家上市公司出具的财务报表审计报告意见类型来看,54家被出具了无保留意见审计报告(其中1家被出具带持续经营事项段的无保留意见),1家被出具保留意见,2家被出具无法表示意见。另从17家事务所共为41家上市公司出具的内部控制审计报告意见类型来看,40家被出具了无保留意见审计报告(其中1家被出具带强调事项段的无保留意见),1家被出具否定意见。

第一节 审计报告概述

一、审计报告的含义

审计报告是指注册会计师根据审计准则的规定,在执行审计工作的基础上,对财务报表发表审计意见的书面文件。注册会计师应当根据由审计证据得出的结论,清楚表达对财务报表的意见。注册会计师一旦在审计报告上签名并盖章,就表明对其出具的审计报告负责。

审计报告是注册会计师对财务报表是否在所有重大方面按照财务报告编制基础编制并实现公允反映发表审计意见的书面文件,因此,注册会计师应当将已审计的财务报表附于审计报告之后,以便于财务报表使用者正确理解和使用审计报告,并防止被审计单位替换、更改已审计的财务报表。

二、审计报告的作用

注册会计师签发的审计报告,主要具有鉴证、保护和证明三方面的作用。

（一）鉴证作用

注册会计师签发的审计报告,不同于政府审计和内部审计的审计报告,是以超然独立的第三者身份,对被审计单位财务报表合法性、公允性发表意见。这种意见,具有鉴证作用,得到了政府、投资者和其他利益相关者的普遍认可。政府有关部门判断财务报表是否合法、公允,主要依据注册会计师的审计报告。企业的投资者,主要依据注册会计师的审计报告来判断被投资企业的财务报表是否公允地反映了财务状况和经营成果,以进行投资决策等。

（二）保护作用

注册会计师通过审计,可以对被审计单位财务报表出具不同类型审计意见的审计报告,以提高或降低财务报表使用者对财务报表的信赖程度,能够在一定程度上对被审计单位的债权人和股东,以及其他利害关系人的利益起到保护作用。如投资者为了减少投资风险,在进行投资之前,需要查阅被投资企业的财务报表和注册会计师的审计报告,了解被投资企业的经营情况和财务状况。

（三）证明作用

审计报告是对注册会计师审计任务完成情况及其结果所做的总结,它可以表明审计工作的质量并明确注册会计师的审计责任。因此,审计报告可以对审计工作质量和注册会计师的审计责任起证明作用。例如,是否以审计工作底稿为依据发表审计意见,发表的审计意见是否与被审计单位的实际情况相一致,审计工作的质量是否符合要求。

三、审计报告的种类

（一）按审计报告的格式和措辞是否统一,可分为标准审计报告和非标准审计报告

标准审计报告是指格式和措辞基本统一的审计报告。审计职业界认为,统一审计报告的格式和措辞可以避免混乱,便于使用者准确理解其含义。标准审计报告一般适用于对外公布的审计报告。

非标准审计报告是指格式和措辞不统一,可以根据审计项目的具体情况来决定的审计报告。非标准审计报告适用于不对外公布的审计报告。

注册会计师出具的年度财务报表审计报告有规范的格式和措辞,均属于标准审计报告。但人们也习惯于将标准无保留意见审计报告称为"标准审计报告"或"标准报告";将非标准无保留意见审计报告,包括带强调事项段或其他事项段的无保留意见审计报告、保留意见审计报告、否定意见审计报告和无法表示意见审计报告,称为"非标准审计报告"或"非标报告"。

（二）按审计报告的详略程度,可分为简式审计报告和详式审计报告

简式审计报告,又称短式审计报告,是审计人员对审计对象信息所编制的简明扼要的概括性和结论性的审计报告。简式审计报告主要用于反映与审计对象信息使用有关的多数利益关系人共同关心的审计事项的情况,故其内容较为简短。这种报告一般为非特定的关系人提供,适用于公布目的。

详式审计报告,又称长式审计报告,一般是指对审计对象所有重要经济业务和情况都要详细说明和分析的审计报告。详式审计报告主要用于指出被审计单位经营管理和财务收支中存在的问题,并提出处理意见和改进建议,故其内容要比简式审计报告丰富得多、详细得多。详式审计报告一般出于非公布目的,具有非标准审计报告的特点。

第二节 审计意见的形成

一、对财务报表形成审计意见

注册会计师应当就财务报表是否在所有重大方面按照适用的财务报告编制基础编制并实现公允反映形成审计意见。为了形成审计意见,针对财务报表整体是否不存在由于舞弊或错误导致的重大错报,注册会计师应当得出结论,确定是否已就此获取合理保证。

在得出结论时,注册会计师应当考虑下列方面:

(1) 按照《中国注册会计师审计准则第1231号——针对评估的重大错报风险采取的应对措施》的规定,是否已获取充分、适当的审计证据。

(2) 按照《中国注册会计师审计准则第1251号——评价审计过程中识别出的错报》的规定,未更正错报单独或汇总起来是否构成重大错报。

(3) 评价财务报表是否在所有重大方面按照适用的财务报告编制基础编制。注册会计师应当依据适用的财务报告编制基础特别评价下列内容:

① 财务报表是否充分披露了选择和运用的重要会计政策;

② 选择和运用的会计政策是否符合适用的财务报告编制基础,并适合被审计单位的具体情况;

③ 管理层做出的会计估计是否合理;

④ 财务报表列报的信息是否具有相关性、可靠性、可比性和可理解性;

⑤ 财务报表是否做出充分披露,使财务报表预期使用者能够理解重大交易和事项财务报表所传递的信息的影响;

⑥ 财务报表使用的术语(包括每一财务报表的标题)是否适当。

(4) 评价财务报表是否实现公允反映。在评价财务报表是否实现公允反映时,注册会计师应当考虑下列内容:

① 财务报表的整体列报、结构和内容是否合理;

② 财务报表(包括相关附注)是否公允地反映了相关交易和事项。

(5) 评价财务报表是否恰当提及或说明适用的财务报告编制基础。

二、审计意见的类型

注册会计师的目标是在评价根据审计证据得出的结论的基础上,对财务报表形成审计意见,并通过书面报告的形式清楚地表达审计意见。

(一)无保留意见

无保留意见,是指当注册会计师认为财务报表在所有重大方面按照适用的财务报告编制基础编制并实现公允反映时发表的审计意见。当存在下列情形之一时,注册会计师应当按照《中国注册会计师审计准则第1502号——在审计报告中发表非无保留意见》的规定,在审计报告中发表非无保留意见:(1)根据获取的审计证据,得出财务报表整体存在重大错报的结论;(2)无法获取充分、适当的审计证据,不能得出财务报表整体不存在重大错报的结论。

(二)非无保留意见

非无保留意见,是指对财务报表发表的保留意见、否定意见或无法表示意见。如果财务报表没有实现公允反映,注册会计师应当就该事项与管理层讨论,并根据适用的财务报告编制基础的规定和该事项得到解决的情况,决定是否有必要按照《中国注册会计师审计准则第1502号——在审计报告中发表非无保留意见》的规定在审计报告中发表非无保留意见。

第三节 审计报告的基本内容

一、审计报告的要素

审计报告应当采用书面形式,应当包括下列要素:标题;收件人;审计意见;形成审计意见的基础;管理层对财务报表的责任;注册会计师对财务报表审计的责任;按照相关法律法规的要求报告的事项(如适用);注册会计师的签名和盖章;会计师事务所的名称、地址和盖章;报告日期。

(一)标题

审计报告应当具有标题,统一规范为"审计报告"。

(二)收件人

审计报告的收件人是指注册会计师按照业务约定书的要求致送审计报告的对象,一般是指审计业务的委托人。审计报告应当按照审计业务的约定载明收件人的全称。

注册会计师应当与委托人在业务约定书中约定致送审计报告的对象,以防止在此问题上发生分歧或审计报告被委托人滥用。针对整套通用目的财务报表出具的审计报告,审计报告的致送对象通常为被审计单位的股东或治理层。

(三)审计意见

审计意见应当包括下列方面:
(1)指出被审计单位的名称;
(2)说明财务报表已经审计;

(3) 指出构成整套财务报表的每一财务报表的名称;

(4) 提及财务报表附注;

(5) 指明构成整套财务报表的每一财务报表的日期或涵盖的期间。

如果对财务报表发表无保留意见,除非法律法规另有规定,审计意见应当使用"我们认为,财务报表在所有重大方面按照适用的财务报告编制基础(如企业会计准则等)编制,公允反映了……"的措辞。审计意见说明财务报表在所有重大方面按照适用的财务报告编制基础编制,公允反映了财务报表旨在反映的事项。例如,对于按照企业会计准则编制的财务报表,这些事项是"被审计单位期末的财务状况、截至期末某一期间的经营成果和现金流量"。

(四) 形成审计意见的基础

审计报告应当包含标题为"形成审计意见的基础"的部分。该部分提供关于审计意见的重要背景,应当紧接在审计意见部分之后,并包括下列方面:说明注册会计师按照审计准则的规定执行了审计工作;提及审计报告中用于描述审计准则规定的注册会计师责任的部分;声明注册会计师按照与审计相关的职业道德要求对被审计单位保持了独立性,并履行了职业道德方面的其他责任。声明中应当指明适用的职业道德要求,如中国注册会计师职业道德守则;说明注册会计师是否相信获取的审计证据是充分、适当的,为发表审计意见提供了基础。

(五) 管理层对财务报表的责任

这部分应当说明管理层负责下列方面:

(1) 按照适用的财务报告编制基础编制财务报表,使其实现公允反映,并设计、执行和维护必要的内部控制,以使财务报表不存在由于舞弊或错误导致的重大错报;

(2) 评估被审计单位的持续经营能力和使用持续经营假设是否适当,并披露与持续经营相关的事项(如适用)。对管理层评估责任的说明应当包括描述在何种情况下使用持续经营假设是适当的。

(六) 注册会计师对财务报表审计的责任

审计报告应当包含标题为"注册会计师对财务报表审计的责任"的部分,其中应当包括下列内容:

(1) 说明注册会计师的目标是对财务报表整体是否不存在由于舞弊或错误导致的重大错报获取合理保证,并出具包含审计意见的审计报告;说明合理保证是高水平的保证,但按照审计准则执行的审计并不能保证一定会发现存在的重大错报;说明错报可能由于舞弊或错误导致。

(2) 说明在按照审计准则执行审计工作的过程中,注册会计师运用职业判断,并保持职业怀疑;通过说明注册会计师的责任,对审计工作进行描述。这些责任包括:

① 识别和评估由于舞弊或错误导致的财务报表重大错报风险,设计和实施审计程序以应对这些风险,并获取充分适当的审计证据,作为发表审计意见的基础。由于舞弊可能涉及串通、伪造、故意遗漏、虚假陈述或凌驾于内部控制之上,未能发现由于舞弊导致的重大错报的风险。

② 了解与审计相关的内部控制,以设计恰当的审计程序,但目的并非对内部控制的有

效性发表审计意见。当注册会计师有责任在财务报表审计的同时对内部控制的有效性发表意见时,应当略去上述"目的并非对内部控制的有效性发表意见"的表述。

③ 评价管理层选用会计政策的恰当性和做出会计估计及相关披露的合理性。

④ 对管理层使用持续经营假设的恰当性得出结论。同时,根据获取的审计证据,就可能导致对被审计单位持续经营能力产生重大疑虑的事项或情况是否存在重大不确定性得出结论。如果注册会计师得出结论认为存在重大不确定性,审计准则要求注册会计师在审计报告中提请报表使用者关注财务报表中的相关披露;如果披露不充分,注册会计师应当发表非无保留意见。注册会计师的结论基于截至审计报告日可获得的信息。然而,未来的事项或情况可能导致被审计单位不能持续经营。

⑤ 评价财务报表的总体列报、结构和内容(包括披露),并评价财务报表是否公允反映相关交易和事项。

(3) 说明注册会计师与治理层就计划的审计范围、时间安排和重大审计发现等事项进行沟通,包括沟通注册会计师在审计中识别的值得关注的内部控制缺陷;对于上市实体财务报表审计,指出注册会计师就已遵守与独立性相关的职业道德要求向治理层提供声明,并与治理层沟通可能被认为影响注册会计师独立性的所有关系和其他事项,以及相关的防范措施(如适用);对于上市实体财务报表审计,以及决定按照《中国注册会计师审计准则第1504号在审计报告中沟通关键审计事项》的规定沟通关键审计事项的其他情况,说明注册会计师从已与治理层沟通的事项中确定哪些事项对本期财务报表审计上最为重要,因而构成关键审计事项。注册会计师应当在审计报告中描述这些事项,除非法律法规禁止公开披露这些事项,或在极少数情形下,注册会计师合理预期在审计报告中沟通某事项造成的负面后果超过在公众利益方面产生的益处,因而决定不应在审计报告中沟通该事项。

(七) 按照相关法律法规的要求报告的事项(如适用)

除审计准则规定的注册会计师对财务报表出具审计报告的责任外,相关法律法规可能对注册会计师设定了其他报告责任。例如,如果注册会计师在财务报表审计中注意到某些事项,可能被要求对这些事项予以报告。此外,注册会计师可能被要求实施额外的规定的程序并予以报告,或对特定事项(如会计账簿和记录的适当性)发表意见。

在某些情况下,相关法律法规可能要求或允许注册会计师将对这些其他责任的报告作为对财务报表出具的审计报告的一部分。在另外一些情况下,相关法律法规可能要求或允许注册会计师在单独出具的报告中进行报告。

(八) 注册会计师的签名和盖章

审计报告应当由项目合伙人和另一名负责该项目的注册会计师签名和盖章。在审计报告中指明项目合伙人有助于进一步增强对审计报告使用者的透明度,有利于增强项目合伙人的个人责任感。因此,对上市实体整套通用目的财务报表出具的审计报告应当注明项目合伙人。

(九) 会计师事务所的名称、地址和盖章

审计报告应当载明会计师事务所的名称和地址,并加盖会计师事务所公章。

(十) 报告日期

审计报告应当注明报告日期。审计报告日不应早于注册会计师获取充分、适当的审计证据(包括管理层认可对财务报表的责任且已批准财务报表的证据),并在此基础上对财务报表形成审计意见的日期。在确定审计报告日时,注册会计师应当确信已获取下列两方面的审计证据:(1)构成整套财务报表的所有报表(包括相关附注)已编制完成;(2)被审计单位的董事会、管理层或类似机构已经认可其对财务报表负责。

二、标准审计报告参考格式

参考格式15-1列示了对上市实体财务报表出具的无保留意见的审计报告。

【参考格式15-1】 对上市实体财务报表出具的审计报告

审计报告

ABC股份有限公司全体股东:

一、对财务报表出具的审计报告

(一) 审计意见

我们审计了ABC股份有限公司(以下简称"ABC公司")财务报表,包括20×1年12月31日的资产负债表,20×1年度的利润表、现金流量表、股东权益变动表及相关财务报表附注。

我们认为,后附的财务报表在所有重大方面按照企业会计准则的规定编制,公允反映了ABC公司20×1年12月31日的财务状况及20×1年度的经营成果和现金流量。

(二) 形成审计意见的基础

我们按照中国注册会计师审计准则的规定执行了审计工作。审计报告的"注册会计师对财务报表审计的责任"部分进一步阐述了我们在这些准则下的责任。按照中国注册会计师职业道德守则,我们独立于ABC公司,并履行了职业道德方面的其他责任。我们相信我们获取的审计证据是充分、适当的,为发表审计意见提供了基础。

(三) 关键审计事项

关键审计事项是根据我们的职业判断,认为对本期财务报表审计最为重要的事项。这些事项是在对财务报表整体进行审计并形成意见的背景下进行处理的,我们不对这些事项提供单独的意见。

[按照《中国注册会计师审计准则第1504号——在审计报告中沟通关键审计事项》的规定描述每一关键审计事项。]

(四) 管理层和治理层对财务报表的责任

管理层负责按照企业会计准则的规定编制财务报表,使其实现公允反映,并设计、执行和维护必要的内部控制,以使财务报表不存在由于舞弊或错误导致的重大错报。

在编制财务报表时,管理层负责评估 ABC 公司的持续经营能力,披露与持续经营相关的事项(如适用),并运用持续经营假设,除非计划清算 ABC 公司、停止营运或别无其他现实的选择。

治理层负责监督 ABC 公司的财务报告过程。

(五)注册会计师对财务报表审计的责任

我们的目标是对财务报表整体是否不存在由于舞弊或错误导致的重大错报获取合理保证,并出具包含审计意见的审计报告。合理保证是高水平的保证,但并不能保证按照审计准则执行的审计在某一重大错报存在时总能发现。错报可能由于舞弊或错误导致,如果合理预期错报单独或汇总起来可能影响财务报表使用者依据财务报表做出的经济决策,则通常认为错报是重大的。

在按照审计准则执行审计的过程中,我们运用了职业判断,保持了职业怀疑。我们同时:

(1)识别和评估由于舞弊或错误导致的财务报表重大错报风险,对这些风险有针对性地设计和实施审计程序,获取充分、适当的审计证据,作为发表审计意见的基础。由于舞弊可能涉及串通、伪造、故意遗漏、虚假陈述或凌驾于内部控制之上,未能发现由于舞弊导致的重大错报的风险高于未能发现由于错误导致的重大错报的风险。

(2)了解与审计相关的内部控制,以设计恰当的审计程序,但目的并非对内部控制的有效性发表意见。

(3)评价管理层选用会计政策的恰当性和做出会计估计及相关披露的合理性。

(4)对管理层使用持续经营假设的恰当性得出结论。同时,根据获取的审计证据,就可能导致对 ABC 公司持续经营能力产生重大疑虑的事项或情况是否存在重大不确定性得出结论。如果我们得出结论认为存在重大不确定性,审计准则要求我们在审计报告中提请报表使用者注意财务报表中的相关披露;如果披露不充分,我们应当发表非无保留意见。我们的结论基于审计报告日可获得的信息。然而,未来的事项或情况可能导致 ABC 公司不能持续经营。

(5)评价财务报表的总体列报、结构和内容(包括披露),并评价财务报表是否公允反映相关交易和事项。

我们与治理层就计划的审计范围、时间安排和重大审计发现(包括我们在审计中识别的值得关注的内部控制缺陷)等事项进行沟通。

我们还就遵守关于独立性的相关职业道德要求向治理层提供声明,并就可能被合理认为影响我们独立性的所有关系和其他事项,以及相关的防范措施(如适用)与治理层进行沟通。

从与治理层沟通的事项中,我们确定哪些事项对本期财务报表审计最为重要,因而构成关键审计事项。我们在审计报告中描述这些事项,除非法律法规禁止公开披露这些事项,或在极其罕见的情形下,如果合理预期在审计报告中沟通某事项造成的负面后果超过在公众利益方面产生的益处,我们确定不应在审计报告中沟通该事项。

二、对其他法律和监管要求的报告

[本部分的格式和内容,取决于法律法规对其他报告责任的性质的规定。法律法规规范

的事项(其他报告责任)应当在本部分处理,除非其他报告责任与审计准则所要求的报告责任涉及相同的主题。如果涉及相同的主题,其他报告责任可以在审计准则所要求的同一报告要素部分中列示。当其他报告责任和审计准则规定的报告责任涉及同一主题,并且审计报告中的措辞能够将其他报告责任与审计准则规定的责任予以清楚地区分(如差异存在)时,允许将两者合并列示(包含在"对财务报表出具的审计报告"部分中,并使用适当的副标题)。]

××会计师事务所　　　　　　中国注册会计师:×××(项目合伙人)
　　(盖章)　　　　　　　　　　　　　　(签名并盖章)
　　　　　　　　　　　　　　中国注册会计师:×××
　　　　　　　　　　　　　　　　　　(签名并盖章)

中国××市　　　　　　　　　　　二○×二年×月×日

第四节　在审计报告中沟通关键审计事项

在审计报告中沟通关键审计事项,可以提高已执行审计工作的透明度,从而提高审计报告的决策相关性和有用性。沟通关键审计事项还能够为财务报表使用者提供额外的信息,以帮助其了解被审计单位、已审计财务报表中涉及重大管理层判断的领域,以及注册会计师根据职业判断认为对当期财务报表审计最为重要的事项。沟通关键审计事项,还能够为财务报表预期使用者就与被审计单位、已审计财务报表或已执行审计工作相关的事项进一步与管理层和治理层沟通提供基础。

一、确定关键审计事项的决策框架

根据关键审计事项的定义,注册会计师在确定关键审计事项时,需要遵循以下决策(如图15-1所示)。

(一)以"与治理层沟通的事项"为起点选择关键审计事项

《中国注册会计师审计准则第1151号——与治理层的沟通》要求注册会计师与被审计单位治理层沟通审计过程中的重大发现,包括注册会计师对被审计单位的重要会计政策、会计估计和财务报表披露等会计实务的看法,审计过程中遇到的重大困难,已与治理层讨论或需要书面沟通的重大事项等,以便治理层履行其监督财务报告过程的职责。对财务报表和审计报告使用者信息需求的调查结果表明,他们对这些事项感兴趣,并且呼吁增加这些沟通的透明度。因此,应从与治理层沟通事项中选取关键审计事项。

(二)从"与治理层沟通的事项"中选出"在执行审计工作时重点关注过的事项"

重点关注的概念基于这样的认识:审计是风险导向的,注重识别和评估财务报表重大错报风险,设计和实施应对这些风险的审计程序,获取充分、适当的审计证据,以作为形成审计

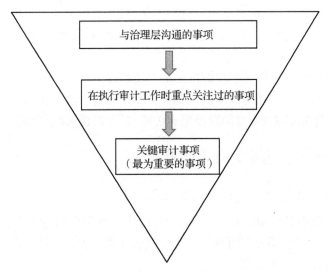

图 15-1 关键审计事项的决策框架

意见的基础。对于特定账户余额、交易类别或披露,评估的认定层次重大错报风险越高,在计划和实施审计程序并评价审计程序的结果时通常涉及的判断就越多。在设计进一步审计程序时,注册会计师评估的风险越高,就需要获取越有说服力的审计证据。当由于评估的风险较高而需要获取更具说服力的审计证据时,注册会计师可能需要增加所需审计证据的数量,或者获取更具相关性或可靠性的审计证据,如更注重从第三方获取审计证据或从多个独立渠道获取互相印证的审计证据。因此,对注册会计师获取充分、适当的审计证据或对财务报表形成审计意见构成挑战的事项可能与注册会计师确定关键审计事项尤其相关。

(三)从"在执行审计工作时重点关注过的事项"中选出"最为重要的事项",从而构成关键审计事项

注册会计师可能已就需要重点关注的事项与治理层进行了较多的互动。就这些事项与治理层进行沟通的性质和范围,通常能够表明哪些事项对审计而言最为重要。例如,对于较为困难和复杂的事项,注册会计师与治理层的互动可能更加深入、频繁或充分,这些事项(如重大会计政策的运用)构成注册会计师或管理层判断的对象。

在确定某一与治理层沟通过的事项的相对重要程度,以及该事项是否构成关键审计事项时,下列考虑也可能是相关的:

(1)该事项对预期使用者理解财务报表整体的重要程度,尤其是对财务报表的重要性。

(2)与该事项相关的会计政策的性质或者与同行业其他实体相比,管理层在选择适当的会计政策时涉及的复杂程度或主观程度。

(3)从定性和定量方面考虑,与该事项相关的由于舞弊或错误导致的已更正错报和累积未更正错报(如有)的性质和重要程度。

(4)为应对该事项所需要付出的审计努力的性质和程度,包括:

① 为应对该事项而实施审计程序或评价这些审计程序的结果(如有)在多大程度上需要特殊的知识或技能。

② 就该事项在项目组之外进行咨询的性质。

（5）在实施审计程序、评价实施审计程序的结果、获取相关和可靠的审计证据以作为发表审计意见的基础时注册会计师遇到的困难的性质和严重程度，尤其是当注册会计师的判断变得更加主观时。

（6）识别出的与该事项相关的控制缺陷的严重程度。

（7）该事项是否涉及数项可区分但又相互关联的审计考虑。例如，长期合同的收入、确认诉讼或其他或有事项等方面，可能需要重点关注，并且可能影响其他会计估计。

二、在审计报告中沟通关键审计事项

（一）在审计报告中单设关键审计事项部分

为达到突出关键审计事项的目的，注册会计师应当在审计报告中单设一部分，以"关键审计事项"为标题，并在该部分使用恰当的子标题逐项描述关键审计事项。关键审计事项部分的引言应当同时说明下列事项：

（1）关键审计事项是注册会计师根据职业判断，认为对本期财务报表审计最为重要的事项；

（2）关键审计事项的应对以对财务报表整体进行审计并形成审计意见为背景，注册会计师对财务报表整体形成审计意见，而不对关键审计事项单独发表意见。

（二）描述单一关键审计事项

为帮助财务报表使用者了解注册会计师确定的关键审计事项，注册会计师应当在审计报告中逐项描述每一关键审计事项，并同时说明下列方面：

（1）该事项被认定为审计中最为重要的事项之一，因而被确定为关键审计事项的原因；

（2）该事项在审计中是如何应对的。

三、不在审计报告中沟通关键审计事项的情形

一般而言，在审计报告中沟通关键审计事项，通常有助于提高审计的透明度，是符合公众利益的。然而，在极其罕见的情况下，关键审计事项可能涉及某些"敏感信息"，沟通这些信息可能为被审计单位带来较为严重的负面影响。在某些情况下，法律法规也可能禁止公开披露某事项。例如，公开披露某事项可能妨碍相关机构对某项违法行为或疑似违法行为的调查。

因此，除非法律法规禁止公开披露某事项，或者在极其罕见的情况下，如果合理预期在审计报告中沟通某事项造成的负面后果超过产生的公众利益方面的益处，注册会计师确定不应在审计报告中沟通该事项，则注册会计师应当在审计报告中逐项描述关键审计事项。

四、就关键审计事项与治理层沟通

治理层在监督财务报告过程中担当重要角色。就关键审计事项与治理层沟通，能够使治理层了解注册会计师就关键审计事项做出的审计决策的基础，以及这些事项将如何在审计报告中做出描述，也能够使治理层考虑鉴于这些事项将在审计报告中沟通，做出新的披露

或提高披露质量是否有用。因此,注册会计师就下列方面与治理层沟通:

(1) 注册会计师确定的关键审计事项;

(2) 根据被审计单位和审计业务的具体情况,注册会计师确定不存在需要从中沟通的关键审计事项(如适用)。

第五节　非无保留意见审计报告

一、导致注册会计师出具非无保留意见的情形

非无保留意见,是指保留意见、否定意见或无法表示意见。当存在下列情形之一的时候,注册会计师应当在审计报告中发表非无保留意见:

(1) 根据获取的审计证据,得出财务报表整体存在重大错报的结论;

(2) 无法获取充分、适当的审计证据,不能得出财务报表整体不存在重大错报的结论。

二、确定非无保留意见的类型

注册会计师确定恰当的非无保留意见类型,取决于下列事项:

(1) 导致非无保留意见的事项的性质,是财务报表存在重大错报,还是在无法获取充分、适当的审计证据的情况下,财务报表可能存在重大错报。

(2) 注册会计师就导致非无保留意见的事项对财务报表产生或可能产生影响的广泛性做出的判断。根据注册会计师的判断,对财务报表的影响具有广泛性的情形包括:

① 不限于对财务报表的特定要素、账户或项目产生影响;

② 虽然仅对财务报表的特定要素、账户或项目产生影响,但这些要素、账户或项目是或可能是财务报表的主要组成部分;

③ 当与披露相关时,产生的影响对财务报表使用者理解财务报表至关重要。

表 15-1 列示了注册会计师对导致发表非无保留意见的事项的性质和这些事项对财务报表产生或可能产生影响的广泛性做出的判断,以及注册会计师的判断对审计意见类型的影响。

表 15-1　非无保留意见类型表

导致发表非无保留意见的事项的性质	这些事项对财务报表产生或可能产生影响的广泛性	
	重大但不具有广泛性	重大且具有广泛性
财务报表存在重大错报	保留意见	否定意见
无法获取充分、适当的审计证据	保留意见	无法表示意见

(一) 发表保留意见

当存在下列情形之一时,注册会计师应当发表保留意见:

(1) 在获取充分、适当的审计证据后,注册会计师认为错报单独或汇总起来对财务报表影响重大,但不具有广泛性。

注册会计师在获取充分、适当的审计证据后,只有当认为财务报表就整体而言是公允的,但还存在对财务报表产生重大影响的错报时,才能发表保留意见。如果注册会计师认为错报对财务报表产生的影响极为严重且具有广泛性,则应发表否定意见。因此,保留意见被视为注册会计师在不能发表无保留意见情况下最不严厉的审计意见。

(2) 注册会计师无法获取充分、适当的审计证据以作为形成审计意见的基础,但认为未发现的错报(如存在)对财务报表可能产生的影响重大,但不具有广泛性。

注册会计师因审计范围受到限制而发表保留意见还是无法表示意见,取决于无法获取的审计证据对形成审计意见的重要性。注册会计师在判断重要性时,应当考虑有关事项潜在影响的性质和范围,以及在财务报表中的重要程度。只有当未发现的错报(如存在)对财务报表可能产生的影响重大但不具有广泛性时,才能发表保留意见。

(二)发表否定意见

在获取充分、适当的审计证据后,如果认为错报单独或汇总起来对财务报表的影响重大且具有广泛性,注册会计师应当发表否定意见。

(三)发表无法表示意见

如果无法获取充分、适当的审计证据以作为形成审计意见的基础,但认为未发现的错报(如存在)对财务报表可能产生的影响重大且具有广泛性,注册会计师应当发表无法表示意见。

三、非无保留意见的审计报告的格式和内容

(一)导致非无保留意见的事项段

1. 审计报告格式和内容的一致性

如果对财务报表发表非无保留意见,除在审计报告中包含《中国注册会计师审计准则第1501号——对财务报表形成审计意见和出具审计报告》规定的审计报告要素外,注册会计师还应当直接在审计意见段之前增加一个部分,并使用恰当的标题,如"形成保留意见的基础""形成否定意见的基础"或"形成无法表示意见的基础",说明导致发表非无保留意见的事项。审计报告格式和内容的一致性有助于提高使用者的理解和识别存在的异常情况。因此,尽管不可能统一非无保留意见的措辞和对导致非无保留意见的事项的说明,但仍有必要保持审计报告格式和内容的一致性。

2. 量化财务影响

如果财务报表中存在与具体金额(包括定量披露)相关的重大错报,注册会计师应当在导致非无保留意见的事项段中说明并量化该错报的财务影响。举例来说,如果存货被高估,注册会计师就可以在审计报告的导致非无保留意见的事项段中说明该重大错报的财务影响,即量化其对所得税、税前利润、净利润和所有者权益的影响。如果无法量化财务影响,注册会计师应当在形成非无保留意见的基础部分说明这一情况。

3. 存在与叙述性披露相关的重大错报

如果财务报表中存在与叙述性披露相关的重大错报,注册会计师应当在形成非无保留意见的基础部分解释该错报错在何处。

4. 存在与应披露而未披露信息相关的重大错报

如果财务报表中存在与应披露而未披露信息相关的重大错报,注册会计师应当:与治理层讨论未披露信息的情况;在形成非无保留意见的基础部分描述未披露信息的性质;如果可行并且已针对未披露信息获取了充分、适当的审计证据,则在形成非无保留意见的基础部分包含对未披露信息的披露,除非法律法规禁止。

如果存在下列情形之一,则在形成非无保留意见的基础部分披露遗漏的信息是不可行的:①管理层还没有做出这些披露,或管理层已做出但注册会计师不易获取这些披露;②根据注册会计师的判断,在审计报告中披露该事项过于庞杂。

5. 无法获取充分、适当的审计证据

如果因无法获取充分、适当的审计证据而导致发表非无保留意见,注册会计师应当在形成非无保留意见的基础部分说明无法获取审计证据的原因。

6. 披露其他事项

即使发表了否定意见或无法表示意见,注册会计师也应当在形成非无保留意见的基础部分说明注意到的、将导致发表非无保留意见的所有其他事项及其影响。这是因为,对注册会计师注意到的其他事项的披露可能与财务报表使用者的信息需求相关。

(二)审计意见段

1. 标题

在发表非无保留意见时,注册会计师应当对审计意见段使用恰当的标题,如"保留意见""否定意见"或"无法表示意见"。审计意见段的标题能够使财务报表使用者清楚注册会计师发表了非无保留意见,并能够表明非无保留意见的类型。

2. 发表保留意见

当由于财务报表存在重大错报而发表保留意见时,注册会计师应当根据适用的财务报告编制基础在审计意见段中说明:注册会计师认为,除了形成保留意见的基础部分所述事项产生的影响外,财务报表在所有重大方面按照适用的财务报告编制基础编制,并实现公允反映。

当无法获取充分、适当的审计证据而导致发表保留意见时,注册会计师应当在审计意见段中使用"除……可能产生的影响外"等措辞。

当注册会计师发表保留意见时,在审计意见段中使用"由于上述解释"或"受……影响"等措辞是不恰当的,因为这些措辞不够清晰或没有足够的说服力。

3. 发表否定意见

当发表否定意见时,注册会计师应当根据适用的财务报告编制基础在审计意见段中说明:注册会计师认为,由于形成否定意见的基础部分所述事项的重要性,财务报表没有在所有重大方面按照适用的财务报告编制基础编制,未能实现公允反映。

4. 发表无法表示意见

当由于无法获取充分、适当的审计证据而发表无法表示意见时,注册会计师应当在审计意见段中说明:由于形成无法表示意见的基础部分所述事项的重要性,注册会计师无法获取充分、适当的审计证据以为发表审计意见提供基础,因此,注册会计师不对这些财务报表发表审计意见。

（三）非无保留意见对审计报告要素内容的修改

当发表保留意见或否定意见时,注册会计师应当修改形成无保留意见的基础部分的描述,以说明:注册会计师相信,注册会计师已获取的审计证据是充分、适当的,为发表非无保留意见提供了基础。

当由于无法获取充分、适当的审计证据而发表无法表示意见时,注册会计师应当修改审计报告的意见段,说明:注册会计师接受委托审计财务报表;注册会计师不对后附的财务报表发表审计意见;由于形成无法表示意见的基础部分所述事项的重要性,注册会计师无法获取充分、适当的审计证据以作为对财务报表发表审计意见的基础。

当注册会计师对财务报表发表无法表示意见时,注册会计师应当修改无保留意见审计报告中形成审计意见的基础部分,不应提及审计报告中用于描述注册会计师责任的部分,也不应说明注册会计师是否已获取充分、适当的审计证据以作为形成审计意见的基础。

当注册会计师对财务报表发表无法表示意见时,注册会计师应当修改无保留意见审计报告中注册会计师对财务报表审计的责任部分,使之仅包含下列内容：

（1）注册会计师的责任是按照中国注册会计师审计准则的规定,对被审计单位财务报表执行审计工作,以出具审计报告；

（2）由于形成无法表示意见的基础部分所述的事项,注册会计师无法获取充分、适当的审计证据以作为发表审计意见的基础。

（3）声明注册会计师在独立性和职业道德方面的其他责任。

四、非无保留意见的审计报告的参考格式

参考格式15-2列示了由于财务报表存在重大错报而发表保留意见的审计报告。

【**参考格式15-2**】由于财务报表存在重大错报而发表保留意见的审计报告。

审计报告

ABC 股份有限公司全体股东：

一、对财务报表出具的审计报告

（一）保留意见

我们审计了 ABC 股份有限公司（以下简称"ABC 公司"）财务报表,包括20×1年12月31日的资产负债表,20×1年度的利润表、现金流量表、股东权益变动表及相关财务报表附注。

我们认为,除"形成保留意见的基础"部分所述事项产生的影响外,后附的财务报表在所有重大方面按照企业会计准则的规定编制,公允反映了 ABC 公司20×1年12月31日的财务状况及20×1年度的经营成果和现金流量。

（二）形成保留意见的基础

ABC公司20×1年12月31日资产负债表中存货的列示金额为××元。管理层根据成本对存货进行计量，而没有根据成本与可变现净值孰低的原则进行计量，这不符合企业会计准则的规定。ABC公司的会计记录显示，如果管理层以成本与可变现净值孰低来计量存货，存货列示金额将减少××元。相应地，资产减值损失将增加××元，所得税、净利润和股东权益将分别减少××元、××元和××元。

我们按照中国注册会计师审计准则的规定执行了审计工作。审计报告的"注册会计师对财务报表审计的责任"部分进一步阐述了我们在这些准则下的责任。按照中国注册会计师职业道德守则，我们独立于ABC公司，并履行了职业道德方面的其他责任。我们相信，我们获取的审计证据是充分、适当的，为发表保留意见提供了基础。

（三）关键审计事项

关键审计事项是根据我们的职业判断，认为对本期财务报表审计最为重要的事项。这些事项是在对财务报表整体进行审计并形成意见的背景下进行处理的，我们不对这些事项提供单独的意见。除"形成保留意见的基础"部分所述事项外，我们确定下列事项是需要在审计报告中沟通的关键审计事项。

[按照《中国注册会计师审计准则第1504号——在审计报告中沟通关键审计事项》的规定描述每一关键审计事项。]

（四）管理层和治理层对财务报表的责任

管理层负责按照企业会计准则的规定编制财务报表，使其实现公允反映，并设计、执行和维护必要的内部控制，以使财务报表不存在由于舞弊或错误导致的重大错报。

在编制财务报表时，管理层负责评估ABC公司的持续经营能力，披露与持续经营相关的事项（如适用），并运用持续经营假设，除非计划清算ABC公司、停止营运或别无其他现实的选择。

治理层负责监督ABC公司的财务报告过程。

（五）注册会计师对财务报表审计的责任

我们的目标是对财务报表整体是否不存在由于舞弊或错误导致的重大错报获取合理保证，并出具包含审计意见的审计报告。合理保证是高水平的保证，但并不能保证按照审计准则执行的审计在某一重大错报存在时总能发现。错报可能由于舞弊或错误导致，如果合理预期错报单独或汇总起来可能影响财务报表使用者依据财务报表做出的经济决策，则通常认为错报是重大的。

在按照审计准则执行审计的过程中，我们运用了职业判断，保持了职业怀疑。我们同时：

（1）识别和评估由于舞弊或错误导致的财务报表重大错报风险，对这些风险有针对性地设计和实施审计程序，获取充分、适当的审计证据，作为发表审计意见的基础。由于舞弊可能涉及串通、伪造、故意遗漏、虚假陈述或凌驾于内部控制之上，未能发现由于舞弊导致的重大错报的风险高于未能发现由于错误导致的重大错报的风险。

(2) 了解与审计相关的内部控制,以设计恰当的审计程序,但目的并非对内部控制的有效性发表意见。

(3) 评价管理层选用会计政策的恰当性和做出会计估计及相关披露的合理性。

(4) 对管理层使用持续经营假设的恰当性得出结论。同时,根据获取的审计证据,就可能导致对ABC公司持续经营能力产生重大疑虑的事项或情况是否存在重大不确定性得出结论。如果我们得出结论认为存在重大不确定性,审计准则要求我们在审计报告中提请报表使用者注意财务报表中的相关披露;如果披露不充分,我们应当发表非无保留意见。我们的结论基于审计报告日可获得的信息。然而,未来的事项或情况可能导致ABC公司不能持续经营。

(5) 评价财务报表的总体列报、结构和内容(包括披露),并评价财务报表是否公允反映相关交易和事项。

我们与治理层就计划的审计范围、时间安排和重大审计发现(包括我们在审计中识别的值得关注的内部控制缺陷)等事项进行沟通。

我们还就遵守关于独立性的相关职业道德要求向治理层提供声明,并就可能被合理认为影响我们独立性的所有关系和其他事项,以及相关的防范措施(如适用)与治理层进行沟通。

从与治理层沟通的事项中,我们确定哪些事项对本期财务报表审计最为重要,因而构成关键审计事项。我们在审计报告中描述这些事项,除非法律法规禁止公开披露这些事项,或在极其罕见的情形下,如果合理预期在审计报告中沟通某事项造成的负面后果超过在公众利益方面产生的益处,我们确定不应在审计报告中沟通该事项。

二、对其他法律和监管要求的报告

本部分的格式和内容,取决于法律法规对其他报告责任的性质的规定。法律法规规范的事项(其他报告责任)应当在本部分处理,除非其他报告责任与审计准则所要求的报告责任涉及相同的主题。如果涉及相同的主题,其他报告责任可以在审计准则所要求的同一报告要素部分中列示。当其他报告责任和审计准则规定的报告责任涉及同一主题,并且审计报告中的措辞能够将其他报告责任与审计准则规定的责任予以清楚地区分(如差异存在)时,允许将两者合并列示(包含在"对财务报表出具的审计报告"部分中,并使用适当的副标题)。

××会计师事务所	中国注册会计师:×××(项目合伙人)
(盖章)	(签名并盖章)
	中国注册会计师:×××
	(签名并盖章)
中国××市	二〇×二年×月×日

第六节 在审计报告中增加强调事项段和其他事项段

一、带强调事项段的审计报告

(一)强调事项段的含义

审计报告的强调事项段是指审计报告中含有的一个段落,该段落提及已在财务报表中恰当列报或披露的事项,根据注册会计师的职业判断,该事项对财务报表使用者理解财务报表至关重要。

(二)增加强调事项段的情形

如果认为有必要提醒财务报表使用者关注已在财务报表中列报或披露,且根据职业判断认为对财务报表使用者理解财务报表至关重要的事项,在同时满足下列条件时,注册会计师应当在审计报告中增加强调事项段:

(1)该事项不会导致注册会计师按照《中国注册会计师审计准则第1502号——在审计报告中发表非无保留意见》的规定发表非无保留意见;

(2)当《中国注册会计师审计准则第1504号——在审计报告中沟通关键审计事项》适用时,该事项未被确定为将要在审计报告中沟通的关键审计事项。

参考格式15-3列示了带强调事项段的保留意见审计报告。

【参考格式15-3】带强调事项段的保留意见审计报告

审计报告

XYZ股份有限公司全体股东:

一、对财务报表出具的审计报告

我们审计了后附的XYZ股份有限公司(以下简称"XYZ公司")财务报表,包括20×1年12月31日的资产负债表,20×1年度的利润表、股东权益变动表和现金流量表及财务报表附注。

(一)管理层对财务报表的责任

编制和公允列报财务报表是XYZ公司管理层的责任,这种责任包括:(1)按照企业会计准则的规定编制财务报表,并使其实现公允反映;(2)设计、执行和维护必要的内部控制,以使财务报表不存在由于舞弊或错误导致的重大错报。

(二)注册会计师的责任

我们的责任是在执行审计工作的基础上对财务报表发表审计意见。我们按照中国注册会计师审计准则的规定执行了审计工作。中国注册会计师审计准则要求我们遵守中国注册会计师职业道德守则,计划和执行审计工作以对财务报表是否不存在重大错报获取合理保证。

审计工作涉及实施审计程序,以获取有关财务报表金额和披露的审计证据。选择的审计程序取决于注册会计师的判断,包括对由于舞弊或错误导致的财务报表重大错报风险的评估。在进行风险评估时,注册会计师考虑与财务报表编制和公允列报相关的内部控制以设计恰当的审计程序,但目的并非对内部控制的有效性发表意见。审计工作还包括管理层选用会计政策的恰当性和做出会计估计的合理性,以及评价财务报表的总体列报。

我们相信,我们获取的审计证据是充分、适当的,为发表保留意见提供了基础。

(三)导致保留意见的事项

XYZ公司于20×1年12月31日资产负债表中反映的交易性金融资产为××元,XYZ公司管理层对这些交易性金融资产未按照公允价值进行后续计量,而是按照其历史成本进行计量,这不符合企业会计准则的规定。如果按照公允价值进行后续计量,XYZ公司20×1年度利润表中公允价值变动损失将增加××元,20×1年12月31日资产负债表中交易性金融资产将减少××元,相应地,所得税、净利润和股东权益将分别减少××元、××元和××元。

(四)保留意见

我们认为,除"(三)导致保留意见的事项"段所述事项产生的影响外,XYZ公司财务报表在所有重大方面按照企业会计准则的规定编制,公允反映了XYZ公司20×1年12月31日的财务状况及20×1年度的经营成果和现金流量。

(五)强调事项

我们提醒财务报表使用者关注,如财务报表附注所述,截止财务报表批准日,ABC公司对XYZ公司提出的诉讼尚在审理当中,其结果具有不确定性。本段内容不影响已发表的审计意见。

二、按照相关法律法规的要求报告的事项

(本部分报告的格式和内容,取决于相关法律法规对其他报告责任的规定。)

××会计师事务所	中国注册会计师:×××
(盖章)	(签名并盖章)
	中国注册会计师:×××
	(签名并盖章)
中国××市	二〇×二年×月×日

二、其他事项段

(一)其他事项段的含义

其他事项段是指审计报告中含有的一个段落,该段落提及未在财务报表中列报或披露的事项,根据注册会计师的职业判断,该事项与财务报表使用者理解审计工作、注册会计师的责任或审计报告相关。

(二) 其他事项段的处理

注册会计师如果认为有必要在审计报告中增加其他事项段,则应当使用"其他事项"或其他适当标题。

通常,其他事项段应当紧接在审计意见段和强调事项段(如有)之后,其具体位置取决于拟沟通信息的性质。当增加其他事项段旨在提醒使用者关注并理解与财务报表审计相关的事项时,该段落需要紧接在审计意见段和强调事项段之后;当旨在提醒使用者关注与审计报告中提及的其他报告责任相关的事项时,该段落可以置于"按照相关法律法规的要求报告的事项"部分内。

【思考题】

1. 什么是审计报告?审计报告有什么作用?
2. 审计报告有哪几种审计意见类型?各种类型审计报告的适用条件分别是什么?
3. 审计人员在得出审计结论时应考虑哪些方面?
4. 无保留意见审计报告包括哪些内容?
5. 保留意见的审计报告与否定意见的审计报告或无法表示意见的审计报告有何差别?
6. 标准无保留意见审计报告与增加强调事项段的无保留意见审计报告的结构、内容、措辞有什么不同?

参考文献

1. Alvin A. Arens, Randal J. Elder, Mark S. Beasley. Auditing and Assurance Services: An Integrated Approach. 16 Editions. Prentice Hall, 2017.
2. Philomena Leung, Paul Coram, Barry J. Cooper, Peter Richardson. Modern Auditing and Assurance Services. 6th Revised Edition. John Wiley & Sons Australia Ltd, 2014.
3. 里克·海斯,罗杰·达森,阿诺德·席尔德,等. 审计学:基于国际审计准则的视角[M].2版. 来明敏,等译. 北京:机械工业出版社,2006.
4. 陈汉文. 审计学[M]. 厦门:厦门大学出版社,2006.
5. 陈汉文. 审计[M]. 北京:中国人民大学出版社,2016.
6. 丁瑞玲,吴溪. 审计学[M]. 北京:经济科学出版社,2015.
7. 秦荣生,卢春泉. 审计学[M]. 北京:中国人民大学出版社,2014.
8. 宋常. 审计学[M]. 北京:中国人民大学出版社,2018.
9. 文硕. 世界审计史[M]. 北京:企业管理出版社,1996.
10. 吴秋生. 审计学[M].3版. 上海:格致出版社,2016.
11. 张继勋. 审计学[M].2版. 北京:清华大学出版社,2015.
12. 中国注册会计师协会组织编写. 审计[M]. 北京:中国财政经济出版社,2018.
13. 中国注册会计师协会拟订,中华人民共和国财政部发布. 中国注册会计师执业准则2017[M]. 北京:中国财政经济出版社,2017.
14. 中国注册会计师协会制定. 中国注册会计师执业准则应用指南[M]. 中国财政经济出版社,2017.
15. 朱锦余,张勇. 审计学[M]. 北京:科学出版社,2018.